全球化背景下
跨国公司伦理冲突与沟通

张 静◎著

Ethical Conflicts and Communication Strategies:
TNCs in the Context of Globalization

时 事 出 版 社

目　　录

前　　言

一、选题由来与研究意义

（一）选题由来

1. 全球化与地方化——冲突与融合

20 世纪后半叶以来，全球化已经成为国际政治的“关键词”或“核心概念”。全球化的步骤是由经济扩散到政治、文化领域，由西方波及到东方。这就是所谓的“经济的文明化影响”，其推动者是市场经济。[①] 全球化作为一种能动的进程，它导致民族国家对外行为的广泛变化，产生一组新的行为条件，这些变化着的新条件一方面驱动着国家结构融入全球体系，另一方面，它导致国际背景下国内交往游戏规则的变化。[②] 全球化一般指的是经济全球化。对世界各国来说，经济全球化已成为一个不争的事实，而在政治和文化领域的全球化则颇多争议。同时，无论是经济、政治还是文化领域，全球化都引发了一个突出的问题，即全球化与地方化之间的矛盾。与全球化相伴而生，但又与全球化相反的一种趋向是：本土化或地方化。全球化与地方化之间的冲突与融合研究是全球化时代国际政治所面临的一个突出问题，学术论争也就此展开。

---

① 汪丁丁主编：《记住未来——经济学家的知识社会学》，北京：社会科学文献出版社，2001 年版，第 56—57 页。

② Jeffrey Hart and Assem Prakash, *Globalization and Governance*, New York: Routledge, 1999, “Introduction”.

2. 经济全球化与伦理全球化——趋同与差异

从伦理角度看经济全球化是“伦理与国际事务”研究中的一个重要内容。经济实践必定与社会伦理意识和规范交织在一起，作为社会实践的全球化不仅意味着社会经济活动跨越国界，而且是调节和处理这些活动的伦理活动跨国界的展开。全球化的挑战决不仅仅限于纯经济方面（如技术、管理和体制等等），更深层次的挑战应该来自于伦理文化领域。但我国目前的研究主要集中于从纯经济角度进行探讨，立足于伦理文化角度的研究相对较少。美国“卡内基伦理与国际事务”委员会主席杰尔·H. 罗森绍尔（Joel. H. Rosenthal）博士认为，在伦理问题上，一方面是“超民族主义”正主导着世界政治的前进方向，而这一潮流的中心则是各国对反映在各种国际条约中的业已条文化的国际伦理体系越来越趋于取得共识；另一方面是基于人类历史发展经历的差别、竞争中的各种利益与索求间的非对称性而导致的差别、分化与不可协调的分歧。因此，对国际伦理的研究可以增进围绕着国际道德规范的共识，但是考虑到人类特性与发展条件的现实，我们完全理解对国际伦理的研究也可以——同时也应该——注意如何调和那些似乎不可调和的分歧，同时接受绝对不存在轻而易举或是一劳永逸地解决不同道德索求间冲突可能的现实。[①] 在全球化背景下，在伦理的趋同性要求与伦理的差异性现实之间，国际关系主体如何以适当的方式，寻求一种动态的平衡甚或产生一种新的普遍伦理？这是本书的一个核心研究议题。

3. 全球化与跨国公司伦理——冲突、沟通与融合

从伦理视角研究国际关系的一个新主体——跨国公司，至少有三个方向：一是从跨国公司传播伦理的角度；二是从跨国公司

---

① 张曙光、胡礼忠主编：《伦理与国际事务新论》，上海：上海外语教育出版社，2004 年版，序。

引发伦理冲突的角度；三是从跨国公司促进国际经济伦理建构的角度。

跨国公司的迅速发展已经成为当代国际关系领域的一个重要现象，越来越处于国际政治经济事务的前沿。其特殊地位及其独特的经营战略与操作行为都对当代国际关系产生了特殊的作用和影响，因而成为新兴的国际关系行为主体。跨国公司是全球化的主力和动力，跨国公司同时也是全球化时代新矛盾和新进展的集中代表。跨国公司在国际商务中同样面临伦理的趋同与差异之间的矛盾，而且这种矛盾由于跨国公司穿越国界而表现得更为突出。在跨国公司的全球扩张过程中，企业外部需要面对许多陌生的伦理文化环境，内部则需要雇佣来自于不同文化背景的人员，这就意味着在跨国公司内部汇集成多元化的伦理体系，跨国公司本身也处于一个多元化的价值网络之中（面对不同的利益相关者）。[①] 因此，跨国公司内部原有伦理规范有一个冲突与整合的过程，同时，跨国公司为了适应新的外部伦理文化环境，与东道国的伦理规范也有一个冲突与融合的过程，这两个过程是交织在一起的，最后整合形成新的“超越个别成员的伦理规范”的伦理体系。而在这个过程中，既有的跨国公司的国际规范并不能完全指导跨国公司在经营活动中层出不穷的具体冲突。

与国家一样，跨国公司自身的发展要求跨国公司实现伦理冲突的融合，达到统一，在全球化与地方化之间取得一种动态的平衡，即实现伦理体系的融合。唯其如此，跨国公司才能在东道国立足并在跨国经营活动中取得成功。跨国公司在实践中也在探索一些具体的方法，以减少冲突，增加共识，沟通就是其中一种有效的方法。

在经济全球化的背景下，跨国公司如何在伦理冲突、沟通与融合层面实现伦理“全球化”，构成了本书的一个特殊研究议题。

---

① 高湘一主编：《跨国公司经营与管理》，北京：商务印书馆，2006 年版，第 279 页。

（二）研究意义

1. 学理意义

本书的学理意义在于：围绕国际关系研究中一个新的研究议题——伦理，通过具体的研究载体——跨国公司，独特的研究视角——沟通，考察全球化背景下，跨国公司这个国际关系行为主体通过与利益相关者的沟通，减少伦理冲突，增加共识，促进伦理体系的融合与建构，探索跨国公司与国际经济体系的互动机制，是伦理与国际事务研究的一个有益尝试。

本书的创新之处有以下几点：

（1）从选题来看，本书关注的是全球化时代的一个突出问题，即全球化与地方化（普遍性与特殊性、共性与个性、同质化与异质化）之间的矛盾和冲突。具体而言，是伦理的全球化与地方化之间的关系。在全球化背景下，在国际伦理研究方面，当代伦理学家面临的最大难题，是如何建立起一套既注意到不同文化传统的差异，又具有全球普适性的伦理标准。本书提出，跨国公司的沟通机制和伦理建构模式能为解决这个难题提供一种具体的思路。

（2）从分析视角和结论来看，在伦理问题的研究上，本书没有拘泥于对伦理问题的原则性和理论性的探讨，而是侧重于实践性和操作性，从国际规范角度研究跨国公司伦理，重点研究跨国公司的沟通机制对解决伦理冲突的意义，从跨文化传播与国际公关等角度进行国际沟通研究。本书通过对跨国公司沟通机制的分析，认为跨国公司的沟通可以减少全球化与地方化过程中的伦理冲突，增加共识，建立起差异与共性并存的伦理体系。同时，跨国公司要进行有效沟通必须是与其利益相关者之间的沟通，且与每一个层面的利益相关者的沟通都有其独特的方式和内容，从而具有一定的复制、借鉴和启示作用。

（3）从研究主体来看，本书立足于国际关系新的行为主体——跨国公司和国际关系新的议题——伦理问题。选取跨国公司这个特定载体，是由于跨国公司作为国际关系的新行为主体，越来越处于国际交往的前沿。跨国公司本身既是除国家之外的重要国际关系行为主体之一，又是一个国家同另一个国家宏观主体之间的特殊媒介。在伦理与国际关系研究中，跨国公司也具有鲜明的代表性。另一方面，在国际关系研究中，伦理问题日益成为热点，超越了传统的战争伦理、核伦理等国际伦理议题。

（4）跨学科和多学科理论的结合。本书跨越了国际经济、国际政治和国际伦理三大领域，试图用国际关系、国际政治经济学、管理学、传播学、公共关系学、经济学、社会学、伦理学等理论，进行跨学科研究。本书的理论基础包括：全球化理论；国际关系学中的建构主义理论；传播学、管理学、社会学中的沟通理论；管理学中的利益相关者理论、企业社会责任理论和综合契约论等。利益相关者理论是本书分析的主线，本书选取四个主要的利益相关者——内部的雇员、外部的合作者/竞争者、消费者、政府——进行分层分析。

2. 现实意义

本研究具有较强的现实意义。在经济全球化过程中，民族国家和各国企业（不同行为体）面临既有的国际规则和价值规范的挑战，尤其在经济领域，更要求相关国家、相关企业之间游戏规则一致，而行为体的不同利益诉求以及文化的多元化等因素均导致伦理角色、伦理问题以至伦理决策逻辑观点的分歧和冲突。如何保证跨国公司的自身规范在国际规范与多元化的国内伦理之间取得一种动态的平衡，从而使跨国公司的行为符合国际规范并能促进全球经济的稳定运行，成为摆在跨国公司、各国政府与各个国际组织面前的难题。本书的研究正是围绕这个议题进行。

同时，随着我国改革开放的不断深化和经济的飞速发展，经济领域中的伦理问题越来越严重。无论是中国的“引进来”还是“走出去”战略，都无法回避国际规范的制约和影响，尤其在中国加入 WTO 后，更为明显。一方面是中国企业在融入过程中接受国际游戏规则和价值规范，另一方面是中国企业在转轨期出现大量不合伦理（反伦理）的行为，成为“走出去”的绊脚石。研究跨国公司的伦理机制以及沟通机制，可以对中国企业“走出去”提供有益的借鉴。中国跨国公司的伦理建设也是中国软实力建设的一部分。

二、国内外研究现状述评

（一）国际事务中的伦理研究

当代国际关系中，伦理与法理、政治一样，是制约民族国家对外行为的动因之一，对保障国际安全、维护全球稳定、促进人类发展起着不可忽视的所谓“高级政治”（high politics）作用。如果只关注国际法规与政治游戏而忽视对国际伦理的注意，都难免以偏概全。[①] 尤其是现代国际经济秩序尚缺乏统一制度和法规，国际经营缺乏背景制度，因此，伦理因素在国际经济中更应该发挥重大作用。伦理对国际事务的影响主要体现在两个层面：第一个层面是国际体系的层面，当观念得到集体认同时，就会对国际体系发生作用；第二个层面是国家外交的层面，外交不仅受到国家利益的驱动，而且受到独特的价值观的影响。反过来，共有观念和共同规范形成后，又会影响和重塑一国的外交。可见，伦理对国际事务的影响是深远的。当然，有些关于伦理与国际事务关系的研究，也发现：伦理和道德考虑主导外交政策的几率不大，尤其是关系到国家安全问题的时候。事实上，强者的道德观一般会影响弱者的道德观，并且价值观的考虑几乎将无法避免地占据第二位。[②]

学者们关心的“伦理与国际事务”方面的议题包括：伦理与国

---

① 张曙光、胡礼忠主编：《伦理与国际事务新论》，上海：上海外语教育出版社，2004 年版，前言。

② 郗春梅：《国际关系伦理学刍议》，载《山东省青年管理干部学院学报》2006 年第 3 期。

际事务到底有何关系？伦理对国际事务的管理与运作到底起何作用或有何作为？现代国际制度中到底有无“国际伦理体系”？如果有，其渊源（哲学基础）到底是什么？国际伦理与国际法理以及政治“游戏规则”到底有何关系？“国际伦理体系”可否分为子体系？除了在现代社会里占主导地位的西方伦理体系外，东方的或非西方的古老文明是否也对现代国际社会的伦理体系有贡献或借鉴作用？等等。①

国际关系学者首先把伦理与国际事务研究结合起来。1914 年，美国成立了以探究“伦理与国际事务”为宗旨的卡内基伦理与国际事务委员会（The Carnegie Council on Ethics and International Affairs，简称 CCEIA）。迈克尔·沃尔泽（Michael Walzer）的《正义与非正义战争》②、查尔斯·贝兹（Charles Beitz）的《政治理论与国际关系》③ 及肯尼斯·汤姆逊（Kenneth W. Thompson）的《国际政治中的伦理、功能主义与权力》④ 三部著作是国际关系伦理学领域的开拓性成果。1981 年，斯坦利·霍夫曼（Stanley Hoffmann）的专著《超越国界的责任》⑤ 问世，标志着国际关系伦理学正式诞生。1982 年，海尔（J. E. Hare）与凯瑞·约纳特（Carey B. Joynt）合著的《伦理学与国际事务》⑥ 以及同期出版的一批国际关系伦理研究的著作，深化了国际关系伦理学研究。约瑟夫·奈（Joseph

① 张曙光、胡礼忠主编：《伦理与国际事务新论》，上海：上海外语教育出版社，2004 年版，前言。

② Michael Walzer, *Just and Unjust Wars*, New York: Basic Books, 1977.

③ Charles Beitz, *Political Theory and International Relations*, Princeton: Princeton University Press, 1979.

④ Kenneth W. Thompson, *Ethics, Functionalism, and Power in International Politics*, Baton Rouge: Louisiana State University Press, 1979.

⑤ Stanley Hoffmann, *Duties Beyond Borders: On the Limits and Possibilities of Ethical International Politics*, New York: Syracuse University Press, 1981.

⑥ J. E. Hare and Carey B. Joynt, *Ethics and International Affairs*, New York: St. Martin's, 1982.

S. Nye）的《核伦理学》[①] 提出了超越传统伦理范式的“动机—手段—结果”论，标志着一种国际关系伦理新范式的形成。此外，英国学派如赫德利·布尔（Hedley Bull）的《无政府社会——世界政治秩序研究》[②] 等在“国家体系”的“道德一致性”与“国际社会”的“共同规则、共同制度”理论研究中也有一定的贡献。1987年起，卡内基伦理与国际事务委员会专门编了一份刊物《伦理与国际事务》(Ethics & International Affairs)，该学刊主编、卡内基伦理与国际事务委员会主席杰尔·H. 罗森绍尔博士认为，“政治正是由于自我礼仪的现实与对道德索求的愿望相结合而得以实现”，因而该刊物将重点放在“政治需要”与“政治选择”的交汇处，关注“实力”如何与“和平”、“正义”等传世理念目标相结合，探讨如何将我们所普遍接受的道德与伦理传统与当今令人关注的政策问题联系起来。[③]

西方国际关系学界重新发现伦理学是从冷战结束开始的。二战之后、冷战期间，现实主义是国际关系研究的主导理论。其后，新自由制度主义成为国际政治研究的重大理论纲领。由于现实主义和制度主义的理论核心都是理性的，所以对于伦理的关注并不充分。20世纪90年代，自国际关系研究出现“建构主义转向”以来，规范明显成为研究的重要议题。几乎在同时，国际伦理研究也开拓出一个新的研究领域。国际关系伦理研究成为一种世界性的趋势，影响着国际事务的发展。剑桥大学国际关系研究系列丛书中，特里·奈尔汀（Terry Nardin）主编的《国际伦理传统》[④] 是很有分量的一

---

① Joseph S. Nye, Jr., *Nuclear Ethics*, New York: The Free Press, 1986.

② Hedley Bull, *The Anarchical Society: A Study of Order in World Politics*, New York: Columbia University Press, 1977.

③ 张曙光、胡礼忠主编：《伦理与国际事务新论》，上海：上海外语教育出版社，2004年版，序。

④ Terry Nardin, David R. Maple, *Traditions of International Ethics*, Cambridge: Cambridge University Press, 1992.

部开拓性著作，比较全面地梳理了不同理论对国际伦理的思考，全面阐述了国际关系伦理思想的重要理论渊源，被称为“第一部全面研究不同伦理传统是如何思考国际事务中的重要道德问题”的著作。1998 年《千禧年》（Millennium-Journal of International Studies）杂志出版专辑，题名为《伦理与国际关系》（Ethics and International Relations），后出版成书，进一步推进了国际关系学和伦理学的结合。2002 年内塔·克罗福德（Neta C. Crawford）的学术专著《论题与世界政治的变化》① 则是一部重要的研究型著作。她提出了一个严谨的研究框架，以废除奴隶制、去殖民化等为案例，表明伦理论题以及辩论过程与军事实力等物质性要素一样，有着至关重要的作用，同样可以改变世界政治。这部著作标志着国际伦理研究的深化和日趋成熟。同时，一系列著作和教材的出版使得国际关系伦理学研究更为深入和广阔，从国际军事领域到非传统安全问题领域以及全球治理、国际经济伦理、生态伦理、气候伦理、女性主义伦理等等，都成为国际关系伦理的研究方向。对伦理的关注与主流国际关系研究本身开始高度关注“国际规范”联系在一起，有人甚至提出国际关系研究的“规范转向”。学者开始对规范的生成、传播机制、接受条件等一系列的问题进行细致的研究，其中也包含了大量的对具体规范的实证研究。2005 年，《国际组织》（International Organization）杂志发表专刊，讨论国际规范的传播机制问题。虽然国际规范不能与国际政治伦理学完全画等号，“规范”也不全是道德范畴的东西，但是有一部分研究议程和课题是重合的。这种重合说明了一个问题：在世界政治进入全球化时代并出现重大转型的时候，道德规范和思想理念对于国际关系的

① Neta Crowford, *Argument and Change in World Politics*, Cambridge: Cambridge University Press, 2002.

重要意义再次突显出来。①

中国国际关系学界对道德伦理的研究严重不足。张曙光、胡礼忠主编的《伦理与国际事务新论》，汇集了《伦理与国际事务》学刊的20篇力作，书中涉及“全球政治治理”、“合理使用武力”、“人权的实际含义”以及衍生于全球性贫困和日趋严重的公共健康所不可回避的社会正义等问题，无一不是对难以调和的“两难”问题敢于面对的结果，其中托马斯·唐纳森（Thomas Donaldson）所著的《对跨国公司行为的最低道德要求》，在经济全球化的背景下，直接关注跨国公司这个行为体的伦理问题。与伦理研究严重缺乏不同的是相关的规范研究的兴起，国际关系理论中关于规范的研究很多，一批学者对此进行了深入的探讨。② 熊文驰、马骏主编的《大国发展与国际道义》，作为国内国际关系学者第一部比较全面地讨论国际关系伦理问题的文集，为国际关系伦理学研究作出了开拓性的贡献。③

（二）对跨国公司的相关研究

学术界对跨国公司的研究有一个逐步深入的过程，这条线路一开始是从经济研究入手的，因为跨国公司本身是一个经济现象。但是，学者们很快发现，如果仍从传统的经济学角度研究跨国公司，例如：垄断优势、内部化、产品生命周期和边际产业扩张等，显然无法反映和说明跨国公司发展对国际关系的重大影响。而对跨国公

① 熊文驰、马骏主编：《大国发展与国际道义》，上海：上海人民出版社，2009 年版，序言。

② 惠耕田：《限制权力，为规范开辟空间》，载《国际政治研究》2005 年第 4 期；高尚涛：《国际关系三大理论与规范研究简介》，载《国际资料信息》2005 年第 11 期；苏长和：《理性主义、建构主义与世界政治研究》，载《国际政治研究》2006 年第 2 期；荣鹰：《中国对于国际规范和价值的解读》，载《欧洲研究》2006 年第 6 期；张旺：《国际关系规范理论的复兴》，载《世界经济与政治》2006 年第 8 期；高尚涛：《规范的含义与作用分析》，载《国际政治研究》2006 年第 4 期；张丽华：《规范、制度与国际秩序》，载《吉林大学社会科学学报》2007 年第 6 期；郑飞：《国际规范的价值与功能：个体理性视角》，载《国际论坛》2007 年 11 月；等等。

③ 熊文驰、马骏主编：《大国发展与国际道义》，上海：上海人民出版社，2009 年版，序言。

司的政治分析显然也无法充分说明问题。于是，从文化、伦理角度研究跨国公司便应运而生。

对跨国公司的相关研究主要集中在以下三个方面：

1. 从经济学和管理学角度对跨国公司经营管理的研究

对跨国公司的研究是从其作为一个特殊的经济体开始的，以学习和借鉴国外跨国公司的经营管理经验为主。国内的研究机构主要有：商务部研究院跨国公司研究中心、外经贸部国际经贸研究院跨国公司研究中心、教育部人文社会科学重点研究基地——南开大学跨国公司研究中心等。这些研究机构既研究引进来的外国跨国公司，也研究走出去的中国跨国公司。改革开放以来特别是20世纪90年代以来，出现了研究跨国公司的大批著作，尤其是近年来，中国政府积极推动中国企业“走出去”，国内出现了一批研究报告，探讨中国企业跨国经营问题。在前全国人大副委员长成思危先生领导下，国家自然科学基金会管理科学部曾经在1998年组织应急课题研究，原外经贸部等有关部门也组织了多个课题研究，出版了不少研究“走出去”问题的著作。例如：中国社会科学院世界经济政治研究所鲁桐课题组撰写的专著《中国企业跨国经营战略》[①]，系统总结了中国企业跨国经营需要解决的问题。此外，比较有代表性的是商务部研究院跨国公司研究中心主任王志乐所著的一系列关于跨国公司的丛书，该研究中心一直在研究外国跨国公司在中国投资发展的情况以及外国跨国公司成功的经验、教训，从2001年起每年编辑出版《跨国公司在中国报告》年度报告，全面、系统地介绍跨国公司在中国的投资情况，为政府部门提供及时有效的参考。此外该中心也开始研究中国跨国公司如何成长和发展的问题，如《走向世界

① 鲁桐主编：《中国企业跨国经营战略》，北京：经济管理出版社，2003年版。

的中国跨国公司》[①]、《软竞争力——跨国公司的公司责任理念》[②]等。这些著作主要以专题报告和企业案例的形式，探讨跨国公司的经营理念、特点和发展规律，促进中国跨国公司的发展。这些研究集中在跨国公司的经营方式、管理模式等行为方式的学习和借鉴方面，尽管也有涉及经营理念、公司伦理、企业文化等精神层面的内容，但比重不多。这方面的相关研究为本课题的研究提供了背景知识。

2. 从国际政治经济学（IPE）角度研究跨国公司

战后特别是20世纪70年代以来崛起的国际政治经济学开始把跨国公司的研究从经济转到政治角度。战后跨国公司的发展产生了一系列重大的政治后果，对外直接投资和生产的全球化，既促进了由相互竞争的民族国家构成的国际社会的相互作用，又与之产生了一系列碰撞和冲突。最早对跨国公司的国际行为主体地位进行研究的美国经济学家雷蒙德·弗农（Raymond Vernon）将跨国公司在国际关系中的作用概括为干涉别国内政、被母国或东道国政府用作对他人施加影响的手段，以及影响国家间政治议事日程的设定等。概括起来，跨国公司对国际关系的影响表现在：对所在国的经济和发展的影响，对自然环境的影响，跨国企业运作中的文化冲击，同所在国政府的关系，以及和自己国家的关系的问题。[③] 在此过程中，跨国公司与东道国也产生了一系列矛盾，具体表现在：损害东道国的经济安全（逃避税收政策与外汇管制措施，采取限制性商业惯例，限制竞争，垄断市场等）、损害东道国的政治安全（利用垄断地位干涉内政）、损害东道国的环境等。

国际关系领域对跨国公司研究最具影响的当推新现实主义的代

---

① 王志乐著：《走向世界的中国跨国公司》，北京：中国商业出版社，2004年版。

② 王志乐著：《软竞争力——跨国公司的公司责任理念》，北京：中国经济出版社，2005年版。

③ ［美］托马斯·唐纳尔森：《对跨国公司行为的最低道德要求》，张曙光、胡礼忠主编：《伦理与国际事务新论》，上海：上海外语教育出版社，2004年版，第214页。

表人物罗伯特·吉尔平（Robert Gilpin），他的代表作有《国际关系政治经济学》、《美国霸权与跨国公司：对外直接投资的政治经济学》、《全球政治经济学：解读国际经济秩序》、《全球资本主义的挑战：21世纪的世界经济》等。在《美国霸权与跨国公司》这本书中，罗伯特·吉尔平首次提出了“国际政治经济”的概念，同时也专门研究了跨国公司与民族国家的互动关系。[①] 吉尔平把母国的国家实力与跨国公司结合起来，他考察了大英帝国和美国的霸权史后，认为对外直接投资的数量与规模同霸权的兴衰之间有密切的联系。美国的霸权和“美国统治下的和平”为二战后美国跨国公司的迅速发展提供了政治和安全的环境，这种结构的创立为跨国公司的对外直接投资提供了必要条件。在谈到美国国家实力和跨国公司的关系时，吉尔平认为，美国跨国公司在全球的扩张不仅有利于美国的经济利益，而且服务于美国的战略。首先，跨国公司的行为有利于创造一个自由的国际政治经济秩序，有利于传播美国的价值观念。其次，跨国公司、跨国石油巨头在中东以及其他产油国的开发和经营，保障了美国以及西方世界的能源供应。最后，跨国公司的高额利润在很大程度上弥补了美国的贸易赤字，维持了美国国际收支平衡。罗伯特·吉尔平的“霸权稳定论”当然是为美国的霸权主义提供了理论依据。但是，与自由主义和依附论将国家、权力只是作为跨国公司活动的背景不同，吉尔平把国家、权力和安全因素引入跨国公司的行为范畴，他指出，国家和市场、权力和财富、政治和经济之间是互动的关系。[②] 这种从跨国公司与民族国家的互动关系的角度研究跨国公司，无疑为我们提供了一个新视角。吉尔平把跨国公司与母国的关系作为研究重点，但他关注更多的是跨国公司

---

① Robert Gilpin, *U. S. Power and the Multinational Corporation: The Political Economy of Foreign Direct Investment*, New York: Basic Books, Inc., Publishers, 1975, p. 113.

② Robert Gilpin, *U. S. Power and the Multinational Corporation: The Political Economy of Foreign Direct Investment*, New York: Basic Books, Inc., Publishers, 1975, p. 161.

对母国经济的影响，此外强调的是传播本国的价值观。苏珊·斯特兰奇（Susan Strange）作为新自由主义的代表人物之一，在她的《国家与市场》一书中，用四个基本结构以及四个从属结构综合分析国家与市场的关系。在她的另一本专著《全球化与国家的销蚀》中，她认为跨国公司掌握了生产结构中的三个关键因素，即技术、资本和销售网络，意味着跨国公司可以与国家一道对民族和全球经济进程发号施令。新自由主义大师罗伯特·基欧汉（Robert. O. Keohane）在他的代表作《霸权之后：世界政治经济中的合作与纷争》中，提供了从“国际机制”的角度进行研究的视角。罗伯特·基欧汉与约瑟夫·奈（Joseph S. Nye）合著的《权力与相互依赖》是新自由主义的代表作之一，他俩摒弃“国家是唯一行为者”的主张，认为战后国际社会中国家间和跨国关系的发展促使人们更加重视对国际层次的诸行为者的研究。他俩将现实主义的权力政治论和科学行为主义率先提出的相互依存论有机地结合起来进行考察，进一步剖析了两者之间的内在联系，并且在对政治、经济、生态、军事等方面进行综合研究的基础上提出了“复合相互依存”。① 国内学者中，樊勇明教授的《西方国际政治经济学》，王正毅、张炎贵的《国际政治经济学：理论范式与现实经验研究》，朱文莉的《国际政治经济学》等均有一定的篇幅研究关于跨国公司与国际关系。黄河所著的《跨国公司与当代国际关系》是研究跨国公司的一个较新成果。该书主要以国际政治经济学的新视野，探索跨国公司与当代国际政治的互动机制，包括跨国公司与母国的政治经济、与东道国的政治经济以及与国际组织的互动关系。②

3. 从经济（企业）伦理学角度研究跨国公司

长期以来，有关跨国公司伦理问题的研究大都囿于经济伦理领

---

① Kenneth Waltz, *Theory of International Politics*, New York: McGraw Hill Publishing Company, 1979.

② 黄河著：《跨国公司与当代国际关系》，上海：上海人民出版社，2008 年版。

域。经济伦理从研究范围来说可分国际经济伦理和国内经济伦理（跨国公司伦理属于国际经济伦理范畴），从研究对象来说可分企业伦理及其他组织的经济伦理（跨国公司伦理属于企业伦理范畴）。这两个层次之间既有交叉又有区别。

企业伦理问题作为学术研究对象缘起于美国，企业活动与实践是最大的推手。20 世纪 50 年代末 60 年代初，美国企业由于片面追求利润最大化目标所带来的负面效应和企业经营活动出现的一系列伦理问题，如欺诈交易、垄断价格、污染环境等，引起了美国公众的广泛关注。70 年代，美国大公司的经济丑闻频频曝光，其中洛克希德公司的著名贿赂案最有代表性。[①] 1974 年 11 月，在美国堪萨斯大学召开了第一届企业伦理学讨论会，专门讨论了企业活动所带来的负面效应及产生的伦理问题。此举被认为是企业伦理学正式确立的标志。20 世纪 80 年代，有关企业伦理问题在理论和实践两个方面取得了深入进展。一方面，在美国、日本和欧洲一些发达国家，绝大多数学院开设了企业伦理方面的课程。而关于企业伦理的研究，也从某一地区、某一行业转向不同地区企业伦理的比较研究，甚至是全球企业伦理研究，从单一学科转向跨学科研究。另一方面，伦理规范被广泛引入企业管理实践，一些企业建立了书面的企业伦理守则。还有一些大公司设立伦理委员会和负责处理伦理问题的行政主管，专事解决企业经营中的道德两难问题。进入 90 年代以后，国外一些著名的大企业包括波音、摩托罗拉、惠普、奔驰、菲利浦等，都花大力气进行了企业伦理建设。1994 年，欧、美、日三方企业界领袖在瑞士通过了《考克斯圆桌会议商务原则》（Caux Round Table Principles for Business），为企业经营管理提供了伦理道德方面的重要参考。学者们一般从伦理学、管理学等不同学科视野研究企业伦理。从管理学来说，对企业伦理的研究一开始渗透在

① 周中之：《全球化与中国经济伦理学的发展》，载《河北学刊》2001 年第 3 期。

管理学中，只是作为管理学中的一章，后来发展到把管理与伦理结合起来，视为管理学研究的两个方面，再后来就出现了直接以企业伦理为研究对象的著作。自20世纪80年代末以来，几乎所有的管理学教科书中都辟有专章讨论“企业社会责任和企业伦理”，也相继出现了一批关于企业管理与伦理结合方面有影响的著作，如肯尼斯·布兰查德（Kenneth Blanchard）的《道德管理的力量》、法兰克·索能伯格（Frank Sonnenberg）的《凭良心管理》、托马斯·彼得斯（Thomas Peters）和罗伯特·沃德曼（Robert H. Waterman）的《追求卓越》、阿齐·B. 卡罗尔（Archie B. Carroll）、安·K. 巴克霍尔茨（Ann K. Buchholtz）的《企业与社会：伦理与利益相关者管理》、戴维丁·弗里切（David J. Fritzsche）的《商业伦理学》、小约瑟夫·L. 巴达拉科（Joseph L. Badaracco）等编著的《伦理化商业决策》、小詹姆斯·R. 格伦（James R. Glen）的《决策中的伦理》、保罗·格里斯利（Paul Griseri）的《管理价值观》以及彼得·德鲁克（Peter F. Drucker）的《个人管理》、《组织的管理》、《社会的管理》等。[①] 不仅如此，企业伦理还渗透到战略管理学、国际企业学、组织行为学、市场营销学、谈判学等学科中。[②] 到企业伦理作为独立的研究对象后，有关著作更是多如牛毛，比较有代表性的是托马斯·唐纳森（Thomas Donaldson）、托马斯·邓菲（Thomas Dunfee）的《有约束力的关系——对企业伦理学的一种社会契约论的研究》，该书从综合契约论的角度，探讨了企业伦理冲突和冲突的解决，以及全球企业伦理的构建地图。尤其值得一提的是作者提出了全球规范建立过程中的三个层面——道德自由空间、

---

① 汤正华：《中西管理伦理比较研究》，南京：南京理工大学博士论文，2005年，中国知网博硕士论文全文数据库。

② 王小锡、朱金瑞、汪洁主编：《中国经济伦理学20年》，南京：南京师范大学出版社，2005年版。

一致的规范和超规范。[1] 在如何确立一种既为所有经济体普遍接受，又尊重各经济体不同文化道德差异的企业伦理规范方面，综合社会契约论提出了具有开创性的方法和思路，并由此奠定了其在西方现代企业伦理学领域的显学地位[2]。90 年代中后期，“企业伦理热”、“经营伦理热”的现象，在我国伦理界、管理界和企业界兴起。有学者曾以“企业伦理”为关键词，对中国人民大学复印资料 1995 年以来政治类和经济类的论文进行查询，发现从 1997—2001 年 5 年间，中国学界对企业伦理的关注度最高。[3] 目前教育部已将“企业伦理学”推荐为大学工商管理类教育的必修课程。国内关于企业伦理的研究也经历了一个发展过程，并出现了大批著作。起始阶段（1992 年以前）如王昕杰、乔法容编著的《企业伦理文化》[4]，从伦理学的角度探讨了企业文化，拓宽了人们研究企业文化的视野。该书既注意继承传统伦理文化，又汲取了当代西方企业管理理论的有益成果。该书的不足之处是，对传统文化的评述不够充分，对企业发展中的一些新的伦理问题尚未触及。全面展开阶段（1992—2000），以企业伦理为题的著作大量涌现，王小锡的《经济伦理与企业发展》，从经济伦理学的视角对中国企业伦理及企业发展的深刻揭示，受到了学界的广泛关注。[5] 深入研究阶段（2000—），企业伦理不论是在理论层面还是理论与实践结合方面都得到了系统的研

---

① ［美］托马斯·唐纳森、托马斯·邓菲著，赵月瑟译：《有约束力的关系——对企业伦理学的一种社会契约论的研究》，上海社会科学院出版社，2001 年版。

② 赵德志：《全球性企业伦理规范如何可能——评唐纳森、邓斐“综合的社会契约“论》，载《社会科学辑刊》2004 年第 6 期。

③ 朱金瑞：《当代中国企业伦理的研究历程及若干热点问题述评》，载《中州学刊》2007 年第 1 期。

④ 王昕杰、乔法容编著：《企业伦理文化》，郑州：河南人民出版社，1990 年版。其他同时期的著作还有：唐能赋：《企业管理伦理学》，成都：四川大学出版社，1989 年版；龙静云、乔洪武：《钥匙的魔力——企业道德概论》，武汉：武汉工业大学出版社，1991 年版；龙静云、乔洪武：《企业与道德》，太原：山西教育出版社，1992 年版。

⑤ 王小锡著：《经济伦理与企业发展》，南京：南京师范大学出版社，1998 年版。

究。徐大建的《企业伦理学》[①]，从企业伦理学的理论基础、企业管理中的伦理问题、企业的伦理建设三个方面全面论述了企业伦理的有关理论。其他综述性的著作有：陈炳富、周祖城主编的《企业伦理学概论》、陈荣耀的《企业伦理》、张应杭的《企业伦理学导论》、赵德志的《现代西方企业伦理学理论》、欧阳润平的《企业伦理学》、王学义的《企业伦理学》、吴成丰的《企业伦理》、周祖城的《企业伦理学》等；[②] 朱金瑞的《当代中国企业伦理的历史演进》[③]，从历史的视角探讨企业伦理在当代中国的发展历史；叶陈刚的《公司伦理与企业文化》[④]，在公司伦理道德研究部分，主要考察了公司的一般道德原则、具体道德规范和道德机制等，对企业文化、伦理、道德、规范均作了一定层面的涉及和关联性研究。这一时期，企业社会责任、经济全球化对企业伦理的挑战及应对机制、电子商务中的伦理问题等新企业伦理研究的新问题不断涌现，欧阳润平的《企业伦理学》[⑤] 立足全球化的竞争背景，以多学科交叉的视野，以在企业长期调研的经验、思考和实践为基础，力图构建培育中国企业道德实力和经营实力的机制，是现阶段企业伦理研究的代表性成果之一；夏绪梅的《企业伦理学——转型经济条件下的企业伦理问题研究》[⑥] 从民族文化的差异性入手，比较研究了美国、日本和中国的企业文化的差异性，进而推演到作为企业文化核心的企业伦理的民族性，也分析了中国企业伦理的制约因素以及构建企业伦理的路径和对策。值得一提的是作者的研究一方面体现了应用伦理学“描述—分析—规范”的三步骤研究范式，另一方面通过问

---

① 徐大建著：《企业伦理学》，上海：上海人民出版社，2002 年版。

② 魏文斌著：《仁者无畏：企业伦理学理论与实践》，长春：吉林人民出版社，2006 年版，第 27 页。

③ 朱金瑞著：《当代中国企业伦理的历史演进》，南京：江苏人民出版社，2005 年版。

④ 叶陈刚著：《公司伦理与企业文化》，上海：复旦大学出版社，2007 年版。

⑤ 欧阳润平著：《企业伦理学》，长沙：湖南人民出版社，2003 年版。

⑥ 夏绪梅著：《企业伦理学——转型经济条件下的企业伦理问题研究》，北京：科学出版社，2008 年版。

卷调查等实证研究，对中国企业伦理的现状进行了客观的描述和梳理。随着国内企业界对中国企业伦理的逐渐重视和发展，学者们越来越重视企业伦理的本土化研究。李国蔚的硕士论文《全球化背景下中国企业伦理研究》，在研究企业伦理的基础上结合一定的国际背景，在全球化背景下聚焦中国企业伦理。有关企业伦理方面的论文更是不计其数，在此不再赘述。

经济伦理的研究对象比之企业伦理更为广泛，跨国公司的伦理问题同样是其重点研究对象之一。“国际企业、经济学和伦理学学会”是开展经济伦理研究的国际学术组织，国内学术机构最早有香港浸会大学应用伦理学研究中心（1993），此后复旦大学和中国社会科学院也相继成立了应用伦理学研究中心，武汉成立了我国第一个经济伦理学研究所并承担了经济伦理学研究国家课题，上海社科院也成立了企业伦理研究中心等。“国际企业、经济学和伦理学学会”会长、美国著名经济伦理学教授理查德·狄乔治（Richard T DeGoerge）所著的《经济伦理学》[①] 是这一领域的代表作。此书涵盖了经济伦理学方面的基础理论问题，包括伦理学与企业的关系、经营活动中的道德逻辑以及全球化生产的商业规划等。上海社科院企业伦理研究中心主任陆晓禾所著的《经济伦理学研究》则相对集中了国内关于经济伦理的思考和研究成果。该书是对中国经济伦理研究的综述，谈到了经济全球化中的文化问题以及中国能为全球经济伦理做什么的问题。

关于国际经济伦理的研究，大都聚焦于以下几个问题：国际社会有没有全球普遍适用的经济伦理？如果有的话，这个国际（全球）经济伦理是什么？国际经济伦理与多元化的国内经济伦理的关系？中国能为国际经济伦理的建构提供什么？在国际经济伦理研究

① ［美］理查德·T. 德·乔治著，李布译：《经济伦理学》，北京：北京大学出版社，2002年版。

中，一个趋势是注重文化和价值观的作用，重视文化特性；另一个趋势是试图找出一个超越了文化差异的共同价值观和道德标准。乔治·恩德勒（Georges Enderle）的《国际经济伦理：挑战与应对方法》[①] 作为国际经济伦理研究方面的代表作，从多学科的角度，探讨了在经济全球化的大背景下，在多元文化、不同体制下各国之间如何来建立一个健全而持久的国际经济伦理的途径，并提出了应对挑战的方法。恩格勒提出，全球化应注意伦理方面，全球化需要普遍伦理标准但同时应尊重文化差异。全球伦理的重要规范是，仁慈、公正、人权、责任和诚信等。全球伦理的内容也只是有限的伦理价值观和规范，其产生的资源包括 1948 年的《人权宣言》、1993 年的《世界宗教宣言》和最近的《全球公约》，也应考虑功利主义、康德主义、美德伦理等。[②] 乔治·恩德勒是欧洲经济伦理学网络创始人之一、美国圣母大学国际经济伦理学教授，曾任“国际企业、经济学与伦理学学会”会长，作为国际经济伦理鲜为人知的开拓者之一，他还编著有《地区与国家经济伦理报告》及《经济伦理学大词典》等。此外，理查德·狄乔治的《国际商务中的诚信竞争》、金黛如（Daryl Koehn）的《地方智慧与全球经济伦理》等著作也很具代表性。狄乔治论证了道德规范的国际背景机制的可能性和必要性，他认为在处理国际商务的伦理争端时应采用伦理置换的方法，并提出了美国跨国公司在发展中国家运作的七条具体准则。[③] 金黛如的著作探讨了经济全球化中的西方企业在东亚做生意的伦理规范需要，并且具体探索了如何解决当公司穿过文化边界而引出的经济伦理问题。值得一提的是，金黛如使用了“微观研究方法”来研究亚洲的价值观，即选择中国的孔子和日本近代哲学家和计哲郎

---

① ［美］乔治·恩德勒编，锐博慧网公司译：《国际经济伦理》，北京：北京大学出版社，2002 年版。

② 陆晓禾著：《经济伦理学研究》，上海：上海社会科学院出版社，2008 年版，第 372 页。

③ ［美］理查德·T. 狄乔治著，翁绍军等译：《国际商务中的诚信竞争》，上海：上海社会科学出版社，2001 年版，前言。

作为微观研究对象。作者认为东方的伦理思想在某些方面可补充基于人权或德性的西方伦理。当两者发生冲突时，则应该尊重差异，普遍伦理即是尊重和容纳差异的过程。作者不仅否定了用抽象笼统的宏观研究方法来研究“亚洲价值观”，而且否定了唯西方话语权论，对经济全球化与文化差异问题的争论提供了精彩而独特的新观点。[①] 国内的学者也开始关注国际伦理这个新兴的课题，韦正翔的《国际政治的全球化与国际道德危机——全球伦理的圆桌模式构想》，研究了全球化背景下国际性道德危机和全球伦理的解决方向，提出了“全球伦理的圆桌模式构想”——各种文明围桌而立，求同存异，同时也提出了解决道德危机的责任、诚信和慈善三大道德原则。[②]

在这些研究中，具体到以跨国公司伦理为题进行研究的成果少之又少。

窦莉梅的硕士论文《试论跨国公司的伦理问题》是直接研究跨国公司伦理问题的少数几篇论文之一。她从哲学角度，侧重在理论层面探讨跨国公司的伦理，尤其是中国跨国公司伦理的冲突及其原因，从道德原则（集体主义与个人主义）、道德规范（义与利）、道德范畴（幸福观、荣誉观、公正观）三个层面加以比较，认为造成跨国公司伦理冲突的原因在于中西意识形态、思维模式、传统文化、人际关系和人格观念的差异。同时，她也把建构跨国公司伦理放在经济全球化和市场经济的条件下进行考察。赵德志的《企业跨国经营伦理谈论》[③]、张喜民的《跨国公司在华营销的道德缺失与防范》[④] 也从不同的角度探讨了跨国公司的伦理冲突问题，前者对伦理冲突的解决之道提出了合理的见解和可行

① 陆晓禾著：《经济伦理学研究》，上海社会科学院出版社，2008 年版，第 314—319 页。

② 韦正翔著：《国际政治的全球化与国际道德危机——全球伦理的圆桌模式构想》，北京：中国社会科学出版社，2006 年版。

③ 赵德志：《企业跨国经营伦理谈论》，载《社会科学辑刊》2002 年第 5 期。

④ 张喜民：《跨国公司在华营销的道德缺失与防范》，载《工会论坛》2005 年第 3 期。

性建议，后者则对跨国公司在华的道德问题作了比较具体的分析。此外，洪静[①]、张严[②]等也撰文分析了跨国公司在华（或发展中国家）的反伦理行为或伦理失范问题。尤其是对跨国公司的商业贿赂问题，有较多的文章进行了分析。李国蔚的硕士论文《全球化背景下中国企业伦理研究》[③] 虽然聚焦的不是跨国公司，而是中国企业，但其研究的立足点也是全球化对企业伦理产生的影响，即普遍伦理和文化多样性的冲突，指出文化冲突与融合是全球化背景下文化进步过程中的两种显著现象，企业伦理文化研究的使命就是把冲突引向融合。在此基础上，作者把研究的重点放在了中国企业的社会责任问题上，从内容建构的角度提出了一些企业伦理建构的具体层次。

（四）沟通研究

沟通是一个传播学概念，而沟通与跨文化交际学、管理学、组织行为学等结合起来，延伸出沟通的学理性概念。跨国公司的沟通研究可以从两个角度切入。一是从跨文化沟通角度。跨国经营本质上就是跨文化经营，因而跨国公司从产生那天起，就与跨文化沟通结下了不解之缘。跨文化沟通的创始人霍尔（E. T. Hall）在《无声的语言》中，首先使用了 intercultural communication 一词，认为跨文化沟通指的是不同文化之间的交流。[④]《跨文化交流》[⑤] 是美国使用最为普遍的教科书。其他著作有：布拉德福德·J. 霍尔（Brad-

---

① 洪静：《是近视？还是轻视？——跨国公司在发展中国家对商业伦理的背叛》，载《技术经济》2007 年第 3 期。

② 张严：《论跨国公司的企业伦理问题——以娃哈哈与达能公司并购为例》，载《河南工业大学学报（社会科学版）》2008 年第 1 期。

③ 李国蔚：《全球化背景下中国企业伦理研究》，苏州大学硕士论文，2005 年，中国知网博硕士论文全文数据库。

④ E. T. Hall, *The Silent Language*, Greenwich, CT: Fawcett, 1959, p. 10.

⑤ Larry A. Samovar, Richard E. Porter and Lisa A. Stefani, *Communication Between Cultures* (Third edition), Belmount, CA: Wadsworth Publishing Company, 1998.

ford. J. Hall）的《跨越文化障碍——交流的挑战》[①]，艾瑞思·瓦纳（Iris Varner）、琳达·比默（Linda Beamer）的《全球化工作环境中的跨文化沟通》等[②]。20世纪90年代以来，中国的跨文化传播研究主要集中在翻译中的跨文化问题、商业与跨文化问题、跨文化交际、跨文化心理、不同文化间的比较、跨文化传播等。尤其值得注意的是跨文化研究中的传播障碍分析、"误读"现象和跨文化传播的文化伦理等研究对本书有较大的借鉴意义。国内研究跨文化沟通的著作有：胡文仲的《文化与交际》、《跨文化交际学概论》[③]、关世杰的《跨文化交流学》[④]、林大津的《跨文化交际研究》[⑤]、林大津、谢朝群的《跨文化交际学理论与实践》[⑥]、王宏印的《跨文化沟通》[⑦]和贾玉新的《跨文化交际学》[⑧]等。有关跨文化沟通的论文也不胜枚举，这些论文大多集中在文化差异、影响机制及消解机制研究方面，主要以文化概念为基础来进行比较分析，这些差异包括思维方式、信仰（宗教）、价值观（价值体系）、世界观、伦理（规范）、风俗习惯、禁忌、制度、礼仪、仪式、语言、非语言等，通常是通过比较上述概念范畴中的文化差异来理解人际交流中的文化差异，尊重差异，减少误解和冲突，增加交流和沟通的效益。在跨文化研究中，也不可避免会涉及到全球化与文化的本土化之间的关系，有关这方面的讨论和争论很多，如郭慎之主编的《全球化与

---

① ［美］布拉德福德·J. 霍尔编，麻争旗等译：《跨越文化障碍——交流的挑战》，北京：北京广播学院出版社，2003年版。

② ［美］艾瑞思·瓦纳（Iris Varner）、琳达·比默（Linda Beamer）著：《全球化工作环境中的跨文化沟通》，上海：上海外语教育出版社，2006年版。

③ 胡文仲著：《跨文化交际学概论》，北京：外语教学与研究出版社，1999年版。

④ 关世杰著：《跨文化交流学》，北京：北京大学出版社，1995年版。

⑤ 林大津著：《跨文化交际研究》，福州：福建人民出版社，1996年版。

⑥ 林大津、谢朝群著：《跨文化交际学：理论与实践》，福州：福建人民出版社，2005年版。

⑦ 王宏印著：《跨文化沟通》，北京：北京语言出版社，1996年版。

⑧ 贾玉新著：《跨文化交际学》，上海：上海外语教育出版社，1997年版。

文化间传播》[①]。与跨文化研究有关的还有一些伦理比较研究，如汤正华的博士论文《中西管理伦理比较研究》[②]、王建芳的《中外企业伦理建设及差异性分析》等。[③]

跨国公司沟通研究的另一个角度是从组织沟通（或组织传播）和管理沟通角度切入。跨国公司作为一个组织行为体，其沟通行为属于组织沟通。同时，沟通也是企业管理中的一个要素。20 世纪 90 年代以来，国际上比较有影响的著作主要有：美国组织沟通专家K. 米勒（K. Miller）的《组织沟通》，G. 拉姆斯登（G. Lumsden）和 D. 拉姆斯登（D. Lumsden）的《群体与团队沟通》，K. O. 洛克（Kitty O. Locker）的《商务与管理沟通》，N. B. 西格班德（Noman B. Sigband）和 A. H. 贝尔（Arthur H. Bell）的《经理人的沟通》，K. E. 史诺嘉（Kathleen E. Slaught）的《管理沟通案例》，M. E. 哈特斯利（Michiael E. Hattersley）和 L. 麦克詹尼特（Linda Mcjannet）的《管理沟通：原理与实践》，H. A. 墨菲（Herta A. Murphy）、H. W. 希尔德布兰特（Herbet W. Hildebrandt）、J. P. 托马斯（Jane P. Thomas）的《高效的商务沟通》等。国内的著作有魏江的《管理沟通——理念与技能》等。[④] 上述著作主要集中在组织沟通、管理沟通的基础性研究，且以内部沟通研究居多。

综观以往的研究，主要有以下特点：

1. 从研究的主体来看，在伦理与国际事务的研究方面，主要集中在战争伦理、核伦理、集体安全、经济制裁、人道主义干涉、民主、人权问题、环境、气候伦理等方面，对经济伦理涉及极少。在国际伦理层面，主要集中在全球伦理的论争及实现的可能性，即是

---

① 郭镇之主编：《全球化与文化间传播》，北京：北京广播学院出版社，2004 年版。

② 汤正华：《中西管理伦理比较研究》，南京理工大学博士论文，2005 年，中国知网博硕士论文全文数据库。

③ 王建芳：《中外企业伦理建设及差异性分析》，载《科技管理研究》2005 年第 10 期。

④ 卢山冰：《管理沟通——现代传播学理论最重要的跨学科发展》，载《今传媒》2006 年第 9 期。

否存在全球伦理，全球伦理能否实现，在何种层面上加以实现等；或者探讨全球伦理建构的宏观思路与原则，即全球伦理建构的原则（如和而不同、共生、平等）以及哪些道德原则可以被全球广泛接受等，但总体而言偏重理论研究，对“国际”、“全球”伦理的研究缺乏具体的研究载体和科学的实证分析，在一些深层次伦理问题的研究上还有待突破。

2. 从研究的角度来看，主要从企业伦理层面进行研究，集中在企业内部的伦理研究，即探讨企业内部的各种关系；或者是对中国企业伦理的发展研究，探讨中国传统伦理的演变与其现代生命力，当然也不乏研究当代中国企业伦理的缺失问题，这些研究往往局限于伦理学或管理学方面，较少把企业伦理问题放到国际层面加以研究，从全球化背景、国际关系角度展开研究。

3. 从研究的内容来看，国外学者主要集中研究跨国公司反伦理行为，对伦理冲突及解决途径虽有所涉及，但仍以一般伦理准则为主。无论是企业伦理、国际伦理还是跨国公司伦理的研究，在伦理研究方面，主要集中在理论层面，探讨一些伦理准则，停留在元伦理范畴，如公平、正义等，较少涉及规范和制度层面，缺乏可操作性。在跨文化沟通研究方面虽然涉及到沟通研究，但主要集中在文化差异的分析上，尤其是中西文化的差异和比较，但比较的完整性和深入性有待商榷；也有少量研究跨国公司跨文化沟通的成果，这方面以案例分析居多，但较多地集中在分析文化的表层差异上，如风俗、禁忌、礼仪、语言、沟通方式等，而其中涉及文化的核心——伦理问题的研究不多。

可以看出，国内学界大多局限于从某一学科背景出发进行研究，对跨国公司伦理或者说国际经济伦理缺乏总体把握和跨学科研究，同时，大多从理论层面进行探讨，缺乏实践层面的可操作性。因此，本书选取跨国公司这个特殊的国际关系行为主体为研究对象，从全球化背景、国际关系与国际沟通的角度对跨国公司伦理进行研究，并侧重从规范的角度研究伦理问题的具体内容，从沟通（跨国公司与利益相关者之间的沟通）角度研究伦理冲突的消弭。

三、基本观点、假设与研究方法

（一）基本观点

本书的基本观点为：跨国公司作为新兴的国际关系行为主体，在跨国经营中面临着全球经济伦理与东道国传统伦理之间的矛盾与冲突。本书以西方跨国公司在中国的经历为研究重点。西方跨国公司进入中国后，外部预先设计的通行的国际规范与中国本土的地方伦理，将发生伦理冲突，跨国公司运用国际沟通的方法和手段，能有效地减少冲突，增加共识，从而建构起融合了全球性与地方性特征的跨国公司伦理体系。中国代表了广大的以发展中国家、新兴市场、转型经济为主要特征的国家，这些国家正处于市场经济发展的早期阶段，传统伦理与现代伦理、本土伦理与西方伦理的碰撞十分激烈，伦理问题更为严重，因而具有一定的代表性。研究西方跨国公司的经验与教训是为了更好地为中国企业所用。对中国这类新兴市场国家来说，在“走出去”过程中同样面临本土传统伦理与通行的国际规范之间的碰撞与冲突，也需要在本土化与全球化之间寻求伦理的融合。

（二）基本假设

1. 在全球化背景下，任何国际关系主体在经济、文化等各个领域都将面临全球化与地方化之间的矛盾，在伦理领域同样存在着全球化与地方化之间的矛盾。

2. 跨国公司作为新兴的国际关系行为主体，面临着通行的国际规范与东道国地方伦理之间的矛盾与冲突，且因其跨国特性而表现得更为明显。出于开展国际商务的需要，跨国公司必须建构起一种兼具全球性与地方性特征的跨国公司伦理体系，也即实现全球伦理与地方伦理的融合。

3. 在全球伦理与地方伦理融合的过程中，沟通的作用至关重要，因为跨国公司与东道国利益相关者之间的沟通可以有效地减少伦理冲突，增加共识，从而促进双方伦理的融合。

4. 跨国公司的沟通机制不仅对西方跨国公司进入其他新兴市场具有借鉴意义，而且对成长中的中国跨国公司“走出去”也有启示作用。

（三）研究方法

1. 本书的理论分析框架源于建构主义理论。本书从思想、观念、原则和规范等出发来研究国际关系，从本体论上看是理念主义而非物质主义，意味着对于建构主义的赞同。如知识对人的建构一样，规范也是一种建构，个体通过社会实践建构整体，整体可以从总体上建构个体，是一种个体与整体间的互动与建构。[①] 因此，行为体的伦理（观念的其中一个范畴）虽然作为深嵌于社会政治结构，具有很强的稳定性与惯性的原则性、集体性规范，但仍然可以被建构。也正如建构主义所遵循的那样，本书的研究也倾向于方法论集体主义（区别于理性主义所主张的方法论个体主义），即规范、观念、文化以及主体间信念决定了个体的身份与利益、动机与行为。[②]

2. 伦理学研究方法。在一般伦理学研究中，有三种彼此相关的研究方法，即描述方法、规范方法和分析方法。[③] 在研究跨国公司伦理时，要把三种方法结合起来，才可能得到比较清楚的答案。规范要以实证为基础，实证也离不开规范的指导。但由于跨国公司伦理属于应用伦理学范畴，因此更倾向于实践层面。本书从制度和规

---

① 高尚涛：《规范的含义与作用分析》，载《国际政治研究》2006 年第 4 期。

② 苏长和：《理性主义、建构主义与世界政治研究》，载《国际政治研究》2006 年第 2 期。

③ 陆晓禾著：《经济伦理学研究》，上海：上海社会科学院出版社，2008 年版，第 87—90 页。

范入手，通过国际规范的归纳和演绎（发现）国际经济伦理，当然，如果能通过跨国公司本身的制度和规范进行观察和实验（证实）跨国公司伦理，则更为完整。

3. 实证研究。在分析伦理冲突以及沟通部分，主要采用案例分析。案例研究可以考察跨国公司伦理冲突方面的第一手资料，为公司伦理的建构提供理论支持，使研究更贴近现实状况。通过分析与跨国公司伦理问题相关的案例，进一步论证本书的主要问题与假设。本书选取了长安福特、广州标致、华立、中海油、力拓、谷歌等公司的典型案例，并从伦理冲突、沟通、融合等多角度进行案例分析。

4. 历史研究与系统分析。列宁指出："在分析任何一个社会问题时，马克思主义理论的绝对要求，就是要把问题提升到一定的历史范围之内。"① 跨国公司伦理作为一种社会意识形态，不仅要受到一定社会的政治经济关系的制约，而且必然受到上层建筑和社会意识形态其他因素，如法律、哲学等的影响。因此，研究中西方的企业伦理思想都必须联系当时社会的历史条件，进行全面的综合的考察。在历史研究中还结合了系统论的观点，即在分析社会伦理、经济伦理以及企业伦理的演变方面，把伦理、文化以及社会环境与市场（企业）、国家（政府）和社会几者之间的关系作为一个整体进行系统研究，把跨国公司与利益相关者以及东道国作为一个整体进行系统研究。

5. 跨学科交叉研究与比较研究。考虑到跨国公司伦理的概念涉及到多个学科，这个问题的复杂性也决定了解决问题需要综合多个学科的理论和方法，因此需要对问题从理论上进行交叉学科分析，同时由于涉及跨国公司与东道国，因此还要进行跨文化比较研究。尽管研究伦理问题侧重于整体性的分析，但是每一特定

① 《列宁选集》第2卷，北京：人民出版社，1972年版，第512页。

的伦理观念和任何一国的伦理都带有自身独特的文化背景和根源，因而跨文化比较研究是必要的。在分析伦理冲突的原因方面，借助比较分析，进行西方企业伦理（规范）与中国的本土伦理之间的比较研究。

6. 简明图表分析。本书在多处运用图形和表格，以说明全书内在的逻辑关系，或是对某一部分的内容进行综合分析与归纳，比如在冲突和沟通部分。

四、结构安排

全书分为八章。

第一章是全书分析的基础，即介绍基本概念和相关理论。

第二章考察关于跨国公司的国际伦理规范（或是与跨国公司有关的国际规范）。本书试图以规范研究来替代伦理分析。在论述全球伦理与地方伦理这两者之间的关系之前，首先要弄清楚现有的全球伦理是什么，具体到跨国公司，即关于跨国公司的国际规范有哪些。

第三章分析中国的具体背景，即作为跨国公司东道国的地方伦理部分，从政治、经济、文化、法律、舆论等社会大环境，到社会伦理、经济伦理和企业伦理的伦理环境，再到东西方文化、企业伦理的比较分析，这些差异分析也为全球伦理与地方伦理的冲突提供了深层次的原因分析。

第四章分析西方跨国公司在中国遭遇的伦理冲突。正是由于全球伦理与地方伦理之间有较大的差异，因此跨国公司在东道国必然遭遇伦理冲突与困境，这部分的分析从四个利益相关者展开，以典型伦理问题为分析点。

第五章从理论层面分析沟通对于跨国公司伦理融合与建构的作用和意义，从沟通的信度、效度和限度分别展开。

第六章从实践层面对跨国公司与四个利益相关者之间的沟通要

点和沟通方式进行具体分析。

第七章归纳了中国企业“走出去”过程中面临的伦理冲突问题。

第八章分析了西方跨国公司在华伦理冲突与沟通的理论与实践对中国企业“走出去”的启示，并对全球化背景下中国跨国公司伦理的建构提出了自己的观点。

本书的逻辑思路如下图所示：

分析框架示意图

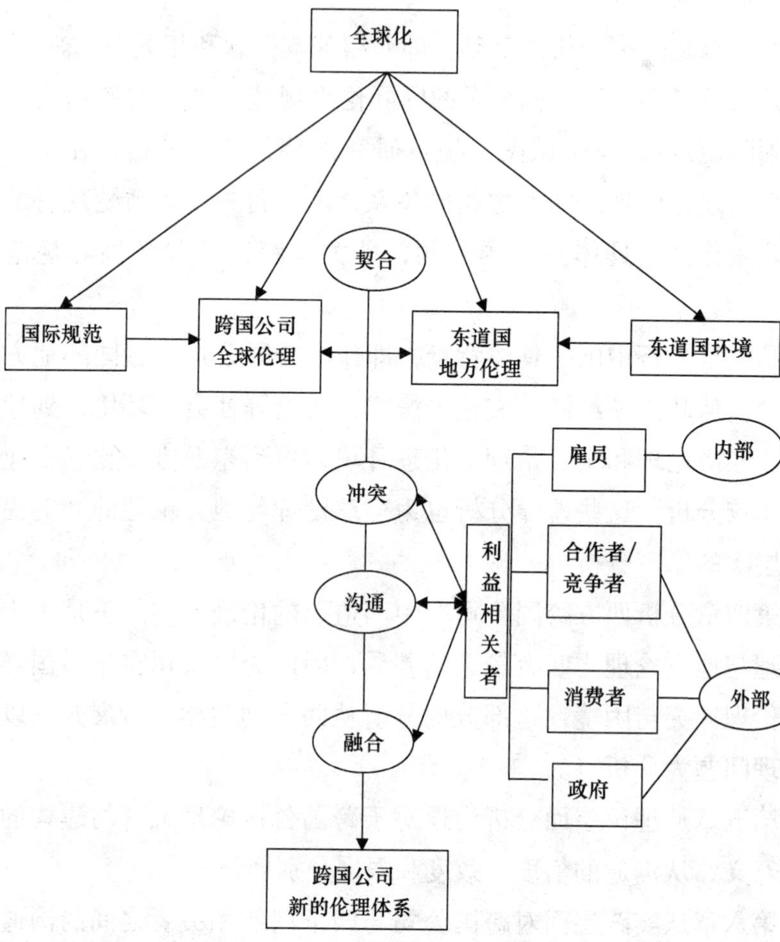

第一章
跨国公司伦理问题概述

本章包括基本概念和相关理论两部分，是本书分析的理论基础。全球化、跨国公司、伦理与沟通是本书的四个核心概念，全球化理论、国际关系理论、企业伦理理论以及沟通理论等相关理论构成了本书的理论基础。

第一节　跨国公司伦理的概念界定

一、全球化、跨国公司、伦理与沟通等基本概念

（一）全球化

"全球化"（globalization）是一个范围很广的概念，大多数学者认为，全球化主要是指经济全球化。经济全球化概念的提出起源于经合组织（OECD）前首席经济学家S. 奥斯特雷（S. Ostry），主要是指生产要素在全球范围内的广泛流动，实现资源最佳配置的过程。[①] 随着对全球化问题研究的深入，世界范围内不同政治倾向的人士对经济全球化的性质作了种种界定。例如，发达国家的一些政治家和学者竭力宣扬经济全球化的超国家、超阶级性，认为经济全球化的实质是"无国界经济"，整个世界成为一个"地球村"；另一方面，国

① 据称S. 奥斯特雷在1990年首先采用全球化的概念，也有观点认为全球化的概念最早是在1985年由T. 莱维特在其《市场全球化》一书中提出的，参见马来西亚第三世界研究网络出版的《第三世界的复兴》第74期。转引自刘力、章彰著：《经济全球化：福兮？祸兮》，北京：中国社会出版社，1999年版，第1页。

际上一些左翼人士则把经济全球化与资本主义的扩张联系起来，认为全球化即西方化，是资本主义发展的一个阶段。美国著名社会学家罗兰·罗伯森（Roland Robertson）曾指出："作为一个概念，全球化既指世界的压缩，又指认为世界是一个整体的意识的增强。"[①]根据这个定义，经济全球化一方面是指全球范围内经济活动的空间和时间的压缩，另一方面是指地球上的不同国家、民族和企业形成了一个经济共同体，在经济发展上存在着"一荣俱荣，一损俱损"的关系。总体而言，全球化指的是产生于20世纪40—50年代、形成于70—80年代、盛行于90年代的国际资本大循环、国际经济大分工和生产、贸易的一体化，及其对世界政治、文化和社会生活的全面渗透。[②]

全球化可以从多种角度来理解：从经济上说，全球化意味着跨国公司、国际资本、全球贸易，即生产和流通过程的国际化；从政治上说，是原有的民族国家不再是自明的分析单位，跨国家、跨地区的国际组织在全球事务中的作用日益增强；从文化上说，则是全球化的文化市场的形成，消费主义的全球性蔓延。在本书中，全球化这个概念主要指的是经济领域的全球化，同时也包含着全球化对其他领域的影响，尤其是文化和价值观方面。

全球化与国际化。1995年出版的英国《科林斯商务词典》将国际化和全球化等同看待，在很多时候，这两者可以通用，但从本质上说，全球化与国际化是两个不同概念，在英语中也分别用 globalization 和 internationalization 来表达。全球所涵盖的范围比国际要大，前者超越国界，立足于全球性，而后者强调国家主权，立足于国与

① ［美］罗兰·罗伯森主编，梁光严译：《全球化：社会理论与全球化文化》，上海：上海人民出版社，2000年版，第11页。

② V. Janardhan, *Globalization of Capital, Multinational Corporations and Labour: Towards a Perspective*, Economic and Political Weekly, Aug. 30, 1997.

国之间的国际性。[①] 从某种程度上说，国际化是全球化的前奏，全球化是国际化的更高阶段。

全球化与西方化。由于西方发达国家的经济发展水平远远高于发展中国家，经济全球化作为一个历史进程，是以“西方化”的方式表现出来的。换句话说，这一历史进程是由发达国家所主导的，西方是主动的，东方是被动的。但全球化不等于完全的西方化。

驱动全球化进程的引擎是跨国公司。生产、贸易的全球化、金融活动的国际化在很大程度上是由快速增长的跨国公司组织的。

（二）跨国公司

国际上给跨国公司下的定义很多，也有一些争议，比如结构标准（必须在两个以上国家）、业绩标准（国外的生产值、销售额、利润额、资产额或雇员人数达到一定比例）和行为标准（具有全球战略目标和动机或统一的决策体系）等等。[②] “跨国公司”（TNCs）又称多国公司（MNCs），一般是指以利润为导向，在多个国家设立分支机构或子公司，从事生产、销售或其它经营活动的国际企业组织形式。联合国贸易与发展会议编撰的《世界投资报告》对于跨国公司是这样定义的：跨国公司是由母公司及其国外分支机构组成的法人或非法人企业。母公司被定义为通常以拥有股本金的方式即投资来控制本国以外国家的其他实体的资产的企业。国外分支机构包括子公司、关联企业和附属机构。[③] 1986 年，联合国提出的《跨国公司行为守则》进一步以跨国公司的三方面特征来定义跨国公司，即：设在两个或两个以上国家的实体，不管这些实体的法律形式和领域如何；在一个决策体系下进行经营，能通过一个或几个决策中心采取一致对策和共同战略；各实体通过股权或其他方式形成的联

① 刘继南等主编：《国际传播与国家形象——国际关系的新视角》，北京：北京广播学院出版社，2002 年版，第 111 页。

② 王志乐主编：《走向世界的中国跨国公司》，北京：中国商业出版社，2004 年版，第 67 页。

③ 同上书，第 3 页。

系，使其中的一个或几个实体可能对其他实体施加重大影响，特别是同其他实体分享知识资源和分担责任。跨国公司具有以下特点：(1) 生产经营活动的跨国化。跨国公司对再生产周期所有的环节都进行国际化安排。它通过对外直接投资，在海外几个甚至几十个国家或地区新建或收购现有企业，利用当地资源和廉价劳动力就地进行生产、销售和其他经营活动，从而使再生产过程在很大程度上都在国际范围内实现；(2) 实行"全球性战略"。它以全球作为活动的舞台，以世界市场作为追逐的目标，其全球性战略目标就在于使整个公司取得最大限度的利润和长远的利益。因此，跨国公司在作经营决策时，不是孤立地考虑某子公司的局部得失，而是从多国或全球角度考虑整个公司的发展；(3) 公司内部一体化原则。即以母公司为中心，把遍布世界各地的分支机构和子公司统一为一个整体。

跨国公司与跨国经营有区别。跨国经营的外延比跨国公司广泛，从事跨国经营活动的企业未必是跨国公司，对企业来讲，一般是先有跨国经营活动，经过多年的积累和发展，然后才有可能成为跨国公司。[①] 跨国公司有严格的界定，到目前为止，中国被国际机构认定的跨国公司只有十几个。

（三）伦理、企业伦理与跨国公司伦理

1. 伦理与文化、道德、价值观、理念、规则

"伦理"（ethics）一词在西方来源于古希腊文，古希腊哲学家曾将其作为专门术语，用来表示某种现象的本质或实质。几经演变之后，人们逐渐开始固定用这个词来表示一个民族特有的生活习惯，表示风尚、习俗等概念，同时又有品质、德性的意思。在中国，"伦"、"理"这些字早在公元前6世纪左右就出现在早期的历

① 司岩著：《中国企业跨国经营实证与战略》，北京：企业管理出版社，2003年版，第66—67页。

史文献《周易》、《尚书》等著作中，战国末期，《礼记乐礼》中说，“乐者，通伦理者”，开始将“伦”、“理”二字连用，这里的“伦理”已含有人们之间关系的基本意思。在汉语中，“伦”指人们之间的关系，故有“人伦”一说；“理”指道理、事理，“伦理”合称即指人与人相处应当遵守的道理，或者说处理人与人之间相互关系的道德规范。[①] 伦理是包含了价值判断的道德规范，是关于善恶、是非的观念、情感和行为习惯，换句话说，伦理包括道德意识、道德关系和道德实践活动，[②] 其中道德关系又可分为四个基本层次：个人与他人的关系、个人与集体的关系、集体与集体的关系、人与自然的关系。

伦理与道德。道德的英语 virtue，有品行、品性的含义，黑格尔曾经阐述过伦理与道德的区别，就精神的发展而言，应是先有道德，后有伦理，道德和伦理是形式和内容、主观与现实、自律与他律的区别。[③] 此外，伦理的对象是社会群体而不是个体，个体的行为规范就是道德。

伦理与价值观。从观念层面上看，伦理与价值观都是包含价值判断的基本观念，但价值观比伦理的范畴更宽泛一些，价值观在内容构成上分为真假、善恶、美丑三个领域，伦理是价值观的核心，伦理是关于善恶、是非的价值观。在社会活动中，人们对真假、美丑的评判常常会加进善恶观。在经营活动中，大量的价值判断都是关于“应该不应该”，即是关于善恶的。[④]

伦理与理念。理念是一种具有鼓舞力和凝聚力的信仰，代表了

---

① 夏绪梅著：《企业伦理学——转型经济条件下的企业伦理问题研究》，北京：科学出版社，2008 年版，第 5 页。

② 魏英敏著：《当代中国伦理与道德》，北京：昆仑出版社，2001 年版，第 32—33 页。

③ 吾淳著：《中国社会的伦理生活：主要关于儒家伦理可能性问题的研究》，北京：中华书局，2007 年版，第 21 页。

④ 王小锡、朱金瑞、汪洁主编：《中国经济伦理学 20 年》，南京：南京师范大学出版社，2005 年版，第 367 页。

人们必须坚持和遵循的基本信念，这种信念虽然是非刚性的、无形的，但是它具有强大的影响力，它指导人们应该做什么和怎么做。[①]理念与伦理紧密相连。一般而言，先进的理念往往与高尚的道德水准联系在一起。但理念更强调思维层面、精神信条，而伦理则有明确的道德标准，除了观念，还有行为习惯。

伦理与规范、规则。玛莎·费丽莫（Martha Finnemore）把“规范”（norm）定义为行为共同体持有的适当行为的共同预期。[②]规范是指适当行为的标准或判断对错的原则、规则，是集体共有的行为准则。国际关系中主体间的交往会形成某些共同观念，如果共有观念被赋予行为或制度的内涵，它就成为规范，规范是行为化和制度化的共有观念。[③] 规范既可能是被强加的和没有内化的限制性规范（因果关系），也可能是已经被内化的构成性规范（非因果关系）。制度是规范的一种表现形式。建构主义称之为规范的概念与社会学称之为制度的概念实际上是同样的行为准则。根据社会学理论，规范和制度的不同之处是聚合性问题，规范指的是单独的行为准则，而制度强调的是诸多行为准则的组合与汇聚。规范与规则的区别不是很大，规范包括习俗、道德准则和正式规则。斯蒂芬·D. 克拉斯纳（Stephen D. Krasner）在给国际机制下定义时曾指出，规范是以权利和义务定义的行为标准；规则是对行为特别的指示或禁止。[④] 弗里德里希·克拉托齐维尔（Friedrich V. Kratochwil）认为所有的规则都是规范，但不是所有的规范都表现出规则的特性，有些

---

① 王志乐主编：《软竞争力：跨国公司的公司责任理念》，北京：中国经济出版社，2005年版，第19页。

② ［美］玛莎·费丽莫著，袁正清译：《国际社会中的国家利益》，杭州：浙江人民出版社，2001年版，第29页。

③ Alexander Wendt, *Social Theory of International Politics*, New York: Cambridge University Press, 1999, p. 135.

④ Stephen D. Krasner, Structural Causes and Regime Consequences: Regimes as Intervening Variables, *International Organization*, Vol. 36, No. 2, Spring 1982, p. 186.

规范具有普遍性和绝对性，因此，规则比规范更为具体化。[①] 对于国际规范的定义学术界还未形成共识，目前主要有两种认识：理性主义学派（新自由主义和新现实主义）认为，国际规范仅仅是国家利益和行为的外在表现形式，是否遵循国际规范与道德和是非无关；[②] 建构主义学派指出，国际规范是在特定的身份下，集体对不同行为者正确行为的期望。规范不仅能够约束行为者的行为，同时也能建构行为者的观念与利益。[③] 国际规范可以改变国家对国家利益的认识，改变国家偏好，使国家对国际规范产生认同，在认同基础上遵守国际规范，参与国际制度。[④]

关于伦理与规范的关系，有两种观点：一种是把规范作为伦理的一个层面来加以研究。季塔连科主编的《马克思主义伦理学》认为，道德的特殊性就在于它是以实践—精神的方式来把握世界，也即是客观性与主观性的统一。[⑤] 在伦理学中，一般把伦理分为元伦理与规范伦理两个层面，前者探讨伦理的基本概念，如公平、正义、道德等，后者探讨伦理的行为层面，如制度和规范。[⑥] 另一种观点是把伦理与规范区分开来，作为两个独立的范畴进行研究。如建构主义认为，伦理支撑和影响规范的形成，规范体现一定的价值、原则或伦理观念，规范又可以影响伦理的生成，二者互为因果，因此伦理和规范之间是相互建构的关系。本书在研究中结合了这两种观点，从规范的角度来研究伦理。在规范研究中，一类是所

---

① 惠耕田：《限制权力，为规范开辟空间——克氏规范建构主义研究》，载《国际政治研究》2005 年第 4 期。

② 秦亚青主编：《文化与国际社会：建构主义国际关系理论研究》，北京：世界知识出版社，2006 年版，第 30 页。

③ Peter J. Katzenstein，(eds)，*The Culture of National Security*，New York：Columbia University Press，1996，p. 5.

④ ［美］玛莎·费丽莫著，袁正清译：《国际社会中的国家利益》，杭州：浙江人民出版社，2001 年，第 3—7 页。

⑤ ［苏］A. H. 季塔连科主编，寓生、重耳译：《马克思主义伦理学》，上海：上海译文出版社，1981 年版。

⑥ 王海明著：《伦理学方法》，上海：商务印书馆，2003 年版，第 18—19 页。

谓的规范理论研究，主要关注“应然”，另一类是建构主义研究，探究规范的建构作用，[①] 本书属于后者。

2. 一般伦理、经济伦理、企业伦理与跨国公司伦理

在伦理研究中有两条线路：第一条是从伦理视角，遵循这样的研究线路：伦理—经济伦理—企业伦理—跨国公司伦理；第二条是从国际关系视角，遵循这样的研究线路：全球伦理/国际伦理—国际经济伦理—跨国公司伦理。

跨国公司伦理从范畴上讲属于经济伦理。在过去经济伦理的发展中，有五个层次：个人层次、公司层次、行业层次、国家层次和国际层次。[②] 一般而言，经济伦理比企业伦理的研究领域要宽，经济伦理研究宏观、中观和微观伦理，企业伦理只涉及中观伦理。经济伦理的具体理论有企业伦理、商业伦理、管理伦理、消费伦理、财政伦理、税收伦理和金融伦理等等。但在某种程度上，企业伦理接近于经济伦理，因为企业是经济活动最重要的主体，企业伦理构成了经济活动最基本的伦理关系。在西方经济伦理学中广泛使用“Business Ethics”来表述企业伦理。

跨国公司伦理从本质上讲属于企业伦理。1985 年，美国学者刘易斯（P. V. Lewis）在对 308 条关于企业伦理的定义进行分析后认为：“企业伦理是为企业及其员工在具体情景中的行为道德提供指南的各种规则、标准、原则和规范。”[③] 一定的善恶标准、道德原则和行为规范为大多数员工认同和执行，就成为企业伦理，即贯穿于企业全部行为过程中的道德意识、道德准则和道德活动的总和。关于企业伦理，学者们下过很多定义，但万变不离其宗的是对伦理的基本界定，即企业在经济活动中处理其与利益相关者关系的善恶价

① 高尚涛：《规范的含义与作用分析》，载《国际政治研究》2006 年第 4 期。

② ［美］理查德·T. 德乔治：《企业家、跨国公司以及经济伦理》，乔治·恩格勒编，锐博慧网公司译：《国际经济伦理：挑战与应对方法》，北京大学出版社，2002 年版，第 271 页。

③ 吴新文：《国外企业伦理学：三十年透视》，载《国外社会科学》1996 年第 3 期。

值取向和应遵循的行为规范。[①] 企业伦理包括价值判断和行为准则，但一般更为强调后者，其中最关键的问题是，在面临是否选择替代式的行动时，企业如何去进行取舍。在已广泛推行现代企业制度的西方社会，企业伦理问题实际上转向了在追求利润最大化时，企业行动的手段与目的合理性之间的关系问题。企业伦理分为企业道德和员工个人道德两个层次。[②] 企业伦理还可以分为劳资伦理、工作伦理和经营伦理等，或者分为发生业务活动的经济系统伦理、指导企业业务活动的组织政策和战略、企业职员个人在工作中的行为。

3. 企业伦理与企业社会责任、企业文化

企业伦理与企业社会责任。社会责任是与企业伦理密切相关的一个概念，指企业对社会负有的超越利润目标的责任和义务。企业社会责任是企业伦理的外在具体表现。从内容上看，两者是一致的，都是指企业的道德责任，但伦理还强调权利与义务两个方面，而社会责任则是强调单向的义务。从对象上看，企业伦理不仅涉及外部伦理，还涉及内部伦理，及员工的个人伦理，而社会责任则偏重外部伦理（也有内部伦理，如劳资关系），且不涉及个人责任。[③] 企业伦理与企业社会责任都包含与利益相关者的诸多关系，但社会责任强调股东以外的其他利益相关者（如员工、顾客、商业伙伴、社区、社会等）。正是由于企业伦理与社会责任的紧密联系，社会责任也将成为本书考察跨国公司伦理的一个重要维度。

企业伦理与企业文化。企业文化的内涵不仅包括价值观、行为准则、管理哲学、经营理念、企业精神等核心内容，而且包括制度和规范这些企业文化的表层现象和物化形式。价值观实际上就是企

---

① 夏绪梅著：《企业伦理学——转型经济条件下的企业伦理问题研究》，北京：科学出版社，2008 年版，第 5—7 页。

② 罗长海等编著：《企业文化建设个案评析》，北京：清华大学出版社，2006 年版，第 44 页。

③ 夏绪梅著：《企业伦理学——转型经济条件下的企业伦理问题研究》，北京：科学出版社，2008 年版，第 9 页。

业的伦理价值取向，企业价值观的核心是企业伦理观。因此，企业伦理是企业文化的核心和精髓。[①] 企业文化是指个体在某个特定企业环境中的行为方式，它所关注的实际上是企业内部员工的价值观问题，这种价值观源自个体行为，但一旦成为企业内部的共同价值观，则又对个体的行为产生巨大的影响。而企业伦理则是将整个企业看作行为主体，从企业的视角去展开企业在市场中对内对外行为的研究。在大多数公司，不管有没有明确的伦理规章，伦理氛围是可以被察觉的，雇员对什么是可接受的和什么是不可接受的行为的这种无声的理解，就是所谓的伦理氛围，它是企业文化的一部分，为企业设定伦理的基调。正是由于伦理是文化的核心部分，在很多案例分析中，文化冲突是与伦理冲突交织在一起的。

（四）沟通、国际沟通与战略沟通

沟通，原意是指“开沟而使两水相通”，后来用来指人与人彼此的关系相通。[②] 沟通不仅需要以信息交流为基础，而且常常以情感互动为润滑剂。沟通通常是为了消除冲突。美国当代著名传播学家唐·库什曼（Donald P. Cushman）等说过：“当代沟通的问题，实质上是如何保证怀有分歧观点、但又需要相互依赖的人们在解决共同问题时达成合作。”[③] 沟通除了个体之间，也发生在群体或组织之间。因此，本书所谓的沟通指的是个体与个体之间或群体与群体之间，通过传递或交换各自的意见、观点、思想、情感与愿望，从而达到相互了解、相互认识、完成组织目标的过程。[④]

沟通与传播。沟通与传播在很多时候可以通用，英语中均用 communication 表示。在传播学中，传播被定义为信息的交流与分

---

① 夏绪梅著：《企业伦理学——转型经济条件下的企业伦理问题研究》，北京：科学出版社，2008 年版，第 34—37 页。

② 《辞海》，上海：上海辞书出版社，1980 年版，第 901 页。

③ ［美］唐·库什曼、杜·卡恩著，宋晓亮译：《人际沟通论》，北京：知识出版社，1989 年版，第 10 页。

④ 黄晓晔、张阳：《跨文化管理中的沟通障碍及对策研究》，载《江苏商论》2006 年 3 月。

享。但传播更强调通过各种有效的传播途径和媒介，把有关信息传递给特定公众，传播一般都有以下几个基本要素构成，即传播者、传播内容、传播媒介、传播对象和传播过程。传播从主体来看还分为大众传播、人际传播和组织传播三种渠道。相对于传播的目的性，沟通则更注重双向对称交流。另一种观点认为，狭义的传播一般指以大众传播媒体为载体的传播活动，而沟通则形式更广泛些。①

当沟通发起者来自一个国家，而接收者来自另一个国家时，就是国际沟通（international communication），因而国际沟通是跨国界、跨民族的沟通过程。还有一种观点认为，国际沟通的“国际”在主体上以民族国家和国际组织为基本单位，② 并不包括个体和其他社会组织。本书所指的国际沟通不限定主体，即指所有跨越民族国家界限的信息传递过程。

国际沟通与跨文化沟通（intercultural communication）。国际沟通与跨文化沟通这两个概念的核心差别，是国家和文化的差别。跨文化沟通指的是：“拥有不同文化背景的人们之间的沟通。”③ 世界各国之间，文化基本上是不同的，从这个角度来说，国际沟通也就是跨文化沟通。从词义的内涵中，两者既有差异，也有相互重合的地方。有时，两者是一个实体，只不过从不同的角度看而已。④ 也有学者认为国际沟通与跨文化沟通还有研究对象的区别，前者主要研究国家和政府层面（现在增加了公司和社会组织），而后者主要研究人际层面，这是因为两个学科的起源不同，前者起源于国际政治学，后者起源于文化人类学。不过随着网络的发展使大众交流与

① 黄晓晔、张阳：《跨文化管理中的沟通障碍及对策研究》，载《江苏商论》2006 年 3 月。

② 郭可著：《国际传播学导论》，上海：复旦大学出版社，2004 年版，第 6 页。

③ 康青主编：《管理沟通教程》，上海：立信会计学院出版社，2000 年，第 304 页。

④ 参见关世杰：《试论国际传播研究与跨文化交流研究的异同与互补》，郭镇之主编：《全球化与文化间传播》，北京：北京广播学院出版社，2004 年版，第 321—323 页。

人际交流融为一体，在国际沟通中，跨国公司、个人的作用日益增强，[①] 因此主体的差别已日益模糊。本书认为，国际沟通与跨文化沟通主要是界限的区别，国际沟通侧重不同民族国家之间，跨文化沟通则侧重不同文化之间。但无论是国际沟通还是跨文化沟通，冲突与融合是它的主旋律。它包含着全球化与地方化、同质化与异质化两种文化力量的对峙与互动。

国际沟通与国际公关。国际公共关系是公共关系在国际范围内的延伸。国际公共关系是指公司、机构或政府与他国公众之间为达到相互理解、相互支持而进行的一系列有计划的、有组织的宣传、传播活动。这些公众是指被特定公司、机构或政府活动影响的、或能够影响上述组织活动的各种团体。[②] 国际公共关系的主体是公司、机构或政府等社会组织，客体是他国公众（即国际公众）。一般来说，国际公共关系活动分为企业国际公共关系和政府国际公共关系两种。可见，两者之间主要是主体与对象的区别，沟通的主体包括个体层面，公关则主要指政府、企业等组织层面；公关的对象是特定群体，具有较强的目的性，相比之下，沟通的对象则要宽泛得多。此外，从时效性来说，公关更注重短期效应和即时传播效果。[③]

二、跨国公司伦理的定义、类型与特征

（一）跨国公司伦理的定义

跨国公司伦理是一种特殊的企业伦理，在企业伦理中占据重要地位，是跨越国界从事经营活动的企业所面临的特殊伦理问题。[④]

---

① 参见关世杰：《试论国际传播研究与跨文化交流研究的异同与互补》，郭慎之主编：《全球化与文化间传播》，北京广播学院出版社，2004 年版，第 326—331 页。

② Dennis L. Wilcoxetal. , *Public Relations Strategies and Tactics* (8th *Edition*), Boston: Allvn and Bacon, 2005, p. 378.

③ 此特征只是相对而言，战略公关把公关的短期效应上升到了长期的战略高度。

④ 参见［美］约翰·B. 库仑著，赵树峰译：《跨国管理：战略要径》，北京：机械工业出版社，2003 年版，第 81 页，作者提出了“国际企业伦理”的概念，本书在此基础上进行了归纳。

跨国公司伦理是关于跨国公司伦理的本质、特征及其规范的理论体系，把跨国公司与东道国的利益与伦理结合起来，形成指导跨国公司行为的基本规范。[①] 在本书中，跨国公司伦理具体指的是跨国公司处理其与利益相关者之间关系的伦理体系。

跨国公司伦理研究的是跨国公司的道德规范，既包括公司内部的伦理，也包括外部的伦理，由于本书不是纯粹研究企业伦理，而是从国际关系、国际沟通的角度来考察跨国公司这个特殊主体的企业伦理，因此研究重点侧重于外部伦理，即跨国公司与东道国各种利益相关者之间的伦理关系（也包括与雇员的关系），对其具体关系为何（规范的应然研究）虽略有涉及（例如，跨国公司应为顾客提供合理的价格、交货及时，提供使用方便、经济、安全的产品，周到的售后服务，发布真实的广告、实行质量保证制度；对供应商恪守信誉，严格执行合同；对竞争者进行公平竞争；对政府和社区执行国家的法令、法规，照章纳税，保护环境，提供就业机会、支持社区建设；对股东承担资产保值增值以及及时准确的信息披露的责任，公正合理对待投资者的利润和附加利润的分配；对社会热心关注，慷慨解囊等等），但不作深入研究。本书聚焦在伦理冲突以及如何消除冲突上（规范的建构研究）。

（二）跨国公司伦理的类型

1. 从企业伦理角度，可以将跨国公司伦理分为内部伦理和外部伦理；或是分为法人伦理和个人伦理。本书侧重于从企业外部伦理和企业法人伦理的角度分析跨国公司伦理。

2. 跨国公司伦理可以从以下四个方面展开：一是按利益关系展开，按照主要的利益相关者，如与员工、顾客、供应商、竞争者、投资者、政府、社区、环境等的伦理关系；二是按公司职能展开，

---

① 窦莉梅：《试论跨国公司的伦理问题》，新疆大学硕士论文，2004 年，中国知网博硕士论文全文数据库。

根据公司所要履行的主要职责，如在采购、研发、生产、营销、财务、人事、管理等环节中的伦理问题；三是按典型的伦理问题展开，如假冒伪劣、虚假广告、商业欺诈、不正当竞争、垄断价格、性别歧视、环境污染、回扣、偷盗商业秘密、行贿受贿、偷税漏税等；四是按基本伦理范畴展开，如公正、平等、诚实、自由、守信等几个重要的伦理范畴，[①] 关注的是经济生活中的效率与公平、独立与公正、契约与道德、信任与竞争这样一些基本伦理问题。本书拟结合其中两个方面，进行跨国公司的伦理分析。把跨国公司的利益相关者作为分析的主线，把跨国公司遭遇的典型伦理问题作为分析点。

（三）跨国公司伦理的特征

跨国公司伦理是企业伦理的一个分支，它具有一切企业伦理的特点，但又有其不同之处。

1. 跨国公司伦理具有跨国性。跨国公司伦理是在多个国家不同伦理规范、价值观冲突的基础上形成的，它不同于国内企业伦理的原因在于以下两个方面：首先，因为其经营是跨越国界进行的，不同的文化价值观和制度体系必然意味着人们不总在一个人“应该”做什么上达成共识，外派管理者人员可能会遇到当地商业惯例违背其文化敏感性及其母国法律的处境。其次，一些非常强大的跨国公司常常拥有和它们经营所在的某些东道国同等的势力和资产，这些规模大、实力雄厚的跨国公司的管理者人员在怎样运用这种力量方面则要面对富有挑战性的伦理上的两难困境。[②]

2. 跨国公司伦理具有复杂性。跨国公司伦理不单纯是一般的商业伦理关系、国与国之间的贸易关系，也不仅仅是地区同盟与同盟之间、发达国家与发展中国家之间的关系，还涉及到商业价

---

① 叶陈刚著：《公司伦理与企业文化》，上海：复旦大学出版社，2007 年版，第 14 页。

② 参见［美］约翰·B. 库仑著，赵树峰译：《跨国管理：战略要径》，北京：机械工业出版社，2003 年版，第 81 页，作者分析的是国际企业伦理的特征。

值观与多元价值观之间、跨国公司与自然界之间的关系。可以说，国际经营是影响范围最广、涉及关系最多、最难调节和控制的经济活动，因此，跨国公司伦理也是一种涵盖范围最广、涉及关系最多的道德要求。跨国公司伦理是一种跨越了企业的环境因素、行业关系、内部因素、行为界面和心理因素的多元价值体系，它超越道德说教和一般的规范管理，是对于信念、利益的合理定位、选择和体验的过程。跨国公司伦理涉及微观层面、中观层面和宏观层面的诸多伦理问题，包含了企业伦理、经济伦理、社会伦理和国家伦理等多个层次，体现了全球普遍伦理、母国伦理和东道国伦理的多重特征。

3. 跨国公司伦理具有冲突性。对西方跨国公司来说，其伦理立场一般主张全球化而非本土化，在伦理标准上唯西方为尊，忽视东道国伦理差异，但在实际经营活动中又免不了“入乡随俗”，而且为了营利，其在产品和营销等方面更加注重本土化。此外，由于跨国公司在招聘员工时便注意员工的伦理与价值观方面的取向，因此跨国公司伦理呈现出内部一致性（员工之间达成高度共识，当然不同国籍之间的员工可能会产生冲突）与外部冲突性（与其他利益相关者之间）的特征。

4. 跨国公司伦理具有可建构性。与全球伦理缺失固定主体不同，跨国公司伦理有其固定主体和载体，即是其自身伦理的承担者，它容纳伦理差异、冲突与融合在一个组织内存在。此外，与国际社会的无政府状态相比，跨国公司内部的组织管理系统保证了其经营伦理的贯彻与推行。因此，在经济伦理的建构问题上，与全球伦理的原则性与理想性相比，跨国公司伦理具有很强的实践性和可建构性。

第二节　研究跨国公司伦理的理论基础

一、全球化的相关理论

全球化不是一种理论，而是多种理论的集合。有人按照对待全球化的态度，把全球化理论分为三大流派：一是马克思主义主流派，由马克思肇始，经列宁、布哈林等，直到毛泽东、邓小平，主张对全球化采用辩证的观点进行分析，兼顾国际主义与民族主义；二是当代西方新“左”派，经历了依附论、世界体系论、陷阱论、拒斥论的发展轨迹，基本上是反全球化的观点，在揭露全球化的负面影响上非常深刻，但也为不同形式的保守主义提供了依据；三是西方主流派，对全球化采取一边倒的支持态度，强调市场至上，主张实行全球治理，其基本思路是全球化即一体化、西方化、美国化，典型的代表是新自由主义的全球化理论。[①]

在全球化理论中，全球化与地方化之间的争论最为关键，主要体现在文化的一元论与多元论、文化扩张与文化主权之间的争论上。强调全球化，就必然消除本土、本民族文化的独特性，向世界主流文化认同；强调本土化，必然强调发掘本土民族文化资源。实际上这两者都有一定的偏颇。[②] 在全球化与地方化的问题上，中西方存在着一元主义与多元主义（普遍性与特殊性）的认识论差异。

在全球化与地方化、一元与多元的关系上，学者们又展开了冲突与融合之争。亨廷顿的“文明冲突论”[③] 曾一石激起千层浪，而后，文化融合论又占据了上风。融合论认为，在经济全球化打破国家和地域界限的全球化进程中，各种文化之间既有冲撞，又有融

---

① 参见程光泉著：《全球化与价值冲突》，长沙：湖南人民出版社，2003 年版，第 34—40 页。

② 刘登阁著：《全球文化风暴》，北京：中国社会科学出版社，2000 年版，第 53 页。

③ Samuel P. Huntington, *Clash of Civilizations*? Foreign Affairs, Summer, 1993.

合，而且融合的趋势不可阻挡。在全球化研究方面，持融合论观点的国内学者也越来越多，如李慎之①、汤一介②、阮炜等。③ 在全球化理论中，融合论是本书的立论基础。当然，融合是基于冲突之上的融合，历史上的文化融合—生成从来就是在冲突中展开的，或者说在冲突中融合而成。融合并不意味着趋同，也不是简单的融入，而是结合了全球与地方特征的相辅相成、和谐共处。

与文化是否相互融合的争论最有关联的问题之一，就是全球化是否意味着西方化。一些评论家认为，全球化等同于资本主义，等同于现代化和市场经济，而现代化即等同于西方化，接受市场经济的规则就是走向西方式民主和政治多元化的第一步。正如张汝伦所指出的，在中国、日本、韩国等东亚国家，"现代化等于西化，几乎成了一种集体无意识"。④ 应该说，全球化与西方化不是一个同质的概念，但西方国家主导全球化的进程却是一个不争的事实。在对待全球化与西方化的态度上存在几种不同的观点。第一种观点支持全球化即西方化，认为在文化上，全球化也表现为以西方价值观为主体的"全球化"。福山的"历史终结论"就是典型代表。在赞同观点中还有一种不像前一种那样极端，主要基于价值中立原则，认为全球化即意味着市场经济和现代化，而市场经济的竞争、趋利、开放、法制等原则是市场经济的共性和一般原则，因此我们要按照市场经济的要求与国际接轨，不用去追究全球化是否是西方化，也不用主动去扛起反西方的大旗；第二种观点则是对西方化的批判，认为不存在伦理中立的全球化，全球化也不可能使全球普惠。"文化帝国主义"和"东方主义"是比较有代表性的观点，认为全球化

① 李慎之：《全球化与中国文化》，载《太平洋学报》1994 年第 2 期。

② 汤一介：《评亨廷顿的〈文明的冲突?〉》，王缉思主编：《文明与国际政治——中国学者评亨廷顿的文明冲突论》，上海：上海人民出版社，1995 年版，第 249—258 页。

③ 阮炜：《文明的融合?》，王缉思主编：《文明与国际政治——中国学者评亨廷顿的文明冲突论》，上海：上海人民出版社，1995 年版，第 212—236 页。

④ 张汝伦：《亚洲的后现代》，载《读书》1994 年第 12 期。

是西方文化在全世界的扩张，是一种西方中心论和文化霸权、文化倾销，是对包括东方及其他非西方本土文化的压抑，也会引起发达资本主义国家文化和第三世界国家文化之间的冲突。与“文化帝国主义”相对应的是“文化孤立主义”，即反对西方化，坚持民族主义；第三种观点是辩证的观点，国内学者中，季羡林教授比较有代表性，他既反对文化上的“西方中心主义”，也并不张扬“东方中心主义”。他认为，西方文化在“征服自然”的口号中产生了很多弊端，而东方文化的“天人合一”是拯救之方，但是也要看到，东方文化正处于相对弱势的转换时期，全球化的各种观念、符号、象征、形象大都由西方意义的生产体系所制造，中国与大多数发展中国家都处于被西方主导的全球化体系“接纳”或“拒绝”的历史阶段。因此，最理想的模式就是实现费孝通先生所谓的世界多元文化的“各美其美，美人之美，美美与共，天下大同”[①]。本书赞同第三种观点。

对全球化与西方化关系的分析奠定了本书对后续一些问题的态度，比如全球伦理与西方伦理的关系，跨国公司的国际规范与西方跨国公司的规范之间的关系等等。

二、国际关系的相关理论

国际关系理论诞生的历史不长，但学说、流派极其繁多，任何一种国际关系理论都有其“伦理向度”。影响较大的有现实主义和自由主义两种。

（一）现实主义

现实主义的基本特征是：恶的人性论、国际体系无政府状态、强权—利益论和“非道德政治论”。[②] 现实主义以利益、权力的追求

① 费孝通：《创建一个“和而不同”的全球社会》，载《思想战线》2001 年第 1 期。

② 邢亚玲：《国际关系伦理浅析》，载《阴山学刊》2005 年第 3 期。

为第一目标，认为道德只有在其服务于利益、权力时才被强调，因而是一种“弱道德主义”。马基雅维利的“权力至上说”和霍布斯的“自然状态说”均强调道德“虚无性”，黑格尔的“国家利益说”、摩根索的“国家权力说”和尼布尔的“国家利己说”均强调国际道德的“相对性”。新现实主义在传统现实主义的基础上，向结构现实主义、功能现实主义做了新的拓展，并因强调谈判与合作而显得更“道德化”。[①] 现实主义学派对“人类天性与经验”给予悲观的定性，无论是单个人还是社会组织，他们的社会行为都是由利己主义所驱动，追求“私欲”的愿望要远比实现“善事”的愿望大得多。当然，现实主义也承认，任何一个民族国家的对外行为的选择都要使“利益”与“慎行”相互适应。现实主义认为，国家的利益是其最终目标，而利益是由实力所界定的，因而对实力的追求就成为国家对外行动的主导。现实主义认为，国际社会是无政府状态，缺乏达成“普遍适用原则”的机制和监督实施的愿望和能力，“国际伦理”的实现只是空谈，20 世纪初期，国际间所有建立基于伦理道德的国际和平与合作体系的努力的失败也印证了这个观点。但是，现实主义也不排斥用国际法、国际机制、国际伦理原则等手段来推进国际体系的建设。[②]

（二）自由主义

自由主义的基本特征可以概括为：善的人性论、国际秩序价值论、全球利益至上论、道德政治论。[③] 自由主义以道德追求为第一目标，因而是一种“强道德主义”。[④] 道德作为主体观念的重要组成部分，是制度建立、废除以及改进的重要动力，它影响主体对结构的态度和认识，指导物质资源的分配，规范主体间的互动关系。自

---

① 余潇枫：《伦理视域中的国际关系》，载《世界经济与政治》2005 年第 1 期。

② 张曙光、胡礼忠主编：《伦理与国际事务新论》，上海：上海外语教育出版社，2004 年版，前言。

③ 邢亚玲：《国际关系伦理浅析》，载《阴山学刊》2005 年第 3 期。

④ 余潇枫：《伦理视域中的国际关系》，载《世界经济与政治》2005 年第 1 期。

由主义学派对人的本质与本质的可变性持乐观态度。尽管他们也承认人的利己主义倾向，但认为追求“私利”与追求“理性”和履行“道德责任”反映了人的双重属性。自由主义认为，民族国家利益的最终实现，是以实现国际社会的共同利益为前提的。国家利益不仅由实力界定，同时还要由道德予以界定，无论是实力还是伦理，都是实现国家利益这个终极目标的手段，这一点与现实主义的观点是一致的。[①] 但自由主义比现实主义更强调道德的作用，这一点在新自由主义学派的学说中更为明显。以约瑟夫·奈和罗伯特·基欧汉为代表的新自由制度主义，用“多边主义”范式超越传统的“单边主义”范式，显示了较强的道德践行倾向。新自由制度主义的核心命题是国际机制能够弥补国际无政府状态的不足。而国际机制的建立就不可避免地涉及到观念的建构作用。

对于国家的对外行为是否考虑到伦理规范或受道德标准的影响，现实主义与自由主义这两大学派的立场泾渭分明，但在关于建立国际伦理体系的必要性等问题上，两者有着交叉和共同之处，因而也与其后的建构主义区分开来。

（三）建构主义

建构主义是本书分析伦理问题的重要理论基础之一。基欧汉把国际关系理论分为理性主义和反思主义两大流派，认为新现实主义和新自由制度主义理论是理性主义理论，而建构主义则属于反思主义理论。[②] 随着冷战的结束和全球化进程的不断加快，西方国际关系的主流理论——新现实主义和新自由主义开始不断受到挑战，建构主义、批判理论、后现代理论、女性理论等迅速发展，同时，在认识论上也从理性主义的价值中立（或曰价值模糊化）转变为把价

---

① 张曙光、胡礼忠主编：《伦理与国际事务新论》，上海：上海外语教育出版社，2004 年版，前言。

② Keohane, “International Institutions: Two Approaches”, in Keohane, (eds.), *International Institutions and State Power: Essays in International Relations Theory*, Boulder: Westview Press, 1989, pp. 159 – 173.

值问题重新作为关注的重点。

建构主义理论提出两个重要原则，一是反理性主义原则，即国际政治的“社会性结构决定性”原则；二是反物质主义原则，即国际政治的“社会性建构主导性”原则。[①] 建构主义的扛鼎之作是亚历山大·温特（Alexander Wendt）的《国际政治的社会理论》。温特最大的贡献在于，他指出国际体系结构有两种作用：一是限制作用（因果关系），二是建构作用（非因果关系）。尤其是建构作用，是温特分析的重点。温特的建构主义主要包含三个层次，首先，最根本的因素是共有知识或文化；其次，物质性因素也存在，但其意义有限，只有通过社会结构才能对行为体的行为起到有意义的影响；最后，社会结构的形成与存在是行为体社会实践的结果，行为体之间的互动造就了社会结构。温特的建构主义认为，文化、规范和认同（观念）是三个紧密相关、层层递进的概念。第一个概念是文化。文化通过构建共有观念或知识，塑造国家这一国际社会行为体的身份归属；行为体在社会实践活动即互动中明确彼此的身份特征，界定“自我”与“他者”，以及各自的利益，建立各种行为规范。身份决定了利益，利益决定行为。在国际关系理论中，关于文化有三种最突出的学说，即“文明冲突论”、“软力量论”和建构主义理论。“文明冲突论”认为文明的差异是今后国际冲突的根源，“软力量论”提出文化和意识形态的无形吸引力胜于军事强制力，建构主义理论则认为，信仰、规范和观念等文化内容，建构了国际政治的基本结构。第二个概念是规范。规范不仅对行为体具有因果性作用，更具有构成性影响，即规范不但能够因果性地规定行为体的外在行为，而且更重要的是“构成性”地影响行为体的内在认同。[②] 玛莎·费丽莫的著作《国际社会中的国家利益》对国际规范

---

① 余潇枫、许丽萍：《国际组织的伦理透视》，载《世界经济与政治》2002 年第 2 期。

② 郭洁敏：《论国际集体认同及其培育方向》，《国际体系与中国的软力量》（国际关系研究第二辑），北京：时事出版社，2006 年版。

塑造国家对世界的认识及其在世界中的地位作了精辟的分析。她认为，国际体系能够改变国家所需要的东西。国际体系是构成的、生成的，为行为体建立新的利益和价值。它不是通过约束具有既定偏好的国家的行为，而是通过改变偏好来改变国家行为。[①] 在规范的建构种类方面，有“内构性规范”和“外构性规范”两种，前者内在地构成事物本身，后者作为某一事物置身其中的外在结构，对该事物进行影响和渗透，最终将自己的结构特性内化到事物自身的结构中去，从而改变事物的原有结构和自身特性，比如一个国家的文化结构可以建构个体的文化认同。可见这两种规范也可以相互转化。体系结构不仅对行为产生影响，也塑造了行为体的身份，比如“我是一个应该按照这种规范行事的人”这样一个身份。规范的存在对于集体的价值显而易见。在国际合作中，在信息不对称条件下其他成员可能的机会主义行为是造成合作风险、影响合作稳定性的主要原因，规范的存在有利于减轻这种信息不对称，降低合作伙伴之间的交易成本。规范的存在也可以代替个体的理性思考，是在以前的互动中固定下来的社会选择均衡。[②] 第三个概念是观念。温特指出，观念建构利益，利益又建构权力。至于何谓观念，朱迪斯·戈尔斯坦和罗伯特·基欧汉指出，观念有三个范畴：世界观、原则化信念和因果信念。原则化信念区分对与错、正义与非正义，即是伦理。因此，伦理是观念的其中一个范畴。观念不是凭空产生的，任何观念都有其文化背景。伦理也如是。观念是客观存在的，和物质力量一样，具有制约作用。根据建构主义的分析，外构性规范影响观念，观念影响行为。外构性规范通过对行为体的观念进行影响和渗透，使自己部分或全部成为行为体观念的构成部分，或者取代

---

① 俞新天等著：《强大的无形力量——文化对当代国际关系的作用》，上海：上海人民出版社，2007 年版，第 46—47 页。

② 郑飞：《国际规范的价值与功能：个体理性视角》，载《国际论坛》2007 年第 6 期。

行为体原有的观念成为其新的观念构成要素。[①]“权力和利益是借助于建构它们的观念而发挥作用的。”[②]观念因素具有利益整合的作用。当有关国家的利益发生冲突之际，共享观念在一定程度上能够发挥聚焦预期和协调政策的作用。[③]罗伯特·杰维斯在《国际政治中的知觉与错误知觉》一书中，从国际政治心理学的角度阐述了决策者的观念体系对决策的主导作用，也揭示了国际关系中误解产生的深层原因。尽管建构主义没有意识到，共享观念的作用也是受制于国家间的权力分配关系的，行为体的权力与权力意志的规范化总是相伴存在的。[④]因此，相对于物质性因素来说，伦理是较为隐性的范畴，在承认物质结构的前提下，由文化传统、价值观念及行为规范构成的社会结构也会对行为体的行为产生影响。

由于规范在建构主义理论中的重要作用，规范建构主义使之发展到了极致。规范建构主义比建构主义更强调规范在观念建构中的作用。克拉托齐维尔（Friedrich V. Kratochwil）是规范建构主义的代表，著有《规范、规则与决策》等。克氏认为理性主义国际关系理论因其本质是功利主义分析，而无法解决从个体理性到集体理性的障碍，而规范通过实践推理决定行为的假设可以解释这个问题。克氏借助德国社会学家哈贝马斯的交流行为理论和言语行为理论，创立了规范建构主义的理论体系。规范建构主义理论的基本假定为：规则和规范帮助人们做出决定，解决冲突。人类行为是受规则支配的，规则经由推理过程塑造影响决定，因此实践推理是规则影

---

① 高尚涛：《规范的含义与作用分析》，载《国际政治研究》2006 年第 4 期。

② Alexander Wendt, *Social Theory of International Politics*, New York: Cambridge University Press, 1999, p. 135.

③ Judith Goldstein, Robert O. Keohane, "Ideas and Foreign Policy: An Analytical Framework", in Judith Goldstein, Robert O. Keohane, (eds.), *Ideas and Foreign Policy: beliefs, institutions, and political change*, New York: Cornell University Press, 1993, pp. 12, 17 – 18.

④ 参见舒建中：《解读国际关系的规范模式：国际机制诸理论及其整合》，载《国际论坛》2006 年第 3 期；高尚涛：《理想主义、现实主义、自由主义与规范研究》，载《外交评论》2005 年总第 84 期。

响决定的关键环节。在现实生活中，人们由于利益和价值观的不同而经常发生冲突。如何解决冲突成为冲突各方要解决的头等要务。规则与规范对于冲突的成功解决具有重要作用，在协商的过程中会使用规则和规范来获取同意和共识。规则和规范是通过言语行为来使用的。从某种意义上说，规范建构主义是一种应然研究，而其局限性是忽视了权力与规范的相互关系。[①] 规范建构主义与规范理论有所区别，规范理论是创制、倡导某种规范，运用的是规范性研究方法或提出规范性主张，而这些规范能否、如何为国家行为体所接受，并使规范成为国际制度的组成部分，进而影响国家对其利益的判断并指导它们的对外行为，这些问题是建构主义研究的重点，且不完全采用规范性方法，需要一定的实证研究。[②]

（四）国际政治经济学

国际政治经济学（IPE）是 20 世纪 70 年代初期发展起来的一门从政治和经济互动角度研究国际关系的新兴学科，其对于跨国公司有一定的研究。琼·斯佩罗（Joan E. Spero）指出，跨国公司与民族国家之间潜在的政策和利益冲突领域有三个：（1）跨国公司与国民经济的效率、增长及福利问题；（2）跨国公司与国家控制经济的能力问题；（3）跨国公司干预国家政治过程的问题。[③] 对上述三个领域的研究构成了关于跨国公司的国际政治经济学的主体，其核心是“跨国公司与民族国家”的关系问题。国际政治经济学的三大核心理论，是相互依存论、霸权稳定论和依附论。根据罗伯特·吉尔平的归纳，国际政治经济学关于跨国公司的理论可以被分为三大

① 惠耕田：《限制权力，为规范开辟空间——克氏规范建构主义研究》，载《国际政治研究》2005 年第 4 期。

② 张旺：《国际关系规范理论的复兴》，载《世界经济与政治》2006 年第 8 期。

③ Joan E. Spero, *The Politics of International Economic Relations*, New York: St. Martin's Press, Inc., 1981, pp. 109 – 119.

模式，即自由主义、依附论和重商主义。[①] 自由主义的代表作是雷蒙德·弗农的《困境中的主权》[②]，该理论认为，在一个经济一体化的世界上，任何国家如果脱离世界经济市场，都会付出十分沉重的代价。跨国公司已经成长为能够自我独立的行为体，在与民族国家的较量中，跨国公司处于上风。技术和产业的升级和转移将使发展中国家在经济一体化中获益，而跨国公司在其中发挥着至关重要的作用。依附论的代表作是巴西经济学家特奥托尼奥·多斯桑托斯（Theotonio Dos-Santos）的《帝国主义与依附》[③]，多斯桑托斯认为，依附的基础是国际分工，作为“帝国主义”的细胞，跨国公司不仅对依附国的经济造成了剥削，而且也对统治国的经济产生了重大影响。跨国公司的发展强化和深化了资本主义的垄断。重商主义的主要代表人物罗伯特·吉尔平在考察大英帝国和美国的霸权史后发现，对外直接投资的数量与规模同霸权的兴衰之间存在密切的联系。美国跨国公司在全球的扩张不仅有利于美国的经济利益，而且服务于美国的战略。在全球化时代，自由主义与极端全球主义在逻辑上是一脉相承的，认为跨国公司将成为民族国家的“终结者”。依附论则倾向于站在全球化的受害者和抗拒者的角度，对自由主义鼓吹的作为普世主义的全球化观念提出了批判。重商主义继续从国家、主权、霸权的角度考察全球化背景中的跨国公司。罗伯特·吉尔平认为，尽管跨国公司在国际经济事务中举足轻重，但民族国家依旧在当主角。[④]

---

① ［美］罗伯特·吉尔平著，杨宇光等译：《国际关系政治经济学》，北京：经济科学出版社，1989 年版，第 272 页。

② Raymond Vernon, *Sovereignty at Bay: The Multinational Spread of U. S. Enterprises*, New York & London: Basic Books, Inc., 1971.

③ ［巴西］特奥托尼奥·多斯桑托斯著，杨衍永等译：《帝国主义与依附》，北京：社会科学文献出版社，1999 年版。

④ 余万里：《关于跨国公司的国际政治经济学》，王缉思总主编、张宇燕主编：《中国学者看世界：世界经济卷》，北京：新世界出版社，2007 年版，第 330—338 页。

三、企业伦理的相关理论

要考察企业伦理，首要问题是解释企业伦理的必要性与重要性，关键是回答伦理与效益的关系。在传统观念里，讲求道德与追求经济效益是一对矛盾，企业除了追求利润之外别无所求。这种观点的典型代表人物是美国经济学家弗里德曼。资本主义企业早期是非常原始、粗暴和野蛮的，虽然一些企业家曾注意将企业经营与社会道德结合起来，例如福特很早就实行了日工资5美元制度，但这种做法是出于自身开拓市场的需要，不是一种自觉的道德表现。在经济不太发达的阶段，人们对经济利益看得比较重，对道德则比较忽视。但是，在经济发展到一定阶段后，社会对企业的道德问题以及由不道德行为导致的负面影响越来越关注。企业道德真正发展是在二战以后，尤其是在20世纪60年代以后。美国兴起的“道德改革运动”首先修正了“经济与道德不相容”的传统思想。美国企业经常发生一些引起社会批评的事件，主要集中在资源掠夺、环境污染、产品质量和安全、损害健康、不合理用工、危害公共利益等方面，例如70年代由“洛克希德公司事件”为代表的企业行贿和贪污事件。[①] 由此，伦理逐渐从企业外部的压力转化为内部的要求。企业伦理经营是社会和时代对企业的期盼，较有代表性的是日本学者永谷雅一提出的“经营伦理存在的五大理由”，即：企业日益失信于民、成熟社会、国际化进展、自由经济体制的推进和地球环境问题。[②] 我们有理由相信，当企业在有能力选择时，当选择同样的行为会带来同等的利润时，他们会选择更为道德的行为。毕竟企业是由人而不是野兽来运作的。在某种意义上，伦理行为解释了跨国公司的成功。没有好的产品和好的经营管理，光讲伦理不会使公司

---

① 孙明贵：《美国企业伦理管理的新措施》，载《工厂管理》2001年第5期。

② 赵德志：《现代西方企业伦理研究进展》，载《哲学动态》2004年第7期。

成功。但不讲伦理，光有好产品和精明的管理也不可能保证公司的成功。当伦理经营与短期效益相冲突时，伦理的间接收益论、长期正相关论和互为因果论提供了相关解释。间接收益论认为：伦理也是一种资产，可以带来多种间接的收益，不仅可以减少遭受起诉、法律制裁和政府限制性法规制裁的可能性，而且可以赢得利益相关者的信任和合作，从而有助于获得竞争优势。长期正相关论认为：因注重伦理而给公司带来的大量利益，足以补偿其付出的成本，尽管短期内忽视道德可能会带来更多的利润，但从长期来看，符合道德标准的做法与日渐增多的利润是一致的。互为因果论认为：伦理与经济效益两者无论是正相关还是负相关，都是难以证明的，也许正是由于高利润才能使企业具备注重伦理、承担社会责任的能力。企业要解决盈利和承担社会责任之间的困境和难题，关键在于把握其中的度，即既不放弃追求经济利益而又具有伦理意识，将利润视为重视伦理的基础，付出合理的短期成本去进行伦理建设，追求一种既能承受短期的利润压力、又能得到长期的社会效益的结果。①

伦理还与企业核心竞争力、可持续性发展密切相关。企业核心竞争力由哈默·都斯和普拉哈拉德于 1990 年在《哈佛商业评论》中首先提出，企业核心竞争力理论被称为第四代战略管理理论。核心竞争力主要不仅来自有形的资源，而且来自于无形的资源。在企业核心竞争力的几个层次中，产品是表层，制度是支撑，文化是核心。因此，加强企业伦理建设是提升企业竞争力的基石。② 这是由市场经济的特性决定的。市场经济是一种自由经济，但自由的增加同时意味着责任的增加。市场经济也是一种规范经济、信誉经济。现代市场经济的高层次竞争，其实就是经济伦理性的竞争。一个注重企业伦理的跨国公司，它的信任半径就会不断提升，交易范围就

① 战颖著：《中国金融市场的利益冲突与伦理规制》，北京：人民出版社，2005 年版，第 110—112 页。

② 袁隆成：《对我国企业伦理建设的认识》，载《华东经济管理》2005 年第 7 期。

会不断扩展，物质资本、人力资本、社会资本就会不断聚积，外部竞争力就会不断扩大，其内部凝聚力也会不断增强，就会走上一条可持续发展的道路。企业的信用、声誉是一种无形的资本、潜在的市场，是企业发展中长期起作用的因素。相反，如果跨国公司目光短浅，一切唯利是图，损害相关者的利益，逃避社会责任，不讲公德，就会断送它长期发展的根基，如美国的“安然”、“世通”等公司。

总之，伦理行为与赢利及成功不相矛盾。当跨国公司在不断扩大并日益成熟的全球经济中持续成长时，我们有理由希望它们的眼光超越自己的国界，接受伦理的拷问和要求。

在实践中，企业还受到因经济发展导致的社会压力增加、竞争加剧等外部环境因素的影响。[①] 在工业化成熟阶段，随着第三产业的迅速崛起，人们追求更高质量的生活，这就要求企业必须考虑社会成本问题和生态环境问题。尽管社会成本和私人成本的分离一直是经济学家们所热衷的话题，但是在利润最大化的假设下，二者之间的差异性概念几乎完全被忽略了。由于人们对环境破坏、技术变革的副作用和外部因素的增多越来越关切，社会成本问题已经成为社会政策的中心问题。在这种情况下，人们自然要求企业承担更多的社会责任，在私人成本和社会成本之间维持一种均衡。

正是由于伦理对于企业长远发展的重要性，伦理在企业管理中的地位不断提高，直至上升为企业的战略。弗里曼和吉尔伯特在1995年版的《管理学》中，提出将企业伦理作为管理理论的五个重点领域之一，[②] 并在《公司战略与追求伦理》一书中指出：“追求卓

① 参见王小锡、朱金瑞、汪洁主编：《中国经济伦理学20年》，南京：南京师范大学出版社，2005年版，第371—372页。

② R. Edward Freeman and Daniel R. Gilbert, Jr., *Management*, 6th ed., Englewood Cliffs, NJ: Prentice-Hall, 1995.

越实质上就是追求伦理。”[①] 肖和巴里认为：“企业通过竞争焕发活力，依靠伦理而得以生存。”[②] 管理与伦理结合也给管理思想带来了一系列深刻的变革。从以所有者为中心到注重利益相关者；从追求利润最大化到通过合乎法律和伦理的方式，提供具有国际国内竞争力、能增进社会福利的产品和服务；从“经济人”到“社会人”、“手段人”到“目的人”；从遵守法律到法律与道德并重、他律到自律；从注重目标、战略、结构、制度到强调企业价值观。[③]

新制度经济学和西方经济学的经济理论都可以为企业伦理提供理论诠释，而企业管理理论中的企业本性理论、人性假设理论、企业核心竞争力理论、利益相关者理论等也为企业伦理提供了丰富的解释。下面简要介绍企业伦理的主要理论。

（一）目的论、道义论与美德论

1. 目的论

目的论（包括伦理利己主义和功利主义）主张一个行为的对错，完全取决于该行为所实现的目的或结果。这种理论最有影响的代表人物是英国的杰米里·边沁（Jeremy Bentham）和约翰·穆勒（John Stuart Mill）。伦理利己主义承认企业追求自身利益的正当性，又要求不损人利己，主张互惠。其考虑利益的次序是：企业自身——交易诸方——更广泛的利益相关者，这正符合商业活动的逐利性和社会性特点。功利论是以行为结果来决定道德的理论，是伦理学上一个极为重要的理论。功利论认为：一种行为是否道德，完全取决于其行为的目的及结果是好是坏，而结果的好坏则视其是否符合了功利原则，即在所有可能的情况下，应尽量为所有人制造最

---

① R. Edward Freeman and Daniel R. Gilbert, Jr. , *Corporate Strategy and the Search for Ethics*, Englewood Cliffs, NJ: Prentice-Hall, 1988, p. 5.

② William H. Shaw and Vincent Barry, *Moral Issues in Business*, 5th ed. , Belmont, CA: Wadsworth Publishing Company, 1992, p. 41.

③ 参见王小锡、朱金瑞、汪洁主编：《中国经济伦理学 20 年》，南京：南京师范大学出版社，2005 年版，第 363—370 页。

大的效益，而尽量减少反效益。当代功利论者大多倾向于采用普遍功利主义原则来确定跨国公司行为的道德性。功利论认为，所谓“善”可以被描述为“效用”，功利论假定人们可以对某个决策或行为所产生的利弊后果做出权衡，可以对几种决策备选方案进行成本—效用分析，然后选择能产生最大效用的行动方案。[①] 例如，按照功利主义的观点，人们会认为偷一片面包给一个饥饿中的家庭是合乎道德的，因为吃这片面包维系了这个家庭的生存。

目的论（道德是为了长远利益）要与工具论（道德伪善论，终极目标是利益）区分开来。目的论在实践中会遇到一些困难。比如，通常极难预见到一个商业决策的所有后果，许多政策的后果不易衡量，而且常常缺少普遍的衡量单位，效益最大化的困难借助于对一些人造成很大的危害的行为才能实现，一个决策产生的效用对某个利益相关者集团内各成员是不均衡的。[②] 目的论的不足之处还在于，结果重于一切，而如何取得结果则是第二位的，它强烈地暗示根本就不存在任何内在的恶。那么，可以推测，就连人权或道德权利也并非是绝对的，因为一个人或一些人的权利可以为了效用的最大化而被剥夺。

2. 道义论（义务论）

道义论（义务论）认为评估行为的对错，不是完全由行为所造成的结果来决定，而是由行为本身所具有的特点来决定。[③] 与目的论从后果判断行为是否道德不同，道义论（义务论）是基于行为本身是否遵守了某些义务来评价人们的行为，所以道义论（义务论）通常表达为一系列的准则或义务原则。例如，一个人之所以不去偷面包，是因为偷盗本身是不道德的，即使饿死也不去偷窃。在这个

---

① 阎俊、常亚平：《西方企业伦理决策：理论及模型》，载《生产力研究》2005 年第 8 期。

② 戴维.J. 弗利切著，杨斌、石坚、郭阅译：《商业伦理学》，北京：机械工业出版社，1999 年版，第 49 页。

③ 林火旺著：《伦理学入门》，上海：上海古籍出版社，2005 年版，第 18—19 页。

例子中，禁止偷窃的道德准则普遍见诸于许多宗教的教义中，它先于不良后果的产生。因此，简单用义务论进行分析，即偷面包者违反了禁止偷窃的原则，就是不道德的。具体而言，可用权利论来分析。首先要确定这个案例里有哪些权利发生了冲突。在这个例子中，偷窃者的生存权与面包店的财产权发生了冲突，哪个权利具有优先权呢？应该说，财产权和生命权都是普遍承认的人权或道德权利，都应得到尊重，但有冲突时，一般是生命权优先于财产权。不过这样的解释显然不能够说明偷窃他人的面包具有合理性。要证明生命权重于财产权，关键是要证明他不吃这块面包就会有生命危险，而面包店损失了这块面包则不会威胁到生命。接下来要证明的是，是否偷窃是他的唯一选择？他有没有可能去工作挣钱糊口？是否可以去教堂领取一些食物？有没有慈善机构可以提供救济？如果他还有其他选择，那么他的行为就侵犯了面包店的财产权，应该视作偷窃。否则，在别无选择的情况下，不吃面包必死无疑，他的生命权就优先于财产权。可见，要使一种权利让位于另一种权利，必须满足非常苛刻的条件。义务论包括显要义务论和公平公正论等。显要义务论由英国哲学家罗斯创立，他归纳出 6 条显要的、最基本的义务：诚实、感恩、公正、行善、自我完善、不作恶，违背任何一条义务的行为都是不道德的。公平公正论的代表人物是美国哈佛大学哲学教授罗尔斯，他以自由原则和差异原则为评判标准，这意味着企业必须尊重利益相关者的自由和权利，企业不能凭借在交换中的优势地位，通过损害别人的利益而换取自身利益，尤其是不能恃强凌弱。①

还有结合了目的论和道义论的相称论，要求从目的、手段、后果三个方面来考虑某项行为是否合乎道德，能克服单纯依靠目的论

① 阎俊、常亚平：《西方企业伦理决策：理论及模型》，载《生产力研究》2005 年第 8 期。

或道义论的缺陷，促使企业较为全面地评估决策的道德性。[①]

从企业的实践来看，往往综合了目的论和义务论。公司最原始的宗旨在于赚钱，但是为什么如此多的跨国公司提出了可能增加经济成本的社会责任的概念？除了西方消费者运动产生的外部压力之外，是否还存在着内部的动力？与此有关的是，跨国公司是否在作秀？推行社会责任是否只是一种公关手段或伎俩？之所以有这些质疑，一个原因是推行这些理念的大多以国际品牌生产商为主导，零售商的动力相对不足。再比如，国际玩具零售商订立的行为守则可以说是最成熟的，部分原因在于它们的店铺在工业国家的商城中很醒目，而其声誉很容易直接影响其产品的销量。一项对部分跨国公司和社会责任国际多边组织的代表进行的调查显示，市场压力确实是跨国公司推行这些理念的主要因素，但同时道德力量也驱使他们承担更多的企业责任，这种内在的动力和根深蒂固的观念可能已不仅仅用谋利可以解释。西方社会几百年来从文艺复兴运动产生的人文主义思想还是在起作用的。

3. 美德论（德性论）

目的论和义务论着眼于行为或原则的善恶，告诉我们应当遵循什么，应当做什么的问题，美德论着眼于道德主体的内在品质的善恶，告诉我们应当成为什么样的人的问题。美德论在西方有悠久的历史，在古代的代表人物是亚里士多德，认为德性是一种习惯和品性。在中国以儒家伦理为代表。现代德性伦理学者赫斯特豪斯把德性论与规范伦理相比较，认为德性论有以下特征：（1）以行为者为中心，而不以行为为中心；（2）关心的是人的“在”的状态，而不是“行”的规条；（3）强调“我应该成为何种人”，而不是“我应该做什么”；（4）采用特定的具有美德的概念，而不是把义务的概念作为基本概念；（5）排斥把伦理学当作一种能够提供特殊行为指

① 阎俊、常亚平：《西方企业伦理决策：理论及模型》，载《生产力研究》2005 年第 8 期。

导规则或原则的汇集。当代西方学者阿拉斯代尔·麦金太尔继承和发展了亚里士多德的德性论，著有《德性之后》。罗伯特·C. 所罗门尝试运用亚里士多德的德性论解决现代商业伦理的问题，著有《伦理与卓越——商业中的合作与诚信》。他以企业为中心，研究了不同层次的德性，研究了基本的商业美德——诚实、公平、信任和坚韧，研究了企业自身的美德——友善、荣誉、忠诚和廉耻，研究了魅力超凡的美德——圣人、英雄，并且还认为企业生活中的最根本的美德是正义。

德性伦理对企业伦理的可用之处在于：（1）德性使人们正确地理解企业行为。企业行为虽然可分为企业整体行为和企业中的个体行为，但最终都是落实在个体行为上。以美德为诉求的企业在经济活动中不会局限于狭隘的私利而思考和行动，而是实现普遍的繁荣、分配上的公平和对优秀的奖励，而谋取利润只是实现这一目的的手段。美德强调合作，也不排斥竞争，真正的竞争是健康、公平和积极的，鼓励优秀、创新、效率和生产力，而不仅仅是领先对手或是消灭对手；（2）美德使经济交易成为可能。商业和美德并不对立，没有一点点信任、坦白和诚实，就不会有经济活动，商业的前提就是经营方的美德；（3）美德使经济的运行更有效率，也更为成功。一方面，美德可以降低交易成本，比如诚信可以使决策简单，减少交易费用，另一方面，美德可以使企业活动有良好的声誉，从而可以吸引更多的投资和订单。

美德论应用到企业伦理上，其一致性在于，企业是人类生活的一部分，因此也是道德生活的一部分，也即亚里士多德强调的美德的社会属性。企业道德规范是企业行为中所应遵循的伦理道德准则，德性就是企业家和员工所应具备的经济美德。因为企业伦理要处理的伦理关系需要合法、诚信、公平、健全的责任意识等整体伦理意识，但这些整体伦理意识最终还是落在企业家和员工即道德主体身上。差异性在于，人是以自己为本的，是伦理的中心，企业不是，它处在一个社会中，受到经济、政治和社会体制以及各种组织的影响。公司中的个人为实现道德准则要求行事而付出的努力至少要大于上市公司，因为资源属于股东。但这一推理并不意味着企业中的个人或公司连一般的道德约束也没有。

（二）相对论与绝对论

1. 伦理绝对论

伦理绝对论认为存在着不受文化和国家界限影响的基本道德准则，例如所有的文化都禁止杀人、起码是禁止杀自己人。

伦理绝对论也有不同层次。比如，有些认为大多数伦理的一般原则是绝对的，但是在不同环境下运用时，一些较低层次的标准可能会有不同。还有一些更加绝对的伦理绝对论者认为，所有的道德标准不论何时何地都是相同的。介于这两者之间的是第三种观点，认为最一般的道德原则是无处不在并且保持不变的，具体的道德标准也同样如此，但是这些标准也会有例外。

从道德的角度来说，它要求具有普遍性，尽管我们的社会是多样化的，但我们还是拥有大量共同的价值理念和标准，很多看似多元的伦理规范的存在前提是各种道德行为有着广泛的共同背景，它们的共同之处在于：对人类的尊重，对真相的尊重以及对他人所有权的尊重，这些都是共识。即使有重大差异和分歧，也是以共同标准和习俗为背景的，如果没有共同的标准和习俗，这些分歧不会产生也不可能就此展开讨论。

但是，在全球化背景下，由于有国家自主权，每个国家遵从超国家层面裁决的可能性是优先的，国家之间的差别比同一社会不同个体之间的差别要深远得多，建立一个适用于世界上所有人的统一道德——本质上具有多样性但是可以提供一个基本框架解决所有问题——的想法还只是一个有待实现的目标，而远非现实。但是关于企业在国际范围内的运营，所有社会都已达成共识，只是还有大量问题有待解决。在谈到企业伦理时，很多人会问的一个问题是："我应该按谁的道德行事?"或者"我应该遵循谁的伦理?"

2. 伦理相对论

伦理相对论主张每一个社会的伦理都必须被认为是合理的。例如，一国的人们认为助人自杀是不道德的，那么对他们来说在伦理上就是错误的，而另一个国家的人们认为助人自杀在道德上是正确的，那么对他们而言，这就不是不道德的。

一种解释是两种相互矛盾的道德判断没有对错之分。另一种解释是道德的判断是由文化决定的，对道德判断进行跨文化比较是没有意义的。文化的相对论导致的伦理相对论认为，不同文化以及相同文化中不同的人对某些特定问题会有不同的道德观点。举例来说，古希腊人认为杀婴没有什么不道德的，但在我们看来却是十恶不赦的。我们有些人认为堕胎是不道德的，而另一些人则认为这在道德上是允许的。在南北战争之前，美国南部很多人认为奴隶制是道德的，而很多北方人则持相反意见。这些例子都说明跨文化的甚至文化内的相对性。不同的环境、条件和信仰对不同行为有不同的道德判断。比如，对一个气候温暖且水资源丰富的社会来说，其对衣着和水资源使用的态度就会不同于另一个气候寒冷且水资源匮乏的社会。一个男多女少的国家和一个男女数量平衡的国家对一夫一妻制的看法可能也会不同。但是，有些文化差异不能也不必判断孰优孰劣（比如喜欢吃生食或熟食），在道德领域却不是这样。

伦理相对论与多元论在很多方面是一致的，相对论就是激进的多元论，即人们对道德有完全对立的观点，而很多时候，多元论指的是道德原则多元化、道德实践多元论以及自我实现多元论。

伦理相对论与绝对论应用到跨国公司伦理上，会有不同的选择。由于在文化发轫时期各个民族所处的社会历史条件不同，以及由此所决定的各民族早期物质生产方式和社会组织形态不同，认识世界和自我反省的方式不同，因而不同民族的文化模式、价值观念包括伦理观念便也有着较大的差别。长期以来，经营者在跨国经营中一直面临着母国的法律、道德准则和个人的伦理信念与东道国的社会习俗与价值标准相冲突的困境，受着如何在伦理相对论和伦理绝对论之间作出选择的困扰。这是跨国公司面临伦理冲突的根本原因。伦理相对论认为，跨国公司的经理人员必须“入乡随俗”。例如，贿赂如果在一国是可以接受的一种经营手段，那么即使这种行为在母国是非法的，跨国公司依然可以依照当地的规则办事。伦理绝对论认为，跨国公司即使在别的国家经营，也不应该参与不合伦理的行为，比如腐败、贿赂、种族隔离、奴隶制和童工等。原因在于跨国公司不是必须在那里经营，即使在那里经营，也有能力和财力来抵抗当地的这些行为，不一定要向其妥协。

但有些问题往往没有标准答案。伦理相对论会演变成“方便的相对论”，公司利用文化差异作为借口，随心所欲地使用伦理相对论的行为逻辑，比如在发展中国家雇佣童工。同样，极端的伦理绝对论也有陷阱，它很容易导致种族主义和文化帝国主义，而不是基于全人类的一些核心价值观，也即大多数文化下人们都能够接受的“伦理底线”。[①] 这就需要在伦理相对论与绝对论之间寻求某种平衡。一般而言，在不妨碍核心价值观的前提下，管理者最好尊重当地的文化传统，比如送礼是日本文化的一个重要组成部分，依绝对主义的观念，送礼是错误的，但从尊重当地习俗的伦理原则出发，则可以允许某些形式的礼物馈赠，当然关键是要提供一种特别的指导以帮助员工区分可接受的和不可接受的送礼情况。再如许多西方国家都有反对裙带关系的规章，因为其与就业机会平等的观点不同，然而在一些文化中，出于看重家庭关系的文化观念，裙带关系是被允

① Donaldson Thomas, The Ethics of International Corporate Ethics, *Business Ethics Quarterly*, 1992, 2: 271 - 81.

许的，对此也要做出综合的评估和决定。[①]

（三）利益相关者理论、关系管理理论与企业社会责任理论

1. 利益相关者理论

本书以利益相关者理论（stakeholder theory）为分析框架。利益相关者理论产生于20世纪60年代，是现代企业理论、契约理论研究的核心问题之一。与传统的股东至上主义的主要区别在于，该理论认为，任何一个公司的发展都离不开各种利益相关者的投入或参与，企业追求的是利益相关者的整体利益，而不仅仅是某个主体的利益。公司的经济活动涉及多方利益相关者，因而也必须遵循多维的伦理规范，保障相关利益人合理权益的实现。具体而言，利益相关者包括：投资者、员工、顾客、合作者/竞争者、政府/社区、资源/环境等。伊戈尔·安索夫（H. Igor Ansoff）是最早正式使用“利益相关者”一词的经济学家，在他的《公司战略》一书中，他认为“要制定理想的企业目标，必须综合平衡考虑企业的诸多利益相关者之间相互冲突的索取权，他们可能包括管理人员、工人、股东、供应商以及顾客”。1984年，美国经济学家弗里曼（Freeman）在其著作《战略管理——利益相关者方式》中给出了一个广义的利益相关者定义，认为利益相关者是“那些能够影响企业目标实现，或者能够被企业实现目标的过程影响的任何个人和群体”，这个定义将当地社区、政府部门、环境保护主义者等实体纳入利益相关者管理的研究范畴，大大扩展了利益相关者的内涵。同时，他从所有权、经济依赖性和社会利益三个角度对利益相关者进行分类。弗里曼的观点与当时西方国家正在兴起的企业社会责任的观点不谋而合，成为20世纪80年代后期、90年代初期关于利益相关者界定的一个标准范式。90年代中期，“多维细分法”在利益相关者界定中逐渐成为了最常用的分析工具。比如查克汉姆的契约型和公众型分法，米

---

① 赵德志：《企业跨国经营伦理探论》，载《社会科学辑刊》2002年第5期。

切尔的三维评分法等。[①] 总体而言，利益相关者理论对于“利益相关者”这个概念的界定具有很大的灵活性，也没有一个得到普遍认同的概念。卡罗尔和巴克霍尔茨提出两种利益相关者分类方法：一是根据利益相关者与公司关系的正式性，区分为主要的利益相关者和次要的利益相关者；二是将利益相关者区分为核心利益相关者、战略利益相关者和环境利益相关者。[②] 威勒将社会性维度引入到利益相关者的界定中，将利益相关者分为首要的社会性利益相关者（股东和投资人、普通雇员和管理者、顾客、当地社区、供应商和其他合作企业）、次要的社会性利益相关者（政府和监管机构、行政机构、社会压力群体、媒体和学术评论者、贸易团体、竞争者）、首要的非社会性利益相关者（自然环境、未来几代人、非人类物种）和次要的非社会性利益相关者（环境保护压力群体、动物福利组织）。[③] 利益相关者理论不是一个单一的理论，而是一种与宗教世界观相一致的决策观。据“国际企业、经济学和伦理学学会（IS-BEE）”所作的关于六大地区（拉美、北美、非洲、欧洲、亚太地区和日本）具有代表性的公司治理与伦理报告表明：在经济发达的北美、欧洲和日本，正有越来越多的公司采取利益相关者的全面管理模式，这也成为公司治理改革的发展趋势。[④] 从“公司治理”和组织理论角度来研究利益相关者，是近年来较为盛行的研究方向。美国至少有29个州已经采用了与利益相关者理论一致的法规，将公司董事会的关注范围扩展到许多非股东的各方，包括雇员、债权人、供应商、客户和地方社区等。同时，很多美国大公司也都在公

---

① 贾生华、陈宏辉：《利益相关者的界定方法述评》，载《外国经济与管理》2002年第5期。

② ［美］阿齐·B. 卡罗尔、安·K. 巴克霍尔茨著，黄煜平等译：《企业与社会：伦理与利益相关者管理》，北京：机械工业出版社，2004年版，第46—48页。

③ Wheeler D. Sillanpaa M., *The Stakeholder Corporation Blueprint for Maximizing Stakeholder Value*, New Jersey FT Prentice Hall Pub, 1997, pp. 56 - 88.

④ 顾逊里：《中国经济发展中的自由与责任：政府、企业和市民社会》，载《毛泽东邓小平理论研究》2006年第11期。

司规定和管理思想上接受利益相关者理论，强生公司是其中的先行者。①

2. 关系管理理论

利益相关者的界定方法对我们的启示是，不管把利益相关者界定为哪些层面，这些层面是否“等量齐观”，对不同利益相关者进行“关系管理”是企业保持可持续发展的必然选择。传播与沟通仅仅是一种手段，立体化的关系管理才是重点。“关系管理学”作为公共关系学引入的一门新学科，拓宽了公共关系的视野，揭示了“公共关系正在由以注重即时传播效果，转向以‘关系管理’的长期战略谋划和短期公关效应并重”这一发展新动向。无疑地，关系管理学也将为管理学、营销学、组织行为学、组织传播学等所有与“组织”有关的学科提供新的视野和解说方法。同时，在个体、国际等层面上，关系管理也有交融和互补作用，比如研究国际关系中个体角色的互动，以及民族关系的渊源等。在关系管理的“6C”模式中，交流和沟通作为其中的一个要素，在关系管理中起着举足轻重的作用，并与关系的冲突管理有密切的联系。② 在关系管理中，利益相关者管理是重点。利益相关者管理指企业的经营管理者为综合平衡各个利益相关者的利益要求而进行的管理活动。实证研究也表明，企业的利益相关者管理与企业经济绩效之间存在着显著的正相关关系。利益相关者管理的主要内容包括：(1) 将企业的合法收入及时在股东、债权人、供应商之间合理分配；(2) 尊重员工，创造人道化的工作环境；(3) 真正将消费者满意视作企业销售产品的最高目标；(4) 依法经营、照章纳税，并尊重生产地、销售地区居

① 诺曼·博威、保罗·瓦勒：《关于普遍道德标准的辩论》，［美］乔治·恩德勒编，锐博慧网公司译：《国际经济伦理：挑战与应对方法》，北京：北京大学出版社，2002 年版，第 196—197 页。

② 参见居延安、胡明耀著：《关系管理学》，上海：复旦大学出版社，2006 年版，关系管理的 6C 模式为：Common interest（共同利益），Communication（沟通），, Credibility（信用），Commitment（承诺），Collaboration（合作），Compromise（妥协）。

民的生活习惯和生活规律；（5）保持与相关媒体的良好合作关系；（6）在力所能及的情况下积极从事慈善事业，回报社会，树立健康的公众形象；（7）维护生态环境，注重可持续发展。[①]

3. 企业社会责任理论

企业社会责任（corporate social responsibility）区别于商业责任，是指企业除了对股东负责，还应对社会承担责任，包括遵守商业道德、保护劳工权利、保护环境、发展慈善事业、捐赠公益事业、保护弱势群体等。[②] 企业社会责任和利益相关者理论原本作为社会学和管理学交叉学科里两个相互独立的部分，前者探讨企业对社会责任所承担的责任，后者研究社会各相关群体与企业的关系。20 世纪 70 年代全球开始关注企业的社会责任。90 年代后期企业社会责任与利益相关者理论在理论研究与实证检验方面出现了互相渗透的趋势。[③] 从本质上看，利益相关者理论研究企业与利益相关者的关系问题，企业社会责任研究企业与社会的关系问题，因此两者是一个问题的两个方面，在企业社会责任理论中也采用利益相关者理论的概念，明晰企业社会责任的范围，为企业社会责任提供理论上的导引与支持，在所有的利益相关者中，只有股东并非企业的社会责任，而是企业天然的经济及契约责任，其他利益相关者都与企业的社会责任有关。企业社会责任不过是企业对非股东利益相关者的责任的另一种说法。本书在选择跨国公司的利益相关者时，更多地结合了企业社会责任理论的相关分法，由于本书不属于经济或管理研究，因此未把股东（投资者）包括在内，仅选取内部的雇员、外部的合作者/竞争者、消费者和政府等四个利益相关者进行分层

---

① 陈宏辉、贾生华：《利益相关者理论与企业伦理管理的新发展》，载《社会科学》2002 年第 6 期。

② 赵卫斌：《社会责任、利益相关者权益与市场竞争关系研究》，载《财会通讯》（综合）2008 年第 12 期。

③ 张洪波、李健：《企业社会责任与利益相关者理论：基于整合视角的研究》，载《科学学与科学技术管理》2007 年第 3 期。

分析。

在西方国家曾发起一场声势浩大的企业社会责任运动。自20世纪70年代以来，随着全球化进程，跨国公司在世界范围内开始进行生产转移。自80年代开始，在美国和欧洲的各项社会运动中，大量的舆论抨击开始指向众多跨国公司把劳动密集、污染环境以及危害健康的生产线转移到落后的发展中国家的现象。工会组织、学生组织、跨国公司的竞争企业发起了对跨国公司的批评，这一社会运动经常得到国际劳工组织、消费者运动、环保运动和女权运动支持，要求跨国公司在全球扩张的市场竞争及谋求最大经济效益的同时，必须承担其包括劳工权益保护在内的社会责任。自此，企业社会责任运动从西方向全世界扩散和渗透，为消费者个人、工会和各种各样关心劳工权利的组织、环保组织参与监督跨国公司履行社会责任的状况提供了全球实现空间。

之所以结合利益相关者理论和企业社会责任理论来分析企业的伦理，是因为，伦理和社会责任通常是不容易辨别的，公司有关社会责任的政策、程序通常反映高层管理群体的伦理价值观和决策。

四、跨国公司伦理的相关理论

跨国公司进入异国后，随之而来的就是“求助于谁的伦理”这个问题。在东道国，伦理规范和做生意方式会不同于母国。结合伦理相对论与绝对论，美国跨国公司对待伦理问题通常有以下几种主张。①

（一）“入乡随俗”（When in Rome）论

该理论认为，伦理规范是因地而异的。因此，在罗马时就要随罗马人的俗，也就是入乡随俗，依从每个国家或文化的地方习惯和

① 参见［美］理查德·T. 狄乔治著，翁绍军、马迅译：《国际商务中的诚信竞争》，上海：上海社会科学院出版社，2001年版，第12—13页。

规则。按照这种入乡随俗的主张，不存在任何普遍的道德和伦理规则。“入乡随俗”论有其合理性，比如跨国公司要遵守东道国的法律，并依从当地的风俗习惯。不过，法律、风俗习惯与道德之间，依然有重要的区别，前者可以因国而异，基本的道德却不是因国而异的。尽管某些做法在某个国家可能是道德的，而在别的国家则因环境的差异而是非道德的。比如，即使在一些实行奴隶制和种族隔离制的东道国，美国公司也不能因此而“入乡随俗”。“入乡随俗”论主张不存在任何普遍的道德和公认的准则，这是错误的。即使我们认可国际间存在着重大的道德差异，但仍有为数颇多的道德规范是一切文明社会所共有的，即使这些规范在东道国比在美国国内遭受更多的破坏。比如，所有国家都认为，一个人随心所欲地杀死另一个人是错误的，说谎与偷盗也是道德上不能接受的。此外，“入乡随俗”论不去分辨东道国不道德做法与道义上许可的习俗与在美国有什么不同，那些宣称“入乡随俗”论的人通常借口习俗的差异去做最有利可图的事情，而无视道德原则。贿赂问题也是检验“入乡随俗”论正确与否的一个实例，并不是所有开支都在道义上是正当的。

（二）“正义美国人”（Righteous American）论

该理论认为，在国外运作的美国公司应当像在美国一样，严格坚持在美国适用的行为准则。公司应当服从同一法律标准，即使那些标准在国外并未颁布。“正义美国人”的主张认为，美国的跨国公司首先是美国的公司，其次才是跨国公司的公司。因此，美国的道德标准对美国在国外的公司是适用的，要求它们在国外运作要按在美国的同一方式运作，尤其是在发展中国家，比如应当偿付近似的工资；应当推行同样的劳动保护标准；应当承认这些国家的工人和消费者的权利与美国的一样。在遭遇实际的道德冲突时，美国商家应当坚持它们的最佳见解，不能像改变其商品广告语那样改变自己的道德信念。虽然道德规范可以普遍适用，但不能得出美国的规范普遍适用于全世界的结论。比如，在美国、英国和德国，每个国家都规定了保护其人民不受伪劣药品和有害药品之害，但它们的条例却并不相同。我们可以接受“保护人民不受伪劣药品和有害药品之害”这个基本道德规范，但没有任何根据可以声称只有美国的条例在道德上是唯一正确的。这样的假定只是狂妄自大的表现。各国不同的税收系统也是如此。跨国公司的道德责任是支付公平的税额，如果在某个东道国取得这一结果的习惯方式是原先少报收入，继而交付一倍的应交税额，那就是处理纳税报告的合乎道德的做法。

（三）“天真不道德者”（Naive immoralist）论

该理论认为，来自他国的公司集团和自称全球性的众多跨国集团毋需服从任何道德标准。如果跨国公司要讲伦理的话，在竞争中就会处于不利地位。所以，服从国际商务的道德准则既不恰当，又不道德，因为每家公司都有道义责任去为其雇员、股东和同胞提供良好的福利。这种主张认为，如果他人有不义行为，自己也可以有不义行为，而不该受到他人的指责。“人皆为之”的推理在道德上是不适当的。如果“为”的是强求回扣、行贿、从事骗人的广告、骗税逃税，不难想象会有什么后果。

美国曾因以上这些国际商务伦理模式产生过争论。现在看来，由于全球化要求的统一游戏规则和公平竞争等考虑，西方跨国公司实际上更趋向于支持第二种观点，即本国论。

（四）综合契约论

托马斯·唐纳森和托马斯·邓菲在《有约束力的关系——对企业伦理学的一种社会契约论的研究》一书中提出了综合契约论的概念。社会契约是一种关于行为准则的非正式协议，这些行为准则是从人群或社会共有的目标、观念以及态度中产生的。社会契约有两种不同的形式，一种是假设的或宏观的契约，反映的是一个共同体的理性成员之间假设的协议，另一种是现存的或微观的契约，反映了一个共同体内部的一种实际的契约。综合契约论之所以是综合的，就在于它结合功利论和道义论，实现了两种不同形式的社会契约的结合。

引起伦理冲突的根本原因是文化差异的存在。如果能够消除差异或者是通过某种方式在差异的社会规范中选择出应该遵循的规范，那么就能够减少和消除冲突的发生。托马斯·唐纳森和托马斯·邓菲从综合契约论的角度，探讨了企业伦理冲突和冲突的解决，以及全球企业伦理的构建地图。作者提出了全球规范建立过程中的三个层面——道德自由空间、一致的规范和超规范①，尤其是道德自由空间，是超规范与真实规范之间的中间地带，是综合契约论的重要基础。这三个概念构成一个在全球经济交往中假设存在的一种广义契约，称为综合契约，这种社会契约以两种形式存在："假设的或宏观的契约"和"现存的或微观的契约"。②

在如何确立一种既为所有经济体普遍接受，又尊重各经济体不同文化道德差异的企业伦理规范方面，综合契约论提出了具有开创性的方法和思路，并由此奠定了其在西方现代企业伦理学领域的显学地位。③ 综合契约论的哲学基础是一种多元论和不可知论。它的理论框架是要在一个日益国际化的经济环境中阐述伦理问题，试图在地方性伦理与普遍的伦理标准之间进行调和。综合契约论将宏观契约和微观契约、理想与现实相结合，微观契约弥补了宏观契约不明确的东西。综合契约论还给出了一些当微观社会契约发生冲突时选择所要遵循的规范的优先原则或"经验法则"④。

① 按照作者的分析，这三个层面是三个从大到小的同心圆关系，见前引书第277页。

② 参见［美］托马斯·唐纳森、托马斯·邓菲著，赵月瑟译：《有约束力的关系——对企业伦理学的一种社会契约论的研究》，上海：上海社会科学院出版社，2001年版。

③ 赵德志：《全球性企业伦理规范如何可能——评唐纳森、邓斐"综合的社会契约"论》，载《社会科学辑刊》2004年第6期。

④ ［美］托马斯·唐纳森、托马斯·邓菲著，赵月瑟译：《有约束力的关系——对企业伦理学的一种社会契约论的研究》，上海：上海社会科学院出版社，2001年版，第233—240页。

五、沟通的相关理论

（一）社会学中的沟通行动理论

社会学中把沟通定位于人际沟通，沟通就是在对话中的交流。德国哲学家哈贝马斯的沟通行动理论是一种社会批判理论，属于德国法兰克福学派。哈贝马斯提出晚期资本主义社会的病症是“生活世界殖民化”，解决的根本途径就是实现交往行为的合理化。他通过三个方面提出了实现交往合理化的途径：首先，选择恰当的语言进行对话；其次，承认和重视共同的道德规范；再次，建立良好的话语环境。[①] 哈贝马斯提出两大原则作为“社会合作的基础”：一是“正义原则”，要求尊重人与人之间的差异，理解和尊重其他民族的文化，给予它们应有的权利和平等地位；二是“团结原则”，要求保障个人的平等权利，并有同情和尊重他人的义务。哈贝马斯在把他的交往行为理论引申到国际交往领域时指出：“我仍然坚持应当用相互理解、宽容、和解的立场处理不同的价值观和道德观，乃至不同文化传统之间的差异与冲突。”他提倡“话语平等”和“民主”，反对任何“强制手段”，把“相互理解”作为“国际交往的伦理原则”。[②] 理解归根结底表现为行为主体间价值观的交流，是一种沟通行为，理解能建立信任。应用沟通行动理论研究国际关系成为欧洲建构主义的特色，这种以理解具体行动意义为目的的阐释学方法（注重对行为的理解），不同于美国建构主义对行为的实证研究（注重探讨文化、身份和规范对行为体行为的影响）。沟通行为是在对话模式中进行的，沟通行动的应用研究解决了结构与行为体

---

① 梅坤：《文化对话与交往理性》，载《辽宁工程技术大学学报（社会科学版）》2009 年第 2 期。

② ［德］尤尔根·哈贝马斯，米夏埃尔·哈勒著：《作为未来的过去：与著名哲学家哈贝马斯对话》，第 133 页，转引自俞新天等著：《强大的无形力量——文化对当代国际关系的作用》，上海：上海人民出版社，2007 年版，第 155 页。

互构机制的难题。正是通过沟通行动，社会规范得以内化并再造，行为体社会身份也得以确立并延续。国际文化的制度化、国际制度的合法化以及国家的社会化都离不开国家间的沟通行动。另外，国际关系中公共领域和生活世界的存在也使得国家间沟通行动成为可能。[①] 不论沟通行为与交谈理论是达到规范的形式还是规范本身，这个理论对跨国公司的伦理问题来说有其可借鉴之处。

（二）传播学中的沟通理论

传播学中把沟通界定为信息交流。传播学是一门以人际信息交流为研究对象的新型边缘社会科学。它于20世纪40年代首先在美国兴起。行为主义传播理论、结构—功能主义传播理论和传播的过程学说是美国当代主要的传播学理论。[②] 在传播学中，传播被定义为信息的交流与分享，是人类运用符号并借助媒介来交流信息的行为与过程。[③] 交流信息的过程也就是沟通的过程。沟通与传播在很多时候可以通用，英语中均用 communication 表示。传播一般有以下几个基本要素构成，即传播者、传播内容、传播媒介、传播对象和传播过程。传播从主体来看还分为大众传播、人际传播和组织传播三种渠道。传播学中的沟通理论奠定了管理学、公共关系学中沟通理论的基础。

（三）管理学中的沟通理论

管理学中把沟通作为一个过程来研究。在企业组织中，沟通是其他所有行为的基础。企业组织的运行与管理，必须以信息交流和沟通为前提、手段和内容。商业行为不仅是自利式的策略性行为，也是一种沟通行为，只能通过理性沟通来达到商业伦理规范共识。管理沟通是现代传播学理论最重要的跨学科发展。20世纪中期，管理沟通的基本理论“组织传播”的研究开始兴起，到60—70年代

---

① 惠耕田：《沟通行动理论与国际关系研究》，载《外交评论》2006年总第89期。
② 俞景玮：《美国当代主要传播学理论概述》，载《人文杂志》1988年第3期。
③ 周庆山著：《传播学概论》，北京大学出版社，2004年版，第22页。

得到确立和成熟，从此管理沟通开始把管理学和传播学紧密结合在一起。古今中外的管理学家、企业家等都对管理沟通提出过诸多的名言，总结出了无数的管理沟通定律。如管理学大师彼得·德鲁克(Peter Ferdinand Drucker) 提出“沟通不是你在说什么，而是别人怎么理解你说的什么”，日本“经营之神”松下幸之助认为“企业管理过去是沟通，现在是沟通，未来还是沟通”等等。[①] 管理沟通的研究领域包括：利用商务沟通的各种技术手段进行跨文化沟通；企业公共关系沟通；企业 CI 沟通；商务沟通（商务谈判）；利用传播学的最新理论，结合管理学的研究进展，揭示沟通问题的内在复杂性；通过阐述构成沟通的要素——发起者、听众、目标、背景、信息（编码与译码）、媒介（渠道）、反馈和噪音，提出沟通的整体思维框架。[②] 从沟通过程的要素可以看出，这一过程存在许多环节，这些环节都有可能出现问题从而影响沟通的效果。管理学中还将沟通分为正式沟通与非正式沟通、语言沟通与非语言沟通、单向沟通与双向沟通等。

（四）公共关系学中的沟通理论

公共关系学中将沟通作为一种手段来研究。公共关系的沟通源于管理沟通，又有其显著特征。公共关系由社会组织、公众和传播三部分组成。公共关系的本质在于沟通和协调，以“沟通”为手段这一特征在于强调公共关系与政治关系、经济关系、法律关系等在中介方面的重要区别。通俗地说，公共关系就是组织与公众之间的传播沟通关系。没有沟通，主体与客体之间的关系就不会产生；缺少沟通，就会产生误解与隔阂，使关系变得疏远或松散；断绝了沟通，即使有关系，也只能是徒有虚名。[③] 企业与利益相关者之间应

---

① 曾政：《对企业管理沟通定律及其创新应用之研究》，载《消费导刊》2009 年第 7 期。

② 卢山冰：《管理沟通——现代传播学理论最重要的跨学科发展》，载《今传媒》2006 年第 9 期。

③ 蒋春堂著：《公共关系学教程》，武汉大学出版社，2003 年版，第 20 页。

进行充分的交流和沟通，以增进对共同事业发展的理解，从而实现企业与利益相关者利益的共赢。美国公共关系学者詹姆斯·格鲁尼格（James E. Grunig）等在“卓越公共关系与传播管理研究”项目中，从沟通的方向和日的两个维度，将组织和公众之间的沟通划分为四种模式。第一种模式是“新闻代理人/宣传模式”，组织往往脱离事实来夸大宣传自己；第二种模式是“公共信息模式”，组织能实事求是地向公众传播有关企业的重要信息；第三种模式是“双向不对称模式”，组织注重的是说服公众；第四种模式是“双向对称模式”，组织与公众相互理解，相互促进，形成共识，实现双赢。格鲁尼格认为，“双向对称沟通”是最理想的沟通模式。[①]

① James E. Grunig（ed.），*Excellence in Public Relations and Communication Management*，Hillsdale，NJ：Lawrence Erlbaum Associates，1992.

第二章
跨国公司国际伦理规范

对于跨国公司而言，当它们在不同的国家和地区处理跨国经营问题时，有没有什么是它们广泛接受并认可的伦理规范？国际组织、行业组织和跨国公司在形成这些经济伦理规范的过程中起了何种作用？本章主要研究跨国公司国际伦理规范，从而为跨国公司与东道国国内伦理之间的差异和冲突提供分析的基础。这里所指的跨国公司国际伦理规范，指的是关于跨国公司的国际伦理规范，是限制跨国公司自身行为的规范体系，这些规范并非全是跨国公司制定的，这是从内容上而不是从主体上来界定国际规范。对西方跨国公司来说，其公司伦理与既有的跨国公司国际规范以及西方伦理之间有着千丝万缕的联系，因此更多地表现为一种全球性特征，在全球性与地方性这两者中，本章属于“全球性”部分。

第一节　跨国公司国际伦理规范概述

国际规范是在特定的身份下，集体对不同行为者正确行为的期望。规范不仅能够约束行为者的行为，同时也能建构行为者的观念与利益。[①] 国际规范可以改变国家对国家利益的认识，改变国家偏好，使国家对国际规范产生认同，在认同基础上遵守国际规范，参

① Peter J. Katzenstein, (eds.), *The Culture of National Security*, New York: Columbia University Press, 1996, p. 5.

与国际制度。[①] 跨国公司国际伦理规范指约束跨国公司行为的伦理规范，诸如劳动时间问题、就业中的种族和性别歧视问题、经营活动的透明度问题等等，其实质是关于跨国公司的经济或经营伦理准则。

一、伦理研究与规范研究的关系

伦理是一个观念范畴，较难测量，分析其具体内容时容易不够准确和客观，因此本书把伦理研究落实到规范研究上，这主要是基于以下两个原因：

（一）建构主义关于规范与观念（伦理）关系的分析

建构主义认为，观念建构利益，利益又建构权力。至于何谓“观念“，朱迪斯·戈尔斯坦（Judith Goldstein）和罗伯特·基欧汉指出，观念有三个范畴：世界观、原则化信念和因果信念。原则化信念区分对与错、正义与非正义，即是伦理。因此，伦理是观念中一个范畴。根据建构主义的分析，外构性规范影响观念，观念影响行为。外构性规范通过对行为体的观念进行影响和渗透，使自己部分或全部成为行为体观念的构成部分，或者取代行为体原有的观念成为其新的观念构成要素。[②] 由此推理，规范与伦理之间可以互相建构。

（二）伦理学关于规范伦理的论述

按照伦理学理论，伦理可分为元伦理与规范伦理，元伦理探讨的是伦理的基本范畴，是对各种伦理学的理论、概念、论证方法等进行探讨的理论，即研究理论的理论；与元伦理相对的是规范伦理，探讨的是伦理的具体内容，研究对象是现实的道德关系，是提出和论证各种道德规范的伦理学说。规范伦理学的基本问题是回答

---

① ［美］玛莎·费丽莫著，袁正清译：《国际社会中的国家利益》，杭州：浙江人民出版社，2001 年，第 3—7 页。

② 高尚涛：《规范的含义与作用分析》，载《国际政治研究》2006 年第 4 期。

我们应该做什么或眼下这件事我们应该如何做，主要是解决一切人类活动及未来人类活动中由于利益冲突、道德难题及不同文化、意识形态等引发出的“应该”或“不应该”的问题。[①] 我们一般把规范伦理学的理论及原则运用于社会生活的各个不同领域，从而形成不同的行为规范体系。

二、跨国公司与国际伦理规范的关系

如前所述，跨国公司伦理体系的建构受到国际规范的影响和制约，这种影响直观地表现为跨国公司的企业规范一般都以通行的国际规范为蓝本，而更深层的影响则表现为国际规范影响共同体的观念的生成。除此之外，跨国公司与国际规范之间的关联关系可以归纳为：

（一）跨国公司在全球经济活动中必然要遵守国际规范

经济领域需要统一的游戏规则。融入世界体系已成为任何国家经济迅速发展的必要条件，脱离世界体系不仅会与发达国家经济的差距越拉越大，而且经济也难以获得真正独立自主的发展。

在经济全球化迅猛发展的今天，国际行为主体在国际交往中必然会产生对国际规则的需求。所谓国际规则，也就是在国际范围内约束不同行为主体活动的规范。全球化的经济活动是建立在“遵守规则”的现实基础上的，一个国家不遵守国际经济活动的基本规则，就丧失了参加全球经济活动的基本资格。中国对国际规范认同的过程也是中国融入世界以及中外互动不断加深和加强的过程。中国在加入 WTO 的谈判中曾作出两项承诺——按国际规则办事，进一步开放市场。

国家要遵守规则，企业也是如此。在经济全球化潮流的冲击

① 参见马博宣主编：《伦理学 100 题》，天津：天津人民出版社，1987 年版，第 435—437 页。

下，传统的“国内市场”与“国外市场”的界限将不复存在，因为外来的竞争随时都会在“后院”展开。每一个企业或公司所面对的都将是“国际市场”，这些企业或公司在经营时所遵循的准则和惯例都将是“国际规则”和“国际惯例”，这就意味着，企业必须熟悉和掌握这些“国际规则”和“国际惯例”，才有可能在全球竞争中游刃有余。

跨国公司需要直接针对其经营行为的国际规范。跨国公司在全球范围内开展经营业务，面临激励的竞争，且面对着各种各样的法律、社会和规章制度环境，在这些背景下，为了试图获取不适当的竞争优势，某些企业可能会无视适当的行为标准与原则，虽然这是少数企业的行为，但将会引起公众的极大关注。为此，很多企业已经作出了回应，制定了内部计划、指南和管理制度，并进行了相关的国际合作，而东道国政府、国际组织也对跨国公司的经营行为给予了共同的期望，并为企业提供了一个参照系。从 1948 年通过《世界人权宣言》开始，此进程在战后进入了发展期，建立了形形色色关于国际商务活动的国际法律与政策框架。

（二）跨国公司是产生国际规范的主体之一

当前，国际规则体系还远远滞后于公司间的国际活动。按照狄乔治的观点，指导国际商务的背景机制还未建立。但是，由相互协议去建立规则的前提和机制已经存在，并且，有产生规则本身的若干模式。[①] 国际规则主要通过几种方式产生：霸权国家提供；国家间合作；国际组织提供；个人发起。

跨国公司在国际组织产生国际规范的过程中发挥了积极作用。国际规范的产生是一个自发——引发的过程。一方面，跨国公司在世界贸易投资活动中，逐步形成一种共同遵守的规则，随后又通过

① ［美］理查德·T. 狄乔治著，翁绍军、马迅译：《国际商务中的诚信竞争》，上海：上海社会科学院出版社，2001 年版，第 48—49 页。

国家、国际机制加以制度化、法治化，主要由国际组织所通过的具有法律约束力的文件、不具有强制性约束力的建议性文件、以及国际习惯规则所构成。例如，企业社会责任已经被国际社会以国际公约和社团公约的形式固定下来，如联合国的全球契约和国际商会的契约可持续发展章程等等。另一方面，在国内法律和国际法规以及行为规则中严格界定跨国公司正式责任的做法也在不断扩展，这些原则作为一个整体对跨国公司的行为产生了深远影响。例如，美国的法律中包含许多对垄断形成、剥削、欺诈和舞弊的抑制，以及对不受约束的资本主义所引起的对社会、环境、消费者和工人的伤害的抑制，这些抑制和再分配机制也逐渐推广到其他国家。此外，随着国际社会中诸多利益相关者对跨国公司监督力度的加强，越来越多的跨国公司建立了自己的全球经营守则。

（三）跨国公司通过全球经济活动推进和强化国际伦理规范

在全球化与贸易自由化的背景下，跨国公司以它独特的运作方式，重复和强化国际立法和规则中蕴含的一些基本理念，跨越国界推行国际公认的规则和标准，强化各种国际机制。国际传播的信息发送者中，跨国公司的作用日益增强。跨国公司在客观上（或是主观上）起到了文化和价值观传播的作用。文化传播的途径有很多，而在全球化的背景下，跨国公司充当了文化传播这样一个角色。经济全球化打破了民族国家、政治制度、宗教信仰、意识形态的限制，促进了资本、信息、技术、人员在全球的自由流动。西方的经济理念、行为方式和经营管理模式通过跨国公司这一载体进入发展中国家。这种影响体现在更深刻、更隐蔽的层次上，体现在不同文化价值观的相互关系中。与此同时，经济行为对主体的思维方式、生活方式、伦理道德和价值观的影响最终也会过渡到文化和社会领域。跨国公司在开展经济活动中进行的价值传播更具有隐蔽性。它具有无形和无声的特点，以经济为先锋，使东道国在不知不觉中接受了跨国公司母国文化的核心价值观。[①] 当今世界上越来越多的企业注重企业文化建设，而大多数跨国公司都把企业价值观作为企业文化的核心。这个企业价值观是以母国的文化为基础的。跨国公司在注意学习东道国文化的同时，也在以独特的方式传播着以本国的优势价值观为核心的价值观。跨国公司通过整个商品生产链，进一步通过其商品和广告、公关等手段，将其价值观和理念延伸到东道国的工厂乃至整个社会。除了无形和无声的渗透，跨国公司的传播有时也带有一定的强制性。全球化对跨国公司的赋权，显示了资本对权力的控制。跨国公司可以通过它的购买力、在经济领域的膨胀能力，把它的理念、价值观和道德标准，进行一种强制的推行。比如，通过国际协议和国家间协议进入政府高层，通过培训等影响到有关管理人员和普通工人，通过媒体等影响社会公众。跨国公司推行生产守则的做法一般是：最初只限于它们品牌的工厂，而且是各公司单独的行动，后来发展到一定程度的联合行动，同时谨慎而积极地向本公司生产商的企业之外的当地社会推进，比如资助对工人的培训、宣传等等。[②] 可以预料，跨国公司通过理念传播对东道国社会的影响和改变会越来越大。

跨国公司之所以不遗余力地推进国际规范在东道国的传播，也是由于这些规范较多地体现了西方价值观。

（四）跨国公司遵守国际伦理规范仍有一定限度

尽管存在着管理跨国公司伦理行为的众多协定和组织，但由于一些原因，削弱了这些国际规范对跨国公司的影响。最直接的原因，是这些国际规范大多为非强制性的，只是指导性意见西方法学者称之为软性规则。其根本原因在于规范与利益的冲突。绝大多数国际规范是在政府间达成的，而不是跨国公司自己制定的，但是跨

① 韦云龙：《跨国公司文化传播的三大特点》，载《求实》2000年12月。

② 谭深、刘开明主编：《跨国公司的社会责任与中国社会》，北京：社会科学文献出版社，2003年版，第193页。

国公司却受参与这些规范制定的政府的管辖。而各国对这些国际规范的态度也因立场、利益不同而有所保留，并不是所有国家都签署这些国际规范，各国政府往往反映它们自己的地缘政治利益和文化、宗教倾向，即使作为协议方，政府也可能有意识地忽视它们。如联合国《跨国公司行动守则》，因为资本输出国和 77 国集团对于守则的内容、法律地位、与一般国际法的关系等问题的态度很不一致，多年来谈判毫无进展，自 1993 年后就被搁置了下来。① 又如 SA8000 作为全球第一个可用于第三方认证的社会责任标准，一直致力于将其纳入国际标准化组织（ISO）和国际认可联盟（IAF）系统，但均遭拒绝。同时，世界上至今没有一个国家的政府要求强制执行其标准。跨国公司对这些国际规范的态度也要一分为二。总体而言，这些国际规范为跨国公司管理者进行伦理管理提供了可靠指导。但是，在商业利益面前，有时候所有的规范也会成为一纸空文，尤其是这些规范没有强制约束力的时候。由于不存在任何国际执行机构，因此期望跨国公司遵守任何伦理行为的准则是不可能的。比如在资本主义和市场经济的样板国家美国，那场在 2002 年夏天爆发的以安然、安通公司为代表的公司丑闻，曾经对美国的公司治理等一系列制度进行了莫大的嘲讽。较为完善的各项制度并没有阻止那些掌控美国经济命脉的大公司的 CEO 们运用各种手段欺骗市场，也无法阻止得了他们患上“贪婪传染病”（格林斯潘语），他们损害公司、股东的利益，从而为自己争得暴利。此外，由于每个规范都不能向跨国公司提供一个全面的道德指南，也使跨国公司在遵守国际规范方面有些无所适从。②

① 安一丹：《论国际社会对跨国公司的法律规范》，载《甘肃政法成人教育学院学报》2005 年第 4 期。

② 参见［美］约翰·B. 库仑著，赵树峰译：《跨国管理：战略要径》，北京：机械工业出版社，2003 年版，第 91—92 页。

三、跨国公司国际伦理规范的类型

国际规范中很大一部分与伦理规范有关。在参与经济全球化过程中，我们要有相应的政策支持、法律支持和伦理支持。相对于政策和法律来说，伦理是一种“软性支持”，但伦理作为处理人与人、人与社会之间关系的规范和准则是不可或缺的。国际规范中诸如劳动时间问题、就业中的种族和性别歧视问题、经营活动的透明度问题等等，有许多实际上就是经济或经营伦理准则。本书只研究与伦理有关的国际规范。

（一）按规范的具体内容划分

国际规范有“超规范”与“道德自由空间的规范”之分。① 可以把通行的国际规则分为两类：一类是反映市场经济运行机制的客观规律的经济伦理观念，这些伦理观念是市场经济运行机制客观规律要求的反映，是遵守“游戏规则”的重要保证，比如诚信。按照综合契约论的观点，这一类可称之为“超规范”。另一类则是建立在不同文化、不同国情基础上的，具有各民族特点的经济伦理观念，这些伦理观念对一个国家来说有合理与不合理之分，比如消费伦理、人权问题等等。这一类可称为“道德自由空间的规范”。如果把道德的和不道德的活动范围比作“白色圈”和“黑色圈”的话，“道德自由空间的规范”大多处在这两个极端之间的领域，即伦理界限不清的“灰色圈”中。正是这种暧昧色彩成为伦理决策的难题。②“超规范”与“道德自由空间的规范”之间的重合部分就是一致的规范。

---

① 参见［美］托马斯·唐纳森、托马斯·邓菲著，赵月瑟译：《有约束力的关系：对企业伦理学的一种社会契约论的研究》，上海：上海社会科学院出版社，2001 年版。此书中作者提出了“超规范”和“道德自由空间”等概念。

② 陆晓禾著：《走出“丛林”：当代经济伦理学漫话》，武汉：湖北教育出版社，1998 年版，第 145 页。

1. “超规范”

当跨国公司面对伦理困境时，超规范会规定起码的标准，例如，全世界的化工厂都必须执行的安全底线。如果杜邦公司在韩国工厂的规范低于这种起码的标准，它们就不可能成为合法的规范。判断合法性超规范的证据包括：（1）观念层面：一种广泛的共识即认为该原则是普遍的；被国际媒体一致作为全球伦理标准提及；得到相关的国际专业人员如会计或环境工程师共同体的普遍支持；与重要哲学的格言、大宗教的戒律一致；与有关普遍人类价值的发现一致。（2）文本层面：得到重要的国际组织如国际劳工组织或“透明国际”的支持；得到地区性政府组织如欧共体、经合组织或美洲国家组织的支持；是著名的全球性行业标准的组成部分；得到全球性企业组织如国际商会或考克斯圆桌会议的支持。（3）政治和法律层面：得到许多不同国家的法律支持。[①] 当跨国公司自身规范与超规范发生冲突时，也表明跨国公司主动违反了通行的国际经济伦理。这一类伦理冲突相对比较简单，在跨国公司刚刚起步阶段比较常见，而现在随着企业对伦理问题的日益重视已越来越不多见。

2. “道德自由空间的规范”

这是一种更难的情况，即合法规范也许不是唯一的，不同国家或地区的两个标准都不违背普遍原则，也即都符合国际超规范，同时又是在不同的道德自由空间里（不同的国家有不同的道德自由空间，在自己的空间内合法地行动），本来互不相干，但对于跨国公司来说却会遭遇两种规范的交织。当跨国公司遇到不同的合法规范的冲突时（比如母国和东道国、国际组织和国内规范），任何一方都不能宣称具有完全的优先权，在相互竞争的合法规范中究竟服从哪一个，需要管理者做出决策。这是一种跨国公司遭遇的被动的两

① 参见［美］托马斯·唐纳森、托马斯·邓菲著，赵月瑟译：《有约束力的关系：对企业伦理学的一种社会契约论的研究》，上海：上海社会科学院出版社，2001年版，第248页。

难的冲突，也是跨国公司伦理冲突的主要方面。

国际规范还有中性与非中性之分。所谓的中性规范，指规范对所有人或组织的影响和意义都是相同的，无所谓利弊，而非中性规范，指规范即使在名义上是公平、公正的，但实际上对不同的人或组织有不同的意义，比如不同的实力会影响规范的执行，从而也决定了后果和胜负。

（二）按规范的生成主体划分

跨国公司执行有关规范的先后顺序一般是：东道国法律法规—国际公认的规范—行业规范—公司守则。[①] 同理，跨国公司的规范从生成主体上可分为国际规范、行业规范和公司规范三类。

1. 国际规范

国际规范又分为示范性规范和管理性规范两个层次。示范性规范鼓励所有跨国公司都来自愿遵从，并确立了政府和民众对个别跨国公司的行为进行评价的标准。这类信息会被投资者、股东和其他利益团体所采用。示范性规范为管理性规范的制度打下了基础。管理性规范也分要求自愿遵守和要求强制性服从两类，但无论是前者还是后者，对跨国公司的规定和标准更加明确。管理性规范又为国家间的示范性立法开辟了道路。[②]

国际组织是产生国际规范的主体之一。国际规范与国际组织紧密相关，比如多数跨国公司的生产守则是以联合国《世界人权宣言》和国际劳工组织的“基本劳工公约”（Fundamental ILO Conventions）为蓝本的。国际组织如联合国促成了许多国际协议，这些规范和协议被认为是适合国际经济关系和活动的。当今国际社会上的国际组织绝大多数都是经济组织，这些国际经济组织以

① 谭深、刘开明主编：《跨国公司的社会责任与中国社会》，北京：社会科学文献出版社，2003年版，第26页。

② ［美］理查德·T. 狄乔治著，翁绍军、马迅译：《国际商务中的诚信竞争》，上海：上海社会科学院出版社，2001年版，第320—321页。

及其他一些相关组织，通过一系列的国际条约，将国际经济领域的国际法原则、规则和惯例加以规范化，使各国在国际经济机制上达成了一定的共识，也在一定程度上限制了跨国公司的自私行为。

2. 行业规范

除了国际规范，行业规范也是规范跨国公司行为的一个重要影响因素。在某些情况下，一个行业内的企业（除了企业团体，有时也是由与企业相关的政府机构、非政府组织、职工和消费者代表构成的团体）联合起来达成自愿行为准则的协议，来定义全行业都适用的标准。通常，企业的这种举动能够先于政府干预生效，而且通常具有更强的约束力。以玩具行业的规范为例。《国际玩具商协会商业行为守则》是国际玩具商协会（International Council of Toy Industries，简称 ICTI）制定的玩具行业商业行为规范。国际玩具商协会是由世界上不同国家和地区的玩具行业协会组成的行业联合组织，总部设在伦敦，目前已有美国、英国、澳大利亚、巴西以及中国、中国香港等 19 个国家和地区的玩具组织参加了该协会。2002 年该守则正式出台，并于 2003 年 11 月开始认证工作，其称谓也于 2004 年 9 月从 ICTI-COBP 改名为 ICTI CARE Process。其中 CARE 分别代表：C-Caring（关爱社群），A-Awareness（知情觉物），R-Responsibility（责任承担），E-Ethics（商业操守）。该守则订立的宗旨是：倡导玩具厂商经营业务符合社会责任标准，达到合法、安全、卫生的要求。为此，守则中贯穿了三大原则，一是“三不用”原则：不用未适龄童工、不用强迫劳工、不用囚工；二是“四不拘”原则：不拘性别、不拘种族、不拘宗教、不拘社团归属；三是工厂奉行环保法规原则。非会员公司为会员公司承制产品，以及有关的供货公司也必须坚守这三大原则。《国际玩具商协会商业行为守则》由员工、工作场地、遵循情况三部分共 21 条组成。虽然篇幅不大，但覆盖了用工、工作时间、工资与补偿、歧视、设施、福利、工业安全、食宿环境、医疗服务、情况检查与处理等许多方面的问题。《国际玩具商协会商业行为守则》已被众多国际玩具大买家采纳，其中包括世界第一大玩具商美泰、第二大玩具商“孩之宝”以及“乐高”、Funrise、Radica 等世界著名的玩具采购商。同时，ICTI 认证已不局限于玩具行业，还涉及到服装、印刷等许多行业，如德国零售业外贸协会、英国印刷业协会、法国零售协会、欧洲外贸商协会、英国主要零售商 ARGOS 等。[①] 中国是全球最大的玩具出口国，广东省号称“世界玩具之都”，因此这个行业规范对中国玩具企业的影响也是显而易见的。

3. 公司规范——生产守则

一般跨国公司都有企业自身的伦理规范，而这类规范的产生深受前两者（国际规范、行业规范）的影响，同时又与前两者一起构成了跨国公司行为规范的主要内容。

跨国公司自身的规范主要表现为企业生产守则。20 世纪 90 年代初跨国公司开始了生产守则运动，尤以世界驰名的国际品牌为主，这主要是由于西方消费者运动的压力。为了维护品牌形象和市场竞争的需要，西方发达国家内的品牌制造商与零售商纷纷开始制定“公司生产守则”（corporate codes of conduct）。这些生产守则通常以联合国《世界人权宣言》和国际劳工组织的“基本劳工公约”为蓝本，承诺承担社会责任、遵守投资所在国的相关法律、维护劳工权益、改善劳动条件，并要求其承包商与转包商遵循同样的生产行为规范。1991 年，美国牛仔裤品牌商 Levi-Strauss 在被消费者攻击其产品是在“血汗工厂”生产之后，率先制定生产守则。此后，劳动密集型产业，尤其是服装、运动鞋与玩具制造业中的品牌制造商与零售商，如 Nike，adidas，Reebok，Wal-Mark，Disney，the Gap，

---

① 殷格非等主编：《企业社会责任行动指南》，北京：企业管理出版社，2006 年版，第 179—180 页。

Pentland，Kathy Lee 等等，也分别制定了生产守则。[①] 但是，这些生产守则通常是由发达国家的大型跨国公司自行负责制定、解释、实施并监测，因而缺乏来自外部的独立监督。20 世纪 90 年代中期以后，出现了包括跨国公司、工会组织、消费者组织、非政府组织、人权组织在内的生产守则多边机构，对跨国公司整个商品供应链的生产行为进行独立的社会监督，这类生产守则主要包括英国的“道德贸易基本守则”（Ethical Trading Initiative Base Code），欧洲的“洁净衣服运动”（CCC）发起的“成衣业公平贸易约章”（the Fair Trade Charter for Garments），美国“社会责任国际”（SAI）组织发起的“社会责任 8000 认证”（SA8000），美国“公平劳工协会”（FLA）通过的“工作场所生产守则”（Workplace Code of Conduct）。[②]

由于在国际规范、行业规范和公司规范中，国际规范对跨国公司的影响最为全面和深远，因此下节重点考察跨国公司的国际规范。

第二节　跨国公司国际伦理规范的主要内容

弗雷德里克（Frederick William C.）在 1991 年曾经概括过国际上对跨国公司的伦理规定，包括《联合国世界人权宣言》、《联合国关于跨国公司行为守则》、《欧洲人权协定》、《国际商会国际投资指南》、《经济合作与发展组织跨国公司企业指南》、《赫尔辛基最终法案》、《国际劳工组织关于跨国公司与社会政策原则的三方宣言》等

① 杰克·波莱特：《论公司的沟通：从沟通的伦理到伦理上的沟通》，［美］乔治·恩德勒编，锐博慧网公司译：《国际经济伦理：挑战与应对方法》，北京：北京大学出版社，2002 年版，第 222 页。

② 谭深、刘开明主编：《跨国公司的社会责任与中国社会》，北京：社会科学文献出版社，2003 年版，第 7—9 页。

六个规范。弗雷德里克提出，既然所有这些伦理规范和指南都没有同时出现在一项国际公约中，那么就应将这些伦理规范视为“一个整体”。[①] 事实上，现有的国际规范远远不止这些。

目前，国际社会已建立了一系列关于跨国公司的行为规范，这些规范既涉及保护跨国公司的基本生存与发展利益的内容，也包含了对跨国公司在人类生存环境、劳动者权利、市场有序公平竞争、经济持续发展等方面引起的问题进行控制的内容。国际社会在现有的框架内对跨国公司的有限管制主要集中在以下几个方面：对跨国公司所有权的限制；遵守东道国政府的政策；金融管制；扩大技术转让；限制性商业惯例；避免行贿受贿的措施；解决投资争端的国际协定；资料公开；环境保护的国际管理；就业和劳资关系。[②] 国际组织是产生国际规范最重要的主体之一，因此研究国际组织相关规范可以对跨国公司国际规范有一个较为全面的了解。

国际组织产生的这些国际规范按主体分，可以分为国际政府组织的规范、国际非政府组织的规范等；按内容分，可以分为综合性规范、单一性规范等；按性质分，可分为原则性规范和操作性规范等。

跨国公司国际规范的产生有三个基本理论根据：一是来自诸如劳动权利和安全权利等与基本人权相关的道义原则，从中引申出跨国公司的义务，这方面的代表如唐纳森。二是从社会基本道德和市场道德中引申出跨国公司的基本伦理规范。如鲍维伊认为，社会基本道德是民主。所有国家都自称是民主国家，但概念不同。因此必须找出任何社会都须遵守的基本规则，如不说谎、不谋杀等。如果社会基本道德侵犯市场道德，跨国公司应该遵守市场道德，如信任

---

① Frederick William C., *The Moral Authority of Transnational Corporate Codes*, Journal of Business Ethics, 1991, 10: 165-77.

② 徐明星：《浅析对跨国公司的法律管制》，载《湖南经济管理干部学院学报》2004年第2期。

和信用等，即便他们的社会道德概念不同。① 三是来自国际商务交往中的历史经验，例如，由于跨国公司常常忽视其在所在国的经营对环境的影响，所以一些国际协定就规定了跨国公司在环境方面的义务。② 概而言之，这些规范的基础源自以下信念：（1）国家主权；（2）社会平等；（3）市场统一；（4）人权与人身自由。③

一、国际政府组织关于跨国公司的主要规范

（一）联合国（UN）

1.《跨国公司行动守则（草案）》（Code Of Conduct On TNCs，70s，综合性规范）

联合国跨国公司委员会（U. N. Inter-governmental Commission On Transnational Corporations）成立于1974年，是联合国经社理事会的辅助机构，由48个成员国组成，是一个政府间永久性的组织。1994年5月在日内瓦举行的联合国跨国公司委员会第20届会议通过一项决议，建议把跨国公司委员会变成联合国贸发理事会的一个委员会，并更名为“国际投资和跨国公司委员会”（U. N. Commission on International Investment and Transnational Corporations），办公地点也由纽约迁至日内瓦。早在1977年，联合国跨国公司委员会就开始拟定《跨国公司行动守则》，由于各国对守则的内容、法律地位、与一般国际法的关系等问题存在严重分歧，使守则没有取得实质性进展，搁浅至今。但是，守则对确立跨国公司的国际规范起到了重要的影响作用。《跨国公司行动守则》由六章组成，除“前言与目的”尚未订立外，已经草拟了71条条文，具体包括：（1）政治方面，

① 陆晓禾著：《走出“丛林”：当代经济伦理学漫话》，武汉：湖北教育出版社，1998年版，第264—265页。

② 王莹等著：《现代商业之魂：商业伦理研究》，北京：人民出版社，2003年版，第391页。

③ ［美］约瑟夫·W. 韦斯（JOSEPH W. WEISS）著，符彩霞译：《商业伦理：利益相关者分析与问题管理方法（第三版）》，北京：中国人民大学出版社，2005年版。

跨国公司应尊重东道国的主权及法令，不干涉内政，遵循东道国所制订的国民经济发展目标，尊重所在国的社会及文化目标、价值与传统，尊重所在国国民的人权及基本自由，在处理其社会及劳工关系时，不得加以歧视，避免对政府官员的贿赂行为；（2）经济方面，跨国公司在东道国的经营活动尽可能多地利用当地资源，雇用当地人员，促进东道国的出口贸易，促进技术转让和技术进步，管制限制性商业行为；（3）财务金融方面，包括跨国公司与东道国就所有权及控制、国际收支与融资、转移定价及课税等方面；（4）社会方面，包括消费者保护、环境保护以及各国政府、企业主和工人的三方面关系等；（5）信息公开方面，跨国公司有责任向东道国政府和工会组织提供足够的信息资料，以使公众更多地了解公司经营状况。①

2. 《全球契约》（Global Compact，2000，综合性规范）

"全球契约"是世界上最大的自愿性的企业公民行动和权威的联合国机构。目前联合国全球契约组织拥有来自 100 多个国家的 7000 多家企业和非企业成员。"全球契约"在中国也已经有了 180 多个成员，包括中石油、中石化、中国移动、海尔、华为等国内大型企业，也包括百度等新兴互联网企业。1999 年 1 月，联合国秘书长安南在瑞士达沃斯世界经济论坛上提出了一项"全球契约"（又称"全球协议"）计划，2000 年 7 月，联合国总部正式启动这项计划。"全球契约"建立在三个原则基础上：《联合国世界人权宣言》、《国际劳工组织在工作中的基本权利和基本原则的宣言》、里约热内卢的环境与发展政策。"全球契约"要求跨国公司在各自有影响的范围内遵守、支持和施行一套在人权、劳工标准及环境方面的基本原则。该 9 项基本原则如下：人权方面：（1）企业应该尊重和维护

① 芮沐编：《国际经济条约公约集成》，北京：人民法院出版社，1994 年版，第 426—431 页。

国际公认的各项人权；（2）绝不参与任何漠视与践踏人权的行为；劳工标准方面：（3）企业应该维护结社自由，承认劳资集体谈判的权利；（4）彻底消除各种形式的强制劳动；（5）禁止使用童工；（6）杜绝任何在就业和职业方面的歧视行为；环境方面：（7）企业应对环境挑战未雨绸缪；（8）主动增加对环保所承担的责任；（9）鼓励无害环境技术的发展与推广。2004 年，又增加了第 10 项反腐败原则：企业应反对各种形式的腐败，包括敲诈勒索和行贿受贿。①

"全球契约"不是一个具有法律约束力的行为准则，只是企业出于自愿原则的一种承诺，企业可以以行政长官的名义向联合国秘书长致信，声明支持该协议并做以下承诺：声明支持"全球契约"及其 9 项基本原则，公开倡导"全球契约"，具体如下：（1）把此决定通知员工、股东、顾客及供应商；（2）将"全球协议"和 9 项原则纳入企业的发展与培训计划；（3）将 9 项基本原则写入企业宗旨；（4）在公司的年度报告及其他公开文件中表明对"全球契约"的支持；（5）发布新闻简报公开其承诺。② 企业向联合国提交的报告称为 COP（Communication on Progress），即沟通实践，是参与者对支持"全球契约"而采取的行动进行的描述。③ 但其监督机制却借鉴了许多国际法的履约做法，即"诚信措施"，按照该措施规定，参与公司如果连续两年未提交进展报告将被视为"不积极"成员，并在全球契约网站公布，暂停其使用全球契约标识和参与全球契约活动的权利，直至重新提交报告。联合国于 2008 年 1 月初宣布将 394 家公司除名，后又有 236 家公司被除名，从而使被除名的公司数量达到 630 家，其中包括 22 家中国公司。

3.《关于控制限制性商业惯例的公平原则和规则的多边协议》

---

① 殷格非等主编：《企业社会责任行动指南》，北京：企业管理出版社，2006 年版，第 88—92 页。

② 谭深、刘开明主编：《跨国公司的社会责任与中国社会》，北京：社会科学文献出版社，2003 年，第 179—180 页。

③ 《荣登联合国全球契约典范榜》，载《WTO 经济导刊》2007 年第 5 期。

(Multilaterally Equitable Principles and Rules for the Control of Restrictive Business Practices, 1980, 单一性规范)

联合国《关于控制限制性商业惯例的公平原则和规则的多边协议》是关于控制限制性商业惯例的一项多边协议。1980年4月22日在联合国控制限制性商业惯例会议上制定，同年12月5日联合国大会通过，推荐给各国政府采用。它旨在对国际贸易特别是对发展中国家的贸易和经济发展造成不利影响的限制性商业惯例加以控制。该协议不是一项有约束力的国际条约，它没有设立一个监督机构对违反协议的行为加以监督。该协议的宗旨是：确保限制性商业惯例不损害或不抵消因减少或者消除影响世界贸易的关税和非关税壁垒而得到的好处；消除可能因跨国公司或其他企业的限制性惯例而引起的对贸易和发展的不利影响，从而最大限度地有助于国际贸易和经济，特别是发展中国家的贸易和经济的发展；强化国内的以及地区性的商业惯例的法律等。该协议对限制性商业惯例作出了具体规定，企业不得采取下述两类限制性做法：一是参加卡特尔或以其他方式加强卡特尔的限制性作用。即滥用市场支配地位，包括；使用低于成本的价格消灭竞争者；订立歧视性的交易条件，以合并、合资经营等方式取得对其他企业的控制权；以及搭卖安排等等。二是限制贸易的共谋和协议，包括：规定价格的协议，串通投标的协议，划分市场的协议，分配生产定额或销售定额的协议，集体行动，如联合抵制交易，拒绝对某个进口商供货等。即滥用或谋求滥用市场支配地位，限制进入市场或以其他方式不适当地限制竞争，从而对国际贸易特别是对发展中国家的贸易及经济发展产生不利影响。协议规定，各国在发现上述限制性国际贸易做法时，应采取适当的补救措施或预防措施。

4.《反腐败公约草案》(Convention Against Corruption, 2003, 单一性规范)

2003年12月9日，来自全世界100多个国家的政府代表出席了联合国在墨西哥南部城市梅里达举行的国际反腐败高级别会议，签署了《联合国反腐败公约》该公约是联合国历史上第一项指导国际反腐败斗争的法律文件，对腐败的全球治理具有划时代意义。为应对国际商业活动中日益猖獗的贿赂行为，该公约将贿赂外国公职人员、国际公共组织官员犯罪确立为国际罪行，并要求各缔约国将该犯罪转化为国内法意义的犯罪行为。

5. 其他与跨国公司有关的联合国文件

（1）《世界人权宣言》（Universal Declaration of Human Rights, 1948，单一性规范）

1948 年 12 月 10 日，第三届联合国大会通过了《世界人权宣言》，这是有组织的国际社会第一次就人权和基本自由作出的世界性宣言，为战后国际人权活动奠定了基础，产生了深远影响，推动了国际人权事业发展进程。《世界人权宣言》是在美国人权法案、法国人权宣言和英国大宪章基础上制定的。《世界人权宣言》制定的目的是为了给所有国家的人权提供一个标准，它强调人性的尊严和价值、男女平等以及人人拥有自由的权力。《世界人权宣言》由序言和 30 条规定组成，首次明确了人权的具体内容，推动了人权概念的发展。《世界人权宣言》是在反法西斯战争胜利后不久制定的，是当时国际上各种主要政治力量斗争和妥协的产物。比较多地反映了西方国家的看法，并没有全面反映世界上所有国家在人权方面的立场。一方面，其基本内容是以资产阶级“天赋人权论”为基础的，强调人权的抽象性和普遍性，强调个人人权，并把私有财产权放在人权的首位，强调“任何人的财产不得任意剥夺”，维护有产者的利益；《世界人权宣言》把公民权利和政治权利作为重点突出强调，而不谈民族自决权、生存权和发展权等基本人权和集体人权内容。另一方面，也规定了经济、社会、文化等基本人权的内容，这是苏联等社会主义国家及广大进步力量进行斗争的结果，而非西方资本主义国家的本意。总的来说，《世界人权宣言》的权利体系失衡，它偏重于政治权利，忽视经济权利；只谈个人权利，没有谈集体权利。因此，具有很大的历史局限性。《世界人权宣言》只是联合国大会的一项决议，并不是一项国际公约，从国际法上说，它不具有法律约束力。

(2)《关于环境与发展的里约热内卢宣言》(Rio Declaration on Environment and Development，1992，单一性规范)

联合国对国际环境问题的治理一直发挥着重要作用。1972年在斯德哥尔摩举行的首次联合国人类环境大会，对于唤起国际社会重视环境保护起到了重要的作用。大会通过了三个文件：《人类环境宣言》、《行动计划》和《关于机构和资金安排的决议》，初步勾画出一套机制性的原则、准则和计划程序。联合国环境与发展大会是国际环境机制发展道路上的重要里程碑。《关于环境与发展的里约热内卢宣言》(下称《里约环境宣言》)是1992年6月联合国环境与发展大会通过的一个有关环境与发展方面的国家和国际行动的指导性文件。《里约环境宣言》又被称为地球宪章，是一项全球性的政治宣言，就环境与发展领域的国际合作规定了一般性原则，确定了各个国家在寻求人类发展和繁荣时的权利和义务，制定了人和国家的行动规范。[①]《里约环境宣言》主要适用对象是国家而不是企业。但是宣言提出的许多关于环境与发展的定义和概念对公司的可持续性发展具有前瞻性的指导作用。除了《里约环境宣言》，这次大会还通过了《21世纪议程》、《关于森林问题的原则声明》、《联合国气候变化框架公约》和《生物多样性公约》。[②]

(二) 经济合作和发展组织 (OECD)

经济合作和发展组织（下称经合组织）非常关注企业的综合性管理，其原则相对来说比国际劳工组织和联合国的全球契约所包含

① 殷格非等主编：《企业社会责任行动指南》，北京：企业管理出版社，2006年版，第126页。

② 张丽华：《规范、制度与国际秩序》，载《吉林大学社会科学学报》2007年第6期。

的内容更为广泛，包括通过与企业有关的利益群体来指定企业的管理准则、操作标准，以及税收管理、反行贿等手段来推进企业社会责任的实现；刺激科技发展和合理的科技竞争，增强无污染工业的发展，保护环境；同时也强调生产守则认证和监察方面的工作；并引导消费者的自身利益保护意识和对社会道义关注的兴趣，来促使和推进企业社会责任的推行。[①]

1. 《跨国企业指南》（OECD Guidelines for Multinational Enterprises，1976，综合性规范）

1976 年，经合组织起草了一套《跨国企业指南》，是“经济合作和发展组织宣言”（OECD Declaration）的一个部分，该宣言的其他部分与国民待遇、对企业的冲突性要求，以及国际投资的鼓励与抑制措施有关。《跨国企业指南》包括以下 10 个方面：（1）概念与原则；（2）一般政策；（3）信息公布；（4）劳资关系；（5）环境；（6）打击行贿；（7）消费者利益；（8）科学技术；（9）竞争；（10）税收。[②] 主要内容包括：企业应全面考虑东道国已制定的政策，并考虑其他利益相关者的意见，为此，企业应以实现可持续性发展为目的，对经济、环境和社会发展做出贡献；尊重受到符合东道国国际义务与承诺的企业活动所影响的人员的人权；通过与当地社区，包括商业从业者的密切合作，并通过在国内与国际市场上开展的符合合理商业惯例的企业活动，对当地能力建设予以支持；鼓励人力资本的发展，尤其是通过创造就业机会并在培训机会方面为雇员提供便利；避免寻求或接受与环境、健康、安全、劳动力、税收、财政鼓励或其它事宜有关的法规或制度框架所不予考虑的豁免待遇；支持并坚持良好的公司管理原则，发展并推行良好的公司管理方法；制定和采用有效的自律机制及管理制度，培养企业与其业

① 谭深、刘开明主编：《跨国公司的社会责任与中国社会》，北京：社会科学文献出版社，2003 年版，第 134 页。

② http：//www. oecd. org/bookshop.

务所在之社会之间的信心与相互信任关系；通过以适当方式宣传公司政策，包括通过开展培训，促进雇员了解并遵守公司政策；避免歧视，向主管公共当局如实报告违反法律、准则或企业政策行为的雇员；在可行的情况下，鼓励商业伙伴，包括供货商及分包商执行符合本原则的公司行为准则；避免介入任何当地政治活动。

2.《公司治理原则》（OECD Principles for Corporate Governance，1999，综合性规范）

1999年，经合组织制定了《世界经济合作与发展组织公司治理原则》，并力图帮助经合组织和非经合组织的政府部门更好地评估并且提升有关本国公司治理的法律、制度和监管水平，为股票交易所、公司以及其他对良好的公司治理的发展进程起促进作用的当事方提供指导和建议。虽然影响公司治理结构和决策过程的因素很多，但是该原则仅关注因所有权与控制权分离而引起的治理问题，即股东与管理层之间的关系。该原则对于与公司决策有关的其他相关问题，如环境和道德方面的因素也予以考虑，但是这些因素主要体现在经合组织的其他文件中（包括《跨国公司指南》和《防止在国际商务活动中贿赂外国公职人员的公约》）。纵观全球理论与实践的发展趋势，公司治理将不再仅仅是股东、董事会和经营层之间的权利制衡，道德治理在公司治理中将占据越来越重要的地位，是公司治理成功的关键。2004年版的《公司治理原则》在前言中指明将努力推广一种专业化的、符合伦理道德行为的价值文化，形成市场所依赖的健康机能。公司治理涉及公司的管理层、董事会、股东及其他利益相关者之间一系列的关系，尤其是大大扩展了对“利益相关者”的定义范围和重视程度。公司治理还通过公司所追求的目标、实现这些目标的手段以及监督这些目标的绩效为公司的运作提供了一套机制。[①] 该原则对公司的信息披

① 殷格非等主编：《企业社会责任行动指南》，北京：企业管理出版社，2006年版，第114—115页。

露机制也作出了具体的规定。[①]

3.《防止在国际商务活动中贿赂外国公职人员的公约》（Convention on Combating Bribery of Foreign Public Officials in International Business Transactions，1999，单一性规范）

经合组织是反对贿赂的主要组织之一，在某种程度上是由于受到美国的压力，这种压力产生于《反海外腐败法》修正案的一个条款。1994 年，经合组织发起了一项运动，旨在减少在贸易业务尤其是国际契约中发生贿赂的现象。1999 年，经合组织的一个委员会，在致力于根除贿赂的国际非政府组织"透明国际"的支持下，通过了一项决议——《防止在国际商务活动中贿赂外国公职人员的公约》，要求所有的成员国通过法律禁止它们国内的公司在国外业务中贿赂外国公职人员。[②] 但它不涉及私对私行贿，也没有涉及贿赂中的受贿方。

4. 经合组织其他与跨国公司有关的规范还有：《关于跨国公司社会责任的指南》、《电子商务背景下的消费者保护准则》、《跨国企业转移计价与税收准则》等。

（三）国际劳工组织（ILO）

1.《关于多国企业和社会政策的三方原则宣言》（Tripartite Declaration of Principles Concerning Multinational Enterprises and Social Policy，1977，单一性规范）

国际劳工组织是处理劳工问题的联合国专门机构。考虑到国际劳工组织由于其独特的三方性结构（政府、雇主、工人），在制定指导政府、工人组织和雇主组织以及多国企业自身的原则方面，应起主要的作用，因此，国际劳工组织制定了《关于多国企业和

① 殷格非等主编：《企业社会责任行动指南》，北京：企业管理出版社，2006 年版，第 121—123 页。

② ［美］托马斯·唐纳森、托马斯·邓菲著，赵月瑟译：《有约束力的关系：对企业伦理学的一种社会契约论的研究》，上海：上海社会科学院出版社，2001 年版，第 282 页。

社会政策的三方原则宣言》，该宣言于1977年通过，并在2000年修正，规定了关于就业、培训、工作和生活条件以及劳资关系方面的原则。[①] 该宣言在指导政府制定关于工人组织和雇主组织以及跨国企业自身的原则方面起到了主要的作用，为跨国企业、政府以及雇主组织和工人组织在诸如就业、培训、工作条件和生活条件以及劳资关系这样的一些领域提供了指导思想。在就业方面，提倡促进就业、机会和待遇平等、职业保障。为了刺激经济增长，克服失业与就业不足，各国政府应当将执行积极的就业政策作为一个主要目标，都应当实行旨在促进就业机会和待遇平等的政策，以便消除任何基于种族、肤色、性别、宗教、政治见解、民族、血统或社会出身的歧视。同时，跨国企业也应该配合东道国政府的就业政策和目标，在保障自身长期发展的情况下致力于提高就业机会和水平。跨国企业应当将资格技能和经验作为它们招聘安置和晋升其各级人员的基础，从而保证就业的机会和待遇平等。与国内企业一样，跨国企业应当通过制定积极的劳动力计划致力于为它们的雇员提供稳定的就业和社会保障待遇；在提高和改善工作和生活条件方面，规定跨国企业所提供的工资福利和工作条件应该与企业的经济地位相适应，至少能够满足工人及其家庭的基本需要，且不应低于所在东道国相应雇主所提供的标准。跨国企业还应当与主管的安全卫生当局、工人及其组织的代表和公认的安全卫生组织充分合作；在劳动关系方面，以跨国企业应当遵守不低于有关国家相应雇主所遵守的劳资标准为前提，还涉及自由结社和组织权、集体谈判、协商、申诉的审查、产业争议的解决等诸多方面。1998年通过的国际劳工组织《关于工作中基本原则和权利宣言》及后续措施都突出了基本公约在实现国际劳工组织的目标方面的重要性。尽可能缩小和解决跨国企业的各类活动

① 《官方公报》，2000年第XXXIII卷，丛刊A，第3号。

可能引起的矛盾和冲突。该宣言要求跨国企业应当充分考虑到其所在东道国既定的一般政策和目标，跨国企业的活动应该与其所在东道国发展的优先次序和社会目标及结构相协调。东道国政府应当考虑到跨国企业所有国的社会法律、劳工法条例和惯例、以及有关的国际标准。[①]

2. 国际劳工组织的基础性规范

(1)《国际劳工组织章程》(Constitution of the International Labour Organization, 1919)

《国际劳工组织章程》阐明了国际劳工组织的宗旨、结构和职责。国际劳工组织的宗旨是通过劳工立法和开展技术合作，促进“社会正义”，维护“世界持久和平”。创立国际劳工组织基于三方面的原因。首先是出于人道的目的。工人的工作条件日益不能接受，大量的工人遭受剥削，资本家根本不考虑他们的身体、家庭生活和他们的个人发展。《国际劳工组织章程》在序言中鲜明地反映了人们对这种情况的关注，指出“现有的劳动条件使大量的工人遭受不公正、苦难和贫困”。并指出，只有以社会正义为基础才能建立世界持久和平。其次是出于政治目的。如果不改善工人的工作条件，那么，随着工业化进程的发展，工人的人数将不断增加，可能因此而产生社会不安定，甚至出现革命。序言指出，不公正“造成了如此巨大的不安定，竟使世界和平与和谐遭受危害”。第三是出于经济目的。由于改善工作条件不可避免地对生产成本带来影响，任何进行社会改良的行业或国家可能会发现自己被置于与竞争对手不利的地位。序言指出，“任何一国不采用合乎人道的劳动条件，会成为其他国家愿意改善其本国状况者的障碍。”为了改善工人的劳动条件，国际劳工组织将工作重点确定在以下方面：调整工时，

① 殷格非等主编：《企业社会责任行动指南》，北京：企业管理出版社，2006 年版，第 110—111 页。

包括制定最大限度的工作日和工作周；调整劳动力供给，防止失业，规定足够维持生活的工资；对工人因患病和因工负伤予以保护；保护儿童、青年和妇女；规定养老金和残疾抚恤金；保护工人在外国受雇时的利益；承认同工同酬原则；承认结社自由原则；组织职业教育和技术教育。

（2）《关于国际劳工组织的目标和宗旨的宣言》（《费城宣言》）（Declaration Concerning the Aims and Purposes of the International Labour Organization or Declaration of Philadelphia，1944）

国际劳工组织的目标和宗旨是：在社会正义的基础上实现持久和平，从而使全人类不分种族、信仰或性别都有权在自由和尊严、经济保障和机会均等的条件下谋求物质福利和精神发展。《费城宣言》还重申了国际劳工组织的基本原则，主要包括：劳动者不是商品；言论自由和结社自由是不断进步的必要条件；任何地方的贫困对一切地方的繁荣构成威胁；反对贫困的斗争需要各国在国内以坚持不懈的精力进行，还需要国际社会作持续一致的努力。《费城宣言》通过后，作为《章程》的附件，与《章程》一起成为国际劳工组织开展活动的依据和指导性文件。

（3）《国际劳工公约》（ILO Conventions，1930—）

国际劳工标准采用公约和建议书的形式。《国际劳工公约》是国际性条约，须经国际劳工组织成员国批准。建议书系无法律约束力的文书。《国际劳工公约》共由8个公约组成，这些公约成为国际劳工组织的核心公约。国际劳工组织的8个核心公约为：强迫劳动公约、结社自由和保护组织权利公约、组织和集体谈判权利公约、同工同酬公约、废除强迫劳动公约、（就业和职业）歧视公约、最低就业年龄公约和最恶劣形式童工劳动公约。（1）第29号：强迫劳动公约（1930年）——要求禁止所有形式的强迫或强制劳动。但允许某些例外，如服兵役、受到适当监督的服刑人员的劳动和紧急情况下的劳动，如战争、火灾、地震；（2）第87号：结社自由和保护组织权利公约（1948 年）——赋予所有工人和雇主无须经事先批准，建立和参加其自己选择的组织的权利，并制定了一系列规定，确保这些组织在不受公共当局干涉的情况下自由行使其职能；(3）第 98 号：组织和集体谈判权利公约（1949 年）——为防止发生排斥工会的歧视，为防止工人组织和雇主组织之间相互干涉提供保护，并对促进集体谈判作出了规定；（4）第 100 号：同工同酬公约（1951 年）——呼吁对男女工人同等价值的工作给予同等报酬和同等津贴；（5）第 105 号：废除强迫劳动公约（1957 年）——禁止使用任何形式的强迫或强制劳动作为一种政治强制或政治教育手段，作为对发表政治或意识形态观点的惩罚，作为动员劳动力的手段，作为一种劳动纪律措施，作为参与罢工的惩罚或歧视的手段；(6）第 111 号：（就业和职业）歧视公约（1958 年）——呼吁制定一项国家政策，消除在获得就业机会、培训和工作条件方面，任何基于种族、肤色、性别、宗教、政治见解、民族血统或社会出身等原因的歧视，促进机会和待遇平等；（7）第 138 号：最低就业年龄公约（1973 年）——旨在消除童工劳动，规定准予就业的最低年龄不得低于完成义务教育的年龄；（8）第 182 号：最恶劣形式童工劳动公约（1999 年）——呼吁立即采取有效措施确保禁止和消除最恶劣形式的童工劳动，它包括奴役制和类似的做法：强迫征募儿童参与武装冲突，使用儿童卖淫和从事色情服务、任何非法活动，以及可能危害儿童的健康、安全和道德的工作。[①] 其中消除剥削性童工、废除强迫劳动、就业无歧视、自由结社和集体谈判这 4 项是国际社会通称的“核心劳工标准”，也就是国际劳工组织称为的“基本劳工公约”（Fundamental ILO Conventions）。[②] 另有 4 个对于劳动制度和政策至关重要的公约被称为优先公约，包括三方协商、劳动监察

① http：//ks. cn. yahoo. com/question/1406110517640. html.

② 谭深、刘开明主编：《跨国公司的社会责任与中国社会》，北京：社会科学文献出版社，2003 年版，第 11 页。

和劳动政策等几个方面。

（4）《关于工作中的基本原则和权利宣言》（The ILO Declaration on Fundamental Principles and Rights at Work，1998）

全球化的过程中，必须将劳工权益保护同时作为全球努力的目标。为实现这一目标，在推行 WTO 基本宗旨和贸易规则的同时，必须同时贯彻国际劳工公约所规定的国际劳工标准。1998 年 6 月，国际劳工大会通过了《关于工作中的基本原则和权利宣言及其后续措施》，规定了劳动者的基本权利。这些权利包括：对结社自由和对集体谈判的有效承认，消除所有形式的强迫或强制劳动，有效废除童工劳动，以及消除就业和职业歧视。

（5）《关于争取公平全球化的社会正义宣言》（The ILO Declaration on Social Justice for a Fair Globalization，2008）

2008 年 6 月 10 日，国际劳工组织通过了《关于争取公平全球化的社会正义宣言》。这是 1919 年《国际劳工组织章程》问世以来国际劳工大会通过的第三个重要的原则和政策声明。它构筑在 1944 年《费城宣言》和 1998 年《关于工作中的基本原则和权利宣言》的基础上。这份宣言表达了国际劳工组织对全球化时代其权责的当代认识。该宣言将 1999 年以来国际劳工组织开发的体面劳动概念制度化，为实现国际劳工组织的章程目标而将其置于自身政策的核心位置。

（四）世界贸易组织（WTO）

世界贸易组织是一个独立于联合国的永久性国际组织。世界贸易组织 1995 年 1 月 1 日正式开始运作，负责管理世界经济和贸易秩序。1996 年 1 月 1 日，它正式取代关贸总协定临时机构。与关贸总协定相比，世界贸易组织涵盖货物贸易、服务贸易以及知识产权贸易，而关贸总协定只适用于商品货物贸易。世界贸易组织与世界银行、国际货币基金组织一起，并称为当今世界经济体制的“三大支柱”。世界贸易组织的基本原则是：非歧视原则，即最惠国待遇原则、国民待遇原则；自由贸易原则；透明度原则；促进公平竞争原则；法律统一实施原则；鼓励发展和经济改革原则。① 在某种意义上，这些原则和规则已经成为经济伦理上的"国际惯例"。

世界贸易组织与跨国公司有关的国际贸易规范主要体现在：《服务贸易总协定》、《与贸易有关的投资措施协议》、《与贸易有关的知识产权协议》和《补贴与反补贴协议》等。其中最主要的是《与贸易有关的投资措施协议》。

（五）世界卫生组织（WHO）

世界卫生组织是联合国属下的专门机构，国际最大的公共卫生组织。世界卫生组织的宗旨是使全世界人民获得尽可能高水平的健康。该组织给健康下的定义为"身体、精神及社会生活中的完美状态"。世界卫生组织的主要职能包括：促进对流行病和地方病的防治；提供和改进公共卫生、疾病医疗和有关事项的教学与训练；推动确定生物制品的国际标准的进程。

世界卫生组织与跨国公司有关的国际规范主要体现在：《世界卫生组织法》、《母乳代用品市场的国际法规》、《医药推广道德标准》等。

二、国际非政府组织关于跨国公司的主要规范

（一）社会责任国际（SAI）——《SA8000 社会责任国际标准》（Social Accountability 8000 International Standard，1997，单一性规范）

20 世纪 90 年代，随着企业伦理学传播到西欧和日本，大量关于公司伦理行为的准则开始形成，联合国自身也参与到制定公司伦

① WTO 研究组编著：《WTO 规则：政府管理方略》，珠海：珠海出版社，2002 年版，第 1—4 页。

理行为国际准则的进程中来，一时间，大量的“准则”、“守则”各行其是。人们希望制定一个类似 ISO9000 那样的全球通用的标准，并建立一套独立的认证、认可机制。1996 年 6 月，在联合国有关组织的推动下，瑞士通用公证行（SGS）的董事 Jim Keegen 主持了制定国际通用准则的首次会议，会议同意制定一个可用于审核的“社会责任国际标准”。1997 年初，长期从事社会责任和环境保护的非政府组织——经济优先权委员会（CEP）——2001 年更名为社会责任国际（Social Accountability International，SAI）——成立了“经济优先权委员会认可委员会”（CEPAA），专门负责标准的制定，并评估认可、认证机构。10 月，由来自欧美 11 个国家的 20 个大型商业机构、非政府组织、工会、人权及儿童组织、学术团体、会计师事务所及认证机构等组成的该委员会在纽约发布了 SA8000（Social Accountability 8000 International Standard），2001 年发表了第一个修订版，即 SA8000：2001，它是一个确保产品生产和服务符合社会道德的标准。① 制定 SA8000 的依据是国际劳工组织公约和国际人权组织的有关文件等。

企业的社会责任包括对向它提供产品和服务的供应商负责，对自己所提供的产品和服务的消费者负责，对由此产生的社会效果和环境效果负责等等，而一个更重要的方面就是对自己的员工负责。SA8000 主要强调后者。SA8000 标准主要来自国际劳工组织有关结社自由和集体谈判、废除强迫劳动、消除童工和消除就业歧视和职业歧视等 8 项国际劳工公约和若干建议条款，以及《世界人权宣言》、联合国《儿童权利公约》、《消除一切形式歧视妇女行为公约》的有关内容。SA8000 标准有 9 个要素，包括：

---

① 参见中国驻纽约总领馆：《社会责任标准 SA8000：2001》，载《化工管理》2004 年第 6 期；刘茜：《背景与道路：社会道德责任标准 SA8000 研究》，载《西南农业大学学报（社会科学版）》2004 年第 2 期；冯三俊：《现代企业的社会道德责任》，载《现代企业》2004 年第 11 期；等等。

(1) 童工：不可雇用童工或支持雇用童工的行为；(2) 强迫性劳动：不可雇用或支持雇用强制性劳工的行为；(3) 健康与安全：应提供健康与安全的工作环境，并最大限度地降低工作环境中的危害隐患，建立系统来侦查、防范或反应那些潜在威胁；(4) 结社自由和集体谈判权：应尊重员工组织工会的自由与集体谈判的权利，当这些权利受到法律限制时，应协助员工采用别的方法来达到这种权利；(5) 歧视：不可从事或支持任何基于种族、社会阶级、国籍、宗教、残疾、性别、性别取向、工会会员资格或政治关系的歧视行为；(6) 惩戒性措施：不可从事或支持肉体上的惩罚、精神或肉体胁迫以及言语凌辱；(7) 劳动时间：应遵守适用法律及行业标准有关工作时间的规定，所有超时工作应支付额外报酬，而且协议加班必须是自愿性质的；(8) 工资：应保证支付的工资达到法律或行业规定的最低工资标准，不可巧立名目逃避对员工应尽的义务；(9) 管理体系：管理系统应制定有关社会责任和劳动条件的政策，定期审查政策、措施及其执行结果，决定其是否充分、适用和持续有效，包括指定专人负责、进行沟通、建立和维持适当的程序来评估和挑选供应商、承包商，定期提供相关数据和资料等等。这些要素规定了企业必须承担的对社会和利益相关者的责任，其中对工作环境、员工健康与安全、员工培训、薪酬、工会权利等具体问题制定了最低要求。[①]

SA8000 认证一般需要 1 年时间，证书有效期为 3 年，每半年复查一次。SA8000 认证是连带认证，即公司提出认证申请，与公司关联的供应链系统的供应商、分包商等企业要相应接受审查、认证，公司也可要求后者单独提出认证申请。[②]

---

① 蔡文之：《SA8000：企业伦理的全球评判》，载《社会观察》2005 年第 1 期；肖巍：《企业的社会责任与道德约束——从社会责任标准（SA8000）说起》，载《道德与文明》2005 年第 5 期。

② 袁隆成：《SA8000 标准是企业伦理建设的助推器》，载《滁州学院学报》2005 年第 1 期。

SA8000 说到底不是标准而是一种规则。将劳工标准与订单挂钩，这种道德要求已经升华为一种隐形的市场力量，通过市场的力量迫使企业确定全新的价值观，积聚伦理资本，切实尊重和保护人权。

（二）全球报告倡议组织（GRI）——《可持续发展报告指南》（Sustainability Reporting Guidelines，1999，单一性规范）

美国安然和其他企业丑闻发生后，投资者、基金经理、消费者、非政府机构及各类团体都要求企业扩大对外报告的内容。在此背景下，以制定和推广可持续发展报告为宗旨的“全球报告倡议组织”（Global Reporting Initiative，简称 GRI）得以迅速发展。1997 年，美国非政府组织对环境负责经济体联盟、联合特勒斯研究所与联合国环境规划署联合发起，目的是制定一套可持续发展报告的框架，以完善可持续发展报告的工作，使之能与财务报告的水平媲美。1999 年，GRI 推出《可持续发展报告指南》初稿，2000 年 6 月，推出《可持续发展报告指南》正式版，2002 年 9 月发布了全面修订版。《可持续发展报告指南》并不针对某一特定行业，但在制定 2002 年版时主要考虑了商业机构的需求。《可持续发展报告指南》主要针对可持续发展的三大基本概念，即企业的经济、社会和环境表现以及相关的信息披露，当然其要求披露的信息不能是政府法规、公约或条约所限制披露的内容。尽管 GRI 指南不是行为守则，不是管理制度，也不是一个标准，但由于 GRI 涵盖了许多利益相关者集团，得到了全世界大公司和非政府机构的大力支持，在企业社会责任行动中成为一个主要品牌。[①] 一直以来，许多世界领先品牌的领袖们都确信可持续发展报告会给他们带来极大的好处。在《商业周刊》公布的 15 个全球领先品牌中，有 80% 已经在《可持续

① 参见殷格非等主编：《企业社会责任行动指南》，北京：企业管理出版社，2006 年版，第 200—201 页。

发展报告指南》的基础上发布了其可持续发展报告，另外还有超过1000家组织自愿在全球范围内使用它作为发布报告的基础。

继GRI之后，SIGMA（可持续性管理整合指南）成为了多个社会责任倡议的综合体，包括的倡议有：《全球报告倡议》的主要部分，ISO标准和其他守则。

（三）国际标准化组织（ISO）——《ISO 14000国际环境管理系列标准》（1996，单一性规范）

国际标准化组织（International Organization for Standardization，简称ISO）是由多国联合组成的非政府性国际标准化机构，成立于1947年。ISO不是联合国机构，但与联合国的许多专门机构保持技术联系。其主要功能是为制定协商一致的国际标准提供一种机制。目前ISO已发布了一万多个国际标准，涉及各行业各种产品的技术规范，其中以ISO9000质量管理系列标准和ISO14000环境管理系列标准最为著名。严峻的环境形势唤醒了人类，可持续发展成为全人类的共识。为了实现可持续发展战略，必须对社会的基本组织（企业）的环境行为进行约束和规范。1992年，ISO适时成立环境管理标准化技术委员会（TC207），借鉴9000标准的成功经验，负责制定环境管理标准，并于1996年9月推出ISO14000系列标准，从而也产生了环境管理体系认证制度。该标准的总目的是规范全球企业及各种组织的活动、产品和服务的环境行为，支持环境保护和污染预防，协调它们与社会需求和经济需求的关系。

ISO14000标准和认证制度的产生适应全球经济一体化的形式要求，获得认证成为通向国内外市场的“绿色通行证”。ISO14000被列入现有的美国环境法规条文中，一些大型跨国公司都已制定ISO14000认证计划。[①] 一些获得认证的企业开始对自己的供货方也

① 参见殷格非等主编：《企业社会责任行动指南》，北京：企业管理出版社，2006年版，第206—210页。

提出了这方面的要求，使 ISO14000 认证形成一个链式效应。

（四）国际标准化组织（ISO）——《ISO 26000 社会责任指南标准》（2010，单一性规范）

ISO 从 2001 年开始着手进行社会责任国际标准的可行性研究和论证。2004 年 6 月最终决定开发适用于包括政府在内的所有社会组织的“社会责任”指南标准，由 54 个国家和 24 个国际组织参与制定，编号为 ISO26000，是在 ISO9000 和 ISO14000 之后制定的最新标准体系。2010 年 11 月 1 日，ISO 在瑞士日内瓦国际会议中心举办了社会责任指南标准（ISO26000）的发布仪式，该标准正式出台。

ISO26000 从项目伊始，就因为其富有争议的主题、广泛的参与人员、包罗万象的内容等，具有鲜明的特点：（1）用社会责任（SR）代替企业社会责任（CSR），统一概念。这个变化是整个社会责任运动的里程碑，也是 ISO 自身的里程碑；（2）适用于所有类型的组织；（3）不是管理标准，不用于第三方认证；（4）提供了社会责任融入组织的可操作性建议和工具；（5）前所未有的利益相关方的广泛参与和独特的开发流程；（6）发展中国家的广泛参与；（7）和多个组织建立合作关系，推广了社会责任相关的实践；（8）差异性原则，应用指南时充分考虑国家地区环境的差异性。

ISO26000 与 SA8000 的区别在于：ISO26000 国际标准侧重于各种组织生产实践活动中的社会责任问题，而 SA8000 其宗旨是确保供应商所提供的产品，皆符合社会责任标准的要求，它主要关注的是人，而不是产品和环境；ISO26000 为企业或组织自主申请执行，而 SA8000 多为企业客户要求执行，没有达到要求可能会禁止出货或接单；ISO26000 不是一个可认证标准，SA8000 是一个可认证标准。

（五）透明国际（IR）——《反行贿商业原则》（Business Principles for Countering Bribery，2002，单一性规范）

透明国际（Transparency International，简称 TR）成立于 1993 年，是为反腐败结成的联盟。透明国际在全球大约有 90 家分会，它将腐败视为人权和发展的阻碍，对国家进行腐败排行榜。2002 年 12 月，透明国际和社会责任国际提出了《反行贿商业原则》。该原则主要针对私对私行贿，为企业提供了一个制订管理内部反腐败制度的框架。《反行贿商业原则》，是通过多方利益相关者对话制定的。这些利益相关者包括许多国家的工会、公司、非政府机构和学术界。对话的召集者是透明国际和社会责任国际。该原则是以经合组织（OECD）的《防止在国际商务活动中贿赂外国公职人员的公约》和美国《反海外贿赂法》（FCPA，1977 年）为蓝图制定的。然而，该原则比这些基础标准更加深入，因为它们还以私对私行贿为中心，而基础标准只以海外公职人员为中心。[①] 该原则为企业提供了一些参数，供它们自己制定反行贿制度和程序。

关于反腐败的守则、原则、公约、法律法规有很多。下面的列表是按时间顺序排列的规则、原则和公约的简介。

表 2—1　与反贿赂有关的国际规范

时间	发布机构/国家	名称
1977 年	美国	反海外贿赂法
1977 年	国际商会	反敲诈和反贿赂行为规则
1999 年	经合组织	防止在国际商务活动中贿赂外国公职人员的公约
2002 年	透明国际	反行贿商业原则
2003 年	联合国	反腐败公约草案

① 参见殷格非等主编：《企业社会责任行动指南》，北京：企业管理出版社，2006 年版，第 133—134 页。

1977 年美国《反海外贿赂法》是了解反行贿守则和标准的起点。这一立法改变了美国公司的经营方法，鼓励企业密切监视它们的经营活动。FCPA 使得美国公司处于不利地位，因为跨国公司允许行贿，这种不利地位导致美国提出建立更公平的竞争环境，进而产生 OECD 的《防止在国际商务活动中贿赂外国公职人员的公约》。同年，1977 年国际商会（ICC）制定了《反敲诈和反行贿行为规则》，它适用于政府、私营业和国际组织。ICC 规则指出了贿赂中的行贿者和受贿者。1999 年，OECD《防止在国际商务活动中贿赂外国公职人员的公约》中号召经合组织的成员们和其他国家，把贿赂外国公职人员的行为定为犯罪。但它不涉及私对私行贿，也没有涉及贿赂中的受贿方。在 2002、2003 年，各个机构一直在讨论《联合国反腐败公约草案》。讨论的主要问题之一就是在反腐败中民间社团的作用。许多非政府机构（包括透明国际和国际商会）都在它们的网站上发布了对《联合国反腐败公约草案》的评论，强调了在守则和标准之间这种对话的另一面。

（六）国际商会(ICC)——《反敲诈和反贿赂行为守则》(ICC Rules of Conduct to Combat Extortion and Bribery in International Business Transactions,1977,单一性规范)

国际商会（The International Chamber of Commerce，简称 ICC）成立于 1919 年，是为世界商业服务的非政府间组织，是联合国等政府间组织的咨询机构，发展至今已拥有来自 130 多个国家的成员公司和协会，是全球唯一的代表所有企业的权威代言机构。

在 20 世纪 70 年代中期，国际商会开始关注腐败的消极影响，为此建立了一个反敲诈贿赂委员会，由前英国首席大法官和纽伦堡审判法庭检察官肖克拉斯先生担任主席。该委员会在其 1977 年的年度报告中提出了一个号召各国政府、国际机构和私营部门共同行动的综合性计划。报告认为促使公司自我约束是该计划不可或缺的一个重要内容，因此开创性地起草了一个《反敲诈和反贿赂行为守则》，为进一步促进公司自我约束起到了示范作用。1996 年，国际商会更新并强化了该行为守则。国际商会将基本要求列在简表上，据此建议不同国家、不同法律制度和不同管理模式的公司根据各自的情况制定公司行为准则。

（七）考克斯圆桌会议机构（CRT）——《考克斯商业原则》（Caux Round Table Principles for Business，1986，原则性规范）

考克斯圆桌会议机构（Caux Round Table，简称 CRT）在 1986 年成立，是由来自日本、欧洲和美国的商业领导者组成的国际组织，每年在瑞士的考克斯召开会议。该组织相信，全世界商业群体应在改善经济和社会条件中发挥重要作用。在全球的背景中——更甚于国内层次——法律和市场的力量固然重要，但显然不能充分地指导企业行为。基于建立一个能够为公司行为提供依据的世界性标准这一信念，《考克斯商业原则》被制定出来。来自日本、西欧和北美的商业领袖们为此工作了近十年时间，他们还使自己领导的企业参与了对该原则的支持。

《考克斯商业原则》提供了一份令人印象深刻的总体原则和利益相关者原则。这些原则以人类尊严（个人的价值）和“共生”（为了人类的共同利益并肩工作和生活）的伦理观念为指导。[①] 前者是具有西方特色的伦理概念，后者则来自于日本，是佳能公司董事长加久先生提出的。这两个原则共派生出 7 条原则。原则一：公司责任——从股东变为相关利益者；原则二：公司对经济和社会的影响——面向革新、公正与全球性社区；原则三：公司行为——从遵守法律条文发展为信任精神；原则四：遵守规则——从贸易摩擦发展为贸易合作；原则五：支持多边贸易——从孤立迈向世界；原则

① 参见［美］乔治·恩德勒编，锐博慧网公司译：《国际经济伦理：挑战与应对方法》，北京大学出版社，2002 年版，第 6—8 页。

六：关注环境——从保护环境到改善环境；原则七：防止非法运作——从利润发展到和平。这些原则集中体现了三个观念。第一个观念是追求幸福，即追求社会的繁荣，创造物质财富，第二个观念是公正观，实质上就是确保财产分配公平、社会里每个人的权利都得到尊重，第三个观念是社区（共同体）观，它有别于增加个人财产或保护个人权利，坚持整体大于各部分之和。[①] 该原则认为商业的任务不仅是为“股东”创造利润，还应对所有“利益相关者”（stakeholder）负责，因此，针对六个利益相关者：雇员、客户、供应商、资金提供方、社会（当地和国家政府）和所有者/股东/投资者，在义务上制定具体的章节。《考克斯商业原则》还公开讨论了“避免违法经营”这一尤为棘手的问题：“一项商业活动不应参与或纵容贿赂、洗钱或是其他的腐败行为；它应该与其他人合作消除这些违法行为。不应参与为恐怖主义活动而进行的军火或其他物品的交易，以及贩运毒品或其他有组织犯罪。”[②]

（八）《沙利文全球原则》（Global Sullivan Principles，1999，原则性规范）

里昂·沙利文（Leon Suivan）牧师是一位非洲籍美国人，他曾在南非致力于抵抗种族分裂，要求在南非经营的美国公司抛除种族观念，给予南非工人同等于美国雇员的权利。1999 年，沙利文在同各个企业及利益相关者协商后，提出了《沙利文全球原则》。《沙利文全球原则》的目的就是鼓励各个公司无论在何地经营，都要支持“经济上、社会上和政治上的公平”。鼓励各个企业抵制不公平的法

---

① 亨利·克劳德·德·贝提格尼斯、肯尼斯·古德帕斯特、松岗利夫：《考克斯圆桌商业原则的提出与讨论》，［美］乔治·恩德勒编，锐博慧网公司译：《国际经济伦理：挑战与应对方法》，北京大学出版社，2002 年版，第 142 页。

② 汉斯·旷（又译作孔汉思）：《全球化时代的全球伦理》，［美］乔治·恩德勒编，锐博慧网公司译：《国际经济伦理：挑战与应对方法》，北京：北京大学出版社，2002 年版，第 112—123 页。

律是《沙利文全球原则》最具有重大意义的一个方面，开创了一个重要的先例。《沙利文全球原则》包括沙利文教士所说的“对社会负责的公司，无论大小都可以作为目标来调整内部政策和惯例的参照标准”。其目的是吸引全世界的跨国公司在人权、改善劳动条件和保护环境方面作出努力。《沙利文全球原则》的目标如下：推进各个企业经营领域所在地的经济、社会和政治公正；支持人权和鼓励各个就业层次的机会公平，包括各决策委员会和董事会的种族和性别的多样性；训练和增进弱势工作人员在技术、监督和管理方面的机会；以更大的耐心帮助并理解人们；用尊严与公平帮助提高社区、工作人员和孩子的生活质量。《沙利文全球原则》包括普遍的伦理公正规则、公平和人类的尊严，它同时要求经营管理者也应该具备这些规则意识。①

《沙利文全球原则》之所以受到众多跨国公司的支持，缘于它在很大程度上来源于企业社团，不像经合组织的跨国公司原则是由各国政府代表制定的。2001 年，沙利文去世，但是其倡议依然在坚强的领导下进行着。世界各地的几百家公司都已采用《沙利文全球原则》，如雅芳公司（Avon）、雪铁龙公司（Chevron）、壳牌公司（Shell）和可口可乐公司（Coca—Cola）。在美国，《沙利文全球原则》也吸引了各行企业的中小型公司以及大学和地方政府。每个签约的组织都要向《沙利文全球原则》作出承诺并提交一份进度报告，内容包括政策、培训、程序文件和报告的建立情况。

与《全球契约》一样，《沙利文全球原则》只向企业提供一个框架，企业可利用该框架调整自己的行为守则和倡议。② 此外，沙利文原则所缺乏的是经济刺激，以激励经营管理者将这些规则具体

① ［美］詹姆斯·E. 波斯特等著，张志强等译：《企业与社会：公司战略、公共政策与伦理》（第 10 版），北京：中国人民大学出版社，2005 年版，第 117 页。

② 殷格非等主编：《企业社会责任行动指南》，北京：企业管理出版社，2006 年版，第 124 页。

体现在战略规划和经营实践当中。在短期内，这些规则很难直接地或积极地影响公司的盈利。

第三节　跨国公司国际规范的利益相关者分析

在如此繁多的国际规范中，如何处理与跨国公司的利益相关者之间的关系成为制定规范的重点，本书根据以上这些规范的具体内容，选取雇员、合作者/竞争者、消费者、政府等四个重要的利益相关者作一简单的梳理。

一、跨国公司与雇员的关系

国外对劳动法意义上的职工有多种说法，如雇员、员工、雇工、劳工、受雇人等。自由职业者和个体工商户属于劳动者但不属于雇员。雇员是根据任何雇佣合同，为雇主工作并领取工资或报酬的人。在公司法中，雇员包括高级职员（管理者），但不包括董事。雇员是企业生产经营所依赖的重要力量，是企业的核心利益相关者之一，直接关系到企业效益。

雇员的法定权利有：劳动权、平等就业和选择职业的权利、劳动报酬权、休息权、劳动保护权、职业培训权、社会保险和福利权、协商权和要求劳动仲裁权，以及法律规定的其他劳动权利。雇员具有三种基本权利：生存权、发展权和被尊重权。

雇员对企业的道德规范主要有：得当所得。不能通过不正当手段满足自己的个人利益。比如业务员私下承接业务，拉走公司的客户，甚至用工作时间和公司资源承接业务；对企业忠诚。忠诚体现在很多方面，比如对工作兢兢业业，不做有损公司利益的行为等。当个体利益与整体利益发生冲突的时候，以企业整体利益为重。

有关跨国公司与雇员的国际规范主要包含以下内容：

（一）就业方面

跨国企业应遵守东道国相关的人力政策和雇用法律，提倡促进就业，应该配合东道国政府就业政策和目标，在保障自身长期发展的情况下致力于提高当地就业机会和水平，遵守或改进当地雇用标准，保障劳工的就业权利，包括自愿选择就业方式、培训就业的机会、公平就业和平等待遇，以及获得生产性工作的机会和体面的报酬等内容。

（二）人权方面

跨国公司应该尊重和维护国际公认的各项人权，绝不参与任何漠视与践踏人权的行为。不可从事或支持肉体上的惩罚、精神或肉体胁迫以及言语凌辱；尊重个人自由（如宗教、观点）。

（三）童工与强制性劳动方面

跨国公司应禁止使用童工；强制性劳动方面：跨国公司应彻底消除各种形式的强制劳动。

（四）歧视方面

跨国公司应杜绝任何在就业和职业方面的歧视行为。将资格技能和经验作为它们招聘安置和晋升其各级人员的基础，从而保证就业的机会和待遇平等。不可从事或支持任何基于种族、社会阶级、国籍、宗教、残疾、性别、性别取向、工会会员资格或政治关系的歧视行为，除非针对雇员特点的选择性待遇符合政府促进就业机会平等的特殊政策，或与某职位的内在要求有关。

（五）劳动时间方面

跨国公司应遵守适用法律及行业标准有关工作时间的规定，所有超时工作应支付额外报酬，而且协议加班必须是自愿性质的。

（六）工资方面

跨国公司应保证支付的工资达到法律或行业规定的最低工资标准，不可巧立名目逃避对员工应尽的义务，为雇员提供稳定的就业和社会保障待遇，且不应低于所在东道国相应雇主所提供的标准。

（七）职业保障方面

跨国公司应保证雇员的职业健康与安全，提供健康与安全的工作环境，并最大限度地降低工作环境中的危害隐患。

（八）结社自由方面

跨国公司应维护结社自由，应尊重员工组织工会的自由与集体谈判的权利。

（九）信息披露方面

跨国公司应向雇员及其代表提供使其能够真实和公正地了解企业整体状况的信息。

二、跨国公司与合作者/竞争者的关系

企业的合作者指的是与企业有合作关系的供应商、零售商等。企业与合作者的道德规范主要表现为互利互惠，实现双赢。企业的竞争者一般是指那些与本企业提供的产品与服务相似，并且所服务的目标顾客也相似的其他企业。市场经济离不开竞争。竞争者包括品牌竞争者（相似价格相同顾客类似产品）、行业竞争者（同类产品）、需要竞争者（满足同种需要）、消费竞争者（目标消费者相同）。还可以从地位来区分竞争者，包括：市场领导者、市场挑战者、市场追随者、市场补缺者。企业与竞争者的伦理规范主要体现在要公平竞争、良性竞争、正当竞争。

有关跨国公司与合作者/竞争者的国际规范主要有以下内容：

（一）与合作者的关系方面

跨国公司应在适用法律和规定框架内，与供应商、分包商建立以相互尊重为基础的合作关系，在定价、许可、售卖权等所有业务中追求公正性，确保商业行为不带任何强制性，并以此促进公平竞争。

（二）与竞争者的关系方面

跨国公司与竞争对手间应保持公平竞争，相互尊重，有责任培养开发贸易与投资市场，改良竞争行为，禁止各种不正当竞争行为，并管制限制性商业行为，如固定价格、非法操纵投标（合谋投标）、制定产量限制或定额，通过分配消费者、供应商、商业领地或贸易范围而分享和分割市场。

三、跨国公司与消费者的关系

企业的客户主要是消费者，也称顾客。消费者是指接受企业销售的产品和服务的人或团体，他们是企业赖以生存和发展的极为重要的利益相关者之一。顾客是上帝的说法就是对企业要重视与客户建立良好关系的强调。

在早期商品经济阶段，客户是没有进入经营者的视野的，当时流行的经营哲学是产品观念，即“我能生产什么，就销售什么，人们也就买什么”。从 20 世纪开始，经营哲学转变为推销观念，即“我推销什么，人们就买什么”。进入 20 世纪 50 年代，经营哲学由推销观念向市场影响观念转变，即“消费者需要什么，我就生产什么”。后又进入生态市场营销观念，在市场营销的基础上，要把自身的优势与消费者的需求结合起来，形成一种生态平衡。70 年代又加入了社会营销观念，要考虑社会利益和长远利益。

企业对消费者的道德规范主要体现在客户导向、质量至上、服务至上、广告真实、价格公平等方面。

有关跨国公司与消费者的国际规范主要有以下内容：

（一）消费者保护方面

跨国公司应向消费者提供最好的、符合他们要求的产品和服务，确保自己提供的商品或服务符合所有议定或法律规定的消费者健康与安全标准，包括健康警告、产品安全与信息标签，不捏造或隐瞒，或不从事任何其他虚假、误导、欺骗性或不公平活动，尊重消费者隐私，公正对待消费者，提供高水平的服务和顾客不满意时的补救措施，以全面、透明的方式与公共当局合作。

（二）文化尊重方面

跨国公司应避免侵犯消费者的尊严，尊重消费者的文化完整性，尊重当地文化价值与标准。

（三）信息公开方面

跨国公司有责任向东道国政府和工会组织提供足够的信息资料，包括企业的经济、社会和环境表现以及相关的信息披露，以使公众更多地了解公司的经营状况。企业应在发布信息上执行高标准，还应鼓励企业在非财务信息方面同样执行高标准，包括可能存在的环境与社会报告。当然其要求披露的信息不能是政府法规、公约或条约所限制披露的内容，并适当顾及成本、商业秘密和其他竞争方面的考虑。

四、跨国公司与政府的关系

所谓政府，广义指一个国家内行使国家权力的全部组织体系，狭义指中央到地方的各级行政机关。在现代社会中，政府和企业是相互依存的两大组织。政府与企业的博弈体现在政府对企业的干预和企业的反应上。政府对企业的影响主要通过税收、货币、公共政策等发挥监管作用，通过政府补贴、贷款、信用项目等发挥促进作用，通过政府采购、转移支付等实现政企合作。正是由于政府作出的许多决策都直接或间接地影响着企业，企业感到有必要参与政治活动，通过自己的政治行为来影响政府决策的制定。

企业对政府的道德规范有依法经营、按章纳税、履行社会责任等。

有关跨国公司与政府的国际规范主要有以下内容：

（一）总体要求

跨国公司应尊重东道国的主权及法令，不干涉内政，避免违法行为；跨国公司应遵循东道国所制订的国民经济发展目标，与当地经济与发展政策保持一致。在东道国的经营活动尽可能多地利用当地资源，雇用当地人员，促进东道国的出口贸易，促进技术转让和技术进步，跨国企业也应该配合东道国政府的就业政策和目标，在保障自身长期发展的情况下致力于提高东道国的就业机会和水平；跨国公司应做优秀的企业公民，参与当地的慈善捐款、捐助文教、民事与社区事务等活动。

（二）具体要求

1. 税收方面：跨国公司应通过及时履行纳税义务为东道国的公共财政做出贡献，并遵循东道国的税收法律和规定，并竭尽努力从形式和实质上依照行事，包括提供正确的信息以及使转移定价做法符合保持距离原则之类的措施。

2. 技术转让方面：跨国公司应努力保证各项活动符合东道国的科学技术政策与计划，并酌情为东道国创新能力的发展做出贡献，扩大向发展中国家的技术转移，在适当顾及知识产权保护的情况下，允许技术转让，在考虑商业需求的情况下，雇用东道国人员并进行技术培训，在与企业商业利益相关的情况下，发展与当地大学、公共研究机构的关系，并参与当地产业或产业协会的合作研究项目。

3. 反贿赂方面：跨国公司应反对各种形式的腐败，包括敲诈勒索和行贿受贿。避免对政府官员（或合作企业雇员）的贿赂行为。不应参与或纵容贿赂、洗钱或是其他的腐败行为。不向公职候选人、政党或其它政治组织非法捐款。

第三章
中国国内伦理思想及其背景分析

全球化时代，对跨国公司的分析要采用国家（政府）—市场（企业）—社会三维分析模式。中国作为跨国公司的东道国，其国内伦理思想有自身的历史性和特殊性，同时伦理与社会环境之间也有着深刻的相互作用。本章将对中国的国内伦理思想及其社会背景进行历史分析与系统分析，并在此基础上做一些中西伦理思想的比较分析。

第一节　跨国公司在中国的社会环境分析

社会文化背景的差异造成国与国之间伦理的差异，其中包括它们的经济运行方式和做生意方式上的差异。反之，分析伦理思想也离不开社会环境分析，最基本的就是分析其社会根源和思想根源。[①]在社会根源中，最根本的是考察社会经济关系，以及由此形成的阶级关系。但经济关系并不直接决定伦理思想的具体形式和特点，因而还必须探究沟通这两者关系的中间环节。例如，在中国古代，高度分散的自然经济与高度集中的君主专制以及宗法关系和等级关系，对于伦理思想的影响无疑具有十分重要的作用。此外，不同地区的文化传统对于伦理思想的形成，也是一个不可忽视的因素。例

① 朱贻庭主编：《中国传统伦理思想史》（增订本），上海：华东师范大学出版社，2003 年版，第 11 页。

如，在中国，伦理思想是传统文化的一个重要组成部分，整个社会文化都呈现出伦理型的特点。在分析社会根源的基础上，还必须考察思想根源，首先是分析伦理思想的哲学基础，即分析伦理思想与本体论、认识论、历史观的关系。例如，在中国的伦理思想史上，儒家和道家作为其思想渊源，前后承继不绝如缕。而且，中国哲学从一开始就面向“人道”，把伦理道德作为哲学思考的重点，致使道德观与宇宙观、认识论交织一体，密不可分，所谓“天人合一”。

跨国公司对环境因素的研究有三个层面。第一是国际环境，即现行的国际政治经济秩序和宏观形势变动；第二是东道国环境，其中包括东道国与本国的政治外交关系，该国的对外政策取向、国内政治状况、外国经济生存与发展环境（法制程度、外国经济政策、市场开放度）、文化状况、社会倾向，官方与民间对中国以及中国企业的态度，与中国企业相关联的当地势力的地位和动向等；第三是母国环境，即国内政治、经济与社会的渊源。本书研究着重在第二个层面，即东道国环境。

东道国的环境因素包括直接环境因素和间接环境因素。直接环境因素包括市场因素和生产因素，前者主要包括东道国现在和潜在的市场容量、市场竞争结构和目标市场营销基础结构的可利用状况与质量，后者包括东道国的基础设施、生产要素和协作条件。间接环境因素指的是东道国的政治、经济、法律、文化、自然环境特点等。本书考察的是间接环境因素。

环境因素还有微观环境和宏观环境之分，又有“硬环境”和“软环境”之别。微观环境指企业层面的环境，宏观环境指国家层面的环境；“硬环境”指物质环境或有形环境，包括自然环境、自然资源、基础设施等，“软环境”指社会环境或无形环境，包括政治环境、经济环境、法制环境、社会条件及文化环境等。本书立足于社会环境的研究。

作为跨国公司的东道国，社会环境主要包括政治环境、经济环境、文化环境、法律环境、舆论环境等方面。

一、中国的政治环境

政治环境是影响跨国公司海外经营的首要因素。

一国的政治环境主要包括：政体与政党制度、政府政策与社会局势的稳定性、民族主义与政府干预、国际关系等内容。

中国社会主义政治制度的特质主要体现在：公有制而非财团政治、人民代表大会制度而非利益集团金钱民主制、合作型政党政治而非竞争型政党政治、合作型的政府—非政府组织关系而非制约型的政府—非政府组织关系、军队与财团政治的分离（实际上也不存在财团政治）等。[①]

对于跨国公司来说，了解东道国政府的政策、政府结构和跨国关系尤为重要，包括东道国对外贸易政策、企业—政府关系、东道国政府和本国政府关系等。对在华的跨国公司而言，中国的政治环境还是比较优越的。中国具有政局和政策稳定性，改革开放已是民心所向，成为一股历史潮流，中国将会长期保持稳定和继续推进改革开放路线。在国际关系上，中国以建设“和谐世界”为目标和理念，一直主张公正、合理的原则，在维护主权的基础上，积极与其他国家保持合作关系。

从政治角度说，中国与西方国家之间的分歧主要在于政治体制与意识形态导致的制度差异。相比西方社会，在中国特色社会主义的大框架下，存在着许多制度层面的差异。不熟悉这些制度，就不能在这个市场正常经营下去。例如，沃尔玛在全球都没有建立工会的先例，所以在进入中国十年后，沃尔玛仍拒建工会，被称为建立工会的“钉子户”。鉴于沃尔玛漠视劳工权益，藐视中国《工会法》的行为，上海一度拒绝沃尔玛进入，其雄心勃勃的中国扩张战略受

① 苏长和：《论中国海外利益》，载《世界政治与经济》2009 年第 8 期。

到挫折。2006 年 7 月 29 日，沃尔玛不得不在福建晋江店建立了第一个工会。[①] 这家曾经高呼“不建立工会是我们的全球惯例”的跨国企业，终于在中国低下了“高昂的头”。这充分说明，对中国独特制度的理解和尊重，是跨国公司行销中国的必修课。

中国的政治制度影响到其政企关系。在政企关系上，政府作为人民的代表，在行使管理国家事务职能的同时代表人民管理国有资产，具有管理者和投资者的双重身份。例如在我国中海油公司竞购美国优尼科公司案中，美国国会和民众对中海油的身份就存有疑虑，原因是中海油是一家香港上市公司，70% 的股份归未上市的母公司所有，母公司的全部股份则为一个中央政府机构所有。这个机构就是国务院国有资产监督管理委员会（简称国资委），它是中国政府认定的“战略”行业中的约 190 家主要企业的控股股东。这种关系让许多人相信，中海油不过是中国政府的一个部门，因此竞购行为不单纯是一种商业行为，而是国家政策的工具。正是由于中国政府和企业的关系复杂而含糊不清，国有企业的独立性令人质疑。[②] 由此滋生的官僚主义和腐败现象也不容忽视。

二、中国的经济环境

经济因素是影响海外经营众多因素中最直接、最基本的因素。

在跨国经营中面临的经济环境主要是指本地经济环境、区域经济环境和全球经济环境。本地经济环境是指跨国公司所在东道国的经济环境，主要包括东道国的经济体制、经济发展水平、市场规模、基础设施、竞争环境、技术与人力资源环境、金融外汇环境等。

中国的经济体制是社会主义市场经济。我国社会主义市场经济

① 参见郭国庆主编：《国际营销学》，北京：中国人民大学出版社，2008 年版，第 157—160 页。

② 单宝：《中海油竞购优尼科失败的原因及其教训》，载《国际贸易》2005 年第 10 期。

的基本特征是：在所有制层次上，以公有制为主体、多种所有制共同发展，以按劳分配为主体的多种分配方式，达到共同富裕。在体制层次上，国家宏观调控，市场经济起基础作用。与传统社会主义模式相比较，克服了没有活力、死板僵化的缺点，同时，因为是公有制占主导地位，政府干预的经济基础仍然存在。[①] 在经济体制上，由于中国与西方的国情不同，也呈现出不同的特点。西方的市场经济已相当完善，企业作为独立的经济实体已不容置疑，但是在中国，市场经济的发育还不够完善，企业作为完全独立的经济实体还有相当长的一段路要走，也因此，国家的宏观调控对于企业的决策和行为有着重要的影响。[②] 社会主义市场经济的政企关系有其特殊性。从总体上看，市场正发挥着一种广大而又主要的作用。但政府与企业的关系却相当不同。从维护国家利益、满足宏观调控、强调社会整体利益最大化的角度，政府对企业仍以行政管理手段为主，市场反而扮演了较次要的作用。

中国的市场经济与西方的市场经济处于不同发展阶段。美国著名经济伦理学家罗伯特·所罗门认为："资本主义成功并非因为它使人致富，而是因为它产生负责的公民和繁荣的社会。它不可能长久容忍经济活动只关注利润和粗俗，忽视传统责任、社会和整体美德。"这番总结从德性方面区别出资本主义市场经济的两个发展阶段，即弱势的初级阶段的粗俗的市场经济与强势的高级阶段的精雕的市场经济。姑且不论所有制形式，中国显然处于市场经济的初级阶段。理论上和实际趋向都是要顺从高级的，所谓的"与国际接轨"，但初级阶段并不能跳过。[③] 当前中国处在市场经济的初级阶段，或曰计划经济向市场经济的转型时期。转型是个社会学的概

---

① 陆晓禾著：《走出"丛林"：当代经济伦理学漫话》，武汉：湖北教育出版社，1998 年版，第 176—177 页。

② 周中之：《全球化与中国经济伦理学的发展》，载《河北学刊》2001 年第 3 期。

③ 陆晓禾著：《经济伦理学研究》，上海：上海社会科学院出版社，2008 年版，第 57 页。

念，主要指社会发展中社会结构的变化。转型又是个综合的概念，可以指社会转型、制度转型和文化转型。① 十一届三中全会以来，中国社会进入了转型期。特别是十五大以后，中国的所有制结构发生了重大变化，由原来的以国有企业、集体企业为主体的全民所有制，转变为以全民所有制为主体的多种所有制并存的局面。所有制结构的变革引起了利益结构、利益关系、利益主体、分配方式和价值观念的一系列变化。转型期的特点是产权不明、政企不分、法制不健全等。

转型期的中国社会发展水平和伦理发展水平仍处于较低标准上。市场成熟度差异决定了伦理经营程度的差异。伦理的完善和发展有赖于经济基础的完善和发展，其中健全的法律体系、成熟的政府、挑剔的消费者是企业遵守伦理道德的基础，因为违反伦理经营就意味着违法、面临政府的调控和罚款以及失去顾客和市场。② 而这三者在中国还尚未达成。此外，众多的企业小股东、雇员、社区等利益相关者的权益仍没有得到足够的重视和保障。③ 社会和政府对企业的要求是随着社会本身的发展而变化的。通常在发达国家中，当政府职能完善和强大时，对企业的要求更多的在于社会发展和道义支持上；在政府职能削弱时，对企业在社会保障和公共事业建设和发展上会有更多的要求。在经济发展缓慢或发展中国家，往往更注重于要求企业对提供社会就业做出贡献。④

转型期伦理发展水平较低具体体现在伦理规范标准较低和执行规范的意识不足上。一是伦理标准偏低。在转型期的中国市场中，

---

① 曹凤月著：《企业道德责任论——企业与利益相关者的和谐与共生》，北京：社会科学文献出版社，2006 年版，第 196 页。

② 参见穆尧芊：《中外经营伦理道德状况分析》，载《经济与管理》2001 年第 9 期。

③ 企业社会责任项目组编：《中国企业社会责任报告 2006》，北京：中国社会出版社，2007 年版，第 34 页。

④ 谭深、刘开明主编：《跨国公司的社会责任与中国社会》，北京：社会科学文献出版社，2003 年版，第 130 页。

许多行业、产品标准还不完善，即使制定了标准，也可能由于中国市场的特殊性，而与国际通行的标准有一定距离。这就要求跨国公司在进入中国之前，认真学习这些标准，并作出适当的调整。否则，一旦出现“在国外没有问题，在中国却行不通”的情况，就很被动了。例如，2007 年，在回应“达能依云矿泉水细菌超标事件”中，达能宣称“在对于未经处理的天然矿泉水中微生物菌落总数含量的标准上，中国和世界卫生组织及欧盟有所不同”。此次依云矿泉水被查出微生物菌落总数超过中国标准的340 倍，而在 WHO、美国、欧洲等最新标准中，细菌总数不再出现在标准之中，但其标准对致病微生物菌落的控制越来越严格。这些跨国公司明知美国和欧洲的标准与中国有差异，要进入中国市场，就必须达到中国的标准。因此，达能这样的解释，难免会给人以不尊重中国市场、不尊重中国消费者的坏印象。[①] 而在中国消费者中闹得沸沸扬扬的跨国公司汽车召回事件也是同一个性质的问题。二是执行标准的意识缺乏。在转型经济条件下，地方政府、企业和员工执行规范的意识缺乏。地方政府对企业社会责任与依法经营的监督滞后，很多地方政府官员对企业社会责任了解甚少，只关注企业的利润和税收；企业缺乏以人为本的经营理念，法制意识不强；企业员工缺乏基本法律知识，维权意识差。[②] 这一点从政府、媒体和消费者对劳工问题的消极态度中可见一斑。在一项消费者调查中，环境保护得到最高肯定，而对于保护工人权益的肯定率却很低。[③] 对于中国的消费者来说，关注最多的还是商品的最终形态，对生产过程的关注也局限于环境，还没有进入对商品生产过程的全面关注，对企业社会责任也知之甚少。中国并不存在欧美意义上的市民社会，人们思想上的制

---

① 参见刘清：《跨国公司遭遇“中国门”》，载《人民文摘》2008 年第 3 期。

② 陈勇鸣：《企业社会责任与企业伦理》，载《上海企业》2004 年第 4 期。

③ 谭深、刘开明主编：《跨国公司的社会责任与中国社会》，北京：社会科学文献出版社，2003 年版，第 69 页。

度、法律、道德观念还比较淡薄。消费者对环境问题的相对关注是政府、媒体、非政府组织在这些年来费了很大工夫，形成了比较强大的社会舆论所致。但是对于劳工权益问题，由于以上这些政治和经济因素，政府和媒体采取了相对消极的态度。

三、中国的法律环境

法律环境主要包括：本国的法律、东道国的法律、其他与自身经营活动相关的国家的法律以及国家间签订的双边或多边的国际公约。只有在能够适应和积极遵守东道国政治法律制度的情况下，跨国公司的国际化经营才可能顺利进行。①

立法制度是影响伦理问题在社会中的重要性及怎样典型地管理伦理问题的关键的社会制度之一。② 法律从某种程度上来说，是伦理的制度化表现。随着社会成熟度的发展，很多不合伦理的行为都可以用法律来规范。宗教和立法制度是影响伦理问题在社会中的重要性及怎样典型地管理伦理问题的关键的社会制度。③ 跨国公司在进行伦理决策时，依照法律分析、组织伦理分析、文化敏感性伦理分析以及个人伦理分析的脉络和决策点进行决策④，因此，东道国的法律法规是跨国公司进行伦理决策的关键。以跨国行贿为例，严格的反腐败立法和执法是打击商业贿赂最重要的手段。

法律环境包括外资政策和与跨国公司利益相关者有关的法律法规。

（一）外资政策和法规

中国对外商投资的基本法律法规包括《中华人民共和国中外合

---

① 陈向东、魏拴成主编：《当代跨国公司管理》，北京：机械工业出版社，2007 年版，第 80 页。

② ［美］约翰·B. 库仑著，赵树峰译：《跨国管理：战略要径》，北京：机械工业出版社，2003 年版，第 84 页。

③ 同上书，第 84 页。

④ 同上书，第 93 页，作者以图表形式分析了在跨国管理中进行伦理决策的决策点。

资经营企业法》、《中华人民共和国中外合作经营企业法》、《中华人民共和国外资企业法》及其实施细则等。

中国外资政策主要包括市场准入政策、鼓励政策、股权政策和经营政策等。[①]（1）市场准入政策：我国主要通过产业限制或鼓励的办法来规范外资的市场准入。根据2004年修订的《外商投资产业指导目录》和《外商投资产业指导目录》附件，将外商投资项目分为鼓励、允许、限制和禁止四类。（2）鼓励政策：我国对外资的鼓励和优惠政策主要是通过税收政策来进行的。中国对外商投资企业实行低税收政策，并对国家鼓励投资的行业、地区实行税收优惠。（3）股权政策：主要是我国对外商投资企业中外资所占最高股权比例、最低股权比例和注册资本比例所做的限制。（4）经营政策：主要包括我国对外资企业所做的技术先进性要求、外汇平衡要求、当地含量要求、出口业绩要求等。

中国的外资政策总体而言鼓励跨国公司来华投资，逐步加大开放程度，但也具有双重特征。一方面是对外资企业实行“超国民待遇”。比如为了鼓励外资进入，我国在税收政策上对外资实行“超国民”待遇，优于内资企业。另一方面是对外资企业实行“非国民待遇”，比如在股权和经营政策方面。我国原来对外资有诸多限制，主要表现在当地成分要求、贸易平衡要求、出口实绩要求、当地股权要求和国内销售要求等方面。随着中国加入WTO，我国全面清理了外商投资法律法规，对其中不符合WTO规则的内容进行了大量的修订，已经作出了较多让步，加大了开放程度，越来越向国际规则靠拢。同时，也出台和完善了一系列外商投资政策和法律法规，使之适应国民经济结构战略性挑战和中国加入WTO的新形势；完善了服务贸易领域吸收外商投资的法律法规，进一步扩大服务贸易

① 高湘一主编：《跨国公司经营与管理》，北京：中国商务出版社，2006年版，第301—302页。

领域的对外开放；鼓励外商投资西部地区，投资高新技术产业、基础产业和配套产业等。

（二）与跨国公司利益相关者有关的法律法规

按照跨国公司主要的利益相关者来划分，相关的法律法规有：

1. 与雇员（劳工）有关的法律法规：《劳动法》对就业权、签署劳动合同权、获得劳动报酬权、休息休假权、劳动安全卫生保护权、接受培训权、享受社会保险和社会福利权、女职工享受特殊保护权、提请劳动争议处理权等作了基本的规定，此外，其他与劳工问题相关的法律法规有：《工会法》、《劳动保障监察条例》、《妇女权益保障法》、《女职工劳动保护规定》、《禁止使用童工规定》、《最低工资规定》、《工资支付暂行规定》、《安全生产法》、《企业职工培训规定》、《职业教育法》、《国务院关于企业职工养老保险制度改革的决定》、《国务院关于建立统一的企业职工基本养老保险制度的决定》、《国务院关于深化企业职工养老保险制度改革的通知》、《工伤保险条例》、《失业保险条例》、《职业病防治法》、《尘肺病防治条例》、《企业劳动争议处理条例》等。

2. 与合作者/竞争者关系有关的法律法规：涉及垄断与限制竞争的法律法规：《反不正当竞争法》、《反垄断法》。

3. 与消费者关系有关的法律法规：涉及产品安全的法律法规：《产品质量法》、《食品安全法》；涉及消费者权益的法律法规：《反不正当竞争法》、《反垄断法》、《消费者权益保护法》、《侵权责任法》、《专利法》、《商品法》；涉及信息公开的法律法规：《信息公开条例》；涉及广告的法律法规：《广告法》；涉及慈善的法律法规：《公益事业捐赠法》，等等。

4. 与政府关系有关的法律法规：涉及税收的法律法规：《税收征收管理法》、《税收征收管理法实施细则》、《企业所得税法》、《企业所得税法实施条例》、《个人所得税法》、《个人所得税法实施条例》；涉及技术转让的法律法规：《著作权法》、《商标法》、《专利法》、《科学技术进步法》、《中小企业促进法》、《合同法》；涉及贿赂的法律法规：《刑法》、《反不正当竞争法》、《反洗钱法》。

以上几项，仅列出相关主要法律法规，另有多如牛毛的实施办法、细则、文件、政策等。

在与跨国公司有关的法律法规方面，存在着法制建设不健全、执法不严的特征。立法的滞后性和经济规则的缺乏是经济秩序混乱、腐败和不道德行为的直接原因，其间接原因则要追溯到儒家文化德治化倾向造成的法制资源的匮乏。以丰田汽车召回事件为例，2010 年 3 月，丰田汽车公司因油门踏板踩放不顺的潜在问题，在全球范围召回约 800 万辆汽车，但丰田在对华召回上反应迟缓，来华致歉缺乏诚意，道歉后没有实质性的纠错步骤。丰田公司之所以在美国市场选择主动召回，主要来源于法律制度的压力，欧美国家有健全的汽车召回制度，与之相匹配的有产品侵权责任法、行政处罚和刑事处罚。而丰田在美国和中国大陆市场采取不同的态度，就是利用了中国国内法律方面的漏洞。目前我国针对汽车召回问题只有一个《缺陷汽车产权召回管理规定》，且不说这个规定不是法律，不具有法律的强制效力，其在内容上也不够完善，实行的是主动召回而不是强制召回，处罚力度偏轻，对生产厂商的罚款额度只有 1—3 万元，没有民事赔偿方面的细则。① 针对缺陷产品的《侵权责任法》虽已通过，但也都是一些原则性的规定。因此，中国消费者的维权之路就更加困难。

四、中国的舆论环境

一国的舆论环境主要包括：公众、媒体、社会组织等对跨国公司的关注和监督程度。

跨国公司最理想的经营是在现有准则和标准下实行自我约束，

---

① 冯兰蔺：《座驾出了问题，惩罚或达上亿》，载《新闻晚报》2010 年 3 月 26 日。

但又不能仅仅依靠企业的自我约束，此时就需要其他监督力量的介入，如媒体、社会大众（包括工人、消费者、社会团体等）监督跨国公司的不道德经营行为。但是，在中国，企业外部既缺乏市民社会的基础，又缺乏社会运动的推动，更缺乏制度管理的因素，比如缺少贯彻这些国际准则的执行机构；从企业内部看，企业员工缺乏基本的法律知识，维权意识较弱。因此，更需要形成有利于跨国公司良性发展的舆论环境，而媒体、社会大众作为非正式力量，是舆论环境的重要组成部分。有关研究发现，直接提高商业伦理标准的两个因素是：（1）曝光和宣传；（2）信息灵通的人群越来越多的关注。[①] 所以，要发挥媒体的宣传作用、监督作用、激励作用和参与作用。譬如，中央电视台的“焦点访谈”、“经济半小时”等栏目对社会经济生活的报道，起到了十分重要的舆论监督作用，人民网、新华网、《WTO 经济导报》、《21 世纪经济报道》、《中国商业周刊》等主流媒体对企业社会责任的宣扬，起到了重大作用。此外，消费者协会、妇联、工会等社团组织也可以起到很好的监督作用。

对跨国公司的反伦理行为，当外部法律监督不够的时候，舆论的监督就显得更加重要，在公开和严格的舆论监督下，任何形式的反伦理行为都会成为丑闻被公布于众，使跨国公司遭到媒体的曝光。这对于十分重视企业形象的跨国公司来说是很不乐见的。比如在 2006 年，舆论的浪潮直指跨国公司，雀巢奶粉碘超标、肯德基“苏丹红”事件、惠普广告攻击联想、西门子抢注海信商标、哈根达斯“厕所门”事件、卡夫饼干含转基因成分、高露洁被疑含致癌物质、麦当劳下跪广告以及形形色色的贿赂案件中也出现了跨国巨头的名字等等。[②] 商务部研究院跨国公司研究中心发布的《2006 跨国公司中国报告》称，在这一年中，中国媒体至少对 12 起跨国公

① 洪静：《是近视？还是轻视？——跨国公司在发展中国家对商业伦理的背叛》，载《技术经济》2007 年第 3 期。

② 同上。

司反伦理行为事件提出批评。① 2009年，从“力拓案”牵出了媒体对跨国公司贿赂事件的一系列报道，对跨国公司造成了不小的舆论压力。

当然，对于在中国的跨国企业来说，在伦理标准方面来自政府、媒体、社区、消费者的压力是比较小的，作为发展中国家，企业的“道德自由空间”比较大，加上法律法规不健全，当地政府部门容易用人情的办法给予疏通，而且企业作为当地的经济实体，政府一般会注意保护它们的利益；对于新闻媒体来说，如果没有重大的事件发生，也不会注意到企业内存在的问题；而对于公众或消费者来说，由于企业有严密的保安和管理制度，也很难了解企业的实际运作情况。舆论监督的不力也使得跨国公司对自身的反伦理行为存在侥幸心理，或是在相互冲突的伦理困境面前有着更大的选择自由度。

五、中国的文化环境

文化对公司经营的影响，不仅表现在文化对政治、法律制度等的影响，同时也表现在不同国家消费者行为与偏好之间的差异、商业礼仪的多样性，以及由于文化差异性导致的公司员工在工作价值观、态度和行为等方面的多样性。一些国际问题专家提出了分析国家间文化差异的理论模型，这些模型有助于跨国公司的经营者更好地了解国家间、地区间的文化差异，建设性地适应当地文化。这些模型包括：霍夫斯泰德文化差异模型、多维跨国经营文化差异理论等。为了使分析更具有针对性，本书对文化环境的分析将侧重于对文化差异的比较分析。

（一）文化对伦理的重要影响

在政治、经济、法律等诸因素中，文化因素在很大程度上规定

① 曹凤月：《企业道德责任研究论纲》，载《中国劳动关系学院学报》2005年第1期。

了这个社会的企业伦理。对跨国管理者而言，理解和面对文化差异是重要的和不可避免的。[①] 任何一个企业都成长在一定的文化区域中，它会自然遗传所在文化区域的文化性格。许多管理理论家已经说明了文化差异对于企业的重要性。例如日裔美籍管理学家威廉·大内（William Ouchi）认为，每种文化都赋予不同群体的人们以互不相同的特征环境。人们的消费方式、满足需求与欲望的顺序以及工作价值观和努力程度，都是以他们所在国家和社会的文化背景为基础的。[②] 对企业来说，文化的差异既表现在商业惯例方面，也表现在具体的伦理准则、价值观和信念中。文化准则和价值观影响企业的一些重要方面，如在工作中怎样对待妇女和少数民族员工、对待赠送礼物和贿赂的态度、对与法律条文保持一致的期望等。但是文化差异的伦理学含义仍未被探究，即如何用文化差异去描述和说明一些隐含的伦理学差异。

经济的发展速度和取向离不开文化的支撑，这是近年来人文经济学者高度关注的一个问题。企业的伦理行为和模式选择，从根本上说一种文化选择。考察中国企业伦理建设的历程，不难看出，自近代企业产生以来，中国企业的不同伦理模式主要在马克思主义、中国传统文化、西方文化三种模式的碰撞、融合、对比、选择中形成，尤其是儒家传统伦理对企业伦理的影响持久而深远。而在哈耶克（Friedrich August von Hayek）的自由主义研究中，我们发现，西方个人主义文化传统对西方市场经济企业伦理的形成产生了重大影响。因此，企业伦理模式在本质上是一种文化模式，具有继承性、民族性和时代性。[③]

跨国经营者有必要了解可能影响跨国经营的三个文化层次，它

① 朱贻庭：《略论企业伦理与社会文化背景——关于建设有中国特色企业伦理的一种思路》，载《江苏社会科学》2000 年第 3 期。

② 戴万稳著：《跨文化组织学习能力研究》，南京：南京大学出版社，2007 年版，第 35 页。

③ 朱金瑞：《中国企业伦理的几种模式及特性分析》，载《中州学刊》2004 年第 4 期。

们包括国家（社会）文化、企业文化以及职业和组织文化。[①] 大多数经营活动发生在民族国家的政治边界之内，这样，民族国家的主导文化可能对国际商务产生最大的影响，占主导地位的国家文化不但通常影响商业交易的语言，而且影响管制交易的法律性质与种类。所有主要的社会制度（如宗教信念、教育、家庭、政治、法律和经济）都和国家文化紧密相关。当跨国管理者考虑文化对国际经营的影响时，他们主要关心国家文化会怎样影响企业经营，换句话说，他们考虑的是企业文化。企业文化不仅仅是存在于商业惯例方面文化的差异，而且代表着与在一种文化经营中的各个方面相关的准则、价值观和信念。每种国家文化都包含其特有的企业文化，然而，企业文化并不独立于国家文化，而是与更普遍的国家文化交织在一起的。企业文化影响着工作和组织生活的各个方面，包括管理者怎样选拔与提升雇员、怎样领导和激励其下属、怎样构造其组织、怎样选择和制定战略以及怎样与其他商人谈判等。因此，东道国的企业文化更直接地影响跨国公司的伦理，本章第三节将着重分析与伦理有关的企业文化。此外，职业和组织文化是文化的第三个层次，也是最微观的层次，由于在文化影响中，国家文化和企业文化占主导地位，这个层次就略过不提了，尽管学者对此也有些重要的发现。[②]

在进行文化分析时要防止文化帝国主义或民族中心主义，如果依据自身的文化价值观来评判东道国的文化现象，就对其他文化很难做出完全中立的反应，比如其他国家工作节奏上的差异、贿赂行为的盛行等，常常使北美国家的管理者产生“为什么他们不能像我们那样把事情做好”的困惑。

---

① ［美］约翰·B. 库仑著，赵树峰译：《跨国管理：战略要径》，北京：机械工业出版社，2003 年版，第 37 页。

② 霍夫斯泰德（Hofstede，1980）对包括 40 多种不同的国家文化进行研究，结果发现，从事相似工作的人们通常有非常相似的文化价值观，而且，来自不同国家但相同职业的人们之间的差别小于来自同一个国家但不同职业的人们之间的差别。

从宗教指导和限制人们日常行为的信念、价值观和准则这种意义上讲，宗教与文化是紧密联系在一起的。每一种宗教都有其行为指导原则，例如，佛教徒必须戒撒谎、杀生、盗窃和性恶；基督教徒皈依《圣经》中禁止类似行为的戒律；回教徒依照《古兰经》及其生活准则。[①] 而从新教伦理中产生了西方市场经济伦理，新教中的节欲观、天职观经过世俗化，演变为勤劳、节俭、敬业、守信等市民社会的行为准则和价值观，成为早期资本主义的经济伦理观的核心。[②] 因此，除其他社会制度会影响对重要的伦理问题的界定之外，宗教也对企业伦理的实质有强大的影响。尽管这在那些有特定的宗教等级结构与政府之间存在密切联系的国家最明显，但是，即使在宗教势力薄弱的国家也存在宗教价值对企业伦理的影响。例如，基督教有关伦理行为的传统价值观和信仰统治着大多数西方国家的伦理哲学。[③]

（二）两种主要的文化分析模型

1. 霍夫斯泰德国家文化模型

荷兰文化协作研究所所长霍夫斯泰德（Geert Hofstede）在一个大型跨国公司任职期间，采用标准的问卷，对40个国家的工作人员用多种语言，收集了他们的态度和价值观方面的数据，通过系统分析，建立了“国家文化模型”，[④] 得出了表征国家文化价值观的四个维度：权力距离（power distance）、不确定性规避（uncertainty avoidance）、个人主义与集体主义（individualism vs. collectivism）、男性化与女性化（masculinity vs. femininity）。后来又加进了另一个

---

① ［美］约翰·B. 库仑著，赵树峰译：《跨国管理：战略要径》，北京：机械工业出版社，2003年版，第37页。

② 曹凤月著：《企业道德责任论——企业与利益相关者的和谐与共生》，北京：社会科学文献出版社，2006年版，第230页。

③ ［美］约翰·B. 库仑著，赵树峰译：《跨国管理：战略要径》，北京：机械工业出版社，2003年版，第84页。

④ Geert Hofstede, *Cultures and Organizations——Software of the mind*, New York: McGraw-Hill Book CO. 1991. 这个模型已成为目前最著名、被引用最多的文化比较框架模型。

维度，即短期性和长期性（long term vs. short term）。权力距离所涉及的基本问题是社会如何处理人与人之间不平等的现象即权力观。在权力距离大的社会中，下属对上司有强烈的依附性，相反，在权力距离较小的社会中，员工或下属都有较强的自主意识，希望参与决策，并要求在职责范围内有一定的自主权；不确定性规避涉及如何对待永远存在的未来世界的不确定性，即风险观。在强不确定性规避的文化中，变化会使人感到紧张和不安，人们看重规章制度，相反，在一种弱不确定性规避的文化或社会中，人们更愿意接受事物的多样性，不赞成严格限制个人创造性的规范和程序；个人主义与集体主义涉及一个人与他人之间关系的紧密程度，即群体观。在集体主义盛行的文化中，人们忠诚于所在的组织，并多从道德方面来解释他们与组织的关系；而在个人主义价值观占据支配地位的文化中，个人把他们与组织的关系看成是功利性的，个人之间的关系十分松散，而且非常顾及自己的切身利益；男性化与女性化倾向涉及社会中男性和女性分别所处地位以及所起的作用，即性别观。在一种男性取向程度高的文化中，人们更推崇传统的男性主义的价值观，更强调区别性别角色，男人占据支配地位，人们更崇拜能力、英雄和成功，倾向于用获得财富的多寡来作为衡量人生价值的基本尺度。①

表3—1　不同国家（地区）在五个维度上的差别②

维度	分数高的国家（地区）代表	分数低的国家（地区）代表
权力距离	法国、西班牙等欧洲国家	美国、英国等
不确定性规避	希腊、葡萄牙等	美国、香港、新加坡
个人主义/集体主义	美国、英国等	美国、台湾、韩国等亚洲国家
男性化/女性化	日本、奥地利等	丹麦、荷兰、瑞典等
长期目标/短期目标	日本等	新加坡、香港等

① 赵德志：《企业跨国经营伦理探论》，载《社会科学辑刊》2002年第5期。

② 陈佳贵：《跨文化管理：碰撞中的协同》，广州：广东经济出版社，2001年版。

2. 维文化模型

美国人类学家克拉克洪（Florenc Kluckhohn）和斯托德伯克（Fred Strodtbeck）提出的7维文化模型是基于传统人类学的方法来了解文化。人类学家认为，由于人类要解决基本的生存问题，从而产生了文化，这些问题包括人们怎样与别人打交道，人们如何应付时代的变迁、人们与环境如何相互影响等。所有的文化都孕育和发展了对付这些基本问题的方法，不过，解决的方法并不相同，这就是文化差异的由来。7维文化模型的7个维度分别是：（1）通用主义和特定主义：关于与人交往是基于规章制度还是基于人际关系的选择；（2）集体主义和个人主义：大多数时候我们是单独行动还是集体行动；（3）中性文化与情感型文化：在社交中表现出来的情感范围，是表现自己的情绪还是压抑自己的情绪；（4）扩散型文化与具体型文化：人们彼此的关系类型，包括从生活中的各个方面到具体成分，即我们涉入别人的生活有多广；（5）成就型文化和因袭型文化：在社会中地位的获得是基于业绩（如大学毕业）还是基于因袭（如性别、年龄、社会阶层）；（6）过去、现在、未来或其混合：把社会定位在过去、现在、未来或这三者的联合，如在管理中我们是顺次完成任务还是同时完成多个任务；（7）"控制"自然与"适应"自然：自然（环境）被认为是可被控制的还是只可被接受。[①]

（三）中西方的文化差异

文化是伦理的母体，而伦理又是一个民族的文化传统的集中体现。因此，我们可以从文化比较中进行伦理差异分析。中西方的伦理差异可以转化为西方文化与东方文化、外来文化与本土文化间的

---

① ［美］约翰·B. 库仑著，赵树峰译：《跨国管理：战略要径》，北京：机械工业出版社，2003年版，第49—50页。

冲突，而隐含在这种冲突背后真正深刻的内容是现代化与传统的冲突。[①]

有学者对中西文化对国际关系的影响进行比较研究后指出，中西文化属于两种性质。中国的“思想底格”是“天地良心”，西方的“思想底格”是“理性主义”。[②] 西方文化具有浓厚的个人主义色彩，注重个人价值，讲求人与人之间的竞争，强调契约关系。东方文化则强调协调、合作和承担社会责任。[③]

西方现代价值观包括欧洲大陆的人道主义价值观、英美的功利主义—实用主义—科学主义价值观两大基本形态。西方个人主义、人道主义和人权思想的深层土壤是古希腊罗马时期公民地位平等和基督教徒在上帝面前平等的观念。西方文化是强势文化，西方尤其是美国在观念的提出和传播上仍占主导地位，也即存在“话语霸权”。西方文化中的一个重要来源是基督教，其宗旨就是要让所有人皈依，把人类从苦海中拯救出来。美国人很早便自诩为开拓新世界的“上帝的选民”，认为美国是照亮世界的“山巅之城”，是寻求自由者的“希望之乡”。美国人具有强烈的“天赋使命”的情感。[④] 美国向全球扩张的一个基本信念就是，西方文化不仅适用于西方社会，而且具有适用于全人类的普遍性。当然，西方文化也有其缺陷，例如：个人自由泛滥造成社会问题，过度竞争引起人际关系的矛盾，只讲征服自然而受到自然的报复，强烈的宗教心态阻碍了文化的吸纳与宽容。

根据霍氏理论，美国、英国和加拿大等国家都是个人主义化、

---

① 高兆明、李萍等著：《现代化进程中的伦理秩序研究》，北京：人民出版社，2007 年版，第 67 页。

② 俞新天等著：《强大的无形力量——文化对当代国际关系的作用》，上海：上海人民出版社，2007 年版，第 106 页。

③ 于俊秋：《克服跨国公司中的管理障碍，做好跨文化管理》，载《中央财经大学学报》，2004 年第 1 期。

④ 王晓德著：《美国文化与外交》，北京：世界知识出版社，2000 年版，第 18—57 页。

低权力差距和弱不确定性规避的国家，其中美国为最。日本则是高度集体主义和高度男性化、高度不确定性规避的国家，在权力差距方面，保持了一方面扩大、一方面缩小的两种倾向。中国以及其他华人地区基本上倾向于集体主义、较大的权力距离，从不确定性规避方面看，则属于中性状态。比之于西方，在个人主义和集体主义倾向上，中国社会里的小团体现象比较多；在权力距离上，经理与员工之间的权力差距，中国比西方大得多；在不确定性风险回避倾向上，中国人比西方人强得多，大多数中国员工非常擅长按部就班地工作，而对于带有一定不确定性的工作，很多人是不会冒险的，即使是合理的谨慎的冒险，也极为少见；在男性化与女性化倾向上，中国的社会文化比较倾向于柔性；在长期和短期考虑倾向上，中国社会文化中的长期考虑倾向指数在全球是最高的。①

表 3—2　中西文化的主要差异

中国文化	西方文化
强调集体忽视个体：中庸之道、模棱两可	强调个体忽视集体：立场鲜明
权力差别大：对等级和权力的尊重、官僚主义作风	权力差别小：强调人与人的平等、法律的权威
风险规避度大：拒绝变化、缺少独创	风险规避度小：倾向冒险、富于创造力
男性化倾向弱：占统治地位的价值是关心他人、崇尚合作和职业安全，工作压力较小	男性化倾向强：占统治地位的价值是成功、金钱和事业，工作压力大
长期时间导向：着眼于未来，节俭、储蓄和持久性	短期时间导向：着眼于过去和现在

① 戴万稳著：《跨文化组织学习能力研究》，南京：南京大学出版社，2007 年版，第 192—193 页。

第二节 中国的传统伦理与现代演变——伦理环境分析

乔治·恩德勒认为，在中国分析伦理资源要从国家现在的社会文化情境出发。大致说来，这种国情是由2500年来的儒家遗产、50年的社会主义政权历史以及1978年以来主要由中国对外开放政策而带来的西方的和非西方的大量国际影响所决定的。因此可以归纳出三套伦理传统：儒家伦理、社会主义伦理和西方伦理。[①] 在中国的伦理思想发展史中，儒家思想构成了中国社会伦理的哲学基础，马克思主义是外来文化中对中国伦理影响最深远的政治因素，改革开放是中国伦理发展产生根本性转折的经济因素，转型经济是中国伦理呈现复杂性的制度因素。因此，在中国分析伦理这个因素显得尤为复杂和纠结。一方面是中国和外国的伦理发生矛盾和冲突，另一方面是中国古老的传统伦理与现代化的冲突，还必须考虑到转型期中国企业伦理发展的特殊性（异化）问题。

在进行伦理环境分析时，本书遵循社会（国家）伦理——经济伦理——企业伦理这样一个脉络。

一、中国社会伦理的演变

在中国传统伦理思想发展的历史中，占据主干地位的是儒家伦理思想。这是因为儒家伦理思想更全面、深刻地反映了中国古代社会的经济、政治和社会结构，适应了封建统治的需要，因而成为封建社会的统治思想。[②] 尽管早期儒家（先秦）与后期儒家（宋明）

① ［美］乔治·恩德勒著，高国希等译：《面向行动的经济伦理学》，上海：上海社会科学出版社，2001年版，第211—212页。

② 朱贻庭主编：《中国传统伦理思想史》（增订本），上海：华东师范大学出版社，2003年版，第16页。

存在着区别，但儒家伦理思想就其总体而言，它建立了一个以“仁”为核心的反映封建等级关系的体现“爱有差等”的道德规范体系；强调道德义务，轻视功利目的，“重义轻利”，在价值观上具有道义论的倾向；强调并夸大道德的社会作用，在不同程度上又有道德决定论的特点；并提出了一套道德修养方法。[①] 中国传统伦理思想的核心是：(1)“以人为本”的管理思想；(2) 个体服从整体的思想；(3)“中庸之道”、“和为贵”、“忠恕”、“天人合一”等和谐思想；(4) 诚信；(5)“以义制利”、“义利结合”的义利观。[②]

但儒家思想在中国历史上并不是具有完全的延续性，而是出现了所谓的“断层”，其中两次大的转折发生在“五四”时期的“打倒孔家店”和“文革”时期的“批林批孔”运动，这两次运动导致了对儒家思想继承性的中断，也影响到了社会伦理的方方面面。

20 世纪以来，现代新儒家与自由主义、马克思主义三大思潮构成了中国思想的铁三角。而无论是自由主义者、现代新儒家学者还是马克思主义者，都曾在伦理问题上作了大量而深入的探索。

现代新儒家作为一种伦理思潮的基本特征有：(1) 它是现代中国的“儒学”，就必然具有尊孔崇儒，以儒家学说为中国文化的正统和主干；(2) 它是现代中国的“新儒家”，即主要继承和发扬了宋明理学的精神，以儒家心性之学为本源，强调以内圣驭外王，表现出明显的泛道德主义倾向；它具有区别于先秦儒家和宋明儒学的“现代”特征，就是“援西学入儒”，一方面认同传统儒学，一方面适应现代新潮，走融合中西的道路。[③]

中国自由主义伦理思潮的主要特点有：(1) 对传统伦理持批判

① 朱贻庭主编：《中国传统伦理思想史》（增订本），上海：华东师范大学出版社，2003 年版，第 17 页。

② 夏绪梅著：《企业伦理学——转型经济条件下的企业伦理问题研究》，北京：科学出版社，2008 年版，第 81—87 页。

③ 方克立著：《现代新儒学与中国现代化》，天津：天津人民出版社，1997 年版，第 41—42 页。

与否定态度；(2) 主张西方自由、民主、平权和健全的个人主义的伦理价值观念；(3) 有一定程度的功利主义的价值立场和评价标准；(4) 有一定程度的科学主义特征。

中国马克思主义伦理思潮的基本特征表现在：(1) 在道德原则和价值目标上，强调坚持以个人同社会和谐发展为价值目标的集体主义道德原则，反对封建主义的人身依附、等级服从的群体主义道德原则和资产阶级自我中心、个人至上的个人主义和利己主义道德原则；(2) 在价值评价标准和道德价值观念方面，主张超越道义论和功利论的对立，坚持功利与道义的辩证统一、有机结合，亦即义利并重、义利统一，主张效果与动机的统一论，主张以人民群众的根本利益和长远利益作为观察一切善恶是非的标准；(3) 在对待传统文化遗产上，反对全盘西化派的民族伦理虚无主义和现代新儒家的民族伦理保守主义，坚持批判继承，古为今用，洋为中用；(4) 在中国伦理文化出路上，认为“只有社会主义才能救中国，只有社会主义才能发展中国”，坚持建设有中国特色社会主义的伦理文明。①

对中国伦理因素的分析，要有动态的意识。特别是在现代的信息社会，思想文化因素变化的频率在加快，转型期价值观方面的多元化和缺失问题也十分严重。当前，中国正在面临较为严重的道德危机，主要源自于三方面的因素：一是近代以来中国的屈辱历史造成的后遗症。中国在近代所遭受的屈辱，让很多即使不了解西方的人都认为西方的道德文明比中国先进，因此有道德上的崇洋媚外现象；二是中国的现代化转型。这种转型必然导致伦理和道德体系上的变化。在这种变化没有很好地完成时，会造成伦理和道德体系上的危机，这种危机主要是人们在应该遵循什么道德规范上的迷惘；

① 唐凯麟、王泽应著：《20世纪中国伦理思潮问题》，长沙：湖南教育出版社，1998年版，第307—309页。

三是全球化转型的危机。这是全世界的人共同面临的危机。但中国人的道德危机只是体现在疑惑要有什么样的道德，但很少去问人为什么要有道德，因而不至于发生深层次的道德危机。[①]

二、中国经济伦理的演变

中国具有悠久的经济伦理传统。早在先秦时代，诸子百家对经济活动的性质与伦理目标、经济活动参与者的角色定位就有明确论述。在西汉之后，儒家逐渐成为中国伦理思想的主流，并发展出了一套从理论层面、实践层面到操作层面的经济伦理体系。在理论层面，儒家主张经国济民、富国强民、重义轻利；在实践层面，儒家重视经济活动参与者的修身养性和道德自律，倡导以德化人、和气生财；在操作层面，儒家强调在经济活动中要诚实守信、货真价实、童叟无欺、勤劳节俭、热心为公。[②] 儒家传统文化的总体特点是重集体和谐、轻个人利益；重责任义务、轻权利自由。儒家传统文化对社会主义计划经济条件下的经济伦理产生了深远的影响，形成了企业群体主义、绝对服从道德的价值观。

中国传统经济伦理有其历史局限性和现代价值。

一方面，儒家传统经济伦理有其局限性。中国传统伦理中的团队精神和人际关系曾帮助中国等东亚国家借助团体的力量、政府与企业相结合的方式实现了经济现代化，并以数十年时间完成了西方资本主义国家一二百年内才实现的经济腾飞。然而，在经济发展到一定程度，现代化初期的潜力挖掘得差不多的时候，传统伦理中不强调个人权利、不重视个人的创造性等特征，在社会政治文化和法治环境方面产生了缺乏公正度和透明度等明显的负面效应，最典型

① 韦正翔著：《国际政治的全球化与国际道德危机——全球伦理的圆桌模式构想》，北京：中国社会科学出版社，2006 年版，第 332—333 页。

② 纪良纲主编：《商业伦理学》，北京：中国人民大学出版社，2005 年版，第 218—219 页。

的就是裙带关系和官员腐败。[①] 儒家伦理与市场经济价值取向的背离具体表现为：重义轻利与市场经济的求利目的相冲突；儒家伦理中表现出的一些精神倾向与现代市场经济在精神要求上的差异，贵和、内敛的保守倾向与市场经济的扩散、开拓和竞争意识相互冲突；儒家的"德治"思想与现代市场经济的"法治"要求存在着冲突；儒家"集体至上"的价值取向与市场经济"以个人为本位"的差异。[②] 此外，尽管我们认为中国传统经济伦理的核心原则包括平等、诚信、谋利等现代因素，但传统伦理中对平等的理解还局限于表层的、量上的平均主义，或是终点平等和结果均等，而缺乏深层的质上的意义的认知，也没有深发到机会平等和起点平等的地步。传统伦理中的诚信也不是普遍意义上的规制，是有限度的，是在封建式血缘、地缘和情缘结构下的诚信。传统伦理中的谋利思想（功利主义）与道义论在中国主导性传统伦理中始终紧密地结合在一起，其实质是形式上的道义论与内容上的功利主义的混合。但是传统的功利主义又不完全是现代意义上的功利，而是"以义为利"、"利以义制"，以"义"的形式来求"利"之目的，似乎有点伪善。传统的道德观在很大程度上是一种"等差之爱"，是以血亲纽带为基础的，而市场经济本质上是一种平等经济个体间的契约关系，讲求相互间的权利和义务，市场经济中企业内部的各种关系以及企业同社会的关系是传统"五伦"关系中所没有的。[③]

另一方面，儒家传统伦理也有其现代价值。比如"仁"，这是儒家伦理思想的核心，它与"礼"互为表里，体现的是维护"家国同构"的宗法等级社会结构的需要，已与市场经济的现实不合，但在"仁"体系中蕴涵的"人道主义"思想，以及"己所不欲，勿

---

① 参见张碧琼著：《经济全球化：风险与控制》，北京：中国社会出版社，1999 年版，第 62—63 页。

② 张国强：《儒家思想在企业伦理建设中的扬弃》，载《职大学报》2006 年第 4 期。

③ 陈红兵、冯林、严莉群：《论企业伦理制度与经济制度的制衡》，载《重庆大学学报（社会科学版）》2002 第 9 卷第 2 期。

施于人”的行为方式，显然具有古今的“共时性”和普遍性。又比如“义利之说”，这是贯穿儒家伦理思想的一个基本问题，就其总模式而言，“重义轻利”在市场经济条件下失去了它赖以存在的基础，但其所包含的“重义”精神，以及“见利思义”、“正义谋利”的思想，既与“见利忘义”、“唯利是图”相对立，又摒弃了“唯义无利”，显然可以与在市场经济条件下处理义利关系所要求的原则相通。再比如“人和”，这是儒家伦理思想处理人伦关系的价值目标。儒家所贵的“和”，不是绝对同一、无差别的和，而是“和而不同”、“中和”，是有差异的和谐。尽管其形式和内容有历史和阶级的局限，也包含有“不争而和”，忽视竞争的缺陷，但作为一种社会人际关系的理想模式，无疑有其现代价值的合理性。①

中国社会正处在转型时期。在转型时期，存在着大量的制度漏洞、“道德虚位”和“道德真空”，出现了行为失范和价值观的混乱。经济伦理发展也呈现出双重性。一方面，是传统上非常重视伦理，只不过重视的是以儒家传统观念为核心的计划体制下的传统价值观念；另一方面，是当代社会表现出的种种伦理缺失。尤其是后者，成为转型期伦理的主要特征。新的经济体制逐步建立，而与之相适应的新的道德观念却未形成。市场机制把人文主义关怀的空间压缩得很小，一谈企业，就是利润，一谈个人，就是竞争。传统文化和传统伦理也被压缩得非常厉害。中国传统伦理本身也因受到西方启蒙运动的影响和当今文化多样冲突的加剧而遭受肢解，成为某种“支离破碎”的文化“碎片”和软弱乏力的语词“修饰”。② 相比于台湾、日本企业的传统式管理利用了很多传统文化中的精髓，中国内地企业的文化建设是起步较晚的。一般而言，后起国家的现

① 朱贻庭主编：《中国传统伦理思想史》（增订本），上海：华东师范大学出版社，2003 年版，第 534—535 页。

② 万俊人：《走在道德生活世界的前沿》，战颖著：《中国金融市场的利益冲突与伦理规制》，北京：人民出版社，2005 年，总序。

代化之动力往往是在外力作用下被刺激出来的，因此，在传统与现代化之间常常会经历一个剧烈的冲突，特别是在生存空间有限的国际环境下，就可能产生反西、仇西等各种思潮的对立；由于迫切的现实问题和多重的矛盾交织，急功近利、富国强兵等经济性指标更容易被人们张扬，传统文化、人文精神会被压抑。然而，一段时间后，当被调动起致富欲望的人们表现出种种过去想曾未想的过激行为时，人们开始惊呼传统沦丧之迅速、其后果之可怕，于是，就在民众的呼应、执政者的警觉中停下前行的步伐，重拾传统的残迹。但是，传统已被破坏，经历了变革的人们不再有过去那般对传统的敬畏和遵从，一些看似可行的传统就被强化、重申后粉墨登场。①

21 世纪中国的经济伦理需要重建。在伦理体系的重建上，需要考虑传统与市场的融合以及中西之间的融合。不能单纯以儒家的德性伦理为基础，而应以契约伦理为基础，再吸收儒家伦理的某些合理方面，进行伦理体系的重建。传统的“等差之爱”要转化为“市场之德”。一项对中国 4 个省市的调查表明，传统道德品性，如正直、善良、诚实等最受人们重视，同时，与近现代社会发展相适应的道德品性，如守信、责任感、正义感和宽容等也得到部分人认同，而在人们最不可宽容的 5 种行为中，3 种与市场经济有关，即伪劣产品、环境污染噪音和不讲信用。由此可见，在市场经济条件下，人们并不排斥传统美德，同时与市场经济和社会变革相适应的道德品性日益受到关注。②

三、中国企业伦理的演变

与西方国家相比，中国企业文化的形成和发展的历史比较短暂。而儒家思想作为中国传统文化的主干，其作为封建社会的正统

① 李萍：《论企业伦理的民族性与世界性——从日本企业伦理说起》，载《玉溪师范学院学报》第 20 卷 2004 年第 2 期。

② 陆晓禾著：《经济伦理学研究》，上海：上海社会科学院出版社，2008 年版，第 108 页。

思想长达2000多年，对中华民族的文化心理、风俗习惯、道德伦理、价值观、人生观影响极其深远。儒家思想中，充满着管理与伦理结合的先见之明，如“道之以德，齐之以礼”，“义以生利、义利统一、以义制利”等。这种深刻的影响发展至今必然渗透到中国现代企业的管理当中，并在企业伦理中反映出来。[①]

20世纪90年代以来，随着西方企业伦理学著述不断地被译介到我国，这些理论已为我国学者所熟悉。中国学者往往立足于中国传统的伦理思想以及当代中国化的马克思主义，对这些理论进行批判性的改造和发挥，使之为我所用。比如，中国的企业伦理研究也会谈及功利主义，不过所谈论的功利主义大多是经过修正的，吸收了传统的功利主义（如在墨子、陈亮、叶适等人的义利统一基础上的功利主义），并且往往表现为维护和体现最广大人民群众根本利益的功利主义，是集体主义的功利主义。再比如，中国的企业伦理研究也谈论德性论，但这种德性论明显带有儒家德性主义的痕迹。我们也谈论义务论，不过较多的是以公正原则为基础的义务论。

对当代企业伦理演进历程进行研究的有龙静云[②]、朱金瑞[③]、欧阳润平[④]等。本书比较认同欧阳润平对中国企业伦理发展历程的分段法，把近代以来中国企业伦理的发展历史分为三个阶段：一是义利共求阶段，指近代民办企业的伦理实践；二是重义轻利阶段，指计划经济时期的企业伦理；三是重利轻义阶段，指我国目前普遍存在的企业伦理问题，主要表现为企业利益失衡、企业责任失控、企业经济失信三方面。不管学者们如何划分阶段，不同时期我国企业

---

① 栾永斌主编：《企业文化案例精选精析》，北京：中国社会科学出版社，2008年版，第366页。

② 参见龙静云著：《钥匙的魔力——企业道德概论》，武汉：武汉工业大学出版社，1991年版；龙静云著：《治化自本——市场经济条件下的中国道德建设》，长沙：湖南人民出版社，1998年版。

③ 参见朱金瑞著：《当代中国企业伦理的历史演进》，江苏人民出版社，2005年版。

④ 参见欧阳润平著：《义利共生论——中国企业伦理研究》，长沙：湖南教育出版社，2000年版。

伦理的现状和特征有明显的不同，尤其是在计划经济到市场经济的转型过程中，这种差异性表现得更为显著。

欧阳润平和朱金瑞等归纳了中国企业伦理的主要模式与走向。改革开发以来，中国企业伦理在不断进步，但总体来说，经历了由政治化到个性化、从单一化到多样化的变化。欧阳润平认为，中国企业的伦理准则的运行模式分为三类：最规范的一类是通过正式制度来运行，如华为、宝钢、海尔的企业制度非常完善，而且企业所有理念、伦理观念都通过制度加以体现，打开员工手册就能够感觉到伦理准则已经渗透进去了；第二类是偏重于以非正式制度运行，比如同仁堂，它没有完整的制度建设，但它已经通过许多非正式制度把它的理念灌输进员工的观念中，比如它的“堂训”已经延续了300多年了，而且还有自己的“堂徽”，还编写了一系列关于自身的文学作品；第三类是正式制度与非正式制度建有的企业，这一类最多，这些企业有一些正式制度，但不完善，或者比较简单，然后通过一些非正式制度的模式进行补充，比如万科就属于这一类。就中国目前进行伦理建设的企业来说，它们的模式千差万别，朱金瑞以企业最突出的伦理个性为依据，从比较文化的视野，选择了当代中国企业伦理演进过程中最常见的、具有代表性的6种模式进行分析，即政治性企业伦理模式、使命模式、制度伦理模式、强村企业伦理模式、血缘亲情模式、跨国经营的本土化模式。

温宏建分析了中国各种所有制企业的伦理问题，包括国有企业的垄断问题、MBO（管理者收购，Management Buy-out）和管理者的激励问题、民营企业的原罪问题和制度问题、合资企业的管理理念冲突问题、外资企业洋品牌对国产品牌的整合和跨国公司的投资问题等。[①]

① 参见温宏建著：《中国企业伦理：理论与现实》，北京：首都经济贸易大学出版社，2010年版。

陈维政等从文化角度对转型时期的中国企业伦理进行了重点研究。[①] 计划经济时期，企业伦理的特征为责、权、利相结合的企业伦理基础匮乏，国家伦理替代企业伦理。计划经济中的企业没有独立的法人权，也不具有独立的产权和经营权，企业生产什么，生产多少，产品如何被消费，都不由企业自己决定。政府采取“统购包销”的做法，承担企业的无限责任，其中包括了道德责任，从而用一种政治的伦理原则取代了一切伦理原则，没有组织伦理，或者说企业伦理具有浓厚的意识形态色彩。当然，不可否认的是，在计划经济时代，以社会主义政治伦理为主要内容的企业伦理规范，以思想政治教育为主体的企业精神文明建设，为新中国经济建设提供了重要的精神动力和支撑，并在一定程度上弥补了计划经济体制的缺陷。[②] 在转型经济条件下，通过“放权让利”、“两权分离”（所有权与经营权分离）等阶段，企业相对独立的经济实体地位得以确立，责权增强，利益动机逐渐形成，改革开放改变了原有的经济关系及相应的法律、伦理规范和价值观念，而新的经济关系、法律、伦理规范和价值观念尚未建立或健全，社会组织及其个人的行为缺少了明确的价值引导和有效的内在规范约束，于是在伦理层面出现了激烈的碰撞和冲突，出现了道德滑坡的现象。中国社会缺乏应有的利益赏罚机制，也为企业伦理的缺位推波助澜。伦理行为有其成本和效益，如果成本大于效益，可能会放弃伦理，如果成本小于效益，则可能会选择伦理行为。而这方面的制度安排（包括法律法规）还很缺失。企业内部的管理制度也有同样的问题。[③]

在公司层面，尽管出台了诸多公司法规，但缺乏相应的公司意识形态、公司理论，缺乏作为组织又是法人的伦理规范，“博弈”

① 参见陈维政、张丽华、忻榕著：《转型时期的中国企业文化研究》，大连：大连理工大学出版社，2004 年版。

② 朱金瑞：《当代中国企业伦理的研究历程及若干热点问题述评》，载《中州学刊》2007 年第 1 期。

③ 董玉芳、曹苏：《企业伦理缺位分析》，载《经济工作导刊》2003 年第 20 期。

成为转型期企业经济行为的普遍特征，加大了企业经营活动的“道德风险”。一些企业片面追求利润最大化，具体表现为：假冒伪劣商品屡禁不止；信用水平低下；逃税现象；财务失真；污染环境、破坏生态平衡；劳工问题等。由于中国曾一度长期存在卖方市场，对于企业的种种反伦理行为，消费者表现出极大的容忍。在软弱的消费者面前，企业追逐私利的动机使其一步步远离伦理的要求。且现实生活中常有“知道，但做不到”以及“要求别人做到，但自己做不到”的现象。

复旦大学社会学系谢遐龄教授主持的“企业的社会责任”项目之“民众调研报告”显示，公众对企业的伦理现状评价普遍偏低，但对企业伦理又有着近乎理想化的期望，比如对“诚信”、“生产假冒伪劣产品”等问题的看法。这就导致了第一个矛盾认知，即企业伦理现状与社会民众期望之间的矛盾；第二个矛盾认知是社会民众的期望与其自身实际行为之间的矛盾。在遇到具体案例时，民众在企业应该遵守的基本伦理标准上放松了对它的要求，比如当面临“企业停产将有很多人失业”或盗版带给消费者的短期利益时，明显偏离了期望中的合法或合理准则。又如，诚实虽然属于儒家文化体系强调的基本伦理规范，但是在具体生活中，人们往往还认为某些事情应该心照不宣，甚至可以适当撒谎，这就与西方基督教伦理规范要求严格的诚实之间发生冲突。可见，在实际生活中，民众在企业伦理问题上的作为与其认识存在着很大的矛盾性。这也说明这种认识与真正的认同还有一定距离。在中国，既无西方新教伦理式的宗教教义约束，又处于市场经济的转型和成长阶段，企业伦理还远远没有为民众所内化。[①] 新的经济关系、利润动机和古典资本主义的幻想，再加上缺乏成熟的公司理论、公司意识形态和公司伦

① 罗鑫：《追求目的与手段的平衡——一份关于企业伦理的民众调研报告》，载《社会》2004 年第 6 期。

理，使一些企业或个人缺乏法律的和伦理的底线，导致中国企业的伦理状况参差不齐，粗野与文明并存，一旦参与全球化，粗野也因此溢出。

也正因为处于经济转型期，中国的企业伦理在摆脱思想束缚的同时，出现了伦理的逆向运动，可称之为企业伦理的"异化"现象。在企业的自主性、趋利性、竞争性和平等性增强的同时，也使人们从一个极端走向另一个极端，甚至片面理解或歪曲。自主性可能强化了"自我利益"的倾向，趋利性助长了"一切向钱看"的拜金主义思潮，竞争性促使一些企业不是刻意提高自身的竞争力，而是不择手段毁掉对手，平等性中体现的等价交换的原则被无限扩大，使某些企业权力寻租而改变社会公平分配的目的和意义，[①] 强调个性而产生逆反心理，不关心集体和他人。为什么会出现这种逆向运动或是异化？台湾学者杨国枢在《中国人的价值观——社会科学观点》一书中认为，中国曾经是一个泛道德的社会，道德价值尤其重要。但是，中国人一开始，就在知识阶级中强调立德、立功、立言，使道德价值与功名事业的富贵价值并列，同为人们追求的理想目标；其后又因"为富不仁"影响力过大，甚至是"人无横财不富"的影响，使道德价值降为求富贵的工具，社会的大部分人，只见富贵，不见道德。这是目标变工具，工具变目标的结果。[②]

在西方企业伦理的发展中，却存在着一个反向的过程。从"以物为本"向"以人为本"发展，从追求"个体卓越"向"整体和谐"过渡，从"刚性管理"向"柔性管理"融合，从"单纯追求利润"向"兼顾利益相关者"转变。[③]

---

① 周祖成著：《企业伦理》，天津：天津人民出版社，1996 年版，第 29 页。

② 杨国枢编：《中国人的价值观——社会科学观点》，台湾：桂冠图书公司，1994 年版，第 266—267 页。

③ 汤正华：《中西管理伦理比较研究》，南京理工大学博士论文，2005 年，中国知网博硕士论文全文数据库。

表3—3 中西传统企业伦理的逆向运动

	中国企业	西方企业
义利观	从重义轻利到利益至上，从“社会人”到“经济人”	从重利轻义到重伦理和职业道德、社会责任，从“经济人”到“社会人”
利益（营利）观	从互利双赢到只顾自己赚钱，崇尚“人无横财不富”	从零和博弈到讲究双赢，注重长期合作
伦理观	从重伦理轻法制到法制不健全下伦理的双重缺失	从重法制轻伦理到越来越重视伦理
管理观	从人本管理到人本管理与理性管理相结合	从理性管理到理性管理与人本管理相结合

一种观点认为，中国与西方正处在相反的运动中，如果将企业、政府、社会看作三大圆圈的话，在西方，这些圆圈是从过去的完全分离到现在要求的部分重叠；而在中国，则是从过去的完全重叠到现在的逐步分开。因此，在全球经济伦理的建构过程中，对义利等关系的审视，要考虑中国伦理发展的特殊情况以及现实因素，不能一味讲“与国际接轨”，防止矫枉过正。

另一方面，在转型经济条件下，全球化、市场经济的号角已经吹响，企业伦理的重要性已经得到了一定认同，但存在着将伦理作为某种工具性的管理手段的功利倾向。[①] 结合西方企业伦理的发展历史，这也是中国当前特定的经济发展水平的一种体现。可见，中国的企业伦理发展正经历从传统伦理到现代经济伦理的转型时期，建设符合全球化背景和市场经济特征的现代经济伦理之路，尚在起步阶段。

① 夏绪梅著：《企业伦理学——转型经济条件下的企业伦理问题研究》，北京：科学出版社，2008年版，第3页。

第三节 西方传统伦理与中国传统伦理的比较

伦理差异是形成冲突的根本原因。伦理比较研究有助于我们对全球伦理与地方伦理进行“解构”，从而寻找融合的基础。在国际规范与国内伦理的比较中，其实质是中西方伦理的比较。进行中西比较，首先要如实把握中国伦理（包含企业伦理、经济伦理、社会伦理等几个层次）的精髓，同时也必须掌握西方伦理的特点，然后才能对两者进行比较。由于篇幅所限，本书对西方经济伦理的发展历史和特征不作具体论述，魏文斌、赵德志的著作中有相关的分析。[①] 由于中西伦理思想均在当代出现了逆向运动，因此比较主要围绕着传统伦理进行。

谈到中西传统伦理的差异，已故学者黄建中在《比较伦理学》一书中认为，中西道德有五大差异：中土伦理与政治结合，西土伦理与宗教结合；中土道德以家庭为本位，西土道德以个人为本位；中土道德主义务平等，西土道德主权利平等；中土重私德，西土重公德；中土家庭尚尊敬，西土家庭尚亲爱。[②]

核心价值观的差异。美国新闻总署原东亚与太平洋主任戴维·希区柯克曾于1994年对美国和东亚各界精英进行过问卷调查，选择他们认为最重要的6个社会价值和5个个人价值。东亚精英认为最重要的社会价值是：社会秩序；社会和谐；保证官员的可靠性；接受新思想；出版自由；尊重权威。而美国精英选择的顺序是：出版自由；个人权利；个人自由；公开辩论；为自己考虑；官员的可靠性。显然东亚更重视秩序、和谐和权威，而美国更强调个人权利、

① 参见赵德志著：《现代西方企业伦理理论》，北京：经济管理出版社，2002年版；魏文斌著：《仁者无畏：企业伦理学理论与实践》，长春：吉林人民出版社，2006年版。

② 转引自赵传海：《道德的民族性和世界性的关系》，载《华北水利水电学院学报（社科版）》2008年4月第24卷第2期。

公开辩论和出版自由。在最重要的个人价值中，东亚选择“对他人尽责”、“自律”的较多，而美国选择“个人成就”较多。①

决策伦理的差异。约翰·M. 埃塞治和卡罗琳·B. 厄德纳针对不同国家的伦理决策方式，从中国、韩国、墨西哥和美国的503名受访者中收集了反馈信息，并进行了对比分析。这个对比主要在以人权和公正理论为基础进行伦理决策的非结果论方法和与其相对的规则功利主义和行为功利主义的倾向中展开。研究结果显示，在进行伦理决策的过程中，国别身份趋向于压倒种族身份。而且已经在墨西哥和美国建立起来的朝着规范立场发展的伦理倾向模式也开始在韩国出现，它同中国明显不同的决策方式形成了对比。研究者发现，在中国占主导地位的伦理决策原则是行为功利主义——依据是否能为所有相关人员带来最大可能的利益来进行行动评估的道德责任。当然，非结果论倾向这一强调人权和个人平等的理论在中国也显示出相对的重要性，不过与两个西方社会相比，其程度大幅降低。规则功利主义——功利主义标准在一个一般性的道德准则上的应用——在中国受到最少的支持。②

伦理敏感性的差异。伦理敏感性是西方谈论较多的话题。伦理敏感性包括识别某种情形是否含有伦理困境的能力、做正确事情的可能性，以及对非伦理行为的难以容忍程度。以美国的态度和行为为参照系，研究者在调查中发现，美国人比希腊、香港、台湾、新西兰、乌克兰以及英国人更具伦理敏感性。③ 也因此，美国人对伦理问题更为关注。

---

① David Hitchcock, “Asia Values and United States: How Much Conflict?” 转引自俞新天等著:《强大的无形力量——文化对当代国际关系的作用》，上海人民出版社，2007年版，第140页。

② 约翰·M. 埃塞治、卡罗琳·B. 厄德纳:《四个国家的伦理决策方式:理论观点之比较》，[美] 乔治·恩德勒编，锐博慧网公司译:《国际经济伦理:挑战与应对方法》，北京:北京大学出版社，2002年版，第53—63页。

③ 李兆友:《国外经营伦理研究的缘起与现状》，载《大连理工大学学报（社会科学版）》2002年第3期。

企业伦理的差异。已有许多文章注意到中西文化在企业价值取向上的分歧。例如据《中美合资企业的管理文化剖析》一文分析，中美在雇佣期、决策方式、责任制、奖励和提拔制度、对职工的关心、等级观念、权力差距、个人发展风格、思考方式、处理事务、操作过程、分配和价值观念上存在很大差异。[①] 2002 年，中国学者顾庆良等人对 42 家跨国公司在中国上海的子公司的 89 名中高层中方管理人员进行了调查，结果发现，在分析与整合、个人主义与集体主义、一元的时间观与多元的时间观、赢得的地位与赋予的地位等 4 个指标上，中方管理人员具有明显的倾向性。[②]

本书进行中西伦理比较的维度选自几个主要文化价值维度——权力距离、个人主义与集体主义、普遍主义与特殊主义等。比较的内容侧重于经济伦理以及企业伦理比较，当然经济伦理和企业伦理都根植于社会伦理之中。

一、个人主义与集体主义

西方价值体系由市场经济、民主制度和个人主义构成，其中个人主义是基础和出发点。美国式个人主义是基督教文化的产物，是西方契约文化、自然法精神所培养出来的大众价值观。个人把与组织的关系看成是功利性的，只有在看到了对自己有明显的利益时，才对组织承担义务，人们在情感上不必过多依靠组织。而非西方国家大多重视“集体”，例如家族、宗族部落等。

集体主义是影响中国文化的重要因素。在中国的传统文化中，家族整体主义是建立在等级制度基础之上的，在一个家族内，家族利益为最高目标，强调整体重于个人、个人无条件服从整体，强调家族内部以伦理关系为基础的和谐与稳定。而到了当代社会，“家”

---

① 转引自陆晓禾著：《经济伦理学研究》，上海：上海社会科学院出版社，2008 年，第 236—237 页。

② 戴万稳著：《跨文化组织学习能力研究》，南京：南京大学出版社，2007 年版，第 74 页。

不仅指家庭之小家，还指企业之大家，甚至可以扩大到国家。但中国不像日本那样将整体主义定位在企业集团，而是存在多种歧义，结果各种小集团主义取代整体主义，成为实际的行为准则。[①]

个人主义的社会文化孕育出与之相适应的企业文化，即倡导个人能力的管理哲学。具体表现为尊重个人尊严和价值、强调个人决策和个人负责、奖励针对个人而不是集体。相互间的隐私、平等、独立受到格外尊重，并通过分权、分层而被强化确立起来。个人主义的文化传统强调公司员工的个人权益，而集体主义的文化传统则强调包括商业组织在内的群体承担着保护个人的首要职责，个体得不到充分重视。两种文化的差异具体表现在决策方式上，就有明显区别。尽管在现代化的公司里，员工参与决策非常重要，然而商务运作的高速度，常常需要迅速和明确的决策。在这方面，美国公司的决策要快得多，而亚洲国家则是最慢的。大多数欧洲国家则介于这两个极端之间。由于中国文化的集体主义和高风险规避倾向使得中方主管在做重大决策时一般要咨询别人的意见，而且会考虑维持和谐、降低冲突的各种因素。因而在决策方式上，强调集体决策。决策时常拟定十分详细的方案，征求多方的意见，开无数个会议，决策细致而缓慢；而美国文化则是典型的个人主义和低风险规避倾向，习惯于个人决策。管理人员有职有权，在了解问题过程中就解决问题，决策速度和工作节奏很快。此外，在决策过程中，中国人具有妥协甚至中庸的民族性格，讲求以“和为贵”的统一与和谐，善于运用平衡、协调解决冲突和对立。开会时，一般提反对意见的是外籍员工，因为在他们看来，公开发表不同意见是种健康的行为，他们比较喜欢直来直去，有意见当面提，“对事不对人”，而对于大多数中国人而言，“和为贵”的文化使他们认为维系和谐关系

① 李萍：《论企业伦理的民族性与世界性——从日本企业伦理说起》，载《玉溪师范学院学报》2004 年第 2 期。

比表达自己的意见更为重要，因而遇事一般不会明确表达自己的看法，有不同意见也不会当面直接陈述，避免发生冲突，使双方面子上挂不住，造成尴尬。但在决策后喜欢背后议论或给决策的执行制造各种阻力。个人主义与集体主义在企业伦理方面的差异还表现在是否对个人权利和隐私的尊重上。比如对员工的处罚是否公示的问题，中方管理者认为小错误可以不公开，但大问题、很严重的错误必须公开，而外方则不主张公开批评，他们认为这样的做法是侵犯个人隐私，会对犯错人的自尊造成伤害。

个人主义突出个人能力对调动员工个人的积极性起到积极作用，刺激了竞争、创新和冒险精神，减少了人际摩擦和能量消耗，但也有负面作用：一是员工的合作意识较差，影响整体力量的发挥；二是员工对企业缺少感情，更多地把企业作为赚钱和实现个人抱负的场所，流动性强，缺乏归属感和集体荣誉感。[①] 一家美国公司对不同国籍员工对美国管理者的态度进行调查，调查的问题是：如果你不赞成你的美国管理者，你将——a. 保持缄默，因为你不能反对公司；b. 事后再与你的管理者交换意见；c. 对你的管理者上司提出异议；d. 直接和你的管理者公开讨论这件事。调查结果表明大多数亚洲人选择 a，因为亚洲文化着重资历，日本人比较重视人际关系，所以选 b，在阿拉伯文化里，雇员不能解决他与顶头上司的分歧，则会找更高的权威，所以选择 c，而美国人注重平等，更多选择 d。[②]

集体主义在人际关系上的准则是“社会第一，个人第二”，它来自中国古代的儒家传统的伦理观，其优点是可以在事实上获得社会稳定的巨大效应，对于增强企业内部的和谐关系，形成团体凝聚力等方面有积极作用。其缺点则在于对个体的个性压抑，不利于创

① 栾永斌主编：《企业文化案例精选精析》，北京：中国社会科学出版社，2008 年版，第 354—355 页。

② 薛求知著：《无国界经营》，上海：上海译文出版社，1997 年版，第 221—222 页。

新和竞争，在现代经济发展中的功能，值得商榷。因此，避免个人主义与整体主义的偏颇的综合个性与整体的价值观是更高形态的东西。[①] 个人主义与集体主义代表了两种"以人为本"的思想。中国传统伦理中把人作为管理活动的第一对象和要素，形成了"以人为本"的管理思想，但在实际管理中，中国传统伦理注重的是整体的人，而不是个体的人。而西方传统伦理虽然重视个体差异，强调人道主义精神，但处理人与人之间的关系以及对人的管理时，却是通过契约、绩效、制度来调节的刚性管理，忽视了人之所以为人的柔性特征。

二、制度中轴与伦理中轴（法与礼；理性主义与情义主义；合理主义与权威主义）

在西方社会中，人是自然人，维系社会的纽带是社会法则和契约。因此，西方政治文化是以社会法则和契约为基础的"制度中轴"文化，而东方特别是中国的政治文化是以"仁爱"为核心的"伦理中轴"文化。[②] "礼"是儒家关于组织社会的理想方式，是一套生活的规则体系。可以说礼仪是儒家伦理道德的操作原则。西方文化具有制度化的属性，而东方文化更具有宽容的伦理关怀，这是理性主义与人性主义的区别，这一点也导致了中西方在为人处事上的价值判断是"他人取向"还是"法律取向"，在管理上是"法治"还是"人治"（礼治）的差异。

西方企业伦理在相当长的时期有重物不重人的倾向，重经济利益而不重视人的道德教育，从泰罗的科学管理、福特的大规模生产流水作业管理到法约尔的功能主义管理哲学，都是物本主义的典型

---

① 王锐生、程广云著：《经济伦理研究》，北京：首都师范大学出版社，1999 年版，第 71—72 页。

② 韩国福：《制度中轴和伦理中轴冲突下的政治文化结构》，刘建军主编：《制度建设与国家成长》，上海：上海辞书出版社，2000 年版，第 34 页。

代表。美国企业继承了泰罗的科学管理理论，比较重视确定严密的组织系统、先进的管理手段和管理方法，也即所谓的硬性管理，因而美国企业中的各种规章、标准、制度如同美国法律一样多如牛毛，企业和员工完全依章办事，轻感情和面子，管理中较少受人情关系的纠葛。美国企业管理遵循“法、理、情”的次序，主要依赖严格的法规和制度进行管理。正是因为理性管理的伦理诉求，使得跨国公司的外籍主管总是将工作的内容及具体任务、责任分配都表述得很清楚，划清自己与他人的工作界限，这往往让中方员工觉得外籍主管人情淡薄，而外籍主管则认为中方员工工作缺乏主动性和责任感。中西文化对“关系”的理解不同。西方是功利主义理解，而中国则讲究“关系”哲学，人情重于道理，讲究等级秩序，生意不在，朋友在。“礼”是儒家思想的一个重要范畴，并作为封建社会主要的社会行为规范。孔子所谓的“礼”包含内在精神和外在形式两方面，内在精神是维护当时的宗法等级制度及相应的各种伦理关系，外在形式包括祭祖、军旅、成婚、丧葬、朝聘、会盟等方面的礼节仪式。中国企业受儒家思想的影响，遵循“情、理、法”的次序，将企业管理建立在和谐、信任的人际关系基础上。讲究“人和”，注重“以人为本”的管理方式。中国企业员工情感性强，有用亲疏关系代替制度规范的倾向，比如重裙带关系，这显然与西方的平等主义思想不一致。因此，美方管理者笃信制度的权威性，而中方员工往往是制度观念弹性大。长安福特的成品车事件就是这方面差异的一个典型例子。长安福特公司有明确的制度规定：任何员工不得擅自动用成品车。美方总裁认为有制度保障便万事无忧，即使钥匙在车上也应该不存在安全隐患。中方管理人员则心存疑虑，认为最好将成品车交由专人保管。而美方总裁认为这样做很不尊重人权。在按外方意见试行不到一个月的时间里，就有部分员工下班后去动车，并最终酿成两起成品车被损坏的事件。在事情处理完后，美方总裁依然感到不可思议。[①]

我国的企业文化受儒家传统文化的影响较深，如“礼”强调等级有“序”，正是由于传统的等级制度的影响，形成了中国企业中上下级之间较大的权力距离，这种大的权力距离表现为企业中的管理者等级秩序严格，权力较大者拥有相应的特权，下属对上级有强烈的依附信赖。跨国公司里中外员工对权威与民主（权力距离）的态度大相径庭。如大多数美国企业的下级对上级有一定的建议权、质疑权，下级在自己的职责范围内有较大的自主权，而中方的员工则很少当面质疑上司，开会时，一般都是领导发表意见，员工很少发表意见。在对员工的评价上，由于中国文化十分重视尊老，视年长者为知识、经验、能力和权威等各方面素质的代表，因而中方在用人方面“论资排辈”模式仍占主导，而美国文化则更重视青年，奉行“能力主义”。

以制度中轴为特征的理性主义有助于提高效率，但也有负面影响：不利于形成整体效应，劳资关系比较紧张，管理刚性有余，柔性不足，压抑人的情感需要。而以伦理中轴为特征的中国企业伦理强调礼治与人治，在突出以人为本、和谐的积极作用以外，也有一些缺陷：凡事讲面子、拉关系，缺乏理性；喜欢求稳定，缺乏变革精神等。

三、利益至上与伦理至上（利与义）

义、利，是指道德义务与物质利益、理性精神与人性欲望的关系，涉及公与私或群与己、权利与义务、道义与功利、动机与效果等关系，集中表现为对营利的道德评判或关于经济功利的价值合理性的态度（营利观），其核心问题是公（利）与私（利）的联系和

① 栾永斌主编：《企业文化案例精选精析》，北京：中国社会科学出版社，2008 年版，第 330 页。

矛盾，即公私观。[①]

义与利的背后是“经济人”与“道德人”。“经济人”思想是英国古典经济学家亚当·斯密在其《国富论》中首先比较系统地提出的。“经济人”的本性是指人根据趋利避害原则，通过“成本—收益”的计算，优化选择所面临的一切机会和目标及实现手段，也即“追求利益最大化”。“道德人”的概念是德国宗教伦理学家马克斯·韦伯特别强调的。“道德人”强调合乎理性的伦理精神是推动社会经济的巨大动力，追求经济活动的社会目标，把促进经济与道德的同步发展视为社会发展的客观要求，也即“道德人”关注的是动机与行为的“善恶”。可见，“经济人”与“道德人”的最大差异在于：利己与利他，短期利益与长期利益，双赢与多赢。

西方经济学家曾经揭示过两种社会经济领域常见的基于义利冲突而产生的道德现象：一是道德风险，指从事经济活动的人在最大限度地增进自身效用时做出不利于他人的行为趋向；二是搭便车，指从别人的贡献中得到好处，而自己却不承担义务或少承担义务。[②]

在西方的文化传统中，追求正当的利益，被视为一种基本的伦理精神，他们遵循追求个人私利以促进公益发展的理念。比如美国文化就是物质性的，由于基督教价值观的影响，美国人以财富为荣，推崇实用主义和享乐主义。当然西方伦理思想史上也有过功利论和道义论的对立。

中国传统伦理的一个显著特征是重视伦理与道德。重义轻利、重人伦和重价值理性是儒家伦理的一个鲜明特点，侧重强调道德责任和道德义务，而不甚强调个人的权利，包含着抑利己而重利他的思想。当然在中国历史上也有“义利之辨”，如墨家主张义利统一，

---

① 王玉生著：《言强必先富——中国传统经济伦理思想的近代演变》，北京：中国社会科学出版社，2007年版，第86页。

② 战颖著：《中国金融市场的利益冲突与伦理规制》，北京：人民出版社，2005年版，第95—96页。

法家主张唯利无义，但都不占主导地位。中国的义利观也在不断发展和学习西方，但是还没有完全接受西方的“利益最大化”理念和公平公正的竞争原则，除了文化的心理积淀因素外，还因为在计划经济体制下，在利益分配问题上，强调个人利益绝对服从集体和国家利益，因此在观念上滞留着追求个人利益的可耻性。中国在对企业的经营绩效、企业决策及其行为的选择和评价方面，往往重伦理道德标准，轻经济效果，这样就很容易产生产业报国、服务社会的理念。这也是儒家思想中“以天下为己任”在企业精神中的反映。[①]中国推崇艰苦奋斗精神，鄙视享乐思想。在人员激励方面，外方管理者过于注重物质奖励而忽视精神奖励，只看结果不看过程，而中方管理者还关心员工的思想，注重精神激励。

中国在改革开放以前，特别是“文革”时期，社会主义的“义”被人为拔高，割裂社会主义与经济建设、割裂义利，从而使义利对立、以义绝利。这种义利观与西方资本主义兴起和发展时期所信奉的义利观——理性利己主义完全相反。公民社会的伦理法则是灭私无公，私的集合就是公。在当代，这种价值观的影响在理论界还未完全消除，抽象地谈论义利关系或者拿抽象的义去套现实的利。与理论界的情形相反，在实践领域则是带有功利主义倾向的道德畸形发展，拜金主义严重，极端利己主义滋长，社会责任感淡化。由于我国当前缺乏有针对性引导的伦理道德，致使许多人在经济大潮中迷失于金钱物欲之中，只知君子爱财，不知取之有道。利益驱动激发每个人对功利价值的追求。而摆脱了狭隘的宗法性共同体束缚的独立个人在缺乏适当社会规范的条件下，很容易走向个体本位。个体本位的过度发展势必造成社会生活的无序性和个体主义

① 参见栾永斌主编：《企业文化案例精选精析》，北京：中国社会科学出版社，2008 年版，第 366—367 页。

泛滥，其结果是对他人和社会利益的漠视、侵犯。[1]

没有功利的伦理是虚伪的，仅仅归结为功利的伦理是庸俗的。我们不能要求企业的活动完全遵循超功利性道德，市场经济必须承认建立在可与他人相容共存的利益（即体现个人正当功利，或称合理利己主义），但一定的道德仍是必要的。市场经济有要求规则化的本性，这些规则包括：自愿（不强买强卖）、诚实（不弄虚作假）、平等（不搞市场垄断）等。

四、贵和与竞争（中和与零和）

儒家的行为总则是“中庸”，包含了和谐思想。儒家明确提出了“中和”思想，“中也者，天下之大本也。和也者，天下之达道也。”（《中庸》）。在儒家看来，“和”是相对于整体而言的，是指整体的统一、稳定以及内部各关系的协调，只有“乐群”才能“贵和”。表现在企业伦理上，对于企业与竞争者的关系，不是鼓励企业“大鱼吃小鱼”，做大做强，而是“人人皆有饭吃”。不同于中国那种彼此圆融的中庸思想，西方从价值观念上来看，是非此即彼的思维模式，即充满排他性甚或好斗性。传统的西方商业伦理大多注重竞争，而忽视了互补性，垄断的形成便是佐证。这是西方强烈的宗教信仰和强烈的理性精神所产生的结果。但也正是这些因素成为了西方伦理或是现代文明的一个弊病。

中国伦理思想中平正中和的哲学在当代应当会产生积极的作用。20 世纪以前，竞争对手之间的关系是你死我活。20 世纪 90 年代以后，全球化趋势使企业日益成为相互依存的事业共同体，竞争与合作的“竞合”理念就日益取代了你死我活的竞争关系。中国将竞争与合作组合成一个新的范畴，即竞合（coo-opetition），将竞争

① 王锐生、程广云著：《经济伦理研究》，北京：首都师范大学出版社，1999 年版，第 111 页。

关系中的非赢即输、针锋相对的关系变得更具合作性，共同为谋求更大利益而努力的关系，即所谓的“双赢”或“互惠”。跨国公司与竞争者之间的沟通要秉持“竞合”理念，开展“合作”竞争。

表 3—4 中西传统伦理比较

	中国社会（企业）	西方社会（企业）
伦理原则	集体主义：个人对组织有强烈依赖，组织对个人有更多责任	个人主义：个人支配时间、自由，接受组织的要求是出于利益考虑
管理观	伦理中轴：重视关系与人情，含蓄宽容	制度中轴：重视法律与制度，直率严格
义利观（价值取向）	伦理至上：追求道德修养，轻视利益获得	利益至上：追求客观存在，重视利益获得
营利观	贵和（中和）：和谐共处，互利双赢	竞争（零和）：你死我活，排他性

第四章
跨国公司伦理冲突：以西方跨国公司在中国的经历为例

跨国公司伦理是一种在全球伦理、母国伦理与多元化的东道国国内伦理之间的动态平衡。但这个既有的全球伦理是从外部整合、预先设计的，不管经过多么充分的讨论、协商和论证，事先设计出一套广泛而且无所不包的伦理准则并不一定完全适合跨国公司在任何国家中的经济活动，尤其是在发展中国家。一个真正具有指导性的、能够解决问题的伦理规范是在一个群体的成员和目标都确定下来之后，而且往往是在不道德的问题发生之后才出现的。在既有的国际规范与东道国伦理之间，有相互契合的部分，也有相互冲突的部分，而且冲突是矛盾的主要方面。本章以西方跨国公司在中国的经历为例，研究跨国公司进入东道国后，既有的国际规范与东道国伦理在利益相关者关系上的冲突，以及哪些典型的冲突会对这些过程产生影响。

第一节　跨国公司伦理冲突概述

一、跨国公司伦理冲突的定义与研究意义

所谓的“冲突”指的是差异的延伸或升级。伦理冲突或文化冲突的形成可分为四个阶段：感知差异阶段，差异放大阶段，典型化阶段，压制阶段（一方压倒另一方）或是僵持阶段（双方势均力

敌）。一旦进入最后一个阶段，伦理冲突即告产生。[①] 尽管有些人将任何一种伦理冲突都看作是一种伦理困境（ethical dilemmas），但伦理困境的更严密定义是，可利用的两个抉择处于道德上似乎都不能被接受的境地。[②] 跨国公司伦理是跨越国界从事经营活动的企业所面临的特殊伦理问题，跨国公司的伦理冲突是指跨国公司在东道国的经营活动中因全球伦理、母国（母公司）伦理与东道国伦理之间的差异而导致的误解、摩擦和僵局（对峙）。大型的跨国公司往往在母国经营过程中发展了相对稳定的伦理规范，在中国这个特定环境下，这种来自西方的伦理规范会受到相当大的冲击。在这个过程中，东西方伦理冲突、全球伦理与地方伦理的冲突交织在一起。对于西方跨国公司而言，由于全球伦理与母国（母公司）伦理之间的关联关系，本书把冲突简化为全球伦理与地方伦理之间的冲突。不同伦理之间的碰撞、冲突，各自的伦理都不足以应付今天的所有道德问题，新的共同伦理又尚待创造、尚待获取普遍有效的价值认同，跨国公司的伦理困境由此形成。跨国公司所遇到的伦理困境很少会是黑白分明的。综合社会契约论认为这是超规范与道德自由空间之间的灰色地带。

在国际关系中，冲突是一种重要的形态，一直成为国际关系理论研究的核心内容之一。詹姆斯·多尔蒂和小罗伯特·普法尔茨格拉夫指出："冲突一词指的是这样一种情形：某一可以确认的人群（不论是部落、人种、语言、文化、宗教、社会经济、政治或其他群体）有意识地反对一个或几个可以确认的人群，原因是他们各自

① ［英］帕特·乔恩特、马尔科姆·毕纳编，卢长怀等译：《跨文化管理》，大连：东北财经大学出版社，1999年版，转引自廖朝晖：《企业并购的伦理审视》，湖南师范大学博士论文，2006年，第137页，中国知网博硕士论文全文数据库。作者把最后一个阶段定界为压制阶段，即预设文化上有优势企业和非优势企业之分，事实上也是如此，本书为了使分析更加客观，把压制阶段改为压制或僵持阶段。

② ［美］理查德·T. 狄乔治著，翁绍军、马迅译：《国际商务中的诚信竞争》，上海：上海社会科学院出版社，2001年版，第163页。

在谋求不同的或看起来不同的目标。”[①] 冲突有社会层面的冲突、政治层面的冲突、发生有限的冲突行为和战争等几个层次，伦理冲突属于社会层面的冲突，但也很容易升级为政治层面的冲突。传统观点认为，经济利益和政治权力的矛盾是国际冲突的主要根源，而意识形态、文化、价值观等方面的冲突只是利益冲突的表象。但是，在许多政治现象中，价值观与利益之间的关系，却难以简单地指出谁服从谁。[②] 在国际关系中，伦理与国际事务的关系日趋紧密，国际社会价值多元化是现代世界的一种常态，国际政治经济领域的伦理冲突亦当为一种值得研究的常态。

当今世界的冲突日益表现为由文化和价值观所致的冲突。根据伦理冲突的目的、过程与结果，可从权利伦理冲突、行为伦理冲突和责任伦理冲突这三个层面来分析伦理冲突。[③] 伦理冲突将作用和影响跨国公司的组织、团队和个人等各个层次的认知和行为。伦理冲突会转化成政治和社会冲突。如果企业和社会在伦理层面出现的冲突，一开始未能在这一层面得到及时解决，它们就会像滚雪球一样使更多的社会政治问题卷入其中，同时还会把政府和正规的法律机构和程序也牵扯进来。

如果从经济伦理学角度来解释，跨国公司的伦理冲突也很有研究的必要。经济伦理学首先研究的是道德和利益在何种条件下可以达到一致。在承认经济活动需要道德评判之后，经常面临的一个困境是“以谁的价值观为最终的评判准则”。经济活动必定是与社会伦理意识交织在一起的，当公司穿过文化边境时，也是调节和处理经济活动的伦理活动跨国界的展开，而文化差异通常将导致价值和

---

① ［美］詹姆斯·多尔蒂、小罗伯特·普法尔茨格拉夫著，闫学通等译：《争论中的国际关系理论》，北京：世界知识出版社，1987 年版，第 199 页。

② 王缉思：《“文明冲突”论战评述》，王缉思主编：《文明与国际政治——中国学者评亨廷顿的文明冲突论》，上海：上海人民出版社，1995 年版，第 23—24 页。

③ 参见康德关于战争权利的相关论述。［德］康德著，沈叔平译：《法的形而上学原理——权利的科学》，北京：商务印书馆，1991 年版。

规范的冲突，这种差异，一方面固然有助于人们开阔眼界，另一方面也容易引起误解，造成公司与其利益相关者的沟通隔阂，影响公司的效率。国际商务争端的中心问题是跨国公司的运作。美国经济伦理学运动最初就是由跨国公司伦理问题引起的，如洛克希德事件，由此产生了有关处理国外腐败行为的法令，后又成为具有法律性质的国际协议。从实践来看，能否正确认识和化解伦理冲突，关系到企业跨国经营的成败。企业在跨国经营中正面临比国内经营更严峻的伦理挑战。跨国公司在穿越国界的同时，也面临着不同地域、不同文化所产生的不同伦理规则之间的碰撞和冲突。而且，在跨国经营中，有相当数量的跨国公司子公司采取了合资企业的形式，在合资企业中文化的差异通常会更大，文化摩擦的频率会更高。来自不同文化背景的人们因价值观念和行为方式不同而产生的文化误解和伦理摩擦，往往是一些企业跨国经营失败并使其全球战略的实施陷入困境的一个重要原因。这是因为，伦理冲突不仅可以内化为企业的文化、组织制度、人力资源、管理风格等内部矛盾，还会在企业的供应关系、竞争关系、合作关系以及公众关系等外部层面上体现出来。

二、跨国公司伦理冲突的类型

（一）按生成原因分类

跨国公司的伦理冲突有多种原因所致，既有不相协调的文化规范之间的冲突，也有母国和东道国之间的利益与价值冲突。而这几者之间又是交织在一起的。文化规范上的冲突，比如对准时性的要求各国各不相同；利益上的冲突，比如跨国公司希望保持尽可能低的工资，而东道国则希望保持尽可能高的工资。商品价格和税收也是同理。文化和规范上的冲突又有两种情况，一种情况是核心价值观发生冲突，另外一种情况则是，虽然不同的价值观会陷入冲突，但并不妨害任何一种核心价值观，也即在“道德的自由空间”发生的冲突。

（二）按冲突内容分类

跨国公司的伦理冲突可分为主动的反伦理行为和被动的伦理困境。[①] 所谓主动的反伦理行为，是指跨国公司在演进的同时自身也会带来许多伦理道德问题，并且违反了国际规范以及公司和行业规范，比如不正当竞争、垄断市场（价格）、利用转移定价规避税收等；所谓被动的伦理困境，是指跨国公司由于跨文化价值观冲突所引致的伦理困境，比如贿赂和金钱腐败、产品道德、各种歧视，还包括由于体制、法规不一致所导致的跨国公司“钻漏洞”现象，比如工资标准、安全标准、环保标准等。

（三）按冲突层次分类

跨国公司伦理冲突可分为三个层次：第一类是规范层面的冲突，伦理冲突很大程度上属于规范冲突，比如在一个亚洲国家，社会规范可能允许裙带关系，而西方国家的规范可能要求机会平等；第二类直接属于公司伦理突出问题（案例）范畴，如生产有害产品、侵犯员工权利、知识产权争端、进口外国垃圾、提供和接受回扣等；第三类是属于与伦理有关的企业活动，如企业和员工的价值取向、企业形象、企业社会责任、对不同广告的偏好、管理层和工人之间的关系、企业和消费者之间的关系、企业和其他企业的关系、企业和政府的关系、企业管理方式等。本书主要围绕第二类冲突（典型伦理问题）展开。

（四）按冲突表现分类

跨国公司的伦理冲突具体表现在跨国公司与其利益相关者之间的各种伦理关系上，比如与员工之间的关系、与合作者之间的关系、与竞争者之间的关系、与消费者之间的关系、与政府之间的关

① 参见赵秀丽：《跨国营销道德状况及影响因素分析》，载《科技情报开发与经济》2004年第6期。

系等。跨国公司的伦理冲突可以从以下几个层面展开（与利益相关者的分类一致）：(1) 公司内部来自不同国家不同文化的员工（即跨国公司与雇员之间）具有不同的价值规范和行为规范，因此有一个文化或价值管理的问题；(2) 同一个市场不同企业之间（即跨国公司与东道国的其他企业之间）具有不同的价值规范和行为规范，例如禁止童工或反腐败，涉及全球市场公平竞争，既是伦理问题，也是经济问题；(3) 社会环境的伦理状况（即跨国公司与东道国消费者、政府及其他利益相关者之间）也是跨国公司所要考虑的问题。例如，美国通用汽车公司曾卖掉它在南非的股份，尽管那里的投资回报率非常好，但因为当时南非少数白人统治政权实行种族隔离法，公司如果继续在那里做生意，将招致国内舆论的谴责，也有损公司的伦理形象。因此，企业要求能有满足一定共同伦理规范的社会环境。[①] 因而，跨国公司的伦理冲突不仅在公司内部不同国家和文化背景的员工层面展开，随着跨国公司进入中国市场，伦理冲突会全方位地影响跨国公司在华子公司的运作，比如跨国公司与外部的利益相关者，都会面临伦理的冲突。这三个层次——员工、企业、社会（消费者、政府、社区等），第一个属于内部冲突，后两个属于外部冲突。

（五）按冲突程度分类

由于道德差异有多种类型，伦理冲突也有多种类型。最偏激形式的道德差异是极端的道德多元主义，在那种情况下，双方的道德观极端不同，以致双方没有共同点可以沟通。但这种情况比较少见，由于所有国家生存于同一地球，国与国之间的差别不大可能极端到致使双方没有相互沟通的共同基础；第二种道德差异是关于各种具体做法是否合乎道德，可由互相冲突的伦理判断，比如在沙特

① 参见陆晓禾著：《经济伦理学研究》，上海：上海社会科学院出版社，2008 年版，第 259 页。

阿拉伯，喝含酒精饮料被视为不道德，在美国，则不是这样。这种差异不需要排斥贸易往来；第三种道德差异是，不同的道德理论或道德原则可以对同一行为作一致的道德判断，由于对许多做法存在着相当大的伦理一致性，国际规范因此才有可能；第四种道德差异是生活方式的多元主义。承认文化的多样性和相应生活方式多样性的道德合理性，是跨国公司开展全球商务活动的出发点。[①] 这几种差异中比较常见是第二种差异，但难得有完全相同的行为被一方认为是当禁的，另一方则认为是必须的，通常另一方会视为在道德上可允许，但不是必须的。

三、跨国公司产生伦理冲突的原因

（一）企业伦理问题产生的主要原因

从企业伦理问题产生的原因来看，主要表现为道德关系多维性引发的道德困境，道德主体多重性引发的道德困境，道德规范差异性引发的道德困境等。[②]

1. 道德关系多维性引发的道德困境

道德关系是由利益关系所决定的，按照一定的道德观念、道德原则和规范所形成的一种特殊的社会关系。其中，最基本的关系就是与物质生产活动直接相联系的经济关系。为了处理好物质关系中的各种矛盾和冲突，人们需要保护共同利益的规则，与这些规则相联系的便形成了道德关系。在道德关系中，既有道德主体，也有与道德主体相适应的道德客体或道德对象，在多维的变动的社会生活中，每个人或每个组织既是道德主体又是道德客体。就企业而言，它从一成立就面临内部员工、股东和经营者的利益需求，同时还面

① ［美］理查德·T. 狄乔治著，翁绍军、马迅译：《国际商务中的诚信竞争》，上海：上海社会科学院出版社，2001 年版，第 39—42 页。

② 参见欧阳润平著：《企业伦理：实现义利统一的理论与方法》，长沙：湖南大学出版社，2008 年版，第 31—35 页。

临外部顾客、社区政府、供应商等多方面的利益需求。多维的道德关系意味着多维的价值取向。不同的利益相关者各有不同的预期，然而企业所能提供和让渡的利益却是有限的，这就意味着对企业行为的道德评判具有多种可能性。

2. 道德主体多重性引发的道德困境

依据一定的具有善恶价值的思想、观点和理论体系（道德意识），从事具有善恶意义的活动（道德活动），并能够承担一定的道德责任的行为主体被称为道德主体。道德主体既包括自然人，也包括有组织的法人，甚至还包括非正式组织。引发道德困境的道德主体多重性主要体现在两个方面：一是道德主体角色多重性，不同的角色要遵循不同的规范；二是道德主体的道德理解的层次性。根据美国心理学家劳伦斯·科尔伯格的道德发展理论，个人道德主体的道德发展分为三个阶段：第一阶段为前传统阶段，道德行为是为了避免惩罚或获得奖赏；第二个阶段是传统角色遵从阶段，为了顺应父母或同伴的期望，对道德无条件遵从；第三个阶段是最高的境界，不是出于别人这样做而这样做，而是真正地理解了道德规范的正确性和现实依据。

3. 道德规范差异性引发的道德困境

由于全球化带来的人类共同利益和共同问题，人类已经形成了许多道德共识，如博爱、仁慈、诚实、守信、不杀生、不偷盗、不奸淫、不欺瞒、不妄语等，但是不同地区、不同国家、不同民族的道德规范体系仍然有着极大的差异。主要表现在：（1）道德规范体系要素存在差异。依据综合契约论关于“道德自由空间的规范”，道德规范体系可分为三个强度不一的子系：第一个是软约束，包括道德习俗、道德传统、道德舆论和社会道德心理；第二个是强约束，包括法律法规和被固化不同制度的道德原则；第三个是刚约束，主要是宗教和人们常说的天理。正因为约束强度不同，在人们实际应用时就有差异，这就是人们通常评价一个行为或面临一个选择时在合情、合法、合天理之间犹豫和为难的情形；（2）不同的民族对某一种道德规范的理解可能不大相同，甚至完全背离。比如孝敬父母，作为一条普遍的规范，不同民族的理解和做法是不一致的，中国人是谦恭和惟命是从，西方人是平等独立、相互理解的朋友式关系；（3）行为与动机的差异产生的困惑。尽管义务论、功利论和正义论都有共同的道德底线，就是不能损人利己，但是义务论强调动机是否道德，功利论强调结果是否道德，那么在动机与行为结果不一致的情况下，是根据结果还是根据动机来判断行动的道德与否？现实中这样的例子比比皆是。这一方面的原因也导致了跨国公司伦理冲突的产生。

（二）跨国公司产生伦理冲突的主要原因

对于跨国公司而言，由于主体的特殊性，产生伦理冲突的原因也有其特殊性。

1. 客观原因

客观上讲，跨国公司伦理冲突产生的主要根源有：对用主权原则维系国际秩序的重要性的伦理认知差异，多元化的国际伦理主体在道德发展水平上的不均衡性，以及由此产生的国际伦理共识的有限性。普遍伦理与本土伦理的差异（包含东西方伦理差异）是跨国公司产生伦理冲突最重要的原因。

（1）伦理认知差异，最典型的表现是伦理概念本身具有的多义性。比如人权，西方人权观念强调个人之间的平等权利，而非西方人权观念则重视国际上各民族之间的平等权利，因此，前者重个人权利，后者重集体权利。同时强调经济发展权也是人权的一部分，认为人权包括公民、政治、经济、社会和文化权利。又如正义，即便是那些经过深思熟虑的正义性判断，也在原则上出现明显分歧。例如在分配的正义上，在奉行经济自由主义的国家，人们倾向于“按劳取酬”，在法治国家，人们认为“按合法的权利取酬”天经地义，而在某些贵族或部族组成的国家，“论功行赏”是约定俗成的惯例。

(2) 伦理发展水平的不均衡性，指的是由于各国经济发展水平的差异以及传统文化的差异，伦理发展水平有明显的差异。一般来说，发达国家的伦理发展水平相对较高，在伦理方面的法律规范比较完善，制定规范的标准较高。而发展中国家由于经济建设的任务较重，对伦理的要求就会相对较低，以至于没有伦理标准或者是低标准，因为政府缺乏严密的法律法规来保护利益相关者的利益，或者没有积极的群体来保护他们的利益。[①] 因此，在发展中国家更容易出现为了短期的经济利益而忽视伦理的现象。

(3) 国际伦理的有限性，指的是国际伦理背景机制的缺乏。一方面，国际规范的制定还远无止境，跨国公司至今没有一项能全面规范其行为的国际规范，同时，也没有任何一项规范拥有强制约束力，能使所有跨国公司都自觉遵守。另一方面，即使是已有的国际规范，如果存在多元的价值和原则，也容易发生内在的冲突。如《联合国宪章》中“不干涉内政”和“尊重基本人权”两种伦理观念本身就是相互冲突的，人权与主权彼此竞争着优先地位，这是各国对联合国的维和行动或人道主义干涉产生分歧的重要原因。

2. 主观原因

除了客观因素，跨国公司伦理冲突的产生还有其主观原因。

(1) 跨国公司自身追逐经济利益导致的伦理失范。跨国公司权力的膨胀会对东道国产生负面影响。例如，美国的非政府组织 National Labor Committee 在一份对中国玩具业的调查报告中指出：“正是美国的玩具零售商在领导着逆向‘竞争’，压低工资和福利，不向发展中国家纳税，无视健康与安全标准，对因行使权力而被解雇的工人视而不见。”[②] 跨国公司逃避母国的法律和公众的监督，在给

① ［美］阿齐·B. 卡罗尔、安·K. 巴克霍尔茨著，黄煜平等译：《企业与社会：伦理与利益相关者管理》，北京：机械工业出版社，2004 年版，第 181 页。

② The National Labor Committee, 2002, “*Toys of Misery: A Report on the Toy Industrial in China*”, http://www.nlcnet.org/china/1201/toysofmisery.pdf.

东道国带来发展机会的同时造成环境、人权等社会问题却不承担社会责任的义务。这个问题的实质是伦理和利益之间的冲突。

（2）跨国公司在管理方式中负载积极的伦理和价值观，在发展中国家传播。有些公司企图把所有本国的价值观输出到东道国。跨国公司利用强大的经济力量进行强势传播，势必造成东道国人民的逆反心理和抵制行为。

跨国公司伦理冲突不仅仅局限在企业内部，而且涉及跨国公司的利益相关者。下节将从跨国公司与各个利益相关者之间的关系展开分析，揭示跨国公司与各利益相关者之间的伦理冲突，具体从雇员、合作者/竞争者、消费者、政府等四个方面展开，而每个方面都选取了西方跨国公司在华经营活动中的典型伦理问题（也即所谓的伦理困境）进行重点分析。跨国公司在国际经营活动中涉及的伦理问题非常广泛，也非常复杂，特别是在发展中国家、新兴市场、转型时期，伦理问题更为严重。因为这些国家正处于市场经济发展的早期阶段，这种情况造成了一种伦理环境，这种环境更适合于没有伦理标准或者是低标准，因为政府缺乏严密的法律法规来保护利益相关者的利益，或者没有积极的群体来保护他们的利益。[①] 由此会带来一些典型的伦理问题。典型伦理问题往往反映了跨国公司或东道国方面的伦理缺失，比如对社会责任、消费者利益、劳工权益以及竞争对手权益等方面的侵害。在不同的问题上面，缺失的主要一方可能是跨国公司，也可能是东道国。比如，一些跨国公司在中国存在劳工标准不一致、产品质量不达标、非法避税、涉嫌垄断等违背企业伦理的现象，同样，中国企业也存在着劳工标准偏低、产品诚信不足、信息透明度不够、贿赂盛行、对产权的保护不够、对环境保护的意识不强等问题，需要加以具体分析。

---

① ［美］阿齐·B. 卡罗尔、安·K. 巴克霍尔茨著，黄煜平等译：《企业与社会：伦理与利益相关者管理》，北京：机械工业出版社，2004 年版，第 181 页。

表 4—1　西方跨国公司在华伦理冲突的主要内容

<table>
<tr><th colspan="2">利益相关者</th><th>典型伦理问题</th></tr>
<tr><td rowspan="2">内部</td><td rowspan="2">雇员</td><td>劳工标准</td></tr>
<tr><td>管理伦理</td></tr>
<tr><td rowspan="7">外部</td><td>合作者/竞争者</td><td>垄断等限制性商业行为</td></tr>
<tr><td rowspan="3">消费者</td><td>产品诚信</td></tr>
<tr><td>文化敏感度</td></tr>
<tr><td>信息透明度</td></tr>
<tr><td rowspan="3">政府</td><td>税收与转移定价</td></tr>
<tr><td>产权与技术转让</td></tr>
<tr><td>贿赂</td></tr>
</table>

第二节　跨国公司内部伦理冲突的表现

跨国公司内部伦理冲突主要表现为跨国公司与雇员的关系。本书对雇员不作细分，比如分为管理层、员工等。跨国公司与雇员之间的关系即我们通常所称的劳资关系，劳资关系包含的基本经济内容是雇员为企业提供劳动力，而雇主支付工资补偿员工们贡献的生产力和技能。但是，劳资关系中也牵涉了大量的社会、道德、法律和公共政策事务。雇用关系的权利与义务有的是由法律或者雇用合同确立的，另一些则是在社会和道德的约束下形成的。[①] 在跨国公司与雇员之间，典型伦理问题主要表现为劳工标准冲突和管理伦理冲突。

一、劳工标准冲突

关于劳工标准的一个典型例子是：耐克公司在越南和亚洲其他

① ［美］詹姆斯·E. 波斯特等著，张志强等译：《企业与社会：公司战略、公共政策与伦理》（第 10 版），北京：中国人民大学出版社，2005 年版，第 390—392 页。

地区曾受到生产厂的实习生和其他工人的指责，说公司给工人支付的工资过低，这个过低指的是与美国国内的标准相比，但是，就越南的平均工资而言，这个工资标准已经很高了。在这个例子中，公正的工资水平应该是多少？跨国公司是否应该按照正常的家庭生活标准来确定海外员工的工资水平，即使这样的工资水平远远高于法定工资水平或者本地区同类工作的工资水平？这就涉及到劳工标准的差异问题。美国哈佛大学法学院教授马克·罗伊就曾专门研究过劳资关系对公司治理以及国家经济增长的重要性。他认为，18—19世纪的工人运动以及政府对这些劳资冲突的不同态度导致了后来欧美国家公司治理的差异，乃至经济增长路径的分叉。

劳工标准是指公司雇员或供应商、承包商及同一行业链上的其他合作伙伴企业内的雇员的工作条件。有人认为劳工标准应该是全球统一的，这样的统一规则也被称为公平劳工标准。例如，禁止雇用童工、每周最长工作时间限制、规定支付薪酬的底线。另一些人则认为，公平即是根据不同的经济和文化背景作不同的规定。例如，在有的环境下，童工不仅是可以被接受的，也是经济条件制约下的必需。曾有电视台报道，联合国儿童保护组织指责在孟加拉国的企业雇用童工，使孩子受到伤害。于是童工们被解雇了，他们流落街头，有些甚至沦为雏妓。这是一个典型的关于童工问题的伦理困境，不同立场的人有不同的伦理标准。

SA8000 标准作为世界上第一个社会责任认证体系，受到西方一些公司的高度重视。SA8000 标准中很大部分是关于劳工标准的，因此我们把劳工标准与企业社会责任问题结合起来分析。虽然劳工标准只能称之为企业社会责任的核心内容而非唯一内容，企业社会责任还包括企业对股东以外的其他利益相关者承担的责任。

（一）冲突表现

一般来说，跨国公司内部雇员的劳工标准要高于东道国，如果说有差异的话，主要体现在跨国公司内部的不同国籍的员工身上。

最为明显的是歧视问题。相对于成见和偏见来说，歧视不仅是一种态度，而且是一种行为，即不公正地对待个体的行为过程。跨国公司的歧视表现为，在同样的工作岗位上，外籍管理者和员工比东道国的管理者和员工的工资水平要高得多，同时在工作分配、晋升等问题上也存在着诸多歧视。这也被认为是一种国别上的待遇歧视。除此之外，还有性别歧视、种族歧视、肤色歧视、人格歧视（如在中国的韩国企业对中国员工搜身）问题等等。跨国公司侵害员工权益的事情还包括不及时加薪、为了节约成本设定很长的试用期等等。

比之于跨国公司内部的劳工标准问题，跨国公司生产链上的劳工标准问题更为突出，主要体现在供应商、承包商及同一行业链上的其他合作伙伴企业内的雇员的工作条件上。中国接受通行的国际劳工标准，但由于经济发展水平等原因，在实际操作中，国内的劳工标准与国际相比是偏低的，也因此，中国企业和中国产品饱受“血汗工厂”的指责。“反‘血汗工厂’运动”始于美国。在上世纪90年代中期，美国国内掀起了一场声势浩大的针对跨国生产体系的“反‘血汗工厂’运动”。这场运动也将与中国供应商有订单合同关系的美国跨国公司卷入其中。如1992年《华盛顿邮报》披露，世界名牌LeviStrauss牛仔裤由于使用了所谓中国监狱犯人从事生产，引发了美国消费者的强烈抵制。麦当劳公司随餐赠送塑料玩具，当有人举报这些塑料玩具的中国承包商的生产车间可能雇用童工后，麦当劳公司也被推到舆论的最前线。这家快餐零售商迅速进行调查，并郑重警告其承包商不得违反公司政策雇用童工。[①] 美国的非政府组织、工会组织、学生组织批评跨国公司在中国的加工企业是“血汗工厂”的典型。国际非政府组织与消费者运动、国际劳工运

---

① “McDonald's Vows to Probe Report about Toy Factory”, *The Wall Street Journal*, Aug. 28, 2000.

动和女权运动等结合起来，开始以企业社会责任为诉求，在中国沿海外资企业中逐步推动劳工保护。

20 世纪 90 年代中期，跨国公司在中国推行 SA8000 标准认证，并逐渐由沿海渗透到内地，由玩具、服装出口企业扩展到其他外贸加工企业。[①] 据香港贸易发展局的报告指出，中国工厂的工作安全卫生、道德和工人权利等问题正日益受到海外市场的关注，尤以美国和欧盟为最。[②] 针对中国出口商品生产工厂内的劳工问题，美国国际劳工权利基金会（ILRF）和全球交流组织（Global Exchange）为跨国公司制订了一套专门针对中国的“中国商业准则”（China Business Principles），已有不少跨国公司签署，并付诸行动。同时，以欧美企业为主的跨国公司越来越重视对其中国合作伙伴的社会责任问题。德国进口商协会已制定了《社会行为准则》，规定德国进口商应经 SA8000 协会授权，对其供应商的社会行为进行审查，而且该准则可能被法国和荷兰的进口商协会所采用。由于三国均是欧盟的主要纺织品服装进口市场，进口份额约占整个欧盟的 50% 以上，这项要求将会给中国出口企业带来巨大压力。美国、法国、意大利等国家的有关贸易组织也在讨论一项协议，要将中国纺织服装、玩具、鞋类生产企业参与 SA8000 认证，作为它们选择供应商的依据。[③] 从 1995 年以来，中国沿海地区的大量工厂已接受过跨国公司的社会责任检查。跨国公司及其委托监察机构有关工厂社会责任的监察评估报告，已成为跨国公司选择合作伙伴的一个基本参考要件。安全健康、工厂的生产环境、工人的劳动条件是否符合中国的劳动法，成为与生产质量、价格、交货期同等重要的考虑因素。[④]

---

① 张恒、冯涛：《现代企业社会责任的理论渊源与动力机制刍议》，载《科学·经济·社会》2005 年第 3 期。

② 谭深、刘开明主编：《跨国公司的社会责任与中国社会》，北京：社会科学文献出版社，2003 年版，第 19—20 页。

③ 同上。

④ 同上。

由于跨国公司选择合作的工厂是当地比较重要的企业，一般而言生产条件和工资待遇都好于当地的其他企业，当地政府和员工对企业的满意度也比较高。但是，经过跨国公司的生产守则检查以后，这些工厂才发现，原来的许多做法并不合适，不仅违反跨国公司生产守则的规定，而且也有违中国的劳动法律。例如，对加班时间、加班费的计算和计件女工的婚孕期待遇等问题都没能妥善处理。2002年，中国香港地区报纸报道了深圳某玩具厂使用400名童工包装玩具的事件以后，美国客户就委托调查小组前往深圳调查。虽然没有发现童工情况，但发现该工厂确实存在加班加点严重、工资偏低的问题，而该厂多次在被检验的过程中提供虚假的工时工资资料。为此，美国客户取消了该玩具厂及关联企业的供应商资格，其他客户也相继取消了订单。最后，这家有4间工厂、近8000名工人的公司被迫关闭。[①] 2003年，福建泉州某玩具公司被发现使用童工，取消了几千万元的出口订单。广东、江苏两省2004年也发生多起企业拒绝接受SA8000认证，被中止合作的事例。[②] 沃尔玛在中国的供应商达到6000多家，但从2002年到2005年的三年中，沃尔玛淘汰了40%左右的供应商，其原因就是这些供应商的社会责任标准没有达到它的要求。[③]《中国企业家》关于中国企业社会责任状况的调查显示，94.2%的被调查企业家认为社会责任对本公司意义重大。但与此同时，19%的企业没有公益捐款；16%的人没有听说过企业社会责任；58%的受访者选择供应商时不考虑和不一定考虑对方是否履行企业社会责任或企业形象。[④]

---

① 夏绪梅著：《企业伦理学——转型经济条件下的企业伦理问题研究》，北京：科学出版社，2008年版，第60—61页。

② 谭深、刘开明主编：《跨国公司的社会责任与中国社会》，北京：社会科学文献出版社，2003年版，第19—20页。

③ 企业社会责任项目组编：《中国企业社会责任报告2006》，北京：中国社会出版社，2007年版，第36页。

④ 殷格非等：《中国企业社会责任调查报告》，载《WTO经济导刊》2005年第9期。

中国目前在工资标准、安全生产、员工福利等方面与发达国家相比还有很大差距，而且这些差距在短时期内无法消除。广东省社会科学院现代化发展研究所在2003年曾经对珠三角地区加工企业社会责任的缺失问题做过比较深入的调查研究。调查发现，珠三角地区劳动力密集型加工企业中主要存在以下问题：（1）劳动合同问题。根据调查，目前外资、私营企业中有很多企业没有与员工签订劳动合同，员工在遇到如职业病、欠薪、辞退等问题需要投诉时，找不到任何凭据；（2）劳资纠纷问题。不仅是外资企业、私营企业，而且一些大型国有企业也有劳资纠纷的问题，因下岗补偿问题上访的事件时有发生；（3）生产安全、职业健康问题；（4）社会保险问题。以养老保险为例，根据广东省社保基金管理局的统计，2003年全省外资和港澳台合资企业购买社会保险的人数为277.82万人，远远低于实际劳动者人数；（5）妇女权益保障问题。一些企业，只要妇女怀孕，就逼迫其离开，这样，企业就逃避了妇女“三期”保护的问题。有些工种明明有毒，却让年轻的女孩子去做，结果使她们出现中毒、染上职业病，导致婚后生育畸形。[①] 在这些问题中，漠视员工安全是比较突出的，比如，近年来，我国煤矿安全事故频发，每年有数千名矿工死于安全事故。[②]

据有关专家的分析，中国企业的劳工问题主要表现在以下方面：（1）非法雇佣童工；（2）违法使用未成年工；（3）收取职工押金、扣押身份证和限制人身自由；（4）侮辱体罚工人，侵犯工人人身权利；（5）超时加班加点；（6）工资低于最低工资标准，不依法支付加班费；（7）社会保险覆盖率太低；（8）扣押拖欠职工工资，尤其是拖欠民工工资；（9）没有提供法定的福利待遇；（10）

---

① 赵琼：《关于企业社会责任的对话》，载《光明日报》2004年2月14日，转引自王志乐主编：《软竞争力：跨国公司的公司责任理念》，北京：中国经济出版社，2005年版，第51—52页。

② 参见王志乐主编：《软竞争力：跨国公司的公司责任理念》，北京：中国经济出版社，2005年版，第52—53页。

工人住宿拥挤，宿舍条件太差；（11）厂房安全出口不够，矿难频发；（12）消防器材不够；（13）工人消防训练不够；（14）有毒有害化学品的保管使用不当；（15）工作条件太差，个人防护用品缺乏；（16）特种人员和特种设备安全管理差；（17）没有工会组织或者形同虚设；（18）就业的性别、户籍、城乡、学历、年龄等歧视突出；（19）女职工的"三期"保护落实差；（20）对员工冷漠，缺乏人文关怀。而在这些问题中，侵害劳工权益的事情主要集中在三个方面：第一是工资，包括拖欠工资、不按最低工资标准支付工人报酬、不按法律规定支付加班费、随意克扣工资和罚款、非技术工人的平均工资没有明显增长，大量女工的工资低于当地最低工资标准等；第二是工作时间，包括随意延长工作时间、强迫工人严重超时加班；第三是工伤，包括各种工业意外事故、职业中毒等。

归纳起来，我国劳工保护现状与SA8000标准还存在以下几个方面的差距：（1）在工资方面，部分企业存在拖欠、克扣现象，最低工资标准实施不充分；（2）在工作条件方面，部分企业存在工时长、工作条件差的问题，劳动事故时有发生；（3）在社会保障方面，覆盖面和保护水平尚达不到国际最低标准；（4）在就业和职业机会与待遇方面，实际上存在不同形式的性别歧视；（5）在强迫劳动、禁止童工劳动方面，我国未在《劳动法》中明确规定禁止强迫劳动，有的政策还被指责为强迫劳动；少数小型私人企业和乡镇企业中仍存在使用童工的现象，最恶劣形式的童工劳动的事例也时有披露；（6）在结社自由和集体谈判权利方面，我国立法虽有明文规定，但由于价值观不同，在结社的内涵和行使方式上与劳工标准存在重要差异。①

（二）原因分析

自1994年以来，中国的劳动立法以《劳动法》及一系列配套

---

① 殷格非等主编：《企业社会责任行动指南》，北京：企业管理出版社，2006年版，第61—62页。

法规为主要标志，初步形成了以市场价值为基本取向的劳动法律体系。而有关核心劳工标准的很多精神已经体现在中国政府批准的《经济、社会和文化权利国际公约》中。此后，我国陆续制订的最低工资制度、工时制度、禁止童工、对妇女和未成年工的特殊保护等方面的一些规章制度都借鉴了国际劳工公约的精神。在国际上，我国迄今已批准 23 项国际劳工公约，在国内，我国也已形成以《劳动法》为代表的一系列劳动法律体系。应该说，中国的劳工标准立法，在总体上与国际社会的要求并无大的差别，有些标准如工作时间，甚至超过了一般的国际标准。除了自由结社、罢工、集体谈判和强迫劳动问题与国际社会存在一定分歧，以及工会所扮演的角色较为模糊等。这样看来，似乎双方的一致性显而易见，但实际情况是，跨国公司在中国仍面临着劳工标准方面的伦理冲突。

总的来说，中国劳工标准偏低的制约因素，表面上是短期成本增加与长期经济利益的矛盾，是社会主义劳动者“主人地位”概念与西方劳工“人权地位”概念的意识形态冲突，是强烈的扩大世界贸易地位的冲动与看似为“非技术贸易壁垒”的战略竞争，其实质却有更深远的社会的、历史的和经济的原因，其中就包括东西方社会的文化冲突。

目前，学者们认为中国企业劳工标准偏低的原因主要有以下几个方面：

1. 物质因素。由于中国的经济发展水平还比较落后，中国企业现实的最大问题是让企业赢利和给员工发工资的问题，提高劳工标准超出了中国现有的经济承受能力，会提高企业的生产成本，这样也会导致当地所谓劳动力廉价的投资优势丧失，并可能影响当地经济的发展。

经济全球化直接导致发展中国家为吸引外资而竞相进行“低工资竞赛”（又译作“竞相趋劣”，race to bottom）。正是这种所谓的“相对优势”导致劳动密集型产业从发达国家向发展中国家转移。

由于发展中国家低成本劳动力的恶性竞争，中国也要维持低成本劳动力以吸引投资，并有成为“世界工厂”的趋势。由于我国的纺织、服装、日用品等行业技术和工艺设备要求不高，主要依靠劳动力的比较优势。市场竞争的压力使工厂不得不降低成本，包括维持劳动力的成本优势。如果按照跨国公司标准的要求，我国这些行业的企业就要加大劳动力成本，加大企业对职工保护的投入，加大企业对环境保护的投入，特别是一些劳动密集型加工企业，如果严格执行社会责任标准规定的工作时间和加班时间的限制，就会大大增加企业的生产成本，这样相当一批劳动密集型企业的优势将会丧失，使企业陷入困境，增加企业的经营风险，特别是利润已经非常低的玩具、纺织、服装和鞋类等行业，原有的价格优势可能会丧失甚至变成劣势，极大影响出口的发展。有些跨国公司通过多家认证机构执行检查，在考核和监督过程中，由于多家机构检查和频繁的次数，在一定程度上影响了生产厂商的正常生产，使生产厂商的利益受到损害。如江苏某公司准备通过 SA8000 标准的认证，初步测算这个 1000 人的企业，达到标准要增加 600 万元人民币的投入，而企业由于没有这个实力而只好放弃认证。[①]

2. 观念因素。长期以来，部分地区的劳动密集型产业对劳动者权利十分漠视，很多严重违反劳动法的现象没有得到任何有效的制止，甚至在理念上也没有得到重视。在大量存在低价劳动力的劳动力市场里，资本是稀缺资源，所以企业“以人为本”的经营理念自然十分淡薄。大量的低价劳动力的存在，使得劳工标准的推行非常困难，从而步入马歇尔所指的“低标准驱逐高标准”的怪圈。

从自我维权角度看，劳工缺乏基本的维权意识和法律知识也是

---

① 殷格非等主编：《企业社会责任行动指南》，北京：企业管理出版社，2006 年版，第 55 页。

一个影响因素。[①] 从外部推力看，一些劳动行政部门官员对劳工态度冷漠。一些地方政府因担心资本抽逃和过于重视经济增长，在某种程度上与雇主达成妥协或合谋，劳工利益成为被牺牲的一方。一些地方政府为了吸引外资，擅自越权批准工厂采用综合工时制，以规避劳动法对工人工作时间和加班工资的监管，更有一些地方和部门以各种地方政策来牺牲法律的尊严和工人的权益。所谓的优化投资环境成为牺牲工人合法权益的最好借口，尤其是地方政府部门的官员，对劳工问题态度冷漠。可见，西方国家强调的“生产道德”、“人权社会”、“市民社会”理念还难以动摇中国几千年所形成的“逆来顺受”、“吃苦耐劳”的传统观念。2004 年 12 月 1 日开始实施的《劳动保障监察条例》是对这些执行不力的改进。当然，真正要看到效果还任重道远。

3. 制度与政策因素。地方政府拥有的立法和执法的自由裁量权，导致地方制定的一些制度还带有浓重的计划经济和地方保护主义痕迹。延续至今的户籍制度所造成的城乡分割的二元就业结构，以及属地化的社会保险制度、政府劳动监管的地方自治特征，导致地方的法规和政府的工作重点在于保护当地人与城镇职工的劳动权利。对作为农村劳动力和外来人口双重身份的农民工，出现大量的歧视性法规和歧视行为。[②]

中国劳工标准在执行上的困难与其经济发展水平和体制有关。以三个方面为例：

一是工作时间（主要是加班问题）。工作时间是跨国公司进行社会责任检查的重要内容和最为头疼的问题。在一些劳动密集型的制衣、皮革、玩具、电子企业，工人每天工作时间 12 小时是普遍的

① 李立清、李燕凌著：《企业社会责任研究》，北京：人民出版社，2005 年版，第 211—212 页。

② 谭深、刘开明主编：《跨国公司的社会责任与中国社会》，北京：社会科学文献出版社，2003 年版，第 28 页。

情况。遇到赶交货期，很多工厂无休止地要求工人加班加点，有的甚至三四个月不安排一天休息，体质虚弱的员工甚至劳累致死，昏倒在车间里的事情也经常发生。由于客户下订单的时间没有固定期限，工厂不可能为某一个时间短而工作量大的订单新增机器和工人，因此加班就不可避免。同时，由于低工资导致工人在正常工作时间的工资微薄，难以维持基本的生活需要，工人为了增加收入也愿意加班，工厂和工人最重要的考虑都是收入。加班问题实际上牵涉到整个商品链的各个环节，如果买家不能有一个更合理的工期，问题就无法解决。从这一点来看，跨国公司自身不能解决市场销售造成的工期紧迫与工人休息权之间的矛盾，也是问题产生的根源之一。关于工时问题，所有的出口加工企业，无论是国企、股份制、外资、合资和民营企业，都一致表示，劳动法规定的每周40小时工作、休息两天和每月不超过36小时加班的工时制度，出口加工企业实际上执行不了。99%企业基本上每天工时达10—12小时，每周工作6天，这种现象形成的原因，很大程度上是由外向型加工贸易的生产方式决定的。[①] 唯一能做到的是按国家标准规定，发放加班费和节假日加班工资。工人希望的是适度加班，可以多赚些钱。

二是歧视问题。在中国，“农民工”是个特殊的名词，这是以户籍、身份、地域为标准将劳动者划分为不同的等级。由于制度、政策和观念因素，农民工的受歧视问题比较突出。另外还有一个突出的问题是“童工”。按照跨国公司的标准，未满18周岁属于未成年人，一般禁止使用。按中国劳动法规定，16—18周岁之间的未成年工需要特殊保护，但他们有工作的权利。而且中国农村的现实状况是，初中毕业就离开家乡外出打工已经成为农村青年的一种基本选择。但由于条件较好的企业不愿意雇佣他们，大多数人只能到条

---

① 殷格非等主编：《企业社会责任行动指南》，北京：企业管理出版社，2006年版，第57页。

件更恶劣的企业打工，反而对他们造成更大的伤害。

三是社会保险问题。2001 年，深圳一家著名的美资电脑硬件生产企业（Seargate）发生了一宗涉及近千名工人的集体劳动争议事件。事情肇始于部分合同期满的工人发现自己在深圳工作了十多年，工厂竟没有按照法律规定为员工办理社会保险。该工厂从 90 年代初一直从湖南株洲市劳动局下属的一家劳务输出公司招聘员工，工厂直接与员工签订了劳动合同，但却把法律规定的工人社会保险费交到湖南株洲这家劳务输出公司，而这家劳务输出公司并未把这笔经费交到当地社会保险机构，而是存在当地的银行，员工离职时，可以到劳务输出公司领到自己所交的保险费。深圳的工厂之所以不在当地缴纳社会保险费，是因为它可以从深圳与株洲的保险费差额中节省大笔开支，但这样工人却失去了养老和医疗的保障。[①]国家政策规定，企业负责缴纳四项强制保险（养老、医疗、失业、工伤）的 32.85%，个人负责缴纳 11.5%，加起来是工资总额的 44.35%，企业在执行此项政策时困难较大。一般企业只给管理人员、技术骨干上保险。因为出口加工企业 50%—70% 以上是外来务工人员，他们大部分是年轻人，流动性较大，干几年赚了钱就要回家乡了，因此更看重目前的经济效益。加之由于政策原因，企业为工人缴纳的那部分钱并不能做到随工人的流动而转移，实质上用不到工人身上，所以企业缴纳的意愿也不强烈。[②]

4. 反霸心理。跨国公司推行较高的劳工标准，是西方国家以西方发达国家的人权、环保、安全健康和工资标准等来苛求中国的企业，由外国人来传授这类话语和知识，正好激发了国内一部分人的反霸权心理。比如在认证问题上，SA8000 标准中涉及的结社自由及

① 谭深、刘开明主编：《跨国公司的社会责任与中国社会》，北京：社会科学文献出版社，2003 年版，第 80 页。

② 殷格非等主编：《企业社会责任行动指南》，北京：企业管理出版社，2006 年版，第 58 页。

集体谈判权利、歧视等要素不是简单的企业社会责任或是劳工标准问题，国内企业需要达到的标准要结合中国的实际情况来确定。[①]跨国公司首先认定发展中国家尤其是中国是不尊重人权的国家，企业劳工的权利得不到保障，因此要对这些企业实行标准认证。这实际上就是贸易中的不对等原则和歧视性原则的体现。[②] 有些国家的企业无论是工人的工作条件，还是安全生产环境都不如我国的企业，但它们从来没有被验过厂，我国企业受到了不平等待遇，这是对中国企业的歧视。[③] 而且，为了执行规范而增加的成本很不公平地完全由企业自身承担，作为倡导者的跨国公司却没有损失一分一毫。跨国公司无论是资金还是技术上都比本土企业拥有更多的优势，它们应该根据利益相关者的利润来与供应商共同承担社会责任的成本，而不是一味地牺牲供应商的利益。这些都是跨国公司霸道的表现。

二、管理伦理冲突

任何企业内部的经营管理必然受到民族文化的影响，民族文化模式的多样性决定了企业管理模式的多样性。而企业管理模式和行为的发展，又固化了民族文化之间的差异。跨国公司因其跨国经营而拥有来自不同文化背景的雇员，这些雇员拥有与本国文化背景相适应的不同伦理和价值观，却又需要在同一个公司的共同的行为准则和规则下生存，因而会产生不同文化之间的价值观冲突，而这个冲突在管理伦理方面表现得尤为突出，对企业经营目标、市场选择、管理方法、技术创新等问题都会产生不同的看法。由于在独资

---

① 参见田虹著：《企业社会责任及其推进机制》，北京：经济管理出版社，2006 年版，第 213 页。

② 殷格非等主编：《企业社会责任行动指南》，北京：企业管理出版社，2006 年版，第 56 页。

③ 同上，第 58 页。

企业中，跨国公司在招聘、培训等环节，往往能把员工与公司的价值观契合度考虑进去，因而在独资公司双方员工之间的价值观冲突并不严重。在中国，进入跨国公司的大部分是接受过高等教育的知识分子，而这部分人渴望接受外来管理者新的管理思想和理念，认为西方跨国公司的管理制度能激发自我表现与自我成就感，尊重个人及其特有的人格，并坚信努力工作能带来成功，这种态度推进了跨国公司在伦理和价值观方面的整合。跨国公司伦理冲突主要体现在合资企业中。合资企业中的管理伦理冲突往往是企业无法成功经营下去的主要影响因素之一。

合资企业的管理伦理冲突以广州标致为例。广州标致是由广州汽车制造厂、法国标致汽车公司、中国国际信托投资公司、国际金融公司和法国巴黎国民银行合资经营的汽车生产企业，成立于1985年，由广州汽车制造厂和法国标致汽车公司共同管理。至1997年8月，广州标致累计亏损10.5亿人民币。双方的冲突主要是价值观上的冲突。有人对广州标致的企业文化进行过问卷调查，有27%的被调查者认为中法双方的价值观相互冲突，有7%的被调查者认为企业没有形成共有价值观和明确的企业精神。制度文化是企业文化的一个重要组成部分，广州标致采用了法国标致的组织机构和全套规章制度，这套制度是法方总结了全球20多个国家建立合资企业的经验而制定的，具有一定的科学性和合理性，但由于中方大部分员工都是从原国有老企业广州汽车制造厂转过来的，长期在缺乏竞争的环境下工作，部分员工对执行规章制度不够严格，带有一定的随意性，难以达到规定的标准，对此法方人员表示不理解并进行抗议，采用比较生硬、强制的方式推行法式管理模式，最后闹到中方员工罢工的地步。比如对复印机的管理，法方的习惯是无人管理，随到随用，结果由于中方人员擅自操作或大量复印私人东西，造成设备的损坏和纸张的大量浪费，最后只好采用中方的主张，改用专人看管。决策文化也是企业文化的一部分。法方管理人员敢于在决策时表达自己的意见，对不满意的地方直截了当地指出来，而中方管理人员的表达方式比较委婉，很少直接发表意见，这使得双方决策时表现出法方人员占主导地位的现象，中方一般会以法方的意见执行，但等到执行不下去的时候又会去做修正，又使决策失去了严肃性和权威性。①

除了制度伦理、决策伦理上的差异，还有质量观念和意识上的不一致。在外资企业中，外方制定的产品质量标准难以落实是普遍存在的问题。其中最重要的一个原因是中方员工的质量意识淡薄，这也是工业化国家的质量文化与中国传统文化的冲突。一般而言，管理伦理上的差异很难界定孰是孰非，基于价值观不同而导致的冲突需要双方更多地理解和包容。

第三节　跨国公司外部伦理冲突的表现

一、跨国公司与合作者/竞争者之间的伦理冲突

对于国内的合作者（指供应商、承包商及同一行业链上的其他合作伙伴）与竞争者而言，跨国公司都是一个比较强势的主体，他们对跨国公司利用经济实力所采取的一些手段往往持批判态度，尤其是对跨国公司利用竞争优势搞垄断，以及采取的一系列限制性商业行为。因此，垄断和其他不正当竞争（限制性竞争）行为就成为跨国公司与东道国其他企业之间的典型伦理问题。尽管国际规范对跨国公司的行为也作了限制，但在巨大的商业利益面前，跨国公司常常会脱离道德的轨道。

在当今世界上，许多国家都制定有反垄断的法律，但是在立法上对垄断的表述却不尽相同。德国法律规定，垄断是指企业“作为

① 参见刘光明编著：《企业文化案例》（第三版），北京：经济管理出版社，2007 年版，第 283—288 页。

某种特定商品或工业服务的供应者或需求者没有竞争者，或者没有实质上的竞争”。英国法则认为如果一个公司或一起行动的两个以上的公司以阻碍或限制竞争的方式，提供或购买占市场1/4的商品和服务，就存在垄断的情势。日本法所说的私人垄断，是指事业者单独地或与其他事业结合或合谋以及采取其他任何方法，排除其他事业者的活动或进行支配，从而违反公共利益，在一定交易领域实质上限制竞争。我国在《反不正当竞争法》中规定：“垄断是指违反国家法律、法规、政策和社会公共利益，通过合谋性协议，安排和协同行动，或者通过滥用经济优势地位，排斥或控制其他正当的经济活动，在某一生产领域或流通领域实质上限制竞争的行为。”这一定义集中概括反映了国内对垄断的认识。《反垄断法》规定的垄断行为包括：经营者达成垄断协议；经营者滥用市场支配地位；具有或者可能具有排除、限制竞争效果的经营者集中。原柯达公司全球副总裁叶莺对《在华跨国公司限制竞争行为表现及对策》的报告作出的回应是：“不能指责份额最大的就一定垄断。柯达的市场份额是消费者自主选择的结果，如果被指责为垄断实在是很冤。”可见，垄断指的不是结果——取得垄断地位，而是为达到垄断目的而采取的一系列手段。

对竞争者而言，垄断是跨国公司的主要反伦理行为。跨国公司对东道国契约使用垄断竞争手段，使广大东道国中小企业生存困难。垄断行为是市场不公平竞争的最大表现形式，为了从垄断者手中获得这些产品和服务或向垄断者出售产品和服务，不正当的幕后交易就会由此产生，就可能滋生出大量商业贿赂行为。要消除竞争、谋取垄断，必须通过低价倾销等手段，以获取尽可能大的市场份额，并挤垮其他同行。虽然消费者短期内可因低价而获益，一段时间过后，一旦竞争消弭，他们便要付出代价。垄断者此时可以向他们索要较之竞争市场上人们所付的更高的价钱。正因这类行为最终对消费者造成伤害，它是不道德的；如果一个企业利用它的市场控制力去限制贸易、不公平竞争或伤害消费者，它就是非法的。

禁止滥用市场支配地位、禁止限制竞争协议和控制企业合并是现代各国反垄断法的主要内容。以美国为代表的西方发达国家都十分重视反垄断。美国是最早制定、实施反垄断法律的国家。1890年，美国制定了《谢尔曼反托拉斯法》。1914年，美国又颁布了《联邦贸易委员会法》。随后不久，又颁布了《克莱顿反托拉斯法》。这是美国现执行的反垄断方面的三个主要法律。1933年，为了保证反垄断法律的有效实施，美国司法部成立反垄断局（又称反托拉斯司）。现在，美国的市场反垄断已经深入到各行各业，没有任何产品和服务是被少数一两家公司把持的，交易双方面对的是共同的公平的市场。国家间实施反垄断的协商也在进行。经合组织已经开始协调实施反垄断的工作，它们的目标就是要为成员国创造一个平等的竞争环境。反垄断和竞争政策的问题在国际贸易谈判中也是一个重要的议题，例如在关贸总协定以及后来的WTO协议中都涉及这些问题。但是，国际贸易的增长已远远超过了国际谈判的步伐，全球经营的企业仍然缺少一个共同的、行之有效的反垄断政策体系。共同标准的缺乏使跨国企业面临这样一个困境：在不同的国家遇到的是相互冲突的管制政策。

跨国公司凭借雄厚的资本实力和产品技术上的优势，已经逐步在中国的诸多行业中建立起了实质上的垄断地位。跨国公司除了资金上的优势，技术优势也是形成其垄断的一个重要支撑。目前跨国公司垄断了世界上70%的技术转让与80%的新技术、新工艺。在技术壁垒的限制下，中国企业眼睁睁地将市场拱手让人。[①] 曾有统计资料表明，IBM垄断我国银行业大型机服务，微软中国市场占有率95%，柯达占有中国感光材料行业至少50%的份额，米其林占有中国子午线轮胎市场的70%，诺基亚、摩托罗拉等跨国公司占有中国

---

① 吴晓丽：《垄断！垄断！》，载《管理与财富》2007年第11期。

手机市场的70%，思科占有中国网络设备行业市场的60%等。[①] 部分跨国公司为了保持它们在中国市场的垄断地位，甚至采取了一些违反公平交易原则的手段，如低价倾销，或是在销售旺季要求独占超市的推广权，威胁超市禁止销售其竞争对手的产品等，或是直接通过收购和合并来巩固自己的垄断地位。[②] 2004年，国家工商总局公平交易局反垄断处作为我国竞争执法机构，公布了一份调查报告——《在华跨国公司限制竞争行为表现及对策》。[③] 从调查情况来看，在华跨国公司在市场竞争中具有明显的市场优势地位，有的还占据绝对垄断地位（如微软公司操作系统软件和利乐公司无菌包装产品）。跨国公司限制竞争行为在我国也时有发生，其中最为突出的是跨国公司滥用市场优势地位限制竞争行为，包括：搭售和附加不合理条件；价格歧视；掠夺性定价；拒绝交易；独家交易等。低价倾销是一种限制性竞争行为或不正当竞争行为。当公司在国内市场销售索要高价而在国外市场的产品价格低廉，甚至还不够支付出口产品的成本时，这种情况就是倾销。如果倾销破坏了竞争或损害了他国的企业与工人，那么它就是不道德的。如全球最大的网络设备制造商美国思科公司对其拥有的专利权或商业秘密的“私有协议”不授予其他任何企业，人为地阻止了不同企业设备的互联互通，形成了技术、市场壁垒，也使得在招标过程中，其竞争对手难以对其形成实质竞争。又如利乐公司对具有战略意义的重点客户在无菌包装机销售中定价低于成本，尤其在包装设备招标中，有时甚至免费赠送设备，但条件是今后若干年购买指定数量的包装耗材。此外，利乐公司至少在一些合同中还订有“客户不得在未来若干年

① 吴晓丽：《垄断！垄断！》，载《管理与财富》2007年第11期。

② 张喜民、李鹏：《跨国公司在华营销的道德缺失与防范》，载《工会论坛》2005年第3期。

③ 国家工商总局公平交易局反垄断处：《在华跨国公司限制竞争行为表现及对策》，载《工商行政管理》2004年第4期。

内购买第三方包材”的排他性交易条款。①

对供应商而言，跨国公司也有一种双重标准：对提供利润的消费者提供优质服务，而对供应商则利用自己的市场优势地位打压价格。也就是说，价值标准是双重的。跨国公司对国内的供应商以订单为饵推行各种检查，尽管符合国际规范，但其方式却咄咄逼人，强制推行其理念。

尽管我们对跨国公司的垄断行为责之深、恨之切，认为其伤害了中国民族行业，但中国国内的垄断现象也屡见不鲜，计划经济造成的国企垄断局面一时还难以根本性消除，尤其在一些关键领域和关键行业。目前，我国为完善市场竞争立法，已经出台了《反不正当竞争法》和《反垄断法》。《反垄断法》明确规定：并不反对企业做大做强，取得支配地位。只是禁止优势企业滥用市场支配地位，排除、限制竞争，阻碍技术进步，损害消费者和其他经营者合法权益。其导向是，既要防止经营者过度集中，形成垄断，同时又要有利于国内企业通过依法兼并做大做强，发展规模经济，提高产业集中度。中国在反垄断立法上之所以纠结了十多年迟迟没有出台的阻力不外乎两大方面：思想认识上的阻力和来自行业、政府部门的阻力。部分专家学者认为，具有垄断地位的都是大企业，反垄断法就是反对企业做大，制定反垄断法会妨碍国家正在鼓励的企业合并，不利于组建一批经济上的“航空母舰”，不利于增强我国企业的国际竞争力。我国反垄断立法在一定程度上受到某些行业的抵制，在多年的计划经济中发展起来的自然垄断的行业，如电信、邮政、电力、铁路等部门，出于自身既得利益的考虑，对反垄断立法自然颇有微词。即使在时代的反垄断呼声下，它们不得不接受反垄断法的制定，但也会以种种的理由和借口来规避它，或者以本行业的特殊情况为由要求从反垄断法中得到豁免。我国的反垄断立法也

① 吴晓丽：《垄断！垄断!》，载《管理与财富》2007 年第 11 期。

存在着来自政府部门的阻力。不同的政府部门有自身的不同利益，反垄断法的制定必定会使不少权力以及它所伴生的利益从政府部门中分离出来。但随着我国经济、政治体制改革的深入，还权于民，还利于社会是不可逆的历史潮流，特别是随着我国加入世界贸易组织，来自国际上的公平竞争的压力也日渐加大，《反垄断法》的出台不可避免。①

二、跨国公司与消费者之间的伦理冲突

对消费者权益的重视源于美国的消费者保护运动。消费者保护运动的产生主要是由于消费者期望能够在市场交易过程中受到公正诚实的对待。但是，一些商业行为却没有达到这个标准，致使消费者可能受到愚弄和伤害，例如显失公平的高价、质量不可靠及不安全的产品、过度的或带有欺骗性的广告宣传，还有对一些众人皆知的危害人体健康的商品（如香烟、被农药污染过的农产品等）进行促销活动。跨国公司与消费者之间的典型伦理问题主要有产品诚信、文化敏感、信息透明等。总体而言，经历了消费者保护运动的西方跨国公司对消费者的重视和对产品诚信的重视程度远远高于中国企业。

（一）产品诚信（责任）：对产品质量与安全的重视

战略管理学通用、流程管理学丰田、品牌管理学宝洁、连锁经营学麦当劳、供应链管理学戴尔、深度营销学可口可乐、安全控制学杜邦……跨国公司一度在企业管理方面扮演了启蒙者和教父的角色。我国之所以大规模地引入外资，除了资金和技术方面的考虑外，对跨国公司经营理念、制度体系等思想意识方面的学习也是一个重要动因，在这方面，跨国公司因其规范、标准、透明的办事流程成为国内企业学习的“标杆”。跨国公司对产品诚信的重视也为

① 《“〈反垄断法〉”呼之欲出》，http：//www. zftec. gov. cn/ggzh/zcfg/wjmfg/T148122. shtml.

我们所津津乐道，“洋品牌”深得中国消费者信赖。以食品产业为例，美国的食品产业执行严格的安全标准，在安全方面有出色的记录，被认为是世界上最安全的食品供应地。这种安全感来源于时刻高效运转的联合监管体系、完备的法律法规、先进的检测手段、完备的安全评估技术以及每年数亿元的科研投入，当然还有每个人强烈的法律意识。此外，美国还设立了食品召回制度，作为对食品安全监控的补充。[①]

然而，西方跨国公司在中国并非完全沿用国内的做法。随着跨国公司经营及其产品缺陷被国内媒体频繁曝光，国人对跨国公司的盲目崇拜已经转变为对其严格要求。跨国公司在华营销中存在的产品道德问题主要表现在对不发达国家的消费者实行歧视待遇，实行不同的产品质量标准。一些企业恰恰是利用了不发达国家在法律方面存在的漏洞，实行双重标准，这实际上是一种反伦理行为。一般而言，跨国公司的产品与国内厂商生产的产品相比具有技术上的优势，但是某些跨国公司却把母国为了保护本国消费者利益已经禁止销售或使用的产品，投放到中国市场来进行销售。有些跨国公司凭借其技术优势，在中国推出的产品运用的是本国已经过时的技术。有些跨国公司一直不对中国市场实行缺陷产品的召回制度，如广州本田、德国奔驰、日本日产和丰田在进行全球召回的时候都表明“中国市场例外”。[②] 2000 年，东芝因其笔记本电脑有“瑕疵”，而对中美消费者不同的解决方法在中国招致了强烈的反感和声讨。此事缘于一位赴美留学的中国人在回国后发现国内很多消费者对东芝与美国用户的赔偿事宜一无所知，于是在网上贴出文章《TOSHIBA 还要蒙中国消费者多久》，引起了轩然大波。中国的媒体和消费者

① 曹凤月著：《企业道德责任论——企业与利益相关者的和谐与共生》，北京：社会科学文献出版社，2006 年版，第 124—125 页。

② 张喜民、李鹏：《跨国公司在华营销的道德缺失与防范》，载《工会论坛》2005 年第 3 期。

认为，东芝的做法属于隐瞒产品缺陷的欺诈行为。[①] 2010 年丰田汽车“召回门”爆发以来，其对中国消费者与对美国消费者的区别对待备受诟病。丰田公司在召回问题上，对中国市场与对海外市场的态度、反应、做法都不一样，中国消费者觉得受到了不公正待遇。浙江省工商局局长郑宇民痛批丰田公司对中国的召回存在“同声不同步”、“同病不同治”、“同损不同赔”、“同命不同权”的歧视。[②] 雀巢公司的双重标准也是个典型的例子。打开这家世界级食品企业的网站，或者翻看它的产品，“营养、健康”一直是其宣传策略。然而，雀巢的转基因产品在全世界范围一直被质疑。由于转基因食品的危害性目前难以确定，自 1999 年开始，雀巢在欧盟、澳大利亚、俄罗斯和巴西就陆续宣布不再使用基因改造原料，但在中国一直没有这种承诺。这在 2003 年演变成为一场官司。上海一位消费者将雀巢告上法庭。虽然最终败诉，但针对雀巢“双重标准”的质疑声一直不绝于耳。2009 年 8 月份，绿色和平组织在北京随机购买了雀巢的一种婴幼儿米粉，检测发现含有抗虫转基因成分 Bt 基因。有科学研究显示，这种蛋白能够在小鼠体内引发免疫系统反应，是潜在的致敏原。面对这些质疑，雀巢的态度却是傲慢的——每次接触都只有一个标准答案：雀巢会尊重当地法律，会尊重消费者权益的。[③] 这样的例子还有很多。2006 年 9 月 15 日，国家质检总局在日本 SK－Ⅱ品牌的多项化妆品中，查出禁用成分铬和钕。2007 年 10 月，国家质量监督检验检疫总局公布了 2007 年 3 月份不合格产品。达能旗下“比奶还贵”的依云矿泉水榜上有名，上榜的原因是：细菌总数超标。事实上，依云矿泉水细菌总数超标已不是第一次。早在 2006 年 9 月，依云进境中国的 5.2 吨矿泉水就出现了同样的问

---

① 曹凤月著：《企业道德责任论——企业与利益相关者的和谐与共生》，北京：社会科学文献出版社，2006 年版，第 268—272 页。

② 曾业辉：《中国召回车主能拿到丰田的赔偿吗》，载《中国经济时报》2010 年 3 月 18 日。

③ 《跨国公司，请不要在中国假“漂绿”》，南方报业网，http：//news. qq. com/a/20091112/000899. htm.

题，并被退港。

跨国公司之所以在中国等发展中国家扯下了往日温情的“面纱”，从负责任的“企业公民”转变成了漠视消费者的“霸主”，陷入产品服务质量问题的泥潭，除了利益因素之外，还有东道国环境因素的影响。

一是中国消费者处于弱势、被动地位。中国的消费者群体还未发展成熟，市民社会的民间力量尚未壮大，还没有掌握舆论的话语权，消费者维权意识淡薄，维权成本高。因此，在强大的跨国公司面前，本应被奉为“上帝”的中国消费者却处于弱势的地位，对跨国公司违背商业伦理的行为表现出了高度的容忍和漠视。中国消费者已经习惯了在类似于“雀巢奶粉碘超标”这样的事件后，涉及的公司迅速道歉、涉嫌的产品被迅速召回、退换、赔偿，然后是公司的解释、保证、承诺，接着消费者怀着施舍者的心态再继续食用、使用该产品。这些，实际上是纵容、助长了跨国公司对商业伦理的背叛。丰田召回事件折射出的，不仅仅是中国的召回制度有待完善这一事实，与美国执法机构对丰田展开充分调查、美国民众积极维权相比，中国社会与民众在面对这一事件时，也有很多地方需要反思。

二是法律法规和制度管理的缺口。2005 年发生 SK－II“烧碱风波”时，中国消费者曾质疑为何其产品的日文标识中有产品成分而中文标识中却没有，宝洁公司就大言不惭地称因为日本有相关规定但中国没有。2010 年丰田公司之所以在美国采取主动召回和赔偿措施而在中国存在区别待遇，根本原因也在于中国的相关法律法规不健全。在质量管理方面的制度缺口和法律滞后使得跨国公司对在中国销售质量标准偏低的产品存在“侥幸心理”或“钻漏洞”现象，而广告上的放任又给了这些跨国公司吹牛不用负责的借口。

三是政府过度保护，打击力度不够。国内有些地方政府患了“外资依赖症”，盲目迷信跨国公司，生怕对外商管严了会影响本地的投资环境，生怕因此而影响了地方的财政收入和官员的“政绩”，使得一些跨国公司在中国越来越无所顾忌。SK－II“烧碱风波”后，江西省南昌市工商局仅对宝洁公司罚款20万元就不了了之。[①]

（二）文化敏感度：对当地文化和消费者民族情感的尊重

先来看以下几则例子：

2001年12月，中国的影星赵薇在一本《时装》杂志中，有一张身穿一件“NYC”品牌、以日本军旗为图案设计的短裙装照片。照片刊登后，赵薇受到了读者的猛烈批评，被认为严重伤害了中国人民的感情。据悉，NYC是美国跨国服装公司的一个品牌。[②]

2003年末，日本丰田汽车新出厂的两款越野车“霸道”和“陆地巡洋舰”的广告激起了中国人的批评。“霸道”广告中，一辆“霸道”汽车停在两只石狮子之前，一只石狮子抬起右爪做敬礼状，另一只石狮子向下俯首，背景为高楼大厦，配图广告语为“霸道，你不得不尊敬”；另一则是“丰田陆地巡洋舰”在雪山高原上以钢索拖拉一辆绿色国产大卡车，拍摄地址在可可西里。很多网友认为，石狮子有象征中国的意味，“丰田霸道”广告却让它们向一辆日本品牌的汽车“敬礼”、“鞠躬”，“考虑到芦沟桥、石狮子、抗日三者之间的关系，更加让人愤恨”。而拖曳卡车的“丰田陆地巡洋舰”广告，图中的卡车很容易让人联想到国产东风汽车，“与我国的军车非常相像”。这些广告被中国人看作是对中国民族工业的侮辱。抗议的浪潮随着丰田公司、承接此广告的盛世长城广告公司和刊登广告的《汽车之友》杂志对中国消费者的正式道歉而告一段落。[③]

---

① 洪静：《是近视？还是轻视？——跨国公司在发展中国家对商业伦理的背叛》，载《技术经济》2007年第3期。

② 陈绚：《跨文化广告传播中的社会责任和道德——从赵薇“旗装”事件说开去》，载《国际新闻界》2002年第2期。

③ 陈静静、孙斌华：《跨文化传播的民族主义解读——丰田“霸道”广告个案研究》，载《新闻大学》2004年冬季号。

2004年9月，《国际广告》杂志刊登了一则名为“龙篇”的立邦漆的广告作品，画面上有一个中国古典式的亭子，亭子的两根立柱各盘着一条龙，左立柱色彩黯淡，但龙紧紧攀附在柱子上，右立柱色彩光鲜，龙却跌落在地上。此广告一出，引起了国人的极大反感，并在网上掀起了轩然大波。龙是中华民族的图腾，此广告显然触动了中国人最敏感的神经。人们不禁要问：作为一个在全世界享有盛名的企业滑倒“中国龙”，到底是创意还是对民族情感的挑衅?①

2004年底，继立邦漆“龙篇”广告因为涉及中国象征而引起争议之后，名为“恐惧斗室”的耐克篮球鞋广告片又因涉嫌“猥亵中国风俗习惯”，引起全球华人的关注。在广告中，耐克的广告由NBA巨星勒布朗·詹姆斯担当主角，大意是他脚穿耐克鞋，独闯一个五层高的建筑，逐层挑战对手，最终取得胜利。在被詹姆斯打败的五个对手中，有三个“影射”中国人：形似中国老人的武林高手；与敦煌壁画中的飞天造型极其相似、身穿中国服饰的妇女；两条中国龙。“中国元素”屡被打败，中国人备感受辱，认为耐克公司没有尊重中国人，更侮辱了中华民族。为此，国家广电总局发出《关于立即停止播放“恐惧斗室”广告片的通知》，认为该广告违反了《广播电视广告播放管理暂行办法》中“广告应当维护国家尊严和利益，尊重祖国传统文化”和“不得含有亵渎民族风俗习惯的内容”的规定。耐克公司也不得不特别委托公关公司通过媒体向消费者表达歉意，并强调耐克无意对中国文化不尊重。②

这几个事例说明，不同的国家、不同的民族有着各自独特的文化和对外来文化的敏感度。东道国对外来文化的容忍程度或抗拒程度构成了其文化敏感度。不同文化都或多或少存在不同程度的排外

---

① 《立邦漆滑倒“中国龙”，是创意还是挑衅?》，载《北京晨报》2004年9月23日。

② 《耐克就涉嫌辱华广告致歉，强调无意轻视中国文化》，载《北京娱乐信报》2004年12月9日。

情绪，对于不同文化的介入，难免会采取一种谨慎的态度。任何对所在国民族文化的不尊重行为都会遭到强烈的反对。比如在赵薇“旗装”事件中，在对待将国旗设计成图案穿在身上这一点上，西方文化和亚洲儒家文化有明显的区别。美国国旗向来是时尚促销者爱用的符号。而对中国消费者来说，把具有一国象征的国旗披上身，显然有“侮辱、轻蔑”的意思。在丰田“霸道”广告中，不同价值体系下的受众对同一个文本的解读存在分歧，尤其当这些概念与政治冲突联系起来的时候。而立邦漆“龙篇”广告和耐克的“恐惧斗室”广告都用了中国传统文化的标志性符号，伤害了民众的感情。因此，对跨国广告而言，尤其是在非友好文化的东道国做广告，使用一般性的普遍价值，比如勇气，比利用那些和历史以及民族主义语境相关的价值要来得妥当。

（三）信息透明度：企业的信息披露机制

对于消费者来说，公司在信息披露上必须符合一定程度的国际规范，即要满足消费者和公众的知情权。在这方面，西方跨国公司对于信息透明度的标准明显高于中国的习惯做法。发达国家经历了长期的工业经济，进行了长期的市场培育，信息的商品化程度很高。信息商品化不仅是一个技术问题，而且还是一个商业理念问题。

在中国，信息透明度还是一个新名词。无论是政府还是企业，在很长一段时间都把对信息的垄断视为自身的权力，公众没有知情权，并视为常情。如今，情况已经有了很大的改变。但对于信息透明度的标准方面，中西方还是存在较大的分歧。中国政府对于跨国公司的监管比较严格，尤其是对文化、信息的监管。东道国政府基于政权稳定和对“和平演变”的警惕而对文化市场（如互联网市场）实施监管，这种监管构成了跨国公司进入东道国文化市场的准入条件，亦即外国公司若要进入东道国文化市场谋利，就必须遵守东道国相关的管制法律。但是，跨国公司若依据这些法律进行的经营行为（如向东道国政府提供网络审查软件），有可能构成对母国民主原则的背离，因此，监管问题表面上讲的是遵守东道国法律法规的问题，但实际上触及的是伦理问题，即消费者的知情权和拥有信息的自由度的底线到底在哪里。

谷歌（Google）“退出中国”事件成为2010年互联网领域的热点事件，导致谷歌退出中国的直接原因是屡查不绝的针对谷歌产品的密集性攻击，谷歌曾称找到证据证明受到的攻击目的是为了侵入中国维权人士的电子邮件。① 这个案例从某种角度来说，是信息公开程度与政府的监管程度之间的关系问题，而这个问题对于跨国公司来说，是一个伦理困境。2010年1月，一则谷歌公司“退出中国”的消息被炒得沸沸扬扬，连篇累牍的报道几乎都将矛头直指中国的“网络审查”。谷歌CEO埃里克·施密特接受美国《新闻周刊》独家专访，解释最近威胁退出中国一事。他坚称在中国受到的审查很多，很不自由，并说谷歌是家“特别的公司”，所以中国的情况对他们来说“尤其复杂”。② 中国的互联网市场发展迅猛。美国网络公司纷纷抢滩中国互联网市场。搜索引擎巨头谷歌占据了33%的中国搜索引擎市场。鉴于互联网信息传播在中国的影响和作用越来越大，为了防止不良信息损害社会公众利益，特别是为了尽可能使青少年免于有害信息的侵害，中国政府对互联网实行依法管理，制定了一系列维护互联网安全的法律，如《全国人大常委会关于维护互联网安全的决定》、《互联网信息服务管理办法》、《互联网新闻信息服务管理规定》、《互联网电子公告服务管理办法》等等。在信息透明度与政府的监管之间，中美双方的倾向显然是不同的。自谷歌于2006年1月推出Google. cn之后，西方的一些媒体和组织就指

① 《谷歌退出中国内地真相解析》，http：//safe. it168. com/a2010/0426/878/000000878664. shtml。

② “谷歌退出中国事件”，网易新闻，http：//news. 163. com/special/000144DA/googleroll. html。

责这些美国公司“顺从中国的网络审查”，是“确保搜索的结果不包括政府不想让其老百姓看到的信息、影像和网站”，“在中国破坏表达自由”，“放弃对普遍人权价值的判断，放弃企业的社会责任，沦为自由的敌人”。[①] 在美国舆论的压力下，2006 年 2 月 14 日，美国国务院宣布成立“全球网络自由特别小组”，旨在从外交政策层面上推动网络言论自由。2 月 15 日，美国国会众议院“国际关系委员会非洲、全球人权和国际行动小组委员会”召开题为“中国互联网：自由的通道还是压制的工具”的听证会，就谷歌、雅虎、微软以及思科四大互联网公司进行听证，美国四大技术公司不得不在行动和言辞上予以回应。四大公司认为，作为跨国公司，不得不遵守中国的法律，否则将退出中国市场。谷歌公司当时负责全球交流和公共事务的副总裁埃利奥特·施雷基说，谷歌审查其中国互联网搜索引擎的决定“不是我们热心去做的事情或我们引以为傲的事”。为了做生意，“美国公司必须满足北京政府对因特网内容进行严格限制的政策”。[②] 2010 年 3 月 23 日 3 时 3 分，谷歌公司高级副总裁、首席法律官大卫·德拉蒙德公开发表声明，再次借黑客攻击问题指责中国，宣布停止对谷歌中国搜索服务的“过滤审查”，并将搜索服务器由中国内地转至中国香港。谷歌最终还是退出了中国内地市场。“一个商人在别的国家做生意之初，答应遵守法律，等他生意做大了，有了客大欺店的资本了，就开始要求这个国家修改法律以适应他的业务需要，或者推销他自己国家的文化意识形态，这个商人好像百年前的传教士复活了啊?”[③] 网友的评论虽然稍显偏激，却也道出了问题的根本所在。谷歌事件折射出中美两国对信息透明度或者说消费者的知情权乃至民主限度的理解是有差异的，但由于在

---

① Michael Shtender-Auerbach，“Freedom：File Cannot Be Found”，*The Century Foundation*，4/27/2006.

② Foster Klug，“Congress Chides 4 Companies over China”，*Business Week*，Feb. 15，2006.

③《谷歌退出中国：再见时请褪下面具》，http：//hb. dahe. cn/News/120/2010324/104108。

这一事件中已经把是否要对信息进行监管这个伦理问题上升到了是否应遵守东道国法律法规的问题，而遵守东道国的法律法规是跨国公司国际规范中的一条优先原则，因此伦理的冲突已上升为去留的抉择。

三、跨国公司与政府之间的伦理冲突

跨国公司与东道国政府的关系也是个敏感的问题，在这方面的伦理冲突上，跨国公司面临更多的指责，典型的伦理问题如跨国公司利用转移定价规避税收、利用技术产权控制转让、以及以“入乡随俗”为由大行贿赂等等。当然，在这些方面中国也并不是全无缺失，比如对产权的漠视、贿赂“潜规则”盛行等。

（一）税收与转移定价

对跨国公司而言，转移定价是一个值得关注的伦理问题。转移定价是跨国公司转移利润规避税收的最常用的方法。据有关研究显示，在中国的跨国公司普遍存在转移定价问题，最典型的是通过账务处理，使合资公司亏损，逃避税收或侵害中方股东利益。

转移定价是跨国公司及其子公司、分公司之间的支付行为。在税收较高的国家，跨国公司将产品低价卖给其他地方的分公司，从而账面上利润减少。而在税率较低的国家，跨国公司则以高价将产品卖给其他分支机构，从而获取较高账面利润。这样同时也降低了购买产品的分支机构的利润和纳税额。跨国公司可以根据自己需要来对不同国家制定不同价格，必要时在国家间转移价格。跨国公司利用转移定价的最终目的是实现公司整体利润的最大化，通过转移定价，跨国公司进行内部与关联交易时，可以系统地操纵价格，转移利润，从而逃避所得税或关税。

目前跨国公司利用转移定价避税的主要方式有四种：一是通过关联企业之间的购销业务往来转移利润；二是通过关联企业之间的资金融通业务转移利润；三是通过设立新公司，费用不合理分摊，利用税收优惠政策来转移利润；四是通过向境外关联企业支付技术使用费的形式转移利润。[①]

跨国公司的这种行为明显损害了东道国的利益，造成了东道国税收方面的重大损失，损害了市场公平，也损害了投资的软环境。目前，我国已经成为全球吸引外资最多的国家，但数据表明，外企的亏损面超过 50%，年亏损额逾 1200 亿元。在技术、管理、经营规模与经销渠道均明显占有优势的外企却连年亏损，但其并没有因为出现亏损而撤资或减少投资，相反，许多还在大幅度增加投资。对这种“外资悖论”的合理解释只能是外方运用转移价格转移了利润。[②]

为了有效控制跨国公司利用转移定价逃避税收，许多国家都制订有转移价格税制，用“独立价格”来检查、监督跨国公司的转移价格。《联合国跨国公司行动守则》建议跨国公司采用“臂长定价”方式，即是指跨国公司分支机构之间的交易应像相互独立的经营者之间的交易一样，明码标价，真实可信。[③] 虽然较不发达国家可以要求跨国公司这么做，但对这个问题，作为东道国的中国目前仍没有较好的应对方法。

在税收问题上，还会产生一系列其他的伦理问题，比如：当东道国盛行制作虚报收支的税收申报单以大大降低企业应付税收的“潜规则”时，企业是拒绝立虚假单证而缴纳比当地同行高出几倍的税收，还是“因地制宜”，同意使用“虚报账单”的方式？再比如，麦当劳、肯德基每年在中国因为我们不习惯要发票的原因而掠走将近 2 亿的税收，这种行为是否合乎伦理？等等。

---

① 张喜民、李鹏：《跨国公司在华营销的道德缺失与防范》，载《工会论坛》2005 年第 3 期。

② 刘立燕：《跨国公司滥用国际转移价格的影响及我国的对策》，载《江苏商论》2006 年第 4 期。

③ ［美］理查德 · T. 德 · 乔治著，李布译：《经济伦理学》，北京：北京大学出版社，2002 年版，第 570 页。

（二）产权与技术转让

市场经济的本质是平等交易，它的根本道德原则是“不侵害他人的权益”和由此带来的“双赢”，而它的道德基础是明晰和保护交易主体的产权。

西方企业普遍认为，中国对知识产权没有足够的保护，导致盗版、仿造，使跨国公司的利益受到了侵犯。根据欧盟提供的数据，中国的造假企业一般在一个星期就可以制造出样机，25%的中国造假企业有能力在最短的时间内复制出市场需求的产品，50%的侵权企业收入为“暴利”。[①]

中国企业对知识产权的重视经历了一个逐步发展的过程。最初，对产权的轻视十分普遍。以商标为例，外商在与国内企业的合资谈判中，往往提出买断中方所有的商标，并提出新的合资企业只能使用外方的商标。中方企业贪图换得一大笔资金作为出资额，往往乐意接受外方提出的要求。1993年，上海家化公司在与美国庄臣公司合资时，把本公司拥有的“美加净”商标低价转让给了庄臣公司，转让后，自己只能改用“明星”商标，而后一商标不为消费者所接受，使该公司在一年中库存积存积压超过了卖商标所得的转让费。最后，迫使该公司决定再以高价买回“美加净”商标，当市场重现“美加净”芳踪，已是8年后的2001年。[②]

中国正在不断完善产权制度。世界知识产权组织（WIPO）对改革开放后中国知识产权制度在“引进”基础上的构建与完善起到了一定的推动作用。中国于1980年加入该组织，成为其第90个成员国。此后，中国用不到30年的时间走完了西方国家需100多年时间所走的路程，在几乎是一片空白的基础上构建了相对完善的知识

---

① 李小丽、史建锋：《欧盟企业对中国市场投资环境的评价及其投资趋向分析》，载《学习与探索》2009年第4期。

② 汪尧田等著：《国际规则 发展契机——加入WTO后的中国》，上海：上海财经大学出版社，2002年版，第280—281页。

产权体系。从1982年的《商标法》到1984年的《专利法》，再到1990年的《著作权法》和1993年的《反不正当竞争法》，以及后来相关法律的修改和行政法规的出台，中国知识产权制度逐步完善。但知识产权对于中国来说，依然是一种“制度舶来品”，其立法往往不是基于自身国情的制度选择，而是受到外来压力的影响，这种压力既有来自国际组织层面的，也有来自美国等国家层面的。[①] 所以说，中国对知识产权的重视和保护还在起步阶段。一些生产厂家为了获得暴利往往会铤而走险，消费者的产权保护意识也未普遍树立，这往往会造成伦理困境。

微软盗版软件“追缉令”就是一个关于知识产权的伦理困境。这是一封2009年7月在互联网上广为传播的邮件，内容如下：“紧急通知：使用电脑的朋友注意了啊：具体时间是从20号开始!!! 如果大家在使用电脑的时候系统提示你所使用的微软产品是盗版软件等等，而且还会在右下角出现蓝色的小星星～～这是因为：由于美国最近要针对中国上诉WTO知识产权保护问题，微软正在为美国政府搜集相关证据，在最近自动更新中包含检测盗版副本程序，为了咱中国利益，请大家不要开启自动更新。如果起诉成功，中国将要赔款几百亿。已经开启当提示要你安装‘正版增值计划’请别安装！安装后会在任务栏右下角出现一个蓝色五角星符号!!! 这样就会被微软追踪锁定，以向美国政府提供证据!!! 请大家转到其他群上顺带一个，大家转发，这个直接影响所有中国电脑用户的利益……请把这条信息看完（不加任何修改复制）发至其它群体。”这个事件充分显示了中美两国民众对知识产权问题的不同认识。在中国有相当一部分电脑用户选择为省钱而使用盗版软件，这在无形中催生了大量的盗版软件生产商，损害了知识产权制度，这个举动如果被微软举证成功，将使中国面临巨额的赔偿，这对现阶段的中

① 马忠法：《知识产权制度引进与互动：WIPO与中国》，载《国际观察》2009年第4期。

国来说无疑又是不能承受的。当前，知识产权的保护已经陷入一个两难（效率与公平）的抉择之中：一方面，知识产权保护有利于激励知识产权所有者继续创新，推动社会发展；另一方面，知识产权保护加大了知识扩散的成本，设置了技术传播的鸿沟，在某种程度上促成了垄断。现行的关于知识产权保护的国际规范有利于发达国家的利益再分配，而迫使发展中国家在追赶过程中再度处于双重压力的被动境地。知识产权保护不仅仅是微观层面企业获得竞争优势的途径，更是宏观层面国家参与国际产业结构调整、获得比较优势的重要手段。①

中国是最大的发展中国家，也代表了发展中国家的利益和观念。对知识产权保护问题，与西方发达国家相比有着一些不同的观点。反对高保护者认为，专利法保护的是技术发明人的利益，而发展中国家由于无自主技术，立法会更多地保护发达国家发明人的利益。高水平保护会提高中国经济发展成本，给自主创新能力的提升带来妨碍。联合国一些机构的官员也认为专利制度对发展中国家无利而有害。这些观点为国内反对者提供了支持。同时，反对者还认为，目前西方国家倡导的高水平保护超越了中国的经济发展水平。在历史上，发达国家对知识产权保护都有一个从“选择保护”到“全部保护”、从“弱保护”到“强保护”的过渡期。但今天，在经济全球化下，各国知识产权制度被国际贸易这个巨大的力量推向日趋统一的境地，无形中使发展中国家的知识产权保护水平超越了本国经济、社会发展的实际水平。由于中国知识产权数量不多，质量不高，高水平保护只能是保护拥有世界上绝大部分知识产权的发达国家跨国公司的利益，知识产权成为他国获取财富的手段和工具，而知识产权人滥用自己的权利妨碍了中国经济的发展，甚至有

---

① 陈宇峰、曲亮：《知识产权保护的负面效应与发展中国家的回应性政策研究》，载《国际贸易问题》2005 年第 11 期。

些国家将知识产权政治化，以谋取国家利益，造成中国财富的流失。

此外，对于知识产权制度的理解，发达国家与发展中国家也有基本的立场冲突。长期以来，由于 WIPO 成立的宗旨重在保护以及其他因素（如美国的施压），中国对知识产权制度的认识进入一个误区，认为确权、保护是该制度的全部或核心，使中国的立法带有明显的“唯保护为目的”的烙印。近年来，中国逐渐认识到，知识产权制度还应包括创造、管理和运用，其目的在于促进技术流转，促进技术的运用和扩散，重点在于技术转让和转化。发展中国家与发达国家在知识产权制度方面也不断地进行权利博弈，前者要求修改现有的国际条约，增加有利于人类分享技术进步或顾虑技术转让的条款，让发展中国家在相对公平的条件下走可持续发展之路。但处于强势地位的发达国家不愿让步，并且在不断提高保护水平，扩大保护范围。①

西方跨国公司基于产权保护和维护市场垄断地位的目的，对技术转让设置了诸多限制。德国大众是最早进入中国的跨国汽车企业。中国汽车工业一直想“以市场换技术”，但在 20 年之后，这个战略被证明并不成功。在 20 年的合资过程中，德国大众一直坚持拒绝出让先进技术，并拒绝中方插手设计。2005 年大众还拒绝向中方合作伙伴转让平台技术。国内合资企业的研发一直在吸收旧技术的轮回中循环。② 当有人为跨国公司在中国设置研发中心而欢欣鼓舞，以为跨国公司已经向我们展示其精髓的时候，以下事实也许可以表露它们的真实目的：商务部调查显示，跨国公司在中国的研发投资中，有 52% 投入到应用研究方面，只有 33% 投入到开发活动中，而在欧美发达国家，这一比例却相反。而且，有 46% 的跨国公司倾向

① 马忠法：《知识产权制度引进与互动：WIPO 与中国》，载《国际观察》2009 年第 4 期。

② 李盾：《大众在中国》，载《中国外资》2006 年第 2 期，转引自高湘一主编：《跨国公司经营与管理》，北京：中国商务出版社，2006 年版，第 315—316 页。

于建立独资的研发中心，其主要原因就在于技术控制。在华跨国公司在中方人员参观时会设置障碍，涉及到核心技术的地方谢绝参观，有些跨国公司在不得不提供技术流程图时，往往将流程图修改后再提供给中方，其中的关键流程图只能用于生产，而不能用于研发。微软、英特尔等跨国公司虽然在许多发展中国家建立了分支机构和研究所，但涉及软件开发、芯片设计等核心技术的研发活动只能在其美国总部进行，在中国的研究机构仅仅是针对产品使用和服务等方面的技术支持。IBM 中国研发中心是 IBM 在发展中国家建立的首家研究中心，但上千人的研发队伍，却只有很少一部分人从事技术的研究工作，绝大多数从事的是本地化和项目开发。而且，目前跨国公司的研发经常采用与高校合作的方式，由于合作的经费主要来自跨国公司，跨国公司便掌握了主动权，研发出来的技术或者专利，最终往往归外资研发机构及其母公司所有。① 在发展中国家的推动下，国际相关规范中关于技术转让问题提倡的是“扩大向发展中国家的技术转移，在适当顾及知识产权保护的情况下，允许技术转让”。可见，在技术转让这方面，跨国公司又表现出违背国际规范的一面。无论产权保护还是转让，利益因素与伦理考量不断处在博弈之中。

（三）贿赂（政府官员、合作伙伴等）

当公司为影响责任个人或责任群体的判断而主动支付或提供好处时，这种支付行为就是贿赂，贿赂不同于因被勒索或为便利所做的支付行为。②

贿赂之所以不道德，是因为这种做法破坏了市场的公平基础，市场以公开竞争方式为先决条件。商业贿赂往往与暗箱操作相伴相生，而暗箱操作可以将那些正当经营的企业淘汰出去，破坏市场交

---

① 吴晓丽：《中国市场没有换到核心技术》，载《管理与财富》2007 年第 11 期。

② 诺曼·博威、保罗·瓦勒：《关于普遍道德标准的辩论》，乔治·恩德勒编，锐博慧网公司译：《国际经济伦理：挑战与应对方法》，北京：北京大学出版社，2002 年版，第 166 页。

易的秩序，也使资源产生不合理地流向，使价值规律无法正常发挥作用。同时，贿赂也分流和挤占了企业技术创新所需要的正常资金供给，而且强化了“技术逆向选择”，即企业不通过技术变革而是通过贿赂就可以获得竞争优势。

对于贿赂问题，美国的法律和其他国家的法律提供了一些参照。美国是唯一通过内容广泛的反贿赂条例，禁止向美国以外的各国官员行贿的国家。这个条例即《反海外腐败法》（the Foreign Corrupt Practices Act）。美国的《反海外腐败法》是对海外贿赂行为的国际立法中最著名的法律，其立法目的就是禁止美国公司和个人贿赂国外政府官员。在制裁商业贿赂方面规定，向外国相关人员行贿的个人将被罚款 10 万美元并处 5 年监禁，对公司的罚款则高达 200 万美元。此外，任何个人或公司一旦被指控违反了这一法律，将被终止其参与政府采购的资格。被裁决进行商业贿赂的公司更不能获得出口资格。2009 年 8 月，美国整肃海外贿赂并通过司法部公布文件，美国 CCI（控制组件公司）从 2003 年到 2007 年，在 30 多个国家行贿约 236 次，行贿名单中包括中国数家大型国企。在被美国司法部调查后，这家跨国公司承认海外贿赂指控，同意支付罚金 1820 万美元。[①] 此外，一些国际组织也纷纷制定了反行贿的国际规范。[②]

事实上，任何社会都不能采纳贿赂为一种普遍通用的做法，但要划分可以接受的开销和不可接受的开销的界限通常并不容易。因为贿赂本来就包含卑劣不公正（以伤害一些人，去给另一些人不劳而获的好处），并且是偷偷摸摸进行的。倘使贿赂成了人人遵守的规则，它就可能不再是贿赂，而成了做某种生意的一笔开销，比如小费。在不同的公司、行业和文化之间有不同的做法也是可以理解

---

① 《国资委调查美公司行贿中国企业事件》，载《西安晚报》2009 年 8 月 22 日。

② 详见本书第二章。

的。在有的国家，比如中国、韩国、日本、沙特阿拉伯等，大部分人都认为，在商业活动中，个人关系还是会带来重大优势，而送礼和社交活动在一定程度上可以促进个人的关系。这就涉及到背景的文化因素所确定的可允许行为的界限。① 道德推理提供了一些准则。首先应该弄清楚是否非做不可。如果不做，在东道国成功地进行商业活动是否还有可能？如果做，这种行为是否违背国际社会中人的基本权利即是否侵害他人的权利？少量贿赂的行为必须与其他道德因素无关，必须满足母国和东道国的道德标准。

跨国公司在决定如何应对贿赂时会认识到，贿赂的频率越高，贸易的条件越差，当贿赂发展到极端时，跨国公司可能会因为贿赂盛行而放弃在这个国家的业务。另一方面，在贿赂还没有发展到极致时，跨国公司可以积极推进变革这种贿赂准则。一些美国的商家已经懂得，如果它们的产品足够精良的话，它们在许多国家就不必花钱贿赂；而且在一些国家，它们能找到方法取代花钱贿赂。②

跨国公司在“贿赂”问题上表现出两个倾向。有些公司已将反行贿政策写入他们的行为守则中。这些公司包括英国石油公司（BP）、壳牌公司（Shell）、联合利华（Unilever）、英美集团（Angb—American）等。这些公司不允许以疏通费或小行贿来获取利益。国际商用机器公司（IBM）以不行贿索贿著称。一些公司断言，在某些国家，除非有私底下的交易，否则就做不成生意。但IBM倘不能在个别市场上正大光明地做其所有生意，就不再在那个国家运作。这种信誉减少了公司接近贿赂的可能性，一旦有此可能，也容易作出拒绝的反应。IBM公司明文规定，其所有交易都必须在既不行贿也不受贿的情况下进行。他们秉持这样一个经营道德准则：即

---

① ［美］托马斯·唐纳森、托马斯·邓菲著，赵月瑟译：《有约束力的关系：对企业伦理学的一种社会契约论的研究》，上海：上海社会科学院出版社，2001年版，第224—226页。

② ［美］理查德·T. 狄乔治著，翁绍军、马迅译：《国际商务中的诚信竞争》，上海：上海社会科学院出版社，2001年版，第21页。

便是在与那些采取行贿受贿伎俩的企业竞争中败北，也要体现出IBM的伦理价值观。[①]“送支笔，请杯茶”这些在国内商务活动中被视作正常的礼仪，但在沃尔玛供应商说明会上居然被列为“行贿”。沃尔玛十分注重对供应商的“环境和人文道德管理”，考核相当苛刻。除去产品自身质量、价格以外，就连生产厂家是否雇用童工、能否按时发放薪金，是否体罚员工都在考察之内。如果发现供应商出现上述违规行为，立即淘汰出局。并且，严禁供应商以任何理由向公司采购人员馈赠礼品，包括“一支笔，一杯茶”，一经查实，沃尔玛公司将终止与该供应商的合作。国内的供应商习惯于请客送礼、拉关系，而沃尔玛根本不看重这些，“如果你优秀，沃尔玛会来求你”。[②]

对于另一些跨国公司来说，在有些国家做生意，贿赂就是行为准则。企业往往被逼向“囚徒困境”：拒绝贿赂等于失去生意，就可能失去市场；如果同流合污，就会背叛商业伦理。一种屡见不鲜的现实是，讲道德的公司销售额和利润额常常输给了比较不讲道德的公司，结果是利益受损。透明国际在2000年调查了来自14个发展中国家的770名商业领导，问他们“在你所熟悉的贸易区中，请指明来自下列国家中的公司为了赢得或保持在这个国家中的商业是很可能、十分可能或不可能进行行贿?”调查结果使得透明国际主席彼得·恩根认为：“世界上发展中国家的跨国公司的行贿规模是很大的。”而中国（包括香港地区）的受贿程度居首。[③]虽然，中国30多年的对外开放所引进的并不只是跨国公司的庞大身躯，西方企业公平、公开的竞争精神与商业伦理也植入了中国市场。但是，由

① ［美］理查德·T. 狄乔治著，翁绍军、马迅译：《国际商务中的诚信竞争》，上海：上海社会科学院出版社，2001年版，第10页。

② 罗长海等编著：《企业文化建设个案评析》，北京：清华大学出版社，2006年版，第44页。

③ Transparency Intemational 2000，转引自［美］约翰·B. 库仑著，赵树峰译：《跨国管理：战略要径》，北京：机械工业出版社，2003年版，第85页。

于本土文化的强大与根深蒂固，新的商业规则并不能在短期内取得市场话语权，盛行于中国商业领域的依然是旧的习俗或恶俗：人脉关系决定着企业的生存，请客送礼左右着竞争者的命运。面对这样的商业生态，善于经营市场的跨国公司难免“入乡随俗”。商业贿赂还与资源垄断相伴而生。在垄断行业和政府严格管制的行业中，从业人员手中所掌控的垄断性资源太多，容易驱使急于开拓中国市场的跨国公司铤而走险。同时，法制不够健全，监管和惩处力度不强，也为跨国公司贿赂提供了“空子”。从法律层面看，中国的《反不正当竞争法》和《刑法》虽然包含了商业贿赂的规定，但内容显得零散，而跨国商业贿赂所涉及的问题纷繁复杂，需要一部既严厉又严密的专门法。同时，在执法上，有关人士认为，目前在力量的分配上，还存在重视查处受贿，而不是行贿，重视政府部门的受贿，而不是非政府部门的行贿等现象。[①] 最明显的一个例子是，在天津德普行贿案中，美国司法部认定德普向中国国有医院医生行贿 162.3 万美元的现金，但是，德普在美国受到了严厉的处罚，在中国国内却没有受到惩处，受贿的中国医生也未受到法律惩处。[②]

贿赂已成为一些跨国公司在中国发展的行业“潜规则”。在中国，任何一家进入中国市场的跨国公司面临的同样也是如何平衡商业伦理与海外市场竞争力的选择。在巨大的利润面前，在强大的本土文化影响下，跨国公司正在逐渐“入乡随俗”。尽管掌握了资本和技术等优势，跨国公司在中国面临的竞争还是十分激烈，主要来自国内品牌。一些国内企业在跨国公司产品专利过期后，通过低成本仿制，营销手段上靠回扣赢得优势。一些跨国公司子公司迫于母公司的业绩压力，不得不变相给回扣。国内民间经济分析机构安邦集团公布的一份研究报告显示，跨国公司在华行贿事件一直呈上升

---

① 《跨国公司为何在华频陷“贿赂门”》，载《新闻晚报》2009 年 9 月 2 日。

② 相俊红、孟伟娜：《当利益背叛伦理》，载《经营者》2006 年第 12 期。

趋势，中国在10年内至少调查了50万件腐败事件，其中64%与国际贸易和外商有关。许多跨国公司已经深谙“潜规则”之道，并且做得更隐蔽和安全，比如在采购合同签订后，外资设备商常常以出国培训的名义回报相关人士。此外，赞助公关对象组织的论坛和研究活动、赞助受贿方的子女出国留学或为其安排工作，都是屡试不爽的方法。通过中间人去沟通和达成，通过关联交易支付贿金的方式被业内人士称为“完美行贿”。[①] 尽管如此，跨国公司的贿赂事件仍每年见诸于报端。自从2004年朗讯身陷“贿赂门”事件以来，跨国公司的商业贿赂情况便一再进入公众视野。家乐福、IBM、德普、朗讯、麦肯锡、沃尔玛、大摩、艾利丹尼森、UT斯达康等跨国公司均登上过中国商业贿赂的榜单，[②] 而这些公司中不乏以不行贿著称的跨国公司。

2008年底，德国电信工程业巨头西门子公司同意支付大约13亿美元的罚金了结了困扰两年多的贿赂案，创下了有史以来的最大商业贿赂罚单。西门子在2003年至2007年间，曾向5家中国国有医院行贿2340万美元，与此同时，西门子还通过贿赂中国部分官员，获得了价值10亿美元的地铁工程和华南地区两个总价值约8.38亿美元的电力高压传输线项目。

2009年7月，随着力拓案的大幕揭开，人们发现，通过给好处来拿信息几乎是钢铁行业的潜规则。中国由于钢产量的迅速跃升而加大了对铁矿石的进口需求，每年的价格谈判前，世界三大矿业（力拓、必和必拓、淡水河谷）的人都会针对不同钢厂采取“一对一”的专人负责模式，来拓展人脉和收集信息。2008年8月，先后有宝钢、马钢等钢铁、有色金属企业的高层出现在“必和必拓”的“奥运观光团”中。“必和必拓”白天邀请“贵宾”们观看奥运比

① 相俊红、孟伟娜：《当利益背叛伦理》，载《经营者》2006年第12期。

② 《商业贿赂：谁让跨国公司疯狂》，载《新闻晚报》2009年8月3日。

赛，晚上安排客人下榻每间每天上千元的酒店，还专门请某位女歌手来为“贵宾”们献唱。①

2010 年 3 月，美国政府指控戴姆勒公司在 1998 年至 2008 年间向包括中国在内的 22 个国家的政府官员行贿，在中国的行贿名单中还包括大型国企中石化和中石油。美方起诉书披露：2002 年 2 月 28 日，戴姆勒方面通过一家得克萨斯企业 Shores International 行贿 1.8 万欧元，该资金涉及向中石化出售价值 100.95 万欧元的汽车一事，被用于支付给一名中国政府官员妻子的佣金。美方起诉书披露的信息还显示，中石油下属企业也卷入了戴姆勒贿赂案。②

2013 年 8 月，继葛兰素史克在华行贿案后，法国医药巨头行贿消息迅速占据各大媒体版面。据新华网等多家媒体报道称，有人举报世界医药巨头法国赛诺菲公司借“研究经费”名义，向北京、上海、杭州等多家医院的 500 名医生行贿。③ 除了葛兰素史克与法国医药巨头行贿外，英国制药巨头阿斯利康等一些跨国药企也都纷纷被曝出在华行贿的丑闻。

中国商务部研究院研究员梅新育认为，跨国公司在华贿赂行为的主要目的还是获得订单、赢得业务。但也有些大企业从长远考虑，试图通过贿赂等不正当手段打击或者消灭市场上潜在的竞争对手，从而赢得市场垄断地位。正是由于巨大的商业利益的诱惑，才使得诸多跨国巨头在“潜规则”面前失去道德和法律约束。④ 从某种意义上说，大量的跨国公司竞相加入中国商业贿赂阵营的事实，固然反映出国际资本逐利的本质，但也隐然显出跨国公司海外扩张战略向本土化“潜规则”的妥协与屈从。

---

① 金姬：《力拓“无间道”》，载《新民周刊》2009 年第 30 期。

② 《石化双雄被指卷入戴姆勒贿赂案 中石油正在调查》，载《京华时报》2010 年 03 月 26 日。

③ 《法国赛诺菲内部人自曝行贿 500 中国医生》，http：//zgws. xinhuanet. com/info. aspx？id =26747&typeid =15，新华网，2013 年 8 月 8 日。

④ 《跨国公司为何在华频陷“贿赂门”》，载《新闻晚报》2009 年 9 月 2 日。

跨国公司的贿赂行为主要针对东道国政府部门的官员。跨国公司一个非常重要的日常工作就是政府公关，政府招商部门是跨国公司行贿的重点对象。此外，跨国公司的贿赂还与供应商等跨国公司的利益相关者有关。

众所周知，商业贿赂已经成为影响中国经济社会正常运行的一大“公害”。为此，中国在反腐败的统一框架下，把开展治理工程建设、土地出让、产权交易、医药购销、政府采购、资源开发和经销六大领域作为治理商业贿赂行为的重点。但由于传统文化的积淀和制度的弊病等深层次的原因，这个问题的解决仍任重道远。

（四）资源消耗与环境保护

企业在获取自身利益的同时必须考虑环境的代价，不能以环境的损失来达到企业盈利的目的。在全球化时代形成的全球范围资源外取型的生产经营模式，使原本局限在一个企业内部的生产过程外部化。跨国公司生产经营模式的变化带来了企业与社会和环境关系的变化。

在企业与环境的关系上，中国与西方国家存在着巨大的认识差距，在立法和规范标准上也有很大差距，但是，跨国公司一方面指责着中国企业的污染问题，另一方面它们自身也给发展中国家带来了严重的环境问题。因此，在这个问题上，冲突双方存在着双重缺失。在环境方面的典型伦理问题表现在对环境污染和资源消耗的认识与行为上。

环境问题的一个伦理困境是：当东道国的有关污染、歧视和工资发放的标准、生产质量标准、安全标准等低于母国的标准时，管理者是否应该采取高姿态，运用本国的标准？还是区别对待，适当放松要求？例如，美国有关汽车污染标准方面的法规要比大多数欧洲国家的严厉。在发展中国家，美国汽车制造商是否有义务遵守更高的美国标准？有人认为，如果它们按此标准行事，汽车的售价就会上去，就会在发展中国家缺乏竞争力。同时，不同社会对何种事情须得禁止也会形成不同的决议，这取决于它们对其社会中那些须加保护的所需、所缺物的量上的标准。另一种观点认为，美国汽车制造商不能全然不顾汽车污染造成的危害，明知用同样的成本可以生产更少污染的汽车，却泯灭良知去生产更多污染的汽车。同时，一国较高的标准最终会提升他国的相应的标准，有鉴于此，美国制造商也应采取较高的本国标准。

论及跨国公司与环保，人们通常会联想起跨国公司把“肮脏工业”向发展中国家转移的情况。这种情况在七八十年代颇为盛行，到了 90 年代，环境保护主义进一步根植于各国人民的观念和生活中，各国通过立法，对会造成污染的产业输入和废料输入都加以禁止。而跨国公司的决策者也在共生环境思想的指导下，把治理污染、节约能源和资源的费用列入正常成本，而不论其生产经营点是设在东道国还是母国。跨国公司在创造高度物质文明的同时，也生产出了“资源耗竭、环境污染、生态环境失衡”等副产品，而绿色生产和绿色营销正是跨国公司对节省资源、保护环境、维护生态平衡所作的努力之一。在发达国家，绿色产品的触角已延伸到许多领域，如绿色电脑就是注重节能和环保材料等元素的绿色产品。目前，绿色的浪潮席卷全球，许多国家的消费者都愿意进行绿色消费，1990 年的一项调查显示，75% 以上的美国人、67% 的荷兰人、80% 的德国人在购买商品时考虑环境问题，有 40% 的欧洲人购买绿色食品。可以说无论是从道义上讲，还是从环保法律的要求来看，抑或是绿色消费的市场选择力量，企业都必须在追求自身的利益的同时，要考虑环境的保护，将企业的发展与环境的可持续发展有机地结合起来。①

从中国国家环保部门获得的情况看，跨国公司履行环境责任的

① 殷格非等主编：《企业社会责任行动指南》，北京：企业管理出版社，2006 年版，第 128 页。

总体情况是良好的。主要表现为以下四个方面：一是许多跨国公司在内部设立了环境管理的专门机构，负责对公司的环境责任履行情况进行评估；二是公司内部设立更为严格的环境标准，主动承担环境责任；三是采取环境自主行动计划，超额完成环境减排任务；四是发布公司环境白皮书，主动接受社会公众的监督。①

当然，在华跨国公司也并不全是环保的先锋。曾几何时，在许多中国消费者的心目中，跨国公司都是质量、规范和效率的象征。然而，近年来接二连三的危机，不幸让跨国公司的“神话”破灭了。原国家环保总局于2004—2007 年间，共发现 19 个省、自治区、直辖市的 130 家跨国公司存在环境违法行为。这些跨国公司多数来自欧美日等发达国家，既有世界知名品牌，也有“世界 500 强”公司，且拥有较好的环保口碑。环境保护方面的问题主要集中在以下两类问题上：

一方面是排污问题。跨国企业在生产过程中的污染排放管理总体处于国内先进水平，值得肯定，但也不乏例外，一些跨国公司将会对母国的环境造成污染的产业和产品转移到中国环境内进行生产，然后再返销母国，对中国的自然环境造成了巨大的污染。如跨国公司在中国设立的造纸企业，降低了在中国的排污标准，不可避免地对中国的自然环境造成污染。跨国公司之所以在发展中国家倾倒有毒废料和垃圾，主要原因在于美国和欧洲政府制定了昂贵的安全措施制度，使得在美国和欧洲倾倒废料极其昂贵。普利司通是世界最大的轮胎制造企业之一，是世界一级方程式锦标赛法拉利车队、威廉姆斯车队、丰田车队的轮胎供应商。在中国，普利司通却是环境监控民间组织的常客。在公众环境研究中心的数据库中，四年来该企业多次因超标违规排污问题被记录在案。最早一次是 2005 年，位于西双版纳的安达普

① 王志乐主编：《2009 跨国公司中国报告》，北京：中国经济出版社，2009 年版，第 68—69 页。

利司通天然橡胶（云南）有限公司就因污染物超标排放被云南省环保局列入污染严重企业名单。根据政府部门的监管记录，该公司废水处理设施在2006年8月因洪涝灾害遭到损坏，处理设施一直不能正常运转；当地环保部门责令其限期治理，要求2007年底前污水处理设施正常运营。但2008年4月后督察发现，企业污水处理设施工程仍然进展缓慢，未按时建成污水治理设施。[①]

另一方面是对自然资源的损耗问题。跨国公司在原料林营造过程中涉嫌毁坏天然林、破坏自然保护区等行为，对生态环境造成了很负面的影响。（APP）这家亚洲第一大造纸集团的纸浆厂遍布江苏、浙江、广东、海南、广西等地。在其发布的众多信息中常常强调在污染控制方面的成绩，却一直回避生态破坏方面的劣迹。在环保组织眼中，APP就像是挥舞着斧头和锯子的“森林杀手”。从2004年起，环保组织便不断出台调查报告，斥责APP破坏环境。2006年，WWF（世界自然基金会）在印尼发布报告，指责APP大范围破坏森林，导致苏门答腊虎等濒危生物栖息地遭受破坏。“绿色和平”认为APP每年背负数十亿欧元的“碳债务”，APP则着重宣传人工造林的固碳作用，国内约500万亩林每年能吸收近20亿公斤的二氧化碳。[②] 美国世界性连锁企业沃尔玛为自身的供应链穿上绿衣裳之后，却无法提供与承诺相符的产品。2005年，沃尔玛启动“绿色转型”，使用可再生能源、实现零浪费和出售对环境有利的商品。2008年，又提出“绿色供应链”，对供应商、配送中心、卖场等在内的所有环节提出环保要求：供应商必须提供符合环保标准的证明，把环保达标认证等内容写入合同，要求碳排放、水污染等达标，还要求供应商定期向沃尔玛报告。2009年初，“绿色和平”对包括沃尔玛在内4家超市的常见蔬菜、水果进行农药残留检测。结果，在45个样品中，共有40个样品

---

① 《跨国公司，请不要在中国假“漂绿”》，南方报业网，http：//news. qq. com/a/20091112/000899. htm.

② 同上。

检测出50种农药残留，混合农药的残留更为严重——其中包括5种被世界卫生组织所认定为高毒的农药，以及多种可能致癌和导致内分泌紊乱影响生殖能力的农药成分。7月份，“绿色和平”又再次在北京进行农药检测，沃尔玛销售的桃子含有6种不同的农药，其中包括未被国家允许使用在桃子上的3种农药。[①]

作为发展中国家，中国的环境保护意识经历了一个发展过程。总体而言，目前中国的环境问题仍十分严重，国人的环保意识也有待加强。由于经济发展水平造成的产业结构的不合理以及经济增长方式的不科学，导致了我国污染问题的加剧。据报道，我国环境污染70%左右来自工业。工业企业是我国环境污染的主体，这主要是由中国工业的特点所造成的。一是我国尚处在工业化加速发展的阶段，它导致污染物、排放量的增加；二是我国工业布局不合理，工业企业约80%集中在城市特别是大中城市，加重了城市环境污染；三是我国现有工业总体技术水平还比较落后，能耗、料耗及其产生的单位“三废”量大大高于发达国家水平，尤其是一些小企业和乡镇企业，工业装备陈旧，操作管理低下，加剧了污染强度；四是我国工业结构中，重污染行业占的比重大，其中有不少是发达国家调整产业结构通过与中方合资转移过来的。影响我国环境保护和治理的主要因素之一在于人的认识。目前，有些企业对环保及治理的重要性、紧迫性认识不足，缺乏强烈的忧患意识和全局观念。具体的说法有：搞生产，污染一点免不了；条件差，先天不足改不了；资金少，缺乏实力办不了；经济增长是硬指标，环境保护是软指标；生产经营不好是企业的事，环保治理不好是政府的事等等。不仅企业，某些地方政府的领导也存在着类似的思想。[②]

---

① 《跨国公司，请不要在中国假“漂绿”》，南方报业网，http://news.qq.com/a/20091112/000899.htm.

② 参见刘光明编著：《企业文化案例》（第三版），北京：经济管理出版社，2007年版，第406—407页。

近年来，随着可持续发展的理念逐渐深入人心，中国人的环保意识也在逐渐苏醒。国内立法上，中国已经取得了巨大的进步。我国是《里约热内卢环境宣言》及《21 世纪议程》、《气候变化框架公约》、《生物多样性公约》和《关于森林问题的原则声明》等一系列文件的签约国。中国积极遵循宣言的精神，于 1994 年 3 月 25 日通过了《中国 21 世纪议程》，提出发展与环境相互协调的可持续发展的总体战略、对策及其具体行动方案。我国从 1992 年以后加强了对环境保护的相关立法。1992 年至今共颁布或修订治理环境污染立法 5 部、环境保护法 3 部、可持续发展相关法律法规 11 部，其中包括《固体废物污染环境防治法》、《噪声污染防治法》、《水污染防治法》、《海洋环境保护法》、《大气污染防治法》、《煤炭法》、《防沙治沙法》、《森林法》等。[①]

面对环境问题带来的现实挑战，中国的企业界也在觉醒。2009 年 12 月 7—18 日，哥本哈根世界气候大会（全称《联合国气候变化框架公约》缔约方第 15 次会议）在丹麦首都哥本哈根召开。12 月 8 日，中国企业家在哥本哈根举行“中国商界气候变化国际论坛”，并发表环保宣言，向全世界媒体和民众展现中国企业家勇于承担环保责任的精神。中国企业家在论坛上发表了《我们的希望与愿景——中国企业家哥本哈根宣言》。宣言说：“我们将积极响应中国政府环境保护的国际承诺，以企业的环保履行来支持中国国际承诺的履行”，“我们希望全世界的企业家能够开展合作，在企业内部进行低碳革新，积极参与到环境保护的行动中来”，“我们的企业将成为认真承担经济增长、生态保护和社会发展责任的企业公民”。中国企业家在宣言中还公布了未来的行动计划。[②]

---

① 殷格非等主编：《企业社会责任行动指南》，北京：企业管理出版社，2006 年版，第 128 页。

② http：//news. xinhuanet. com/world/2009 - 12/09/content _ 12616774. htm，新华网，2009 年 12 月 9 日。

第五章
跨国公司伦理融合与建构的有效途径与方法——沟通

在跨国经营中，跨国公司必须减少伦理冲突，增加共识，达到伦理的融合。这是跨国公司面临的全球化背景和市场经济条件所要求的，也是跨国公司自身发展的内在要求。跨国公司的伦理冲突并非不可调和，即使不同伦理相遇时会因差异而引发“冲突”，但“冲突”所产生的效应，同样会包含“融合”的成份。在达到“融合”或新的伦理“建构”之前，“解构”是不可避免的阶段。在伦理的冲突与融合中，坚持“和而不同”的理念十分必要。这是一个辩证的过程，它的基础首先是有“不同”，也即差异，这些差异如果扩大就会形成冲突，但如果经过交流、沟通和协调，就可能达到相融、相谐的境地。① 本章和下一章将分别从理论和实践两个方面分析跨国公司的伦理沟通。

第一节　跨国公司如何应对伦理冲突

伦理和法律之间存在许多重大区别。有些古老的法律学说可以适用于冲突，像最高豁免权或国家行为说等等，而在伦理决策方面就没有类似的情况。那么，如何解决伦理冲突？为什么融合是解决伦理冲突的最佳模式？为什么沟通是达到融合的有效方法？

① 赵振宇：《和而不同：全球化时代的中西方文化传播》，载《现代传播》2004 年第 2 期。

一、解决企业伦理问题的思路

对大多数企业伦理问题来说，并不存在某种程序或者方法可供我们自动采用并可以放心地坐等它给出令人满意的解决方法。解决伦理问题需要一些实用的常识、在知情的情况下做出的判断、善良的愿望以及对我们已经掌握的道德分析和辩论的各种技巧的运用。

（一）一般道德分析的步骤[①]

1. 获得有关该案例的全部事实。

2. 尽可能确定伦理问题是什么。如果有几个伦理问题，则要进行分类，哪个是核心问题，哪个是次要问题，最好每次解决一个问题。

3. 哪些伦理准则看起来适用。比如牵涉到结果，很大程度上要用功利主义；牵涉到人的权利、公众的问题，则要用道义主义。在这里德·乔治[②]提到了要明确“初确道德规则”（primafacie moral rule)[③]，即与具体情况最相适应的具有普遍约束力的规则，比如，就说谎和反对奴隶制度这两个道德准则来说，后者是“初确道德规则”。

4. 是否有使用其他方法找到不同的解决方案的可能。一份外国供应商送来的厚礼，在接受还是拒绝之外，是否还有第三种方案——接受礼物，但是将之作为送给公司的礼物，展示于公司总部的大厅。一个公司的海外总部经常为当地的儿童盗割工厂的电线而烦恼，只能选择抓捕还是不抓捕这些孩子，但决策者经过调查后做出了第三种选择。管理者发现，这些孩子盗窃是因为当地校舍不

---

① 参见［美］理查德T. 德·乔治著，王漫天、唐爱军译：《企业伦理学》，北京：机械工业出版社，2012年版，第77—79页，本书在此基础上做了提炼。

② 又译作狄乔治。

③ ［美］理查德T. 德·乔治著，王漫天、唐爱军译：《企业伦理学》，北京：机械工业出版社，2012年版，第61页。

足，学生被迫弃学，于是，这家公司便在当地新建一批校舍，并由当局提供师资和教学设备。这一决策没有使公司支出多少，但收益却是巨大的，共有35名学生复学，盗窃问题也随之消失，公司也深受当地社会好评。

5. 不同方案的比较。是否有令人信服的理由说明我们的方案更可取，根据哪个理由更充分、更清晰以及哪个结果和我们其他道德判断更一致来最终做出决定。

6. 对道德判断的自省。一旦做出判断，问问自己对这个判断和决策是否坦然自在，是否符合我们的价值观和信仰，是否符合我们关于良好道德生活的概念，是否符合我们关于美德的观点。如果告知家人朋友，被媒体报道，我们会泰然自若吗？

（二）道德评价的层次

德·乔治把道德评价分为五个层次：（1）个人；（2）团体（如公司）、行业或公司团体；（3）政策；（4）法律和国家；（5）国际。[①] 各个层次并非分离而是相互关联的，某个层次的某些问题可以在另一个层次上找到解决方法。一方面，所有国家或公司的行为最终都和个人的行为有关，企业中的个人可能会面临一种困境；另一方面，解决这种困境的途径往往要从上面的层次入手。企业的架构有些可以打击员工的合乎伦理的行为，比如在与客户或供应商打交道时采取欺骗行为而获得的销售额得到奖励，这就是鼓励不合伦理的行为，这样的企业架构是不道德的，个人层面的伦理困境或伦理问题可能只有在公司层面上才能找到解决方法（所以企业伦理问题与公司治理结构有关），企业面临的困境需要这个行业发生改变，而解决行业面临的困境需要国家政策发生改变。有时候，单个国家或者几个国家也不能带来所要的变化，要解决问题，必须上升到全

① ［美］理查德T. 德·乔治著，王漫天、唐爱军译：《企业伦理学》，北京：机械工业出版社，2012年版，第79页。

球层面，让所有人或者几乎所有人、公司和国家的行为配合起来，比如全球气候变暖问题。

既然个人行为是最基本的一环，对个人行为的讨论就非常重要。德·乔治建议在讨论个人行为时，如果是他人的行为，则将注意力放在行为上而非行动者的意图或信仰上，当分析自己的行为时，我们要判断的不仅是行为的对错，而是我们在知道对错的基础上选择如何行动，即把后果和动机结合起来，不仅考虑如何作为，而且考虑如何做人。

（三）道德分析和环境

从很多方面来看，环境在伦理分析中很重要，往往必须作为事件的一部分事实加以考虑。比如对贿赂行为的评判。从环境角度来分析的话，贿赂只有在不得已的情况下才是合理的，比如苏联解体后的俄罗斯，犯罪分子大行其道，小企业除非行贿否则无法生存，政府也无力保护。这时候的企业贿赂行为是可以理解的。但是这个例外不适用于跨国公司，因为跨国公司处境不同，虽然在同一个国家内经营，而且从表面上看处于同样的环境，但是它和本土企业不同，它们可以选择根本不在俄罗斯经营，而且它们往往足够强大，即使拒绝行贿也不会有严重的不良后果，因此它们行贿或索贿就是不道德的。但是，即使我们认为贿赂是不合乎伦理的，现实中却往往有人这样做，这种情况就表明环境需要改变，单靠个人或公司无法实现，不仅需要执行国家法律，而且为了公平竞争，还需要在主要的贸易国家间达成协议并采取措施来反对这种现象（参见上述道德层次说）。再比如对解雇员工行为的评判。不同的环境包含不同的传统和期望，有的社会有终生就业的传统，一旦被聘用，员工就会有这种期望，尽管合同中没有写明，也应视作隐性合同的一部分，在这种情况下，公司有责任不解雇员工。如果某个社会并没有终身保障就业的传统，也就没有这种期望，从伦理的角度来说，公司可以合理地因为各种原因解雇员工，甚至可以无理由地解雇员工。我们在做出道德判断时总是要考虑到相关行为的背景。[①]

二、跨国公司应对伦理冲突的模式选择

从跨文化冲突的角度，不同的文化相遇会导致同化（assimilation）、交替（alternating）、混成（hybridity）和创新（innovation）等可能性。[②] 跨文化冲突的结果主要有四种：(1) 双方对峙，冲突越来越大；(2) 外来文化被本国文化所同化；(3) 外来文化占上风；(4) 双方文化相互融合，形成“求大同存小异”的共同文化。第二、三种情况都属于灌输占领式，这种方式一般是强弱文化对比较为悬殊，并且弱势文化能对强势的文化完全接受。这种情况的前提是，强势文化的规范不违反国际规范。这两种模式都会产生一些不良的后果。当一种文化完全压倒另一种文化时，被压倒的文化必然以某种方式表现出来，除非占上风的文化在某种程度上吸纳或包容另一种文化。第四种情况是比较理想的状态，即母公司的企业文化与国外子公司的文化进行有效整合，通过各种渠道促进不同的文化相互了解、适应和融合，从而构建一种新型的公司企业文化。[③]

乔治·恩德勒发现有四种公司伦理的态度，每一种分别类似于民族主权国家历史上采取的不同态度，即外国型、帝国型、相互联系型和全球型。这几种模式可以和跨国公司伦理的几种理论联系起来，即“入乡随俗”论、“正义的美国人”论和“天真的不道德者”论等。(1) 外国型即“入乡随俗”，遵照当地的习惯做法；(2) 帝国型是不加区分地输出它们的价值观，一意孤行；(3) 相互联系型类似于加入欧盟或北美自由贸易协定的国家那样建立商业关

① 参见［美］理查德 T. 德·乔治著，王漫天、唐爱军译：《企业伦理学》，北京：机械工业出版社，2012 年版，第 81—82 页。

② 陈国赉：《全球化背景下的文化冲突与融合》，载《浙江学刊》2005 年第 2 期。

③ 栾永斌主编：《企业文化案例精选精析》，北京：中国社会科学出版社，2008 年版，第 335—336 页。

系，公司所代表的国家特性被淡化，公司的相互联系超越国家的特性；（4）全球型是从所有地区性的差异中分离出来，强调超越民族国家主权的世界性和统一性。①

从以上几种模式来看，外国型的特征是强烈的相对主义，只看到了问题的差异性，而没有看到其同一性。尽管各国情况有所不同，同一道德原则在不同国家应用时也应当结合不同的情况，但以此为借口而否定道德，就是不恰当的。即使国际间存在重大的伦理差异，仍有为数颇多的伦理规范是一切文明社会所共有的。如果跨国公司对道德准则切实可行的信念与东道国普遍遵守的信念不一致，跨国公司就有责任去分辨其间的差异，并去确定如何行为才是正当的，如果东道国的行为本身不道德的话，在东道国运作的跨国公司就不能入乡随俗；帝国型表现了一种道德的帝国主义，它忽视了差异性和相对性，只强调绝对性。它的前提是无视东道国的现状与文化差异，只是一味地认为自己的标准是最好的和最先进的，因而放之四海而皆准。事实上没有任何根据可以声称只有发达国家的规范在道德上是唯一正确的，况且这些规范并非通过道德原理的演绎得出，所以发达国家的行为方式并非必然就是唯一的道德行为方式；全球型也扼杀了国家的道德自由空间，对不同文化特性所导致的道德差异麻木不仁，不给当地的合法规范留下余地。尽管它不是把跨国公司本国的道德观强加给东道国，而是把它对一种全球道德观的解释强加给东道国，似乎跨国公司是无所不知的掌管全球真理的先行者。在这四种模式中，只有相互联系型既承认普遍的道德规范，也承认共同体建立自己的道德标准的能力，因而更好地平衡了保持地方特性的需要和承认超越个别共同体的价值观这两个方面。它的缺点在于实用性上而不是在道德上，因为在这种模式中，国家

① ［美］托马斯·唐纳森、托马斯·邓菲著，赵月瑟译：《有约束力的关系：对企业伦理学的一种社会契约论的研究》，上海：上海社会科学院出版社，2001 年版，第 271—272 页。

利益的概念会变得模糊不清，使得公司在考虑问题时，难以把任何一个民族国家的利益结合进去。

因此，从理论上说，融合创新或是相互联系是跨国公司伦理在全球化与地方化交汇时所能产生的最好选择，而不是以跨国公司既有的一套自认为先进的伦理规范要求东道国完全遵守，或是为了获利而完全在东道国入乡随俗。

在实践中，大多数成功的跨国公司最后都会形成这样的结局，即两种文化相互学习、取长补短，将冲突逐渐消融。加拿大皇家学会院士董林雪英（Rosaliel. Tung）博士在对500多位由北美派往54个国家的人所做的调查中，大部分调查对象认为，为了在国外有效地工作，他们必须把两种文化的精髓相结合。① 以中美合资长安福特公司为例。长安和福特两个公司的综合实力相差较远，在文化差异的比较中，美国文化占有显著的优势，因此，长安一方在合作之初就表示愿意学习福特的经营管理方式。但是实践证明，即使是在母国文化占有显著优势的前提下，一方压倒另一方的文化模式也缺乏长久的生命力。长安方面意识到，一味套用福特的方式经营，可能会因为忽视文化冲突而贻误战机甚至导致失败。这是因为：（1）该合资企业面对的主要是中国市场，必须深入了解中国的文化和国情；（2）公司内的基层员工均是中国人，中高层主管中也不乏中国人，这是不容忽视的客观现实；（3）汽车行业是一个个性化很强的行业，复制美国的做法显然不现实，管理中必须融合中国特色。因此，对于长安福特来说，采用以文化相融、创新为主导的文化战略最为合适。②

跨国公司的伦理融合至少已具备以下两个条件：一是内容方面，或称为背景机制。对跨国公司来说，在企业伦理方面遵循相同

① 左慧玲：《有效的跨文化沟通》，载《中外管理导报》2001年第8期。

② 曾艳：《中美合资长安福特公司跨文化管理研究》，重庆大学硕士论文，2004年，中国知网博硕士论文全文数据库。

原则的可能性正在增大，即“伦理趋同”。国际贸易的发展增大了形成一套适用于不同国家文化与制度的共同伦理方式的压力，来自不同国家的贸易伙伴之间可预知的交往和行为会提高贸易的效率；随着不同文化背景的人们之间交往的增强，各式各样伦理传统接触的增多，会促使人们去适应、仿效和采纳新的行为和态度；同时跨国公司通过其企业文化，向来自不同文化背景的雇员提供一套一致的、用于解决企业伦理问题的价值观和行为准则。[①] 此外，制定国际规范方面所取得的各类成果也令人鼓舞。但是，如果说现实世界里存在着国际经济伦理规范的话，它也只是最低伦理共识，没有也不可能成为各国经济伦理的所有规范准则。更多的问题发生在规范与规范之间的“道德自由空间”层面。[②] 二是途径方面，或称为实践机制。广泛的实践经验证明，寻求两个规范之间的妥协似乎要比确定几条优先原则更有利于解决伦理冲突。如果没有恰当的方法，那些伦理道德的内容就会成为僵死的东西。而这个方法目前看来就是沟通。

三、跨国公司应对伦理冲突的具体原则

“跨国经营可以说是处于道德边缘地带，因为世界各国的历史、文化和政府习惯并不统一。跨国公司母国与东道国在伦理判断标准方面存在灰色地带。……并没有固定的、制度化的治理机构来定期约束跨国商业道德上有争议的做法。而且，对于什么算道德上有争议的事情，也没有真正的全球统一的意见。”[③] 学者和商界领袖同

---

① 参见［美］约翰·B. 库仑著，赵树峰译：《跨国管理：战略要径》，北京：机械工业出版社，2003 年版，第 90 页。

② 参见［美］托马斯·唐纳森、托马斯·邓菲著，赵月瑟译：《有约束力的关系：对企业伦理学的一种社会契约论的研究》，上海：上海社会科学院出版社，2001 年版。此书中作者提出了“超规范”和“道德自由空间”等概念。

③ Maynard M., *Policing Transnational Commerce: Global Awareness in the Margins of Morality*, Journal of Business Ethics, March 2001.

意，解决涉及全球的、跨文化的伦理困境不是件容易的事，往往并没有“速成模式”。当其他法律、商业做法和当地习俗冲突时，决策者必须凭借他们自己的商业判断和价值判断来进行决策。伦理准则有帮助，但是决策者也必须考虑到当地利益和公司自己的利益。[①]

从伦理学角度分析，如果企业所在国与本国的现行规范和法律互有抵触，那跨国公司便会处于极其为难的境地。尤其是当公司所在国——从公司本国的角度来看——的规范及法律低于一般水平时，这一问题就更为尖锐和突出。当工资水平、污染标准、外来少数民族的待遇均低于一般标准时，跨国公司是应该选取要求更高的方向，执行本国的有关规定呢？还是首先选择有利可图的做法，执行公司所在国的标准呢？几位国际企业伦理学家提出了自己的准则。

理查德·德·乔治认为，美国跨国公司在不发达国家从事经营活动应遵循7条准则：（1）跨国公司不应该有故意伤害行为；（2）跨国公司应在东道国生产更好的产品；（3）跨国公司应为东道国的发展做出贡献；（4）跨国公司应该尊重雇员的人权；（5）跨国公司应该公平纳税；（6）跨国公司应该尊重当地的文化；（7）跨国公司应该与当地政府一道工作，在税收、健康和安全标准方面建立和发展一种公正的制度。[②] 他之所以选择美国的跨国公司在发展中国家的经营为研究对象，是因为跨国公司在发展中国家比在发达国家受到更多的批评，这类情况缺乏平等的机制，需要对跨国公司的行为进行约束。此外，对美国公司的批评也并不全是合理的伦理要求，这些准则也有利于区分合理和不合理的伦理要求。例如，送礼是日本文化的一个重要的组成部分，依绝对主义者的观念，送礼是错误

① ［美］约瑟夫·W. 韦斯（JOSEPH W. WEISS）著，符彩霞译：《商业伦理：利益相关者分析与问题管理方法（第三版）》，北京：中国人民大学出版社，2005年版，第245页。

② ［美］理查德·T. 德·乔治著，李布译：《经济伦理学》，北京：北京大学出版社，2002年版，第566—570页。

的，但一个公司的尊重当地习俗的伦理准则，应该允许某些形式的礼物馈赠，应该向管理者提供一种持别的指导以帮助他们区分可接受的和不可接受的送礼情况。同样，许多美国公司都有反对裙带关系的规章，因为它们认为雇用和晋升一个家庭成员会带来利益冲突。然而，在一些文化中，裙带关系却是准许的，人们期望公司能雇用员工的子女。对此，唐纳森的看法是，虽然裙带关系与西方关于就业机会平等的观点相左，但从一种看重家庭关系和具有较高失业率的文化观点看，这种关系并不一定是错误的。①

托马斯·唐纳森认为，道德语言是阐述人们进行伦理决策和解释其伦理选择的基本方法，他描述的6种道德语言包括：（1）善与恶；（2）自制；（3）福利最大化；（4）避免伤害；（5）权利与义务；（6）社会契约。② 尤其是后3种伦理语言，即避免伤害、权利与义务、社会契约，最容易体现为诸如契约和国际法等明文规定的准则。唐纳森认为，这些伦理原则最适合处于不同文化环境中的跨国公司的管理行为，也就是说，无论其国家文化背景如何，跨国公司在伦理行为基本准则方面都能与利益相关者达成共识。③ 具体到不同的价值观引起的冲突，唐纳森认为至少可以提出某些原则来解决这种规范上的冲突。这6条原则包括：（1）仅在一个共同体内部发生的交易，对其他人或共同体没有重大的不利影响，应该用东道国主共同体的规范来约束，即“入乡随俗”；（2）只要它们对其他个体或共同体没有重大不利影响，表明愿意解决规范冲突的现有规范就应予以利用，即遵守既有的规范；（3）作为规范创造者的共同体越广泛、越是全球化，其规范就越应得到优先考虑，即全球规范优先于地方规范；（4）维护交易在其中发生的经济环境的规范，应

① 赵德志著：《现代西方企业伦理理论》，北京：经济管理出版社，2002年版，第146页。

② 陈向东、魏拴成主编：《当代跨国公司管理》，北京：机械工业出版社，2007年版，第78页。

③ 王莹等著：《现代商业之魂：商业伦理研究》，北京：人民出版社，2003年版，第390页。

优先于有可能危害这种环境的规范，即限制性规范优先于非限制性规范；（5）在涉及多种互相冲突的规范时，可供选择的规范中呈现一致方式的提供优先考虑的基础，即一致性规范优先于道德自由空间的规范；（6）界定明确的规范通常应优先于一般的、不那么精确的规范，即真实规范优先于非真实规范。[①] 对跨国公司的实践至少存在着一种参照标准，那就是国际上的基本权利。他还建议作一种移情试验。公司本国的管理人员不妨——至少对于像经济福利和健康这样的问题——设身处地想一想所在国的期望。那样，工业国家的代表也许便会有点儿同情发展中国家为什么会产生这样的愿望，例如为了生产更多的化肥而不惜忍受更大的环境污染。因此，移情试验得出的结论如下：在经济和食物发展水平基本相似、同属低下的条件下，如果公司本国的人员接受所在国的标准（如环境污染或其他方面的标准），那么显而易见，他们有理由采纳所在国的标准。相反，如果他们在发展水平低下的条件下拒绝作出这样的迁就（平衡），那就不应该选择低标准。[②] 如果文化传统并不妨碍普遍伦理或“伦理底线”，唐纳森建议跨国公司要尊重当地的文化传统。

乔治·恩德勒的观点比较有说服力。他在《经济伦理学大辞典》中提出了解决本国和所在国之间规范冲突的途径。从伦理学的角度来看，两者必取其一的极端做法均是成问题的。如果毫无例外地执行公司本国的标准，这有时会不利于公司所在国。例如，一家跨国公司在聘用所在国雇员时支付给其的报酬同在本国招聘时一样，这种做法显然对公司在所在国的发展是不利的，因为有吸引力（较低的）的工资往往是海外跨国投资最看重的因素。此外，公司所在国竞争性经济和社会产品之间的平衡也不同于本国。例如，公

① 参见［美］托马斯·唐纳森、托马斯·邓菲著，赵月瑟译：《有约束力的关系——对企业伦理学的一种社会契约论的研究》，上海：上海社会科学院出版社，2001 年版，第 234—240 页。

② ［美］乔治·恩德勒主编，王森洋等译：《经济伦理学大辞典》，上海：上海人民出版社，2001 年版，第 341 页。

司所在国几乎难以维持其营养不良人口生存的发展现状，迫使其准备以更大程度的环境污染来换取较高的生产率（如在食物和化肥的生产中）。另一方面，原封不动照搬所在国的标准同样也不妥。许多发展中国家的法律和法规多不太严密，又缺乏技术专业知识，再加上低效和官僚的行事方式，因此政府不可能对行业进行有效控制。如果运用发展中国家关于有害垃圾堆放的标准，那么有可能给这一国家的人口和环境带来不利的后果。① 这样看来，唯一的途径就是融合两者。

国际组织、行业组织和全球企业组织等也纷纷制定广泛适用的跨国公司伦理准则和行为规范，比之于伦理准则的模糊不清，规范是说明性的和标准化的，因此，这类国际规范比学者们提出的准则更为具体和有可操作性。②

但是，无论是伦理准则还是行为规范，都只是一些一般性的原则，从宏观上能反映跨国公司在东道国经营过程的一些伦理规范，但是不能反映出东道国的具体情况，对很多典型的伦理问题，也存在说不清道不明的情况，比如童工问题。而且这些所谓的“伦理底线”或“超规范”缺乏强制力，还没有形成完善的背景机制。因此，尽管在跨国伦理冲突方面不乏理论、原则和规范，但问题的解决依然困难重重。本书试图在实践层面上，创建一种操作机制和运作法制，以便使跨国公司可以减少冲突，增加共识。这种操作机制就是沟通。

---

① ［美］乔治·恩格勒主编，王淼洋等译：《经济伦理学大辞典》，上海人民出版社，2001年版，第340页。

② 参见本书第二章。

第二节　跨国公司伦理融合与建构的有效途径与方法——沟通

一、沟通概述

所谓沟通，指的是个体与个体之间或群体与群体之间通过传递或交换各自的意见、观点、思想、情感与愿望，从而达到相互了解、相互认识、完成组织目标的过程。①

沟通可以采用多种方式，以“听”、“说”、“做”以及“互动”为基本手段。② 沟通通常包含以下过程：（1）阐明和解释己方的立场（可以向对方公开的）和意图；（2）阐明和解释己方对对方的立场和意图的理解；（3）评估对方对己方，以及己方对对方的立场和意图的理解（误解）程度，并作出反应；（4）调整己方对对方的理解，或用各种手段促使对方调整对己方的理解，对被确认的误解进行双方都能接受的修正，以使相互之间的理解达到本次交往行为中所能实现的深度。概括起来，就是阐释、判断、评估和修正。而在这些过程中，让对方理解自己是不可缺失的。因此，我们必须思考，对方是怎样认识世界的，对方对自己行为的认识与自己对自己行为的认识有什么不同。这样的思考是必须的。③

二、跨国公司沟通的特点

（一）跨国公司的沟通是一种战略沟通

英国的桑德拉·奥利弗提出了战略公关理论，在奥利弗看来，

---

① 黄晓晔、张阳：《跨文化管理中的沟通障碍及对策研究》，载《江苏商论》2006 年 3 月。

② 居延安、胡明耀著：《关系管理学》，上海：复旦大学出版社，2006 年版，第 181—182 页。

③ 俞新天等著：《强大的无形力量——文化对当代国际关系的作用》，上海人民出版社，2007 年版，第 167—168 页。

公共关系在今天绝非仅仅是战术性的问题，它早已成为一个战略性的问题。[①] 同理，正是由于沟通对于跨国公司解决伦理冲突的重要性（当然沟通还有其他的作用），跨国公司不仅应该把沟通作为解决冲突的一种方法和战术，更应该把沟通视为公司的一项战略，从战略高度认识沟通的重要性。此外，战略沟通还表现在其作为战略管理的重要组成部分，是一种提升公司战略地位和促进企业全面战略一致的沟通过程。[②] 战略沟通要注重与战略公众的对话。战略公众指那些对跨国公司经营活动有重大影响的重要公众，包括政府、目标企业、工会、舆论机构、行业组织等。[③] 因而，战略沟通要综合运用多种沟通方式，比如国际公关、游说、广告、慈善活动、赞助，甚至是教育、培训等，都可以视作沟通手段，目的在于传播公司伦理，消解与东道国之间的伦理冲突。

（二）跨国公司的沟通是一种国际沟通

跨国公司是跨越国家边界的行为主体，因此，跨国公司的沟通首先是一种国际沟通。从国际沟通的层面来看，可以借鉴拉斯韦尔提出的五 W 模式，即关注沟通中的五个要素：who（发送者）、says what（说了什么信息）、in which channel（通过什么渠道）、to whom（接收者）、with what effects（取得什么效果）。同时，由于国际沟通起源于国际政治学，因此把沟通与国际关系分析相结合是它的长项。此外，国际沟通注重研究大众传播媒介的作用，也对跨国公司的沟通有借鉴意义。

（三）跨国公司的沟通是一种跨文化沟通

世界各国之间，文化基本上是不同的，各国之间的沟通也就是

① 参见［英］桑德拉·奥利弗（Sandra Oliver）著，李志宏译：《战略公关》，北京：科学普及出版社，2004 年版。

② Paul A. Argenti, Robert A. Howell and Karen A. Beck, “The Strategic Communication Imperative”, *MIT Sloan Management Review*, Spring, 2005, pp. 83 – 89.

③ 参见吴友富：《企业跨国并购中的跨文化沟通》，载《全球化背景下的跨文化管理国际学术研讨会论文集》，上海外国语大学，2009 年 11 月 28 日—29 日。

跨文化沟通。伦理冲突根植于文化差异，文化差异主要表现在语言、非语言、思维模式和行为模式以及价值观的差异。跨文化困惑首先发端于文化边际区域，而跨国公司恰恰就是这样一个文化边际区域。管理专家德鲁克就认为："它（指跨国公司）是一种多文化的机构……人们在文化上，首先在语言上是各不相同的……对多国公司进行管理基本上就是一个把政治和文化上的多样性结合起来进行统一管理的问题。"[①] 跨国公司的沟通可以借鉴跨文化沟通对有关文化因素的重视，例如信仰、思维方式、价值观念、风俗习惯、语言、非语言等，实行政治、经济、文化与沟通等维度的进一步结合。此外，跨文化沟通中的一些要点也可以为跨国公司提供一些启发，比如：跨国公司要消除文化中心主义的偏见，承认差异，尊重所在国的文化、道德、宗教等传统，发展共识或共感；跨国公司要依据跨文化冲突管理的模式，将冲突的问题具体化，而不是集中在某些抽象的概念上；跨国公司也要根据跨文化沟通的要求，区分高情景文化和低情景文化，从而决定沟通的方式；跨国公司还要针对跨文化沟通的特点，进行员工的跨文化培训，通过文化敏感性训练、语言学习、跨文化沟通的技巧、地区环境模拟等方法，提高跨文化沟通能力。[②]

（四）跨国公司的沟通是一种与利益相关者有关的内外部多层次沟通

部分企业在海外并购过程中过于依赖政府高层，而对其他利益相关者的了解和重视不足。企业首先要重视员工权益，无论是本国员工还是东道国员工。无论是并购过程中还是在后期的整合阶段，企业都要随时与员工保持良好的沟通，把企业的战略与具体目标、

① 薛求知著：《无国界经营》，上海：上海译文出版社，1997 年版，第 223 页。

② 参见黄晓晔、张阳：《跨文化管理中的沟通障碍及对策研究》，载《江苏商论》2006 年 3 月。

计划与员工沟通，取得员工的支持。在有些国家，工会的作用也不可低估。跨国公司的沟通必须与利益相关者的关系管理结合起来。伦理在表现形式上首先是一种观念，而观念是基于高瞻远瞩的目标，并不是每个管理人员和员工一开始就认同和执行的，需要通过大量持之以恒的内外部沟通才能被接受和执行。一项调查表明，跨国公司的生产守则对企业管理层和工人的影响是呈阶梯递进状态的。一般都是逐渐从管理层向工人扩散。[①] 在现有的人力资源条件下，工人的认知程度是非常有限的。因此在沟通过程中，管理人员的态度就显得至关重要。比如，诺维信公司的 CEO 每年都要在全球所有办公室进行路演，通过交流，他将诺维信不断提升的理念年复一年地传递给全球的新老员工。此外，外部的沟通也很重要，比如与东道国的媒体、公众和政府之间的沟通，它是企业间、企业与所有利益相关者之间达成共识，建立共同标准，相互认同价值观的重要手段。例如，在欧盟举行的企业可持续发展展览上，最先来关注诺维信展台的是它最大的客户宝洁公司。宝洁公司自身就有一以贯之的环境社会标准，同时它也非常关注它的供应商是否有同样的价值观，是否执行同样的标准。[②]

（五）跨国公司的沟通是一个长期而艰巨的过程

跨国公司因伦理差异而发展成为伦理冲突，这些差异只有逐步被相互理解和认识，进而产生关心、同情和认同，才能够在组织内部形成共识，并最终完成多元伦理的磨合与共建，建立起全新的企业伦理。这个过程的关键在于沟通，但整个沟通过程不是一步到位，而是分成很多阶段。用一个线路图来表示这个过程是：接触——局部了解——伦理选择——伦理冲突——伦理沟通——进一

---

① 谭深、刘开明主编：《跨国公司的社会责任与中国社会》，北京：社会科学文献出版社，2003 年版，第 56 页。

② 参见陈红：《将理念制度化——跨国公司如何实践其社会责任的承诺》，王志乐主编：《软竞争力：跨国公司的公司责任理念》，北京：中国经济出版社，2005 年版，第 77 页。

步选择——伦理认同——形成企业伦理——进一步沟通——完善企业伦理。[①] 这个过程需要花费很长时间，同时，这个过程是曲折反复的。这个过程你可以进入，学习，然后实践，再学习，再实践。沟通中要遵循循序渐进原则。在合作初期，跨国公司主要从产品质量、价格、交货准时方面要求工厂，同时提出劳工标准、环保和安全卫生方面的建议，推动工厂改善。如果在合作一段时间后，看到工厂没有改善的迹象，会建议总部采取暂停订单的惩罚措施，一直等到工厂符合有关人权和环保标准后，才继续下订单；如果一个承包商多次违反行为准则或存在明显的弄虚作假，公司会考虑放弃这个厂家。而对遵守行为准则并积极改善生产条件和劳工待遇的承包商，公司会以增强合作乃至增加订单的办法来给予奖励。[②]

诺维信公司总部设在丹麦首都哥本哈根，在30个国家建有分支机构，在欧洲、美国、中国和拉丁美洲等地设有生产厂，是生产工业酶制剂和微生物制剂的大型跨国公司。诺维信公司将经济效益、环境表现和社会责任整合在一起，以三重底线为标准衡量公司的业务行为和表现，并将这个理念贯彻到其全球的所有企业，不仅在独资公司、而且在合资公司也执行同样标准。十多年前，当诺维信开始考虑将生产和研发带入中国时，它首先考虑的是怎样处理污水和固体废物，因此诺维信中国的第一批进口样品不是产品而是废水和废渣，这被中国当时的海关和其他政府相关部门几乎引为咄咄怪事："一个神经有问题的公司"，为进口废水废渣样品而费尽周折，而目的仅仅是不去加重对这个国家的污染。当时国内还不曾将环保纳入成本核算，不仅海关程序复杂，地方政府不解其中原委，更有很多执行者为此大费周折，可见，诺维信要将这种环保理念带入一

① 参见高湘一主编：《跨国公司经营与管理》，北京：中国商务出版社，2006年版，第280页，作者分析的是文化沟通过程，本书替换成伦理沟通。

② 谭深、刘开明主编：《跨国公司的社会责任与中国社会》，北京：社会科学文献出版社，2003年版，第33页。

个陌生文化的难度是可想而知的。通过无数次的沟通交流，诺维信使员工和中方的所有利益相关者认识到公司对理念的执著，也使诺维信在中国吸纳了第一批同道者创建诺维信中国生产公司，并同样执著地继续在中国推行公司的理念。诺维信中国也成为当地社区的环保典范和优秀社区公民。[①]

（六）跨国公司的沟通要根据不同的利益相关者和受众选择有效的方法

有效的沟通是针对不同利益相关者选择适合的沟通方式。例如，不同国家的员工、政府、消费者、媒体和供应商亲睐不同的沟通方式。奥美广告是国际广告行销界的翘楚，帮助过许多著名的跨国公司建立了自己的知名品牌。然而在中国市场，奥美的表现却令人遗憾。究其原因，一是过分追求全球化而脱离中国市场实际的广告理念。现阶段的中国消费者尚未达到全球化的水准，其欣赏水准和反应模式与西方的消费者大相径庭，奥美用“与全球同步的先进理念”、以“牛刀杀鸡”却常常是鸡没杀死，刀却不堪再用了；二是过分地推广自己，奥美没有采用“量身定做”的策略来适应顾客，反而采取“削足适履”的战术，即用自己的“先进理论”，通过强有力的“专业推广”去改变本土企业的“落后意识”，让顾客来适应自己。就像奥美为达因御苁蓉制作的《水枪篇》广告，即便这个广告一出来就使产品销售下降得非常快，但它在奥美内部仍然是作为“成功案例”被介绍。[②] 可见，忽视受众需要的沟通不是有效的沟通。在上汽并购韩国双龙案中，上汽的管理者一直将如何让双龙员工了解中国文化、融入上汽文化、认同上汽对双龙未来的经营方针，当作急需解决的一道难题。为此，上汽还邀请了一个阵容

---

① 参见陈红：《将理念制度化——跨国公司如何实践其社会责任的承诺》，王志乐主编：《软竞争力：跨国公司的公司责任理念》，北京：中国经济出版社，2005 年版，第 78—79 页。

② 杨婕、宋红超著：《本土化生存：跨国公司在华经营管理成败启示》，北京：中国经济出版社，2003 年版，第 256—257 页。

强大的双龙汽车工会代表团前来参观、访问。但事与愿违，上汽这种急于求成的强势做法并没有得到双龙工会代表的认同。相比之下，印度塔塔集团在对韩国大宇的收购中，并不是作为一个征服者去并购一个企业，而是作为一个合作伙伴去进行并购，对于大宇，塔塔集团给予了足够的包容，从不做过多干涉，双方只是强调了一个共同的绩效文化。结果，同样在韩国，塔塔不但没有发生上汽那样的工会难题，反而得到了普遍的好评。此外，中国企业的高调并购宣传容易触动一些人的神经和冷战思维，如牵涉到并购企业的主导权问题（并购对象为知名品牌或知名企业，是当地独特的文化现象或精神象征）时，也极易因民族情绪而引发公众阻力，使并购难以成功。

第三节　沟通对跨国公司伦理融合与建构的影响

本书认为，沟通这种操作机制对跨国公司的伦理建构具有一定的影响和推进作用。下面将具体从沟通的信度、效度和限度进行影响力分析。

一、沟通的信度

沟通的信度指的是沟通的可信度，或者称为沟通的作用。运用明确说明的方法来阐明现存的规范以及更明确地确定有关规范的意义，常常有可能消除一些表面上的冲突或虚假的冲突，这是沟通的第一种功能，即消除误解；另一种功能是加深对不同规范的理解和认同，即增加共识。发展共同的准则需要进行大量的沟通，比如不同的国家依其视界对公正的含义持有不同的理解。假如缺乏必要的交流沟通和相互理解，即使双方为了利益达成某些协议，也只能是各方妥协的结果，而不是“自我和他者的界限会逐渐变得模糊起来，并在交界处产生完全的超越”的“认同”。[1]

虽然跨国公司伦理冲突在国际无政府状态下面临一定的困境，但这种困境并非无解决的出路，这个出路的原则一方面要体现康德的“人性向善法则”和“永久和平”的共同道德理念，另一方面又必须考虑马基雅维利的现实主义法则。这个出路的具体途径则是沟通。尽管如温特所言：“完全的认同是很难产生的。”但正是由于双方存在着分歧，甚至是互相指控和批评，恰恰说明了进行沟通的必需。比如中美之间提出的许多指控和反驳都附有某种道德取向，反映了它们不同的价值观，如果跨国公司只注重浅层次的、表面的规章制度的统一，不重视深层次的、实质性的文化沟通与融合，不重视共有价值观的培育，就会貌合神离，最终免不了走向解体。

面对伦理冲突，跨国公司如果以撤出资金和技术相威胁，或是以订单作施压，迫使东道国遵守它们的伦理规范，就达不到伦理上的融合，而仅仅是暂时的妥协。解决伦理冲突至少需要历经相互认可、彼此协调、实现趋同这三个阶段。相互认可是承认其他国家文化价值体系的合理性；彼此协调是淡化各国文化核心价值的根本差异；实现趋同是通过彼此间的沟通、协商，在基本价值上培养共同的偏好。[2] 而在这个过程中，沟通的作用举足轻重。

企业的伦理也像其商业目标一样可以通过管理来实现。用一个简单的螺旋线路来描述就是：理念——核心价值观——承诺——政策/标准/方法——交流/沟通——贯彻——内部汇报——审计/监督——外部汇报——外部反馈——评估——政策改进。在这个线路中，沟通是其中最重要的一环，理念和规则要通过沟通来得到理解和贯彻，尤其在一个陌生的文化环境中。清晰和持续的组织沟通对

① ［美］亚历山大·温特著，秦亚青译：《国际政治的社会理论》，上海：上海人民出版社，2000年版，第287页。

② 周云亨：《试论国际社会核心价值的缺失及其构建》，《第一届中国伦理与国际事务论文研讨会“中国发展与国际道义”会议论文全编》，上海外国语大学，2008年10月。

于跨国公司产生和保持伦理观念具有重要意义。

以下几种理论可以从理论上进一步论证沟通的作用。

（一）企业伦理的“交迭共识”理论

“交迭共识”（overlapping consensus）这个概念是由美国政治哲学家、伦理学家约翰·罗尔斯（John Rawls）提出的。在罗尔斯看来，各种政治学说虽然是互相分歧和冲突的，但它们之间仍然有一定的交叉点，在这个点上汇集了一些中心观念，这就是它们在政治问题上达成的共识。这种共识的达成，既不能靠某种理性的完备学说，又不能靠强有力的政治力量、社会力量和心理力量，而只能靠公共理性的运作和基本政治正义理念的共同认可来实现。[①] 罗尔斯的“交迭共识”是从政治学的视角提出的一个概念，也可能仅限于政治领域。乔治·恩格勒、托马斯·唐纳森等提出了企业伦理领域的“交迭共识”。企业伦理的“交迭共识”涉及到在世界范围内各种不同国家文化之间如何寻求伦理上的某些共同点和一致性，其包括的范围要广泛得多。面对道德危机和多元道德论的事实，如何既肯定道德多元论，同时又找到一种得到多元道德支持的公正观，“交迭共识”提供了一种思路。“交迭共识”意味着没有一种宗教、哲学和道德学说可声称自己的价值和规范在国际生活中是唯一正当的，只有根植于各自文化传统并得到它们支持的最低限度的共识，才具有坚实的基础。“交迭共识”的关键是找到一种有限的而非无所不包的共同基础。在不同的层次上，回答什么内容属于“交迭共识”是异常困难的。但至少有一点是很清楚的，我们只能通过公开的、诚恳的、小心的和持续的对话才能接近并最终完成这个任务。[②]

（二）跨文化管理的整合同化理论

整合同化理论（Integrating-Assimilating Theory）是指跨国公司

---

① 徐大同总主编、马德普主编：《西方政治思想史（第五卷）》，天津：天津人民出版社，2006年版，第58页。

② ［美］乔治·恩德勒著，高国希等译：《面向行动的经济伦理学》，上海：上海社会科学出版社，2001年版，第20—21页。

主动整合企业的内外部资源，实现对多元文化环境与多元文化员工的同化，建立具有独特性、主动性、发展性、层次性特征的管理组织与结构、管理过程、人力资源系统和企业文化氛围，促进跨国公司取得经济和社会效益。伦理关系的整合战略，指企业面对跨国经营中的各种新的挑战，着眼于自身发展的总体规范，依据整合同化的跨文化管理原则，针对新环境下企业所面对的全方位利益关系，进行整合与处理，化解伦理冲突，建构新的伦理体系的过程。因此，伦理关系整合的关键是化解跨国经营中的伦理冲突。文化领域的整合同化可分为三个层次：第一个层次是跨国公司与东道国文化进行适应性调整，达成整合与同化，企业内部各部门、各分支机构的不同文化氛围也达到整合；第二个层次是组织之间进一步达成灵活和谐的组织网络；第三个层次是不同社会文化背景的员工达成整合与同化。整合同化理论强调，跨国公司要想进行成功的跨文化管理与经营，必须作为一个行动者去主动地进行内外部关系的整合，也因此，它对于跨国公司主文化、企业内部子文化以及外部的多元文化环境均采取系统论的观点进行分析。本书把这种内外部关系界定为跨国公司的利益相关者。整合同化理论把跨国公司的文化整合过程分为四个阶段：探索期、碰撞期、整合期、创新期。[①] 结合本书的研究，整合同化的碰撞期相当于发生冲突阶段，而整合期则是沟通的关键阶段，创新期是融合、建构出新文化的时期。整合同化的关键在于达到文化认同，文化认同的结果是，在跨国公司与利益相关者之间形成相同的文化意识、相同的文化归属感和共同的核心价值观。只有在文化认同的基础上，才能进一步实现文化的融合。

（三）全球化的对话理论

“对话”，顾名思义，与“独白”相对立。掠过传统西方哲学中

---

① 参见高湘一主编：《跨国公司经营与管理》，北京：中国商务出版社，2006 年版，第 285—288 页。

表达对话思想的蛛丝马迹，及至布伯的“对话主义”用“我你取向”取代“我它取向”、用交互原则取代主从原则、用直接关系取代间接关系——一言以蔽之，即用主体间的“关系论”思想取代主客间的“实在论”思想。当维特根斯坦提出消解“私人语言”的“语言游戏说”、阿伦特提出“公共领域”、罗尔斯提出“交迭共识”、伽达默尔提出“问答逻辑”和“视域交融”、列维纳斯提出“绝对他者”理论时，对话思想影响之广泛已明确无疑。将对话思想推至前所未有的高度的，则是哈贝马斯。在哈贝马斯的对话思想中，对话的真正实现是以自由和无强制交往为前提的，他提出的“公共领域”正是这种对话理想借以实现的社会空间。此后，西方出现了对话的伦理学、对话的政治学等。对话成为一种范式已成为事实。[①] 而在全球化理论中，通过对话达到文明的和平共处与融合也是对话理论的实际运用。文化对话作为一种旨在异中求和的文化方略，诉诸于在自我与他我的共在中平等地认同对方，显然可以消减文化冲突导致的恶劣后果。美国哈佛大学杜维明教授在《全球化与多样性》一文中指出，全球化过程中出现了两种倾向：一是世界上拥有经济、政治、社会、权力、财富、信息、资源优势的大国在全球化的过程中可能出现的霸权宰制的倾向；二是全球化所导致的强烈的地方化和认同意识，作为根源性的意义虽然重要，但如果认同变成了一种排他性的原教旨主义、封闭主义，就造成了非常严重的社会文明的冲突。对于第一种倾向，特别需要进行文明对话，否则不仅对世界和平的贡献大可质疑，而且本身的安全也会受到危害。对于后一种倾向，如果要让认同有强烈的根源意识，有种归属感，但又不是有侵略的排他性，最重要的方式也是对话。[②] 一句话，

① 张再林、王东敏：《全球化语境中的对话文化学的建立》，载《西安交通大学学报（社会科学版）》2006 年第 5 期。

② 转引自华涛：《文明对话：中国穆斯林与非穆斯林的对话》，载《回族研究》2002 年第 4 期。

就是不同文化、文明之间在全球化过程相互交往、和平共处的方式就是“对话”。尽管从文化的几个层面来看，伦理属于精神层面，比之物质文化、制度文化更具有相对稳定性，[①] 但伦理不是一成不变的。每一种文化都具有包容性和可变性。观念可以通过交流而改变修正，或产生新的观念。因此，“对话”依然是解决伦理冲突的不二法门。全球化的对话理论要求“本土文化”和“异文化”在平等基础上开展对话，互相增进理解，并通过理性的论证，互相吸收对方的合理文明成功。这种对话方式的辩证交往，旨在既确认世界文化的多样性，能达成某种交迭共识，以至“本土文化”和“异文化”在融合的过程中各自都实现文化创新。

二、沟通的效度

沟通的效度指的是有效性程度，也即通过沟通这个自变量达到改变因变量——减少冲突、增加共识、促进融合——的目的。沟通不是目的，只有通过沟通达到了减少冲突、增加共识、促进融合的结果，这样的沟通才是有效的。在实践中，通过沟通取得共识的例子比比皆是，如西方国家对人权问题的认识不断深化是非西方国家进行沟通的结果。对于人权及其标准，西方和非西方国家长期因不同的文化传统和生存背景有着不同的定义。西方发达国家注重个人的公民权利和政治权利，非西方国家则更强调经济权利和社会权利，即生存权和发展权。他们认为集体权利是个人人权的基本前提，是个人人权得以实现的保障。这一观点在不断的交流、碰撞、甚至冲突中，逐渐取得了西方的理解和认同——西方国家相继改变了过去在人权观念上的狭隘认识，承认发展权是人权的一部分。实践证明，在跨国公司与利益相关者之间的沟通上，也产生了积极的

① 参见赵振宇：《经济全球化背景下的中西方文化冲突与融合》，郭慎之主编：《全球化与文化间传播》，北京：北京广播学院出版社，2004 年版，第 314 页。

效果。

（一）与雇员关系方面的沟通效果

跨国公司内部沟通最为典型的是不同国籍管理者和员工之间的沟通。以上海大众的内部沟通为例，1995 年，德国大众汽车作为最早与我国汽车业合作的跨国公司，在我国成立第一家合资企业——上海大众汽车有限公司。上海大众汽车公司合资初期，中德双方也经历过“小吵天天有，大吵三六九”的矛盾局面。有一个例子是，一批冲压零件表面有缺陷，不符合大众汽车的质量标准，德国专家毫不犹豫地把崭新的配件扔进报废箱，中方员工事后偷偷捡了回来，打磨后重新利用，德方专家知道后用榔头将这些零件砸坏，再次扔进报废箱，中方一些老职工心痛不已，双方由此引发了激烈的争论。但是，在处理这样的矛盾时，双方并没有陷入对抗和对峙，而是关注“我们之间如何有互补性”，并最终达成了共识。现在，严格的质量标准已经成为中德双方的自觉追求。德国大众汽车公司董事长皮耶希说：“尽管我们双方存在着文化上的巨大差异，但这并不可怕，最重要的是大家一定要注意多沟通，这使我们相互之间很容易地建立起了相互信赖的合作关系。”该公司总经理海因茨诺德霍夫说：“只要我们认同和尊重对方的文化，求大同存小异，就不会导致激烈的冲突。”[①] 因此，成功的沟通是中德双方合作成功的一个原因。

跨国公司通过内部沟通实现了中西方管理伦理的结合。个人主义盛行的西方跨国公司开始寻求集体主义的积极意义，培养雇员对公司的忠诚度。以科学管理著称的西方跨国公司也出现柔性管理的新趋势。20 世纪 80 年代，跨国公司管理思想的突出变化是强调管理哲学、公司文化，批判“唯理主义”倾向，提出了“恢复常理”

① 栾永斌主编：《企业文化案例精选精析》，北京：中国社会科学出版社，2008 年版，第 334—335 页。

的响亮口号，柔性管理在管理的各个方面体现出来，概括起来就是以对人的管理为核心，强调人际关心，重视感情投入，致力于人力开发，以充分调动员工的积极性和创造性，采取灵活多样的管理手段，建立富有弹性、机动柔软的组织系统等。[①] 而以集体主义为道德原则的中国企业也在学习西方雇员的独立与创造性，积极追求个人价值的最大发挥，并开始重视制度管理。

一些合资企业的员工在实践中证明了沟通的积极意义。例如，一项针对三资企业管理人员价值取向的调查表明，通过几年的相互磨合与沟通，中方管理人员的价值取向显示出：仍看重关系，尤其亲友关系，同时主张不要违法维护这种关系；仍支持服务取向，同时肯定正当赚钱的合理性；仍欣赏人本管理，同时肯定结合科学管理的必要性。而外方管理人员的价值取向则显示，他们在坚持本国文化和企业价值取向的同时，注意吸收和容纳所在国合理的伦理思想，如在企业管理和价值取向上，采取科学管理与传统思想政治公众结合、行为规范与标准化管理结合、重视个人成就与鼓励集体主义与团队精神结合、激励机制与约束机制并存等综合创新的价值取向。[②]

跨国公司对劳工标准的坚持和沟通，从一定程度上也推动了中国劳工标准的提高。一方面是中国政府和企业对劳工标准的认识越来越理性。2010 年初，中国政府正式宣布取消在就业、入学等方面的乙肝歧视就是一个进步的标志。另一方面是劳工自身维权意识的增强。尽管中国的劳工从普遍性来看，还是沉默的、委曲求全的，但通过培训、学习以及亲身实践，劳工素质仍有一定提高，越来越重视个人权益的维护。

2006 年，中国国际行动援助组织中国办公室和中国公益时报社

① 薛求知著：《无国界经营》，上海：上海译文出版社，1997 年版，第 171 页。

② 陆晓禾：《经济全球化中的文化问题与企业价值取向》，载《上海社会科学院学术季刊》1999 年第 4 期。

共同完成了《沃尔玛与中国利益相关者：关于沃尔玛对中国利益相关者影响的调查报告》。报告揭示了国际零售巨商沃尔玛入主中国以来，对中国的本土零售商、供应商、社区和社区居民以及沃尔玛员工和消费者的影响。调查显示，沃尔玛的中国员工普遍认同沃尔玛先进的管理理念和企业精神，并通过在沃尔玛的工作和培训提高了职业素质，外企的运营方式使她们积累了宝贵的工作经验，获得了更好的学习和成长。①

（二）与合作者/竞争者关系方面的沟通效果

在经营活动中强调合作双方的相互利益非常重要，跨国公司正从零和博弈走向非零和博弈。由于国际市场上的不完全竞争性质和规模经济的存在，市场份额对各国企业变得更加重要，市场竞争变成一场少数几家企业之间的“博弈”，谁能占领市场，谁就能获得超额利润。在很长时间里，这种博弈是零和博弈（zero-sum game），即一方的所得必定意味着另一方的等量损失，这种竞争是你死我活的残酷竞争。随着跨国公司推行无国界经营战略，跨国竞争巨头的思路也起了某种变化，正在寻求一种非零和博弈（non-zero-sum game）与战略结盟。而对于中国企业来说，也从跨国公司身上学到了要强化竞争意识，适度的竞争对于中国市场经济的发展是有益的。

在遵守国际规范上，中国一些企业因势所逼走在了前面。随着中国经济与国际进一步接轨，所受到国际商业规则的制约也会越来越严格。跨国公司以订单方式对国内企业进行着环保、人权等一系列的理念传播。1998 年，一家工厂在成为跨国公司的承包商后开始执行客户的生产守则，但由于工厂领导层对跨国公司的一些规定，例如人权和环保条款中规定不能使用有毒的化学品问题有着不同的

① 企业社会责任项目组编：《中国企业社会责任报告 2006》，北京：中国社会出版社，2007 年版，第 146、153 页。

看法，在生产中使用了一种有毒的胶水。在多次沟通无效后，跨国公司对这家工厂失去了信心，取消了订单，还对之前的订单采取退货，使工厂一下子陷入了困境。经过一系列的教训，工厂才下决心进行改革，严格按照客户的要求管理工厂，通过技术攻关克服了无毒胶水的难题。经过半年的努力，终于赢回了客户的信任，成为跨国公司一个品牌系列的专属工厂，工厂的效益和工人的收入都有了较大提高。一位工厂高级管理人员说："人权、环保是时代的要求，是我们集团的要求，工厂要经营，就要适应时代的潮流，依以前的管理方式，工厂就没有订单，就会被淘汰。"[①] 一些中国企业已经意识到这一点，主动运用国际规则来发展自己的商业机会。1997 年 5 月，合肥荣事达集团在北京公布了《荣事达企业竞争自律宣言》，标志着中国企业对企业伦理的自律与觉醒。2005 年 5 月，中国纺织工业协会推出了"中国纺织企业社会责任管理体系 CSC9000T"，这是我国首个有关企业社会责任的行业自律管理体系。12 月，"中国企业社会责任联盟成立大会暨 2005 中国企业社会责任论坛"举行，制定了国内第一部综合性的《中国企业社会责任标准草案》，发表了《中国企业社会责任北京宣言》，标志着中国企业社会责任领域第一个规范化的法规和组织机构正式诞生。[②] 2006 年，中国最大国企——国家电网公司首次发布了《国家电网公司企业社会责任报告》，上海浦东发展银行发布《企业社会责任报告》，成为第一个发布企业社会责任报告的商业银行，沈阳市自来水总公司发布《2005 年度企业公民社会责任报告》，成为中国企业公民委员会认定的第一份中国国有企业的社会责任报告。[③] 在 2006 年，国内企业出现了主动跟进社会责任运动的新发展，这也意味着中国企业与国际企业

① 谭深、刘开明主编：《跨国公司的社会责任与中国社会》，北京：社会科学文献出版社，2003 年版，第 40 页。

② 企业社会责任项目组编：《中国企业社会责任报告 2006》，北京：中国社会出版社，2007 年版，第 39—40 页。

③ 同上书，第 69—71 页。

社会责任的初步接轨。

近年来，中国企业对通过国际环境认证越来越重视，通过认证的企业均获得了可观的经济效益和社会效益，如青岛海尔集团实施认证后两年内取得了节能降耗1400万元的佳绩。尤其可贵的是获得认证的企业在与外商的合作中有可能抢得先机，这对于对外贸依存度很高的中国企业来说意义重大。

虽然从总体上看，中国企业在伦理建设与社会责任承担方面还比较落后，但已经有一些企业从被动接受客户的要求，发展到了主动追求管理的品质和员工的认同感，并专门成立了负责劳工权益事务的部门，主动按国际规则来管理企业。以“SA8000”认证为例，虽然获得“SA8000”证书，企业要承担改善工厂条件、提高工人待遇等带来的生产成本，还要支付一笔数目不小的认证审核监察费，但中国仍拥有世界上最多的“SA8000”证书。[①] 中国企业接受社会责任认证的过程就是跨国公司实行外部沟通的结果。从某种意义上来说，企业社会责任传入中国很大一部分应该归功于跨国公司。跨国公司的理念相对先进，实践也很具借鉴性，对中国企业还是起到了示范作用。从20世纪90年代中期开始，进入欧美公司供应链的中国沿海地区的数千家企业，已经先后接受跨国公司的生产守则和社会责任检查。尽管“生产守则”检查是跨国公司对其供应商以“取消订单”为筹码施加压力所致，但经过一段时间的外部沟通，并随着国内学术界对企业伦理与社会责任的逐渐重视，中国企业意识到，必须适应这种新的时代潮流，否则企业就没有生存和发展的机会，同时企业也从改善劳工标准和生产环境中吸引到了新的重要客户，尤其是成为进入国际市场的一张必备的准入证，原来为跨国公司所强加的这些理念也开始成为一些企业自我发展的需要。广东

① 谭深、刘开明主编：《跨国公司的社会责任与中国社会》，北京：社会科学文献出版社，2003年版，第89页。

开平的一家制衣厂是世界著名休闲品牌 Timberland 中方供应商。Timberland 的生产守则包括不许雇用童工、保证最低工资标准、工人每周工作时间不得超过 48 小时、加班每周不得超过 12 小时、不得歧视员工、员工享有表达意见的权利等内容。Timberland 要求这家生产企业必须公开张贴劳动法相关条文和生产守则，还出资安排生产商参与社会责任的国际培训计划。受 Timberland 的生产守则约束，这家制衣厂为员工购买法律规定的保险外，还购买了意外伤害险，同时经常组织员工参加各种集体活动，工厂每月补贴每位员工的各种开支达 380 元。①

（三）与社会（消费者、政府等）关系方面的沟通效果

沟通是学习和进步的源泉，这不仅体现在中国企业与国外合作伙伴的沟通上，也体现在中国政府、消费者与跨国公司的沟通上。跨国公司在与东道国消费者、政府、媒体的沟通中，也在不断累积对东道国社会文化和伦理观念的认识，虽不是完全的“入乡随俗”，但为了跨国经营的成功，也在最大可能地实现“求同”。因此，在跨国公司与东道国的互动中，一方面是跨国公司的“本土化”程度越来越高，另一方面是东道国的“全球化”意识越来越强。

以长安福特为例。长安福特汽车公司成立于 2001 年，公司采用合资经营方式，由中国主要的汽车公司之一的长安集团和美国福特公司共同出资成立。在成立之初，在对政府、媒体等的关系上，对于中国流行的请客送礼等“关系”哲学，美方管理者完全不理解也不能接受这种方式，认为工作内外关系要界定清楚，不能混淆。中方管理者虽然尊重外方的观念，但认为还是要适应中国国情。结果美方某些“不近人情”的做法，一度使公司公关和宣传很不到位，致使很长时间长安福特同政府和媒体的关系不佳，其结果是不仅媒体报道率低，而且负面宣传多，甚至有些不实报道，政府方面的支

① 余力：《侨达故事：企业社会责任的中国之路》，载《南方周末》2005 年 7 月 21 日。

持和帮助也没有充分获得。在经过多次内部讨论后，最终中外双方达成了共识，加强公益形象的宣传，比如增加对重庆大学、湖南大学的赠车等善举；经常邀请媒体到公司参观访问，协调好与媒体的关系，进而影响公众。[①] 在中美双方各让一步的基础上，双方终于达成了共识，理顺了“关系”。对美方来说，要把适度的公关与贿赂区分开来，尊重中国的国情；而对中方来说，要消除某些请客送礼的陋习，把公关与慈善、环保等社会责任行动结合起来。

此外，跨国公司的沟通行为从某种程度上也促进了政府、国内消费者和公众的劳工保护意识、消费者权益保护意识、产权保护意识、环境保护意识等进步理念。根据沃尔玛与中国利益相关者群体的调查显示，沃尔玛对附近社区居民产生了较大的影响，这种影响不仅体现在消费水平、消费理念和日常娱乐方式上，也体现在消费者对商品和服务意识的增强。消费者对沃尔玛的意见中，涵盖了从进货频率、上架速度、品牌更新、导购指示、收款速度、购物车运输乃至班车发车时间的一系列内容。[②] 这也是跨国公司优质服务竞争和我国近年来不断强调消费者权益的综合结果。

（四）沟通结果——伦理的融合与建构

沟通的目的在于相互理解和达成共识。从沟通的外延上看，沟通是“沟”的行为、方式与“通”之效果的连续体和结合体。“沟”是信息发送者已包含了某种动机的行为与方式，可以是单向的也可以是双向的；“通”是理解——通理、通识、通情、通义、通性，表明接受者的意义理解、建构和双方目的的达成。[③] 因此，沟通作为一种方式，并不是目的，最终我们需要的是一个能指导跨国公司生存和运作的具有普遍意义的伦理体系，这个伦理体系是融

---

① 栾永斌主编：《企业文化案例精选精析》，北京：中国社会科学出版社，2008 年版，第 330 页。

② 企业社会责任项目组编：《中国企业社会责任报告 2006》，北京：中国社会出版社，2007 年版，第 135、154 页。

③ 张东娇：《简论沟通及其教育价值》，载《教育科学》2002 年第 1 期。

合了全球性与地方性特征的跨国公司伦理，即融合了“超规范”与“道德自由空间的规范”的“一致性”规范，或者说整合形成新的“超越个别成员的伦理规范”的伦理体系。而在这个过程中，既有的跨国公司的国际规范并不能完全指导跨国公司在经营活动中层出不穷的具体冲突。正如罗兰·罗伯森所说的，全球化和本土化相互作用的一个直接结果就是“全球本土化”（glocalization）。全球化不可全然取代本土化，本土化也不可能阻挡住全球化的浪潮。这种情况尤其在文化领域中最为明显。由此可见，全球化只有通过本土的接受和实践才能得以实现。[①] 亚里士多德早就主张，所有普遍性的道德标准必须通过它们对具体情况的应用而得到调整和修正。至于这个调整后的结果到底是什么，则不在本书研究的范围之内。

伦理融合的结果是建构起一种新的伦理体系，这种伦理体系具有以下特点：（1）作为跨国公司已经形成的企业核心价值观，应该在规范中得到体现；（2）应符合国际通行的伦理规范，即普遍伦理或“伦理底线”，又融合了跨国公司母国和东道国核心伦理，如尊重基本人权，尊重人的尊严等等排除那些狭隘的、种族的、特殊的东西；（3）必须尽可能地考虑利益相关者的观点，通过与利益相关者的沟通实现融合。如公司可以通过视雇员、顾客、供应商等为具有内在价值的人，通过提供安全的工作场所和安全的产品，对人的尊严表示尊重；可以通过保护雇员和消费者的权利，对基本人权表示尊重；也可以通过保护环境，争取获得一个良好的市民身份。

三、沟通的限度

沟通的限度指的是局限性程度，这种局限性将影响沟通的效

---

① 关于罗伯森对全球性的最新沦述，参阅他于2001年11月25日在清华大学举行的全球化与文化论坛上的主题发言“西方视角下的全球性”（Globality：A Western View），转引自俞可平等主编：《全球化与当代资本主义国际论坛文集》，北京：社会科学文献出版社，2005年版，第352页。

度。首先，我们认为，沟通是一种有效的方法，但是沟通不是唯一的方法，更不是万能药。不是所有的矛盾都是可以通过沟通解决的，沟通中的争论可能产生新的矛盾并导致冲突。主要有以下几方面的原因：

（一）伦理的全球化与地方化之间本身就存在着难以兼容的部分

在跨国公司伦理范畴中也存在着难以全球化或协调一致的内容。这些内容既包括因过于强烈的民族性而难以推广的方面，也包括因与人类普遍道德标准相冲突而不适宜的方面。卡特赖特和科伯等人研究了文化整合对于跨国并购的影响，提出了独裁型、官僚型、团队型和个性型这四种不同类型的组织文化，并指出，某些文化类型的合并可能会是灾难性的，比如收购方是独裁型，而对方是官僚型或团队型，或是收购方是官僚型而对方是个性型的。①

（二）伦理还与利益等多种因素交织在一起，最后的沟通结果超出了人类理性的想象

跨国公司始终具有“经济人”的自利理性。与其他任何社会机构一样，公司的首要法则是以组织的形态维持生存；评价公司绩效的首要标准是其实现目标和生产产品以获取最大收益的能力。② 跨国公司的终极目标是利润——而不是关切人类的福利、文化传统或是这个星球的生态系统。③ 如果说追求利润是企业行为的内部动力，那么，激烈竞争的压力则成为企业行为的外部动力。在新兴市场国家，跨国公司不仅要与其他国家的跨国公司展开激烈竞争，有时还

① 转引自廖朝晖：《企业并购的伦理审视》，湖南师范大学博士论文，2006 年，第 134—135 页，中国知网博硕士论文全文数据库。

② ［美］彼得·F. 德鲁克著，罗汉、焦艳等译：《公司的概念》，上海：上海人民出版社，2002 年版，第 19 页。

③ ［美］塞缪尔·亨廷顿、彼得伯杰主编，康敬贻等译：《全球化的文化动力——当今世界的文化多样性》，北京：新华出版社，2004 年版，第 286 页。

要与国内企业展开竞争。“如果波音公司不按照中国的规则行事，空中客车就会这么做。如果美国电报电话公司不符合巴西的要求，Alcatel将乐于去帮助。”[①] 以贿赂问题为例。在华的跨国公司之所以频陷“贿赂门”，不得不“入乡随俗”的根本原因就在于伦理与利益的冲突，尽管很多跨国公司对贿赂问题都有明确的公司规章。

跨国公司也注意到了与利益相关者之间的沟通，但有时候强制规定或检查的效果并不尽人意。面对大量的合作商、承包商、分包商，跨国公司常常感觉难以兼顾。例如，西科尔斯基飞机公司非常清楚地表明，当它的惯例和标准与其供货商不同时，它希望按照它的惯例和标准办。可是，且不论供货商在道德上是否有义务尊重这些政策，事实上供货商是否会遵守这些政策也是一个问题。假定一家供货商一直有为所有的客户购买少量办公文具作为赠品的惯例，这样一种惯例会不会压倒西科尔斯基飞机公司的惯例？何况这是在以“潜规则”著称的中国，跨国公司最后的“入乡随俗”也就不足为奇了。当然，跨国公司对于贿赂问题的沟通也并不是全无成果。在力拓案中，非国家工作人员受贿被提起公诉便印证了中国政府在反贿赂问题上的进步。

（三）沟通方式不当导致沟通失败

沟通方式可以灵活运用，但从根本上可以概括为两种：没有控制意味的沟通方式和有强制意味的沟通方式。[②] 而在跨国公司的沟通中，后者往往容易导致沟通失败。

谷歌“退出中国”事件就是一起失败的沟通案例。谷歌采取与政治相关联的胁迫方式正好应了中国的一句古话“画虎不成反累犬”。2010年年初，谷歌“退出中国”事件成为媒体的焦点，甚至上升到影响中美关系的高度。美国国务卿希拉里站出来指责中国，

---

① Jeffrey E. Garten, *Business and Foreign Policy*, Foreign Affairs, May/June, 1997.

② 张东娇：《简论沟通及其教育价值》，载《教育科学》2002年第1期。

国会议员发出更加刺耳的声音。在这一事件中，谷歌处于风暴的中心，而且它的角色明显在变。起先，谷歌抱怨的原因是服务器受到黑客“攻击”，并影射黑客攻击受到了中国政府的支持，后来，演变成要让中国取消“网络审查”。从互联网安全的一个普遍问题，跳到了要求中国改变法律。而向东道国政府提出政治要求这种事情通常是大的商业公司极力避免的。最终，谷歌走上其他一些互联网公司的老路，如 eBay Inc. 和雅虎，这些公司近年来都放弃了在中国扩张的计划，不过都没有像谷歌这样以公开批评的方式进行。不管谷歌宣布退出的原因什么，谷歌以及西方媒体的态度引起了中国政府的强烈不满，也引发了中美双方之间的一场“口水仗”。在此过程中，谷歌态度曾有过微妙变化。在突然声明将退出中国市场几天后，谷歌 CEO 埃里克·施密特接受媒体采访时表态，称“希望与中国政府协商取得一致后继续留在中国”。谷歌中国的内部网站也已开始恢复正常使用。[①] 谷歌态度软化，可能是看到了其冲动行为在中国网民中激起的厌恶情绪远远大于对它的同情，并意识到它挑战中国政府的赌博正在失败，所以它开始改口了，但此时已是骑虎难下。3 月 23 日，在未能达成共识的情况下，谷歌公司高级副总裁、首席法律官大卫·德拉蒙德公开声明，宣布停止对谷歌中国搜索服务的“过滤审查”，并将搜索服务由中国内地转至香港。其实，谷歌事件的发生并非事出突然，谷歌与中国政府的矛盾与冲突由来已久。谷歌在 2006 年推出中文搜索引擎 google. cn，同时同意审查部分搜索结果，此举激起了反对任何限制互联网行为的网络行业人士的激烈批评。谷歌与中国政府的关系开始紧张，并在 2009 年升级。这一年，中国官员谴责谷歌网站有黄色内容。谷歌的视频分享网站 YouTube 从 2009 年 3 月前后起就基本上无法从中国境内登录。

---

① “谷歌退出中国事件”，网易新闻，http：//news. 163. com/special/000144DA/googleroll. html.

当前，对中国互联网的管理存在一些争议，但怎么改，还是要充分尊重中国的现状，也要以中国社会的承受力为基本判断标准。西方社会、跨国公司对中国建设性的批评和善意的主张，是有助于中国发展的。但如果背后隐藏政治企图，并想用一种威胁的方式来迫使中国就范，则根本行不通。谷歌是世界互联网公司中的理想主义者，而且又有非常强大的核心竞争力和营收，所以考虑问题更多从自己的原则来看世界，但它忽略了中国的制度、法律和文化环境。因此，谷歌宣称退出，是自绝于中国市场。在沟通方式上，强制式的沟通显然比非强制式的沟通容易使沟通陷入僵局。

第六章

跨国公司与利益相关者之间的沟通

沟通必须是有效沟通，有效沟通是指在沟通过程中，使信息真实迅速地得到交流，从而达成共识，完成沟通所要达到的目的。有效沟通必须区分沟通对象，采取适当的沟通方式。徐大建提出了企业有效沟通的一般原则：一是贴近实际、贴近生活、贴近宣传沟通对象；二是实话实说、合情合理；三是多样化、连续不断。跨国公司为了与东道国进行良好的沟通，必须注意不同群体的需求。对于跨国公司国际公关来说，主体是公司，客体是东道国公众，这些公众是指被公司活动影响的、或能够影响公司活动的各种团体。[①] 如果从战略公关的角度，把沟通对象提升到战略公众的高度，那么这些战略公众是指那些对跨国公司经营活动有重大影响的重要公众，包括政府、目标企业、工会、舆论机构、行业组织等。[②] 本书将跨国公司的沟通对象确定为公司的利益相关者。对跨国公司来说，有效沟通应是与利益相关者之间的沟通。跨国公司在应对伦理冲突、建构新的伦理体系的过程中，会运用沟通这个途径与方法，同时会根据不同的利益相关者，选择不同的沟通媒介和方法，从而实现与公司所有利益相关者之间的良好沟通。如果说，有效的语言是沟通的主要媒介的话，那么合理的方式则是沟通的重点。判断一种行为

① Dennis L. Wilcoxetal. , *Public Relations Strategies and Tactics* (8th *Edition*), Boston: Allvn and Bacon, 2005, p. 378.

② 参见吴友富：《企业跨国并购中的跨文化沟通》，载《全球化背景下的跨文化管理国际学术研讨会论文集》，上海外国语大学，2009 年 11 月 28 日—29 日。

是不是沟通行为，主要取决于行为者所采用的协调方式。跨文化沟通侧重于研究语言、文字方面的沟通方式，而本书则从行为角度研究沟通的行为方式。本章将从实践层面以利益相关者的角度探讨跨国公司具体的沟通准则与沟通方式。

第一节　跨国公司的内部沟通——与雇员之间的沟通

由于跨国公司在东道国雇用当地员工，跨国公司的员工关系主要指不同国家的员工在同一个公司内部的沟通问题，包括西方的管理者与中方的员工之间、西方的管理者与中方的管理者之间以及西方的员工与中方的员工之间各个层面。

正如奥林公司主管审计、企业伦理和诚信的公司副总经理格宾所说，“宣传沟通怎么做也不会过分”。随着公司伦理热线电话的增多，我们发现，大多数电话都是有关领导、公平和尊重的，而问题的根源常常在于沟通的失败。良好的沟通可以消除误解，导致更为建设性的气氛。正是这一点，使得公司采取积极主动的态度，在工作方案中增加了对交流沟通的强调。①

一、跨国公司内部沟通的准则

（一）沟通在于对差异的尊重和包容

在前一章上海大众的案例中，中德双方曾经历过“小吵天天有，大吵三六九”的矛盾局面。但是，在处理矛盾时，双方并没有陷入对抗和对峙，而是关注“我们之间如何有互补性”，“认同和尊

---

① ［美］德里斯科尔·霍夫曼著，徐大建等译：《价值观驱动管理》，上海：上海人民出版社，2005年版，第11章。

重对方的文化，求大同存小异”。[1] 上述案例说明，成功的沟通首先在于对差异的尊重。而在跨文化沟通中，缺乏应有的包容态度和合作意识将直接导致沟通的失败。从事跨国经营的管理者要重视与东道国员工的交流与融合，尽可能提升自身对异地文化的包容性，正如有的跨国经营经理人员所说的：“你不得不把自己的文化弃之一边，时刻准备接受将面对的另一种观念。”同时，作为东道国一方的管理人员和其他员工也存在着如何接受对方文化的问题。比如，广州标致的中方员工常常认为：“法国人的管理方式我们接受不了，我们受不了洋人的气。”[2] 这种心态常常使中法之间的沟通无法进行。在跨文化沟通中，不能因为是“洋人”的规矩而产生逆反心理，不能受民族自卑心理影响。一般来说，我们在面对差异和冲突的时候，试图反驳对方、证明对方错误的心态远强烈于试图认同对方的努力，而沟通却需要建立在对差异的尊重和包容上，价值判断可以暂时搁置。

（二）沟通在于相互平等的双向交流

美国加利福尼亚州立大学曾经对企业内部沟通做过一项研究，发现来自领导层的信息只有20%—25%被下级知道并正确理解，而从下到上反馈的信息不超过10%，平行交流的效率则可达到90%以上。这被现代企业管理学称为“沟通的位差效应定律”。因此，很多跨国公司在内部沟通上采取了创建平等性的管理沟通平台和双向的沟通方式来减弱或消除这种位差，从而实现有效的沟通。在惠普公司，对雇员的信任和尊重被不断强调，公司管理层给予雇员大量自由。公司强调开放式交流。每个人都用名而不是姓来相互称呼。公司办公室的设计都采用低隔板，这样人们仅仅把身体探过隔板就

① 栾永斌主编：《企业文化案例精选精析》，北京：中国社会科学出版社，2008年版，第334—335页。

② 参见刘光明编著：《企业文化案例》（第三版），北京：经济管理出版社，2007年版，第283—288页。

可以和另一个办公室的人谈话了。惠普还有一个“开门政策”：如果雇员认为有必要，所有雇员都有权与任何级别的管理层讨论他们的问题，只要他们觉得该管理层适合处理这种情况。惠普的办公室一般大小相同，主管与其秘书共用一间办公室。办公室很少有地毯，一般停车位也不做特定分配。决策一般在工作小组中通过一致同意或说明的方法制定。[①] 此外，IBM 公司“有话直说”的管理沟通模式和沃尔玛的“opendoor”沟通政策，都体现了有平等才有沟通的精神。

成功的沟通应消除双方中任何一方的优越感，相互平等地进行双向交流和沟通。双向沟通的特点是，沟通的双方均参与编码与解码的过程，双向沟通结果所得到的反馈可以帮助进一步阐述双方的意图。在第一轮沟通中出现的含糊不清的意图可以在第二轮中得到解决。尽管双向沟通会受到许多因素的干扰，但是与单向沟通相比却是一种较有效的沟通方法。长期进行单向的沟通，一方在诠释另一方传来的信息时总是按照自己的文化背景以及由此决定的解码方式加以理解，不利于沟通双方建立共感，也会使误解越来越深。[②]

（三）沟通在于及时迅速传递信息

沟通时所提供的信息不仅要准确、真实，还需要及时，这是沟通的准则。对于公司的内部沟通更是如此。惠普电脑公司内部办了一张名叫《前沿》的网上报纸。惠普的软件和服务部的销售人员每天会在自己的电脑终端收到各种“最新新闻”。当电脑不用的时候，它的屏幕上会显示当天 5 则最重要的新闻。这些新闻都是直接或间接地与公司业务有关的，比如关于公司客户的报道、公司竞争对手的消息以及公司内部发生的重大事件等等。90% 的

① 高湘一主编：《跨国公司经营与管理》，北京：中国商务出版社，2006 年版，第 297—298 页。

② 参见戴兆芳：《试论企业跨文化沟通中文化差异的影响机制与消解机制》，载《滁州学院学报》2005 年第 2 期。

员工每天都要读《前沿》，72% 的人在与顾客进行联系之前要读《前沿》。[①]

二、跨国公司内部沟通的方式

（一）制定伦理导向的战略与决策

1. 制定伦理战略

伦理战略分守法战略和信誉战略。守法战略是以合法为导向的企业伦理战略，强调的是避免不法的行为，是一种最低要求或底线战略，这种战略反映出管理人员在企业伦理问题上还是处于一种被迫和消极应付的阶段。例如，在美国，自从 1991 年《联邦组织量刑指南》（*Federal Sentencing Guidelines for Organizations*）生效以来，许多企业便开始在内部实施守法战略，因为许多不道德的工商活动要受到法律的严厉制裁，包括高额罚款和刑事责任，而这个条例规定，企业如果在查处和防止违法行为方面做了足够的工作，那么其违法行为所受到的惩罚包括罚款就可以大大减轻。[②] 信誉战略将伦理看作一组全面指导行为的价值观念而不仅仅是制约不道德行为的规则和纪律。强调的并非为了防止不道德的行为，而是更好地指导企业的行为，即支持负责任的行为。世界上许多著名的企业都奉行这种企业伦理战略。

2. 进行伦理决策

伦理决策又可称为决策的伦理分析，是指管理者需要从伦理的角度去发现问题和机遇，并且对决策方案进行伦理评价。伦理决策突出伦理对决策的作用和影响。

伦理决策时，可针对利益相关者进行分析：（1）谁是我们现行

---

① 转引自居延安、胡明耀著：《关系管理学》，上海：复旦大学出版社，2006 年版，第 179—180 页。

② See L. S. Paine, *Cases in Leadership, Ehics, and Organizational Integrity*, New York: Mc-Craw-Hill Book Co., 1997, p. 8.

的利益相关者?(2)谁是我们潜在的利益相关者?(3)利益相关者想从我们这里得到什么?(4)我们想从利益相关者那里得到什么?(5)我们的决策会对哪些利益相关者带去利益?利益有多大?(6)我们的决策会对哪些利益相关者造成伤害?伤害有多大?(7)利益相关者受到损害后会不会采取行动?如果会,会采取什么样的行动?(8)可能采取行动的利益相关者的影响力有多大?

伦理决策围绕两大问题展开:一是伦理决策的过程如何;二是哪些因素在影响决策者的选择。在现代西方企业伦理研究中,尝试较为完整地建立组织伦理决策模型的是戴维·J. 弗里切。[①] 该模型首先要界定伦理问题是战略性还是战术性的,战略性问题包括资源的长期安排,战术性问题主要涉及资源的短期使用。因战略性问题为将来大量战术性决策创造环境,且由最高管理层做出,对下层决策具有示范效应,因而更应予以特别的伦理关切。

接下来要评估选择方案,一个备选方案可以从经济标准、政治标准、技术标准、社会标准、伦理标准角度加以评估,经济标准主要指短期和长期的获利情况,政治标准指决策中有关政治的考虑,技术标准主要指备选方案在技术方面的可行性,社会标准主要指决策对本地社区和更大范围的社会所产生的影响,以及各种社会团体对决策可能产生的反应,伦理或道德标准包括道德规范和道德准则以及道德状态,如后果的大小、社会意见的一致性、结果的可能性、结果的涉及面等。

一个符合伦理的决策的最低要求是必须在伦理方面处于边际可接受的范围之内或之上。当所有备选方案从伦理角度都被判为可接受的时候,进一步的选择将根据其余的四个方面:经济、政治、技术和社会的标准进行判断。

(二)建立伦理管理的组织架构

在伦理管理的组织结构设计上,团队化和柔性化是比较理想的

① 徐金发等编著:《企业伦理学》,北京:科学出版社,2008 年版,第 290 页。

模式，可以促进部门之间的有效沟通。一方面，在团队内部实行柔化管理而不是刚性管理，强化交流，创造和谐。另一方面，推行矩阵式的组织结构，强化横向沟通与联系，构建组织内部正式的沟通网络。在跨国公司内部沟通的组织架构中，伦理机构和伦理主管的作用十分重要。伦理机构可以是集权的，也可以是非集权的，要根据公司的整体结构和管理需要而定，但不管怎样，伦理机构和伦理主管最好与公司执行总裁之间有一种联系方式，能直接报告工作，从而能更好地发挥作用。

1. 企业伦理机构

美国约有五分之三、欧洲约有一半的大企业设有专门的机构来负责企业的伦理工作。[①] 美国企业的伦理机构一般由“伦理委员会”及其所属的“伦理办公室”构成，简单一点的则设一个由伦理经理负责的企业伦理部，或在公司秘书处、监察部、人力资源部、公共关系部中的某一个部门设立一个专门职位。伦理办公室利用一些伦理防护措施来增进工作中的道德水准。这些措施包括：伦理规范、伦理热线、伦理培训以及伦理审计。还有一些公司以组成伦理委员会的形式对伦理问题进行指导。伦理委员会是董事会中的一个高层委员会，通常由董事会之外的一名成员来担任主席以与高层管理保持一定的距离，另外，委员会的成员还可以从高级管理层中产生。[②] 伦理委员会承担着委托人角色、专家角色、法官角色和督促者角色。一般情况下，伦理委员会有两个基本功能：首先，它是一个为伦理办公室把握方向的机构，主要负责检查和批准公司伦理准则；其次，负责召集相关人员，讨论需要高层考虑处理的伦理问题。以南方贝尔公司的伦理组织结构为例。该公司的最高伦理机构为伦理委员会，首席执行官兼任伦理委员会主席，下辖分管公司法纪与秘

① *The Uncommon Good*, The Economist, August 19th, 1995, p. 57.

② ［美］詹姆斯·E. 波斯特等著，张志强等译：《企业与社会：公司战略、公共政策与伦理》（第10版），北京：中国人民大学出版社，2005年版，第139页。

书工作的高级副总裁，然后是内部审计处、伦理、法纪与企业行为处、安全处、秘书处等与伦理问题相关的部门。[①]

2. 企业伦理主管

第一个伦理主管出现在1985年，当时位居美国第二大的国防部建设承包商——通用动力公司因为不合理的开支而被政府指控，海军部长约翰·莱曼命令在全体通用动力公司管理层和雇员中建立并实行严格的伦理守则。伦理主管就是为了实行这个命令而建立的。此后，一些大企业纷纷设置伦理主管职位。美国制造业和服务业前1000家企业中，有20%聘有伦理主管。[②] 1991年以来，伦理官员介入了许多产业领域，尤其是一些受严格管制的企业，比如电信和其他一些公共事业企业。在美国，担任伦理官员的人都有相关背景，对于内部人员来说，多由职能部门，如公司秘书处、法律顾问办公室、监察部、人力资源部、公共关系部的相关人士担任，其中从事法律工作是伦理官员最普遍的背景。但也有一些人认为，律师并不适合担任伦理官员，因为公司的律师会面临潜在的利益冲突，难以客观地把握伦理问题。1992年，伦理官员协会（Ethics Officer Association）诞生，它是一个专为伦理主管和商业管理项目而设的专业组织。至2000年，美国伦理官员协会已拥有650多个公司成员。伦理主管负责制定伦理培训计划和监控执行情况、评估公司或员工的行为，对指控进行调查，帮助员工疏通道德困境以及对有关伦理行为的奖惩流程。为了履行上述职能，美国企业赋予伦理主管与最高管理者和其他干部直接接触的权力，具有较高的行政级别和地位。除了向公司的高层主管报告外，伦理官员还可以直接向董事会或公司治理委员会进行报告，以及与公司外部以董事为首的经营顾问、专家学者、其他企业伦理主管等人士联络和交换意见。[③]

---

① 徐大建著：《企业伦理学（第2版）》，北京：北京大学出版社，2009年版，第276页。

② 一泓：《伦理主管——美国企业管理新趋势》，载《中外管理》1994年第4期。

③ 孙明贵：《美国企业伦理管理的新措施》，载《工厂管理》2001年第5期。

（三）提供清晰和明确的伦理准则

1. 伦理准则的重要性

美国《联邦组织量刑指南》（FSGO）规定，如果某公司触犯了法律，只要该公司建立和实施了伦理与法律合规项目来阻止不良行为，就能避免被罚，同时也要求对那些一直宽恕不良行为的组织增加罚款。因此，跨国公司要在其核心精神和企业文化中体现清晰的公司伦理。通过发展对其全球伦理原则和价值标准的清晰表达，使其全球范围内的员工能够理解、接受并执行。企业使命和价值观、企业行为规范和政策手册等共同构成了企业的伦理规范。跨国公司要求员工通过文本和制度，从理念和情感上认同企业的核心价值观。公司章程、员工手册、年度报告以及各种合同是体现公司伦理的重要文本。公司可以通过设立网站来向利益相关者传递公司的使命、价值观和行为规章，也可以在招聘手册中向希望进入公司工作的人员介绍公司的价值观和行为规范，还可以通过公司通讯、杂志和各类手册等传递公司的伦理信息。

一份独立而又清晰的公司伦理规范是必须的。早在1935年，强生公司的创始人罗伯特·伍德·强生先生就撰写了一本名为《真实的考验》的小册子，他在书中敦促同时代的企业家们信奉一种“新的企业哲学”，强生先生将这一哲学归纳为对顾客、雇员、社区和股东所负有的责任。1943年，强生公司首次发布了“我们的信条”，较为详细地勾勒出了这些责任的内涵。到20世纪80年代，随着企业伦理学在欧美的兴起，企业伦理守则作为一种道德管理的工具，被越来越多的公司采用。

据一项调查表明，在500家成功企业中，93%已采纳公司伦理法规。[①] 在英国，43%的大公司已制定了一整套的企业道德法则，

---

① Amanda Bennett, *Ethics Codes Spread Despite Skepticism*, The Wall Street Journal, Jun. 15, 1988.

如果法则的定义扩展到包含价值观的企业使命声明时，这个数字会超过50%；在美国，这两个数字分别为75%和90%。[①] 美国企业通常有详细的、成文的行为规范。在美国伦理准则排名前十的公司为：威瑞森无线公司、Granite 建筑公司、英国石油公司、Datapath 公司、Sprint Nextel 公司、埃克森公司、百事公司、卡地纳健康公司、罗克韦尔柯林斯国际公司、美国福陆公司。

2. 伦理准则制定的方法与步骤

伦理准则应反映高层管理者的意愿，伦理准则的制定需要董事长、董事会以及即将执行该准则的首席执行官的共同参与，法务人员也应参与，以确保准则正确估计了主要风险领域，并能为潜在的法律问题提供缓冲。费雷尔分析了制定伦理准则的要点：（1）考虑哪些领域会有风险，陈述那些有助于遵循法律法规的价值观与行为；（2）确定那些特别针对当前伦理问题的价值观；（3）考虑那些联结公司利益相关者导向的价值观；（4）提供能反映价值观的例子，使行为准则易于理解；（5）经常用员工能理解的语言沟通准则；（6）每年修订准则，加入组织成员和利益相关者的新想法。[②]

默克公司提出了起草伦理规范的三步过程。步骤一：进行组织分析。包括向来自21个国家的1000名雇员所组成的较大规模的、较具代表性的调查样本群体发问："我们如何让股票持有者、顾客、供应商以及普通公众感知我们确实是一家公司?"步骤二：起草规则。基于对雇员调查、焦点人群以及采访的回应，国际商业组织的高层管理者起草规则。规则对文体有5个方面的要求：浅显易懂、实用性和相关性、有价值观基础、充分而不烦琐以及图文生动。这

① 刘光明：《国际企业伦理的新课题》，载《哲学动态》1998年第2期。

② ［美］O. C. 费雷尔、约翰·弗里德里希、琳达·费雷尔著：《企业伦理学：伦理决策与案例（第8版）》，北京：中国人民大学出版社，2012年版，第194页。

一规则被翻译成22种不同的语言。步骤三：培养规则意识。[①]

3. 伦理准则的主要内容

伦理准则是综合性的文件，包含了一般声明，有的是利他性的，有的是激发性的，这些构成行为准则的原则和基础。按照详细程度分，企业伦理守则可分为一般规范和具体规范。前者往往以企业使命、宗旨、企业精神等形式规定下来，后者则以行为规范的形式出现。伦理准则一般会阐述发现违规行为之后的汇报方式、对违规行为的处罚方法以及结构化的合理流程。[②]

缪尔·卡普塔（Muel Kaptein）在2004年分析了全球200多家大公司伦理守则的内容，超过一半公司的伦理守则描述了公司在以下一些方面的责任：关于产品和服务质量（67%）、对当地法律和规则的遵守（57%）、对自然环境的保护（57%）；许多伦理守则对处理和利益相关者关系的原则作出了指示，如透明度（55%）、诚实性（50%）和公平性（45%）；阐述了公司的核心价值观，如团队合作（43%）、对员工恰当的行为如歧视问题（44%）、胁迫问题（43%）和员工正确对待公司财产问题，如利益冲突问题（52%）、贪污问题（46%）和欺诈问题（45%）；52%的公司阐述了伦理守则的遵守问题。大部分公司的伦理守则关注力明显较少。在这些伦理守则中还阐述了处理与利益相关者关系所应遵循的原则，这些原则是公司和员工行为的准则，它们处理公司和利益相关者的关系，其中透明度、诚实性和公平性是最重要的三个原则。另外，在伦理守则中也阐述了核心价值观念，这是企业各种行为的基础，如合作精神、责任感、创新、效率、忠诚、参与、分享、成本意识、和

① 贝伦比姆：《全球公司伦理实践》，第23页，转引自［美］詹姆斯·E. 波斯特等著，张志强等译：《企业与社会：公司战略、公共政策与伦理》（第10版），北京：中国人民大学出版社，2005年版，第139页。

② 马力、齐善鸿：《道德治理——公司治理的基石》，载《浙江社会科学》2005年第5期。

谐等。①

伦理规范所涵盖的典型问题包括制定接受或者拒绝供应商所提供礼物的指导原则，避免利益冲突，保持专有信息的安全，避免人事实践中的歧视行为以及保护环境。有学者基于威勒对于企业社会责任的定义，把企业的伦理指标细分为：（1）合理利润率；（2）员工薪酬水平与生产安全：参照行业员工薪酬水平，不得低于平均薪酬水平过多，同时应具有保障员工生产安全的一套制度措施；（3）顾客剩余价值：顾客所获价值与所付成本之差，其值越大，越能体现企业的顾客导向；（4）社区事务的介入与贡献：为社区经济等方面提供的支持，积极参与社区发展并做出应有贡献；（5）供应链管理的公平、公正：不利用产品或服务优势制定“霸王”条款，不屈服于大型零售商，在供应链的全过程中能做到公平公正；（6）接受并履行政府倡导的主流价值观；（7）公开企业经营管理信息，满足社会压力群体、媒体和学术评论者的信息需求；（8）倡导公平竞争，不搞垄断和低于成本的低价经营，提倡在竞争中合作，努力营造和谐的竞争环境；（9）生产经营的污染程度，参照国际、国家的环境污染标准；（10）资源的利用效率和再生资源的使用程度，参照行业平均投入产出比。②

4. 伦理准则的效力

费雷尔认为，伦理准则失效的主要原因有：一是未对行为准则加以宣传，员工没有读到；二是准则不易找到；三是准则写得过于书面教条，普通员工理解不了；四是准则过于模糊，没有指引明确方向；五是高层管理者从未提及，无论是书面上还是精神上。③ 周

---

① Muel Kaptein, “Business codes of multinational firms: what do they say?” *Journal of Business Ethics*, 2004, (1), pp. 13 – 31.

② 参见夏恩君、薛永基、刘楠：《基于利益相关者的企业伦理决策模型研究》，载《技术经济》2008 年第 4 期。本文在此基础上有所归纳和整理。

③ ［美］O. C. 费雷尔、约翰·弗里德里希、琳达·费雷尔著：《企业伦理学：伦理决策与案例（第 8 版）》，北京：中国人民大学出版社，2012 年版，第 193 页。

祖城概括了企业伦理守则效力的决定因素：一是企业伦理守则意思表述的清晰度；二是领导者对实施企业伦理守则的态度；三是企业伦理守则实施范围的广度；四是其他企业制度对企业伦理守则的保障力度；五是企业伦理守则与企业价值观的契合度。[①] 比如，有学者认为，一些中国企业制定的伦理准则，往往有“勇于拼搏”、“追求卓越”、“构建和谐企业”等较为理想主义的字眼，显得空洞，同时许多企业的伦理规范并没有体现出其行业特点，缺乏专业性。[②]

企业在制定伦理准则时还要注意：一是删除法律术语，尽可能用日常用语来阐明政策；二是发行提供给特别职能部门的单行手册，如采购部门、人力资源部门，以帮助这些部门解决可能遇到的特殊问题；三是不断更新内容，以适应不断变化的新形势。例如波音公司的道德政策就经历了几次重大修订。20 世纪 80 年代初，波音公司首次实施了改进道德计划。1985 年，公司针对之前发生的几起违反规范的事件，对道德政策进行了修订，并将政策内容合成一个《业务行为指南》的小册子。该手册将业务分成五个领域：市场营销行为；提供商业礼貌；利益冲突；接受商业礼貌；公司时间、材料、设备和专有信息的使用。手册详细规定了每个领域的行为准则。90 年代，公司又在小册子中增加了三个领域：与供货商的关系；美国政府的前雇员——利益冲突；证券买卖——内部交易。作为可以随手拈来的参考，政策手册有效地指导了员工的日常行为。[③]

5. 伦理准则的典范

惠普公司的核心价值观被称做“惠普方式”，惠普价值的核心内容体现在《公司目标》、《以惠普方式沟通》和《商业行为标准》

---

① 周祖城编著：《企业伦理学（第 2 版）》，北京：清华大学出版社，2009 年，第 295—296 页。

② 龚天平著：《伦理驱动管理：当代企业管理伦理的走向及其实现研究》，北京：人民出版社，2011 年版，第 288—289 页。

③ 赵德志：《美国大公司的伦理管理制度》，载《沈阳干部学刊》2004 年第 5 期。

中。虽然所有文件中都没有突出地标明伦理观，但显然宣传了道德价值观。诚实和正直是惠普公司基本的核心价值。在业务行为标准中提出了雇员义务的四个方面：对惠普的义务、对顾客的义务、对竞争者的义务以及对供应商的义务。对惠普的义务包括：避免利益冲突、为公司的信息保密、汇报并避免给外国销售代表或政府官员的贿赂。对顾客的义务包括：贸易行为、差别价格、不公平竞争、政府采购和信息保密。对竞争者的义务包括：竞争关系、获取竞争信息和评论竞争者。对供应商的义务包括：尊重机密信息和有根据地区别对待供应商。惠普公司内部的审计部还制定了一个审计计划，目的是督促雇员们掌握标准、揭露所有违反标准的行为，并且保证采取措施纠正这些不足之处。每年每个工作集团从最高管理层选出一名成员，审计小组与他们进行一次全面的面谈。①

通用电气的伦理准则也可以作为一个范本。通用电气公司（GE）是美国最大的综合性电气制造商。在80年代初期，改革之前，GE存在着许多问题，为了解决这些问题，GE采用了三个S的战略：速度（speed）、精简（simple）和自信（self confidence），以此为指南改革决策机制，在全公司范围内树立新的观念。GE于1993年首次推出《诚信政策指南》，2000年发布了修订本。GE在《诚信政策指南》中明确了以下内容：一是公司对待诚信的态度。无论交易额有多大，无论业务发展压力有多大，GE只通过合法和符合道德标准的方式开展业务，绝不在对诚信的承诺上作出任何妥协。二是对什么是可以接受的行为、什么是不可接受的行为的具体规定。GE的诚信政策包含13个具体方面：（1）不当支付；（2）国际贸易管制；（3）防范洗钱；（4）隐私权；（5）与供应商的关系；（6）与政府部门的交往；（7）遵守竞争法律；（8）环保、健康与安全；（9）公平雇用机会；（10）避免利益冲突；（11）财务控制；

① 高湘一主编：《跨国公司经营与管理》，北京：中国商务出版社，2006年版，第297—298页。

（12）内幕交易与泄露股票内幕信息；（13）知识产权。每个方面都包含政策概要、基本要求和需特别注意的方面等内容。三是强调了“畅所欲言，提出问题，找到答案，公开疑虑，使问题得以尽快解决，以免产生更严重的危害”的重要性，明确了提出疑虑、寻求解答的途径。四是阐明了领导者和员工的责任及违背政策可能受到的处罚。领导者除了承担作为员工的责任外，还有4个方面的额外责任：（1）建立和维护人人遵纪守法的文化责任；（2）切实预防违纪问题的责任；（3）及时发现违纪问题的责任；（4）一旦出现违纪问题，及时作出反应的责任。同时，以下行为可能会受到纪律处分：违反GE的政策；要求别人违反GE的政策；未及时举报所发现或怀疑发生的违纪情况；未能配合对可能违反某项政策的行为进行的调查；对举报违纪情况的员工进行报复；未能在确保遵守GE的政策及适用法律方面起领导带头作用或尽心尽力。[①] 对于这个拥有35万雇员的大公司来说，除了对高层管理体系改革之外，更重要的是改变全公司雇员的观念。通常在改革管理体制中只强调公司级的人物，很少注意使每一个雇员适应这种变化。在公司内，总裁韦尔奇专门向各级管理者推荐了9篇作为行为指南的文章，提出了一个简洁通用的指导方针。为了将方针贯彻到各部门下属的所有单位，董事长和副董事长利用每一个可能的机会与雇员直接对话，同时为鼓励士气开展了一个“制定方针”的运动，由雇员提出各部门存在的问题，并鼓励讨论解决这些问题。[②] 通过自上而下和自下而上的沟通，公司的价值准则得到了很好地贯彻。

① 周祖城编著：《企业伦理学（第2版），北京：清华大学出版社，2009年，第294—295页。
② 薛求知著：《无国界经营》，上海译文出版社，1997年版，第177—178页。

表 6—1 通用电气公司的价值准则说明①

特性	准则	说明
个人特性	坦率开放	做什么：与个人或组织经常充分地共享信息。 为什么做：雇员必须了解他们的地位、工作状况和业务标准。
	领导人气魄	做什么：行动之前耐心听取意见，修改方案，共同实施。 为什么做：依靠集体达到共同目标。
	简洁	做什么：作出简洁明了的方案，文字越少越好。 为什么做：减少事物的复杂性和官僚作风，降低设计成本。
	真实	做什么：客观描述环境，不能根据个人的愿望。 为什么做：对制定方案和战略，并能广泛地实施有很大影响。
	光明正大	做什么：不要歪曲或回避事实，要在各方面坚持法律精神，遵守法律条文。 为什么做：我们要使社会承认我们成长和繁荣的权力，我们所有的支持者：投了资的股东、购物的顾客和彼此相依的雇员们都期望并值得我们毫无疑问地在各方面坚持光明正大。
	庄重	做什么：无论逆境和顺境，我们都要尊重每个人的才智和贡献。 为什么做：集体工作需要信任、理解和交流，不论在任何环境下都必须公平待人。
业务特性	好学	做什么：学会减少工作量和人员。 为什么做：在控制成本上我们要走在世界前列。
	敏捷	做什么：减少决策层次。 为什么做：在变动迅速的世界中，必须改进信息交流，迅速作出决策。
	创造	做什么：提出新观念——革新。 为什么做：使用户更满意，用高价值产品和服务打开市场。
	拥有感	做什么：用人不疑，用则放权，并有信心参与企业的高层决策。 为什么做：要使决策者能果断、独立地做出决策，就必须授予相应的权力，企业高层参与日常决策的比例很小，大量的决策由各部门经理人员作出。
	报酬	做什么：认清各人承担风险和业绩的差别，并给以相应的报酬，还要认识集体成就。 为什么做：必须吸引和激发各类人员完成公司的目标，一流企业必须给一流人才提供一流的机会。

① 薛求知著：《无国界经营》，上海：上海译文出版社，1997 年版，第 179 页。

（四）建立公司内外部的伦理培训制度

1. 伦理培训的重要性

在美国，仅仅生产并销售一个汉堡包，相关法律法规就有一万多条。伦理培训可以使员工对他们工作环境中潜在的法律和伦理问题变得敏锐。许多公司都有伦理准则，但并未与员工有效地沟通。网站上或者培训手册中的准则若没有每天执行，就形同虚设。将这些内容跟员工沟通就能减少员工从事不道德行为的机会。伦理培训除了帮助员工较好地理解公司的有关伦理规则并自觉遵守和应用外，还有助于培养具有较强跨文化工作能力的员工，即员工的国际化观念，包括较高的道德发展水平、在跨文化伦理环境中较强的差异感受性和面对跨文化伦理冲突时的决策能力等。

美国企业伦理调查（National Business Ethics Surveys）观察了伦理文化和正式项目的18个方面，发现拥有较强伦理文化和伦理项目的企业，其员工的不道德行为比那些伦理文化和伦理项目薄弱的企业员工低36%。很多员工报告表示伦理培训在工作中很有效。[①] 华尔街的一系列丑闻使得美国明白，对员工进行商业伦理训练，其重要性不亚于收支平衡或行销等业务训练。

2. 伦理培训的方式与途径

西方国家许多企业已经开始进行专门的伦理培训，在20世纪90年代中期，就有30%至40%的美国企业对员工进行某种形式的伦理培训。[②] 如默克制药公司要求所有员工认可公司的行为准则，该准则有27种语言版本，所有员工通过课堂培训接受伦理教育，同时，网上培训提高了人们对伦理问题的关注度并协助维护公司的伦理文化。默克公司试图通过对规则的广泛宣传以及对雇员进行培训

---

① ［美］O. C. 费雷尔、约翰·弗里德里希、琳达·费雷尔著：《企业伦理学：伦理决策与案例（第8版）》，北京：中国人民大学出版社，2012年版，第196页。

② 陈徐：《企业伦理的比较研究》，载《时代经贸（下旬刊）》2008年第6期。

来增强规则意识。它还外聘培训人员开办培训课程并用当地的方言来写作该规划。

现在，一些大企业都把伦理培训作为对员工的基本教育。在新进员工的培训中，一般会安排较大比重的公司文化与精神培训。除了新进员工培训外，对于在职员工尤其是高级管理人员的伦理培训也很重要，许多公司在组织开展伦理培训时，都采用由高层开始逐级培训的方式。

从时间安排来看，10 周左右的培训计划效果最佳，短期的速成培训模式是不成功的。[①] 从方法上说，一些国外知名跨国公司的方法值得借鉴，比如案例式培训、互动式培训、帮带式培训等。[②] 跨文化培训的方法对跨国公司的伦理培训也有借鉴意义，包括研讨会、课程、语言培训、书籍、网站、案例讨论和模拟演练等方式。如果可能的话，为员工提供一个到国外学习考察的机会，有助于员工对东道国的伦理差异和伦理问题有更为直观的感受，从而培养较强的文化敏感性。毕马威通过很多“接触点”（包括新员工入职培训、公司会议、技能培训、员工来信、出版物和网站等）来整合伦理培训。毕马威还发现，开展伦理培训的最好时机是技能培训，因为技能培训每年要占用20—100 小时，允许以日常决策为背景探讨伦理问题。[③]

培训不仅仅在公司内部进行，作为外部实践方式，培训、调查和研究项目等都有利于传播跨国公司的价值和理念。跨国公司通常与劳工团体、非政府组织、大学等合作，实施工人教育培训计划。如 Nike，adidas-Salomon，Reebok 等公司都曾在其中国的工厂开展工人发展能力培训项目；Pentland 公司也在积极推动其供货商改善生产条件和提高工人待遇的同时，进行对特种岗位人员，如工厂急救

---

① 陈宏辉、贾生华：《利益相关者理论与企业伦理管理的新发展》，载《社会科学》2002 年第 6 期。

② 袁隆成：《对我国企业伦理建设的认识》，载《华东经济管理》2005 年第 7 期。

③ ［美］O. C. 费雷尔、约翰·弗里德里希、琳达·费雷尔著：《企业伦理学：伦理决策与案例（第 8 版）》，北京：中国人民大学出版社，2012 年版，第 196 页。

员、卫生员、消防员的培训工作，并支持一些改善劳动标准的研究项目；由欧洲6个跨国公司发起“加班项目”研究等。这些都是局限在工厂围墙内的封闭型项目，还有开放型的项目则不局限于工厂内部，如综合发展援助和田野调查项目。例如，Levi Strauss公司通过亚洲基金会委托清华大学当代中国研究中心与广东妇女干部学校实施的“珠江三角洲外来女工培训”就是其中的典型项目。该项目通过开设开放性女工培训点，培训女工卫生保健、心理健康、劳动法律和城市生活知识等。另一个例子是Nike，adidas-Salomon，Reebok，Sears，Li & Fung等公司通过BSR委托深圳当代社会观察研究所对广东地区劳工法律保护与援助资源进行的田野调查项目。这个项目针对广东地区的外来劳工普遍缺乏法律知识和对政府法律保护与援助资源陌生的问题，编写与印制了《广东劳工法律保护手册》和海报，透过这些跨国公司的影响，向它们供货商的员工免费发放，促进更多的工人懂得如何运用法律途径保护自己的合法权益，以增强中国工人的权益保障意识。此外，英国Pentland公司与深圳当代社会观察研究所合作进行的员工宿舍调查项目，在深入了解外来劳工的住宿需求和工厂提高的住宿条件的同时，积极寻找一些有借鉴价值的经验和做法，提供给中国的工厂管理者和跨国公司检查工厂时作为参考。[①]

3. 伦理培训的内容

伦理培训要有针对性和实用性，突出公司的自身特征，而不是一般意义上的道德问题、原则或方法。伦理培训不是简单的说教，也不能强行灌输，而是要培育员工对企业价值观的认同感。伦理培训是一系列正式的提升员工伦理敏感度的项目，其第一项任务是解释企业的伦理守则。有企业的伦理守则作为行动指引，员工可以减

① 谭深、刘开明主编：《跨国公司的社会责任与中国社会》，北京：社会科学文献出版社，2003年版，第23—25页。

少很多决策难题（比如行贿问题）。伦理培训的第二项任务是提升员工的伦理感知、判断和推理能力。通常引入一个决策困境，培训讲师会首先向员工解释，在面临伦理困境的时候，人们可能采取的推理方式及其理论基础，让员工明白不同文化背景下人们的伦理推理背后的理论依据。然后，让员工扮演决策者，询问员工的行为意图。最后，通过探讨、辩论、移情等多种教学手段来鼓励员工在更高的道德发展水平上进行思考，并指导员工应用公认的伦理守则去解决企业中实际发生或者可能发生的伦理问题。很多人认为，员工必须亲自面对实际的或假设的伦理难题，这样才有助于训练他们按企业期待的方式来解决这些潜在问题。例如，洛克希德—马丁公司开发了名为“灰色问题”的培训游戏，其中包括团队能解决的难题。每个团队成员都可以提出自己的观点，由此来帮助其他成员理解决策对同事和公司产生的影响。一种相对较新的培训手段是通过行为模拟，让参与者置身于短暂、虚拟的情境之中。研究表明，行为模拟不仅传授了伦理的重要性，还传授了伦理问题与冲突的管理过程。很多企业用角色扮演来培训销售员和经理。

4. 伦理培训的成效

费雷尔列出了成功的伦理培训的主要目标：了解员工将要面对的主要风险领域；通过迷你案例、在线挑战、只读光盘或其他体验式学习途径，让员工学会处理业内虚拟的或经掩饰处理过的伦理问题；让员工知道，错误行为在公司永远不会得到支持，员工评估将会考虑他们在这一领域的行为表现；让员工知道他们必须对自己的个人行为负责；调整员工行为，使其与企业的声誉及品牌一致；跟员工交流，提供正在发生的事例，告诉他们其他员工是如何恰当地处理伦理问题的。[①]

---

① ［美］O. C. 费雷尔、约翰·弗里德里希、琳达·费雷尔著：《企业伦理学：伦理决策与案例（第8版）》，北京：中国人民大学出版社，2012年版，第197页。

当然，要加强培训的成效，还必须在工作绩效评价标准中体现这些规范要求。

（五）建立伦理审查与评估制度

1. 伦理评估

世界大型企业联合会（Conference Board）对伦理官员做了调查，大多数人认为，尽管有伦理培训，也不能阻止“安然”或美国国际集团等公司因会计不当导致的大规模坍塌。在调查中，56%的伦理官员回答说他们没有通过调查员工以评估企业伦理项目的有效性，54%的人说在业绩评价体系中没有把伦理因素作为衡量的一部分。如果伦理表现不作为日常业绩评估的一部分，就会发出信号，让人觉得伦理在决策中并不重要。[①] 因此，很多公司将伦理合规纳入员工的业绩评估之中。

对企业的伦理评估包括企业与主要利益相关者的关系如何？企业是否存在违反法律及行业法规的行为？企业在员工行为方面的现行政策是什么？对企业的伦理评估主要从员工忠诚度、股东稳定度、顾客忠诚度、融资资信度、社会美誉度等方面进行。

对员工的评估方面，有些公司使用专业公司提供的案例管理服务与软件，把员工的顾虑、抱怨和观察到的不良行为记录下来并形成报告，便于后期追踪和管理。公司还必须立即调查已知或可疑的不良行为。

2. 伦理审计

伦理审计的概念发端于企业对更为广泛的社会责任活动进行审计与报告的运动，尤其是对自然环境的责任。与企业社会责任审计和财务审计不同的是，相比较而言，伦理审计更集中于评估和报告公司在伦理和法律方面的表现以及对公司内外部所产生的影响。企

① ［美］O. C. 费雷尔、约翰·弗里德里希、琳达·费雷尔著：《企业伦理学：伦理决策与案例（第8版）》，北京：中国人民大学出版社，2012年版，第198页。

业在伦理审计过程中获得的最大好处之一，是与那些对透明度要求更高的利益相关者的关系改善了。当然，在有些情况下，伦理审计过程会增加而非减少利益相关者对企业的不满。很多被怀疑行为不当的企业发现，公众对其行为的监视迫使它们实施伦理审计，并对伦理项目中的不足做出恰当反应。审计报告也能帮助企业识别潜在风险，从而更好地遵守法律。伦理审计一般由外部专业人士来执行。某些情况下，对那些优先级最高的伦理问题，公司必须以行动来回应。比如，National Grid 公司长期致力于最大限度减少对环境的破坏，公司采纳了环境管理体系国际标准 ISO14001，并以此为具体指南，要求外部注册审计师进行审计。[①] 公司可以通过标准化的调查、访谈和专题小组来获得利益相关者的反馈，公司还可以邀请特定群体前来讨论。伦理审计的典型做法是，以专题小组的形式跟公司的利益相关者访谈，以了解他们对公司的感觉。比如南非约翰内斯堡的一家医院组织了一次伦理审计，专题小组就包括医院的管理层、医生、护士、健康领域的专业人士、服务支持人员以及病人。[②] 在跨国公司里，必须确定审计是包括主要办公室的人员，还是包括总部地区或全球各分部的人员。对不同的利益相关者关注的指标和采用的方式是不同的，比如对员工的调查指标主要包括离职率和满意度，而对顾客满意度的调查主要通过沟通系统比如顾客反馈卡、在线社交网络、电子邮件以及免费电话系统等进行。

3. 奖惩制度

在毕马威的一份国外伦理调查中，近一半员工表示他们曾经观察到不良行为，这些行为一旦公开便会极大地丧失公众信任。在银行和金融领域，这一比例高达 60%。[③] 奖惩制度明确了企业员工的

---

① ［美］O. C. 费雷尔、约翰·弗里德里希、琳达·费雷尔著：《企业伦理学：伦理决策与案例（第 8 版）》，北京：中国人民大学出版社，2012 年版，第 219 页。

② 同上书，第 221 页。

③ "Forensic Leadership Message", KPMG Forensic Ethics Survey 2008 – 2009, http://www.kpmg.com/SiteCollectionDocuments/Integrity-Survey-2008 – 2009.pdf (accessed June 17, 2009).

哪些行为可以获得嘉奖，哪些行为会受到惩罚，从而对企业中其他员工产生足够的影响力。企业的薪酬体系反映了在组织中何为受到褒奖和期望的行为，因此，如果在一个看重道德的企业中，企业员工的诚实和正直就必定会得到奖励，比如公开认可、奖励、升职或其他方式。这种奖励机制就传达给整个企业一个信息，企业所推崇和鼓励的是怎样一种行为。反之，处罚也能起到教育和引导作用。如果员工违背了阻止标准，他们应被训斥、转岗、扣工资、暂停工作，甚至解雇。如果企业不对有违伦理或法律的行为采取更正措施，不恰当的行为就会继续。

（六）建立信息共享的沟通机制

对于公司内部的沟通来说，构建“价值创造的共同体”的理念非常重要。根据迈克尔·波特的价值链模型，企业价值创造的各个环节相互配合、相互协作，共同构成了价值创造的一个共同体。在这个共同体中，整体效益的最佳关键取决于各部门之间的默契程度和相互关系的处理。[①] 因此，为了实现价值创造的共同体这个目标，信息共享和横向的沟通是十分重要的，如果横向交流渠道不通畅，缺乏信息交流的平台，就会使沟通遇到障碍。

1. 建立招聘环节中的双向沟通

企业与员工之间的沟通不仅仅从培训开始，而是始于招聘。在招聘中就要考察应聘者的伦理观是否与公司的伦理观相契合。在这方面很多跨国公司已有一些比较成熟的做法，比如问卷调查、面谈中的问题设计等。联合利华就在招聘过程中设计了一系列招聘游戏，来考察员工是否与企业文化相契合。游戏虽然轻松，但在招聘过程中却有着举足轻重的作用，联合利华在每年的员工招聘中有80%的人都要经过这种看似无碍大局的游戏，目的是要在自然状态

① 参见高湘一主编：《跨国公司经营与管理》，北京：中国商务出版社，2006 年版，第 289 页。

下给每个应聘者以充分的展示机会，同时，企业也从中选择出与岗位契合的人。比如蒙黑布拉长绳游戏，当主考人员观察到两名可以通过黑布看见当时的场景但却没有声明而继续指挥大家做游戏时，这两名应聘者被叫出去重新蒙紧眼睛。但事实上这两人会被从备选名单中首轮剔除，因为联合利华首要的是员工的诚实和忠诚。又如落鸡蛋游戏，考察的是应聘者的团队精神，联合利华认为，没有以大局为重的协作精神就无法完成许多工作。[①] 惠普公司在招聘时主要关注有工作经验的人，既重视他的潜力、专业，又重视他的经验、能力、价值观以及他的行为模式。在面试时，惠普有时会通过探讨一些话题来了解求职者的基本素质，对他的经验、价值观进行评估，考核所聘员工是否符合公司的整体要求，是否能够与公司的文化相接近。在这个框架下招聘的员工，能够尽快地融入到企业中去。[②]

2. 建立日常管理中的沟通渠道

跨国公司的内部沟通主要是管理层与员工之间的沟通，在与员工的沟通中，主要通过伦理主管、伦理热线、伦理信箱等方式，从而建立起常规性的沟通与互动机制。

伦理主管的职责之一就是对指控进行调查以及帮助员工疏通道德困境问题，并经常要与业务第一线的员工进行会谈。在一些企业中，当一些雇员受伦理问题的困扰而又不愿将其呈报给自己的直属监察官时，他们可以拨打企业的伦理热线。热线服务越来越普遍，其发展也许可以归因于1991年美国《联邦组织量刑指南》的通过。该条例要求各个企业建立一个“有效的措施以监控和防止违法行为”。在许多情况下，该措施可以被理解为创设一个雇员可以方便

---

① 罗长海等编著：《企业文化建设个案评析》，北京：清华大学出版社，2006年版，第222—223页。

② 杨婕、宋红超著：《本土化生存：跨国公司在华经营管理成败启示》，北京：中国经济出版社，2003年版，第256页。

使用而又不必害怕被报复的举报系统。[①] 如波音飞机公司已设立伦理热线和巡视员，使员工们得以解答工作中面对的伦理问题、报告性骚扰或其他所发觉的侵权行为，而不用担心会被反驳退回。为了准确获取工人的意见，有的公司在工厂建立了比较畅通的沟通渠道，使工人的想法能够直接反馈到跨国公司派驻工厂的劳工权益官员手中。如在工厂建立“沟通工作室”，以双向沟通的方式来了解工厂内部不同人群的利益和态度，寻找工人与管理人员之间的共同利益，加强双方的沟通和理解。丹尼尔·凯尔是 Bell Helicopter Textron 公司的前伦理官员，他指出，伦理热线有三种典型的用途：（1）提供关涉利益冲突和馈赠礼品的正当伦理行为的解释；（2）创设一条了解不符合伦理的行为适当的官方认定途径；（3）给雇员和其他公司股票持有者提供一条了解广泛的与工作相关问题的一些信息的途径。伦理热线可以与其他一些伦理防护措施结合使用，比如 Raytheon 公司就将伦理热线看作是一个预警系统，公司的监察官以此为基础来决定是否需要发展新的伦理培训项目。[②] 当然，有时候这种内部沟通并不顺畅，部分原因在于语言的障碍。这种沟通与互动机制还包括建立监督和投诉机制。

沟通还有其他多种方式，如招聘手册、员工手册、公司网站、公司通讯以及各种提示伦理资源的广告宣传品、招贴画、纪念品或小礼品，以及企业领导人在各种场合讲故事等。

南方贝尔是一家美国电信公司，它运用了多种多样的宣传沟通工具来强化其“履行我们个人的责任”的伦理运动。该公司的总裁兼首席执行官阿克曼发动这场运动的方式是给每个员工发了一封信，同时每个员工还收到了一本含有“南方贝尔公司行为准则”的

---

① ［美］詹姆斯·E. 波斯特等著，张志强等译：《企业与社会：公司战略、公共政策与伦理》（第10版），北京：中国人民大学出版社，2005年版，第141页。

② 《开通伦理热线：一些实用的建议》，载《伦理学》1996（3—4），11—13页。转引自［美］詹姆斯·E. 波斯特等著，张志强等译：《企业与社会：公司战略、公共政策与伦理》（第10版），北京：中国人民大学出版社，2005年版，第141—142页。

小册子，小册子长达40页，但很漂亮，论述了20多个不同的主题，并附有解决问题的指导资料。南方贝尔公司的伦理资源包括：上司或其他经理、公司的人力资源部门、法律部门、安全部门、审计部门、《我们个人责任之承诺》小册子、公司伦理网站、伦理部电子信箱、伦理电话等。[①]

奥林公司是一家生产化工产品、金属制品和军工产品的美国制造商，年产值达14亿美元，雇员达7500人。为了在员工、承包商、供应商以及其他主要的利益相关者之中进一步展开伦理道德的建设活动，它对宣传沟通、培训和技术进行了一种扩展性的整合。首先，它确立了小写字母“e”代表伦理道德，这个标识出现在公司的所有印刷品之中，出现在关键的词汇之中，使它的所有雇员定期访问“E区”，并且把那个微弱声音的音量开大。其次，根据不同的利益相关者确定沟通的重点，奥林公司的注意力虽然集中在雇员身上，但也在与竞争者、顾客、社区、供应商和股东的关系中提出了它的伦理要求。如关于竞争者的伦理考虑包括价格、代理、人才竞争、合作安排和贸易联系等，而对于股东来说，则对财务数字的真实性寄予厚望。此外，要让所有沟通方式有趣并且简单，在某些材料中，公司的伦理宣传沟通使用了简单、生动的语言和卡通人物。例如，为了宣传《反海外腐败法》（FCPA），公司制作了简单易懂而丰富多彩的小册子，这个小册子指出，违反《国外腐败行为法案》的“危险信号”有：《出差和招待费用报告》上出现未加说明的大笔费用；销售人员的招待或礼品费用突然出现了未加说明的增长；代理商为一笔生意要求高于通常水平的佣金；代理商或销售人员说自己正在与政府官员合作，为奥林公司争取一个合同。奥林公司还强调通过三个措施推动有效沟通：传递的信息应当前后一

---

① 徐大建著：《企业伦理学（第2版）》，北京：北京大学出版社，2009年版，第310—311页。

致、应当不时地得到更新、应当以尽可能多的方式得到强调。①

内部沟通要注意沟通中的示范效应。榜样示范是企业伦理建设中的一件大事。例如，在台上大谈特谈要遵纪守法，而在台下却漫不经心地容忍非法活动，那么谁还会去认真对待企业的规章制度？又如，管理人员在有责任心的员工提出产品有质量问题时爱理不理，那么花费颇多的质量培训就等于没做。以禁止贿赂为例，某公司有一项禁止雇员过分款待消费者的政策，且被清晰地写进公司工作手册中，而公司的总裁也在对雇员的演讲中强调要严格执行上述规定。但事实是，公司的市场部经理多次宴请客户，其宴请花销被详细记载于公司的开支报告上，而这些报告又提供给财务人员。另外，一些雇员也被邀请参加宴会。在这种情况下，无论公司的正式信息怎样强调，非正式信息系统——小道消息网络都会散播这样的真实信息：公司说一套做却另一套。相反的例子是，海尔集团总裁张瑞敏命令员工砸掉质量不合格的冰箱这个举动，为海尔的产品质量树立了一个极其有力的光辉榜样。

第二节　跨国公司的外部沟通——与东道国合作者/竞争者、消费者、政府之间的沟通

跨国公司的外部利益相关者主要有合作者/竞争者、消费者、政府、社区、环境等。跨国公司与外部利益相关者之间的沟通要树立“共生”的理念，即个人和组织为了共同利益应加强协作；企业和企业之间为了共同利益应加强联盟；企业和政府之间为了共同利益应加强理解与尊重；企业和社会、环境之间为了共同利益应加强环保，和谐相处。本书选取合作者/竞争者、消费者、政府这三个

① ［美］德里斯科尔·霍夫曼著，徐大建等译：《价值观驱动管理》，上海：上海人民出版社，2005年版，第11章。

外部利益相关者作重点分析。

一、跨国公司与东道国合作者/竞争者之间的沟通

(一) 与合作企业沟通的准则

1. 树立互利共赢的理念

相对于竞争者而言，跨国公司与供应商、承包商等合作企业之间的沟通更为重要。跨国公司与合作企业之间的沟通要要以团结合作、互惠互利、共同发展为原则，要注意以诚相待、优势互补。比如，摩托罗拉公司把加深与供应商的深入合作、加强与供应商的"双赢"作为重要目标和手段，要求供应商在提供高品质、高科技产品、服务与合作的同时，与摩托罗拉公司一样，遵守所在国家和地区的法律法规，遵守行业和职业的道德行为规范，并把这一条写入所有与供应商签订的合同。①

2. 重视高层沟通与一对一沟通

在与合作者的沟通中，高层之间的沟通有时能起到事半功倍的效果。在企业伦理和企业文化中，存在着从核心到外围、从管理者到员工的线路。因此，与企业的沟通也要从管理层入手。在优尼科并购案中，中海油的对手雪佛龙派出了50多名高层管理者，和优尼科公司相应职位的人进行沟通，传播自己的收购意图、管理思想，第一时间将企业文化传播到优尼科，加深了相互间的了解和信任，为收购后的文化整合做足了准备。② 跨国公司还通过设立客户经理、VIP等职位，对重点合作者进行一对一跟踪。如利乐公司的关键客户管理（key account management，简称KAM）营销模式是其制胜的法宝。根据KAM模式，一旦成为利乐的客户，利乐将会立即派

① 企业社会责任项目组编：《中国企业社会责任报告2006》，北京：中国社会出版社，2007年版，第197页。

② 陶建杰、裴增雨：《"强力公关"背景下的企业公关——中海油事件的思考》，载《中国广告》2006年第3期。

出包括30多人的队伍开进客户的工厂，这支队伍以客户经理为核心，队员来自利乐的战略发展、技术、品质发展、销售行政等各相关部门，客户也会选派他们相应领域的精英们参与充实这个团队，每个团队成员对利乐的客户经理和客户的负责人双重汇报，实时交流和协调。在每套为客户度身定制的KAM系统服务里，除了派出自己的工程师组建KAM团队外，利乐还会承担一半的费用来聘请专业公司为客户提供专项服务，这些专业公司包括毕马威、德勤、麦肯锡、奥美等。①

（二）与合作企业沟通的方式

1. 进行生产守则或社会责任检查

跨国公司对供应商的沟通方式是围绕“订单”施加相关标准，我们称之为“订单生产模式”。对企业来说，在伦理标准方面来自政府、媒体、社区、消费者的压力是比较小的，跨国公司作为有实力的大客户才能对企业施加影响。进行生产守则检查或社会责任检查是跨国公司进行的沟通方式之一。跨国公司对社会责任理论的实践主要通过生产守则或社会责任检查，并从最初由跨国公司自我约束的内部生产守则检查向社会监督的外部社会责任检查转变。跨国公司对工厂的社会责任检查主要是由公司内部的监察人员来进行的，其中也有来自第三方机构的监察，如跨国公司所在国或香港的审计机构和公司社会责任顾问公司的审核员及咨询顾问等，主要检查工厂关于员工档案、工作时间、工资报酬、童工、环境、健康和安全设施、化学品和危险品的管理使用情况、工人食堂和宿舍、废物管理、工厂规章、工会，是否存在强制劳动和歧视现象，是否存在对女工的性骚扰等。

20世纪90年代，中国的劳工问题日益突出，在南方地区的出

① 卢泰宏，杨晓燕编著：《促销基础案例》，北京：清华大学出版社，2007年版，第118页。

口加工企业相继发生了数起严重侵害职工权益的恶性事件，被国际社会所关注。特别是1993年11月深圳致丽玩具厂火灾事故发生以后，海外的劳工组织和NGO组织对于外资企业在中国违反劳工标准的行为进行了强烈谴责，并成立了“玩具安全生产联络会”，以促进劳工标准在这些企业的实施。从90年代中期开始，进入欧美公司供应链的中国沿海地区的数千家企业，已经先后接受跨国公司的社会责任检查。一开始的检查和审核标准主要是各跨国企业自己的“生产守则”。随着SA8000的出台和获得国际社会的认可，跨国公司在其生产供应链上推行企业社会责任已经成为经济全球化的一个趋势。一些公司在中国公司内设立了相关的社会责任部门，并委托有关公证机构，作为审核机构对于中国的供应商和分包商的企业劳工标准执行情况进行监督审核。比如沃尔玛就有100多人的团队，专门监控供应商是否符合它的社会责任标准，如果不达标就限期整顿，或者淘汰。一些行业领先的跨国公司、大型零售商和批发商要求其全球供应商和合约工厂限期通过SA8000认证。从中国企业参与SA8000的认证行为看，几乎所有企业都是在“不通过SA8000认证就断单”的情况下被迫申请认证的，是订单的附加条件之一。[①]

“诺基亚中国”在选择供应商方面，拥有一套完整的要求，自2000年起，这些要求中就已经考虑到针对工作条件的道德准则。并且，在供应商网络管理中，实行供应商劳工状况评估。[②] 截止到2001年，耐克在中国没有自己的工厂，只是与136家企业有契约关系，主要是“来单”加工。耐克有选择订单企业的权力，而他们的选择原则是劳资关系良好的工厂，主要选择那些工厂主有遵守国际劳工标准意识的工厂。当耐克与工厂发生契约关系时，耐克要向工厂要有关工资、劳动条件等方面的材料，但事实上，有40%—50%

① 蔡文之：《SA8000：企业伦理的全球评判》，载《社会观察》2005年第1期。

② 王志乐主编：《2009跨国公司中国报告》，北京：中国经济出版社，2009年版，第76页。

的企业提供的有关劳动保护等方面的材料是假材料，也有找当地劳动部门开证明的。如果耐克一旦发现问题，就会终止与这些厂家的合作。[①] 美泰公司是全世界家用产品的设计、制造和营销的领军企业，旗下的知名品牌有芭比、迪斯尼等。为了继续保持公司在人权和有关伦理标准上的优良记录，1997 年，美泰制定了名为“全球制造守则”（Global Manufacturing Principles）的行为准则，原则中有一条就要求所有美泰旗下的公司和生产承包商倾向同那些努力遵守类似美泰公司伦理标准的商业伙伴合作。2007 年，美泰宣布召回颜料中含有铅成分的玩具，事情起源于美泰的一家分包商——香港玩具巨头蔡志明麾下的旭日实业有限公司将玩具汽车零部件的染色工作承包给了另一家供应商宏利达，而宏利达从一个未经授权的第三方供应商那里购买颜料，这违背了美泰的要求，它本该使用旭日直接供应的颜料。最后这些产品被发现“铅含量超标”。经此案例，美泰发现它虽然检查了它的承包商，却没有检查整个供应链，包括那些分包商。这样的疏忽给违规留下了空间。美泰为此制定了一条新的规则，分包商顶多只能雇用再下一层分包商，而不是两层或三层。在一项声明中，美泰声明耗费了 5 万多个小时来调查其供应商并测试其玩具。美泰宣布了一个“三点计划”来加强对于产品的监控，及早发现并防止未经授权的分包商雇佣，并亲自检验产品而非依赖承包商。[②]

2. 进行相关培训

跨国公司的生产守则（或社会责任）检查或是“人权验厂”带有一定的强制性，当然，跨国公司也会在检查的过程中进行一些相关培训。比如世界著名休闲品牌 Timberland 公司就出资安排其国内

① 谭深、刘开明主编：《跨国公司的社会责任与中国社会》，北京：社会科学文献出版社，2003 年版，第 184—187 页。

② ［美］O. C. 费雷尔、约翰·弗里德里希、琳达·费雷尔著：《企业伦理学：伦理决策与案例（第 8 版）》，北京：中国人民大学出版社，2012 年版，第 344—346 页。

的生产商参与社会责任的国际培训计划，使合作企业的理念和价值观逐渐符合它们的伦理标准。摩托罗拉公司也为重要的供应商提供技术和管理培训。波音公司与中国的航空公司合作，帮助中国公司发展技能、获得认证，加入全球航空和供应商网络。①

3. 提供伦理指引

跨国公司在选择合作者时，会提供多种指引，表明自己的伦理立场。如汇丰银行作为国际性金融机构，认为一个负责任的企业必须以高度负责的方式经营业务，尽可能确保贷款的项目是负责经营的。为此汇丰先后公布了包括森林、淡水、化工、能源在内的多项指引，表明汇丰支持和不支持的项目，以确保汇丰的贷款符合国际性、地区性以及各国的原则，而不会对环境和社会造成负面影响。例如，汇丰在其2005 年发布的淡水基建设施指引中指出，汇丰不会以任何形式向以下方面的项目提供贷款：不符合世界水坝委员会决策框架的水坝项目；严重破坏或改变重要自然栖息地的项目；在联合国教科文组织世界遗产所在地的项目等。②

4. 就典型伦理问题进行沟通

除了生产守则检查，跨国公司还重视与合作者就典型伦理问题进行沟通。比如贿赂问题。每一年在盛行送礼和招待活动的节日到来之前，一些美国公司会发出通常所称的“谢绝送礼信”，要求供货商尊重它们的有关政策，并说明它们允许雇员接受的礼品的尺寸和性质。如联合技术与西科尔斯基飞机公司在发给供货商的公函中声称：“商业关系和个人关系的区别实际上常常无法分辨。有些仅仅作为友谊和善意的象征而提供的赠与，按照《反回扣法案》（适用于美国政府的承包商和转包商等），可能不仅被推断为违背道德，甚至是一种犯罪。”西科尔斯基飞机公司的政策是：“禁止雇员索贿

---

① 企业社会责任项目组编：《中国企业社会责任报告 2006》，北京：中国社会出版社，2007 年版，第 197、207 页。

② 同上书，第 199 页。

行贿、送礼收礼。这包括向雇员或其家人赠送财产、设备、礼金或纪念品。”①

二、跨国公司与东道国消费者之间的沟通

（一）与消费者沟通的准则

1. 注意企业的信息透明度

公共关系学认为，“公众利益第一”是公共关系的基本原则。公关缔造者艾维·李将“公众必须被告之”视为公关活动的第一要义。企业与消费者及公众之间因为联系不密切，特别要强调信息提供的重要性，信息传播也是跨国公司与公众沟通的基本手段，要及时向公众提供真实的信息，切忌“信息真空”引发公众的怀疑和混乱。尤其在突发事件中，跨国公司更要主动提供信息。英国危机公关专家里杰斯特曾提出著名的三“T”法则——以我为主提供情况（Tell Your Own Tale）、提供全部情况（Tell It All）、尽快提供情况（Tell It Fast），这三法则十分适用于跨国公司在危机时的信息传播。企业在危机处理时已形成一条公认的铁律——民心永远是第一位的。几乎所有的美国大企业都会聘请或者雇佣自己的公关顾问来与媒体沟通，甚至会临时聘请媒介专家组成企业危机公关领导小组，并通过媒体向公众传递信息。这些企业深刻地认识到，与一时的危机比起来，失去民心对企业的长远发展来说才是最致命的。② 在危机面前，任何沉默都会使企业面临惊涛骇浪。中海油在并购优尼科过程中，在沉默了一段时间以后，终于意识到沟通的重要，曾向美国部分媒体投放广告，可惜作用不大，原因在于，中海油除了辩解，并没有为媒体以及民众提供支持收购的理由，因而在舆论的引导上显得有心无力。名噪一时的三株集团，在面对一篇“一农民喝

① ［美］托马斯·唐纳森、托马斯·邓菲著，赵月瑟译：《有约束力的关系——对企业伦理学一种社会契约论的研究》，上海：上海社会科学院出版社，2001年版，第224页。

② 曹晖：《危机事件中媒体公关的应对策略分析》，载《黑龙江社会科学》2006年第4期。

三株口服液丧命”的不实报道时，没有引起足够的重视和采取有力的应对措施，致使三株遭到致命打击，至今未能恢复元气。而农夫山泉对“喝农夫山泉喝出一条虫子”的恶意报道却能够积极应对，一边调动媒体大肆辟谣，一边开展“喝农夫山泉游千岛名胜”活动，及时澄清了事实真相。①

对公众沟通的缺失不仅仅表现在中国企业方面，对西方跨国公司来说，这个问题同样存在。根据霍尔姆斯在国际公关大会上的报告，美国企业在海外的表现也不尽如人意。他引用的数据表明，美国的跨国公司将90%的传播预算花在了国内，只有10%的费用花在了海外。这是一个危险的信号，试想究竟有多少企业在关注海外的受众？

2. 注意东道国消费者的文化敏感度

注意多元化沟通，尊重东道国公众的文化，重视东道国的文化敏感性，杜绝冒犯消费者的文化禁忌，可以减少不同受众的误读和误解。例如在第四章中提到的有几则由广告引起的冲突，如果跨国公司能注意到文化敏感度问题，则完全可以避免。跨国公司必须遵循跨文化沟通的传播理念，认真研究当地的价值观和偏好以及如何达到最佳的沟通效果。跨国公司对于东道国文化的某些方面，如语言、风俗习惯、文化符号、重大利益等会引起抵触情绪较大的方面，应采取学习和适应的态度，而对一些抵触情绪较小的领域，特别是消费者的购买方式等，应通过渗透和引导，逐步使之朝着有利于企业经营的方向变革。如肯德基、麦当劳在全球卖出食品的同时，也输出了本国的文化，或多或少地影响了东道国的饮食习惯。可口可乐的“阿福拜年”广告，在看似不经意间流露出经典，如果不渗透中国的风俗文化，是做不出来的。又如迪斯尼的《花木兰》，一方面将原来的中国民间故事去情境化和去本质化，使其适应美国

① 王清铎：《略论企业媒体公关策略》，载《江苏商论》2004年第7期。

及全球口味，同时为了“全球地方化”，又将改编国的花木兰故事仍保留了主人公自我牺牲、替父从军的基本原型，创设了由长城、山水风景、佛洞、天安门等文化符号，以构成地方化的文化情景，体现了迪斯尼本土化的传播策略。

3. 掌握不同文化语境下的沟通方式

越来越多的跨国公司正在调整自己的沟通方式，有目的地采用本地化或国际化的沟通方式去影响目标受众。比如将沟通的内容转换成当地人熟悉的语言。公关领域曾多次发生由于语言转换不当和理解上的分歧而影响企业声誉的案例。书面材料的本地化转换应该放在首位，口头表达的转换也同样重要。学习非语言的沟通方式更为困难，如符号、信息及无声密码等。此外，还要研究高情景文化与低情景文化①、高不确定性回避文化与低不确定性回避文化②中不同的沟通风格。寻找一位具有当地背景的代言人至关重要，聘请当地顾问为企业现身说法则是一个屡试不爽的手段。③

4. 注意渐进式沟通

对公众来说，渐进的沟通方式更能得到人心。跨国公司先以合作的方式树立企业的良好形象，使东道国公众对公司有充分的了解，并进行一系列的公关活动，这样就能为后续的沟通创造有利的舆论环境。

（二）与消费者沟通的方式

1. 建立一定的内部管理机制与消费者实现互动

许多大公司都设有消费者事务部，并通常由一位副总裁负责管理。这一重要部门的主要职能是满足消费者的需要，消除消费者对公司产品及服务的抱怨，特别针对那些消费者无法与本地零售商消

---

① 人类学家爱德华·霍尔把文化分为高情景文化（high-context）和低情景文化（low-context），两种文化有不同的沟通方式。

② 参见前文中霍夫斯泰德的文化模型说。

③ ［美］吉纳·阿马罗·鲁丹：《针对多元化进行有效传播》，载《国际公关》2006 年第 2 期。

除分歧的问题。一些公司还为不满的消费者设立了消费者投诉热线，以便使消费者的不满情绪能够直接反映给生产者。许多公司还致力于与消费者进行网上交流，一些公司网站是可以与消费者互动的，即允许消费者提出问题，公司相关人员通过电子邮件的方式予以回复。企业还可以通过产品召回机制等方式来平息消费者的不满情绪。[①] 在与消费者的沟通中，不仅产品的售后问题得到了解决，一些伦理冲突也消灭在了萌芽状态。

2. 提供相关的文本表达公司的理念和价值观

跨国公司要向公众提供相应的文本以便公众了解公司的理念和价值，除了公司章程、伦理准则等既有的固定文本外，比较典型的是每年向公众提供公司社会责任报告。过去，跨国公司给公众提供公司年报（Annual Report），主要介绍公司经营状况、财务状况，其中有些年度报告也包含了社会责任和伦理方面的内容。如“壳牌年度报告”中列举了与社会责任有关的四个方面：社会影响管理——如何在日常经营活动中对公司的影响进行管理，从而将负面影响降到最低，将利益最大化；在经营活动和国家层面上进行社会投资，从而增加社会资本；通过壳牌基金会做全球性的社会贡献；发展洁净能源。[②] 近年来，除了公司年报外，跨国公司还同时发布社会责任报告、企业公民和可持续报告、社会和环境责任年度报告等专项报告。与公司年报不同，公司责任报告（Corporate Responsibility Report）在强调公司经营状况的同时，专门强调公司的社会责任和环境责任。以西门子公司 2003 年公司责任报告为例，其主要内容包括三方面：（1）商业辉煌：创新造就商业辉煌；以客户需求为重；全球竞争与公平；杰出雇员造就成功；差异的价值。（2）环境

---

① 参见［美］詹姆斯·E. 波斯特等著，张志强等译：《企业与社会：公司战略、公共政策与伦理》（第 10 版），北京：中国人民大学出版社，2005 年版，第 358 页。

② 王粤、黄浩明主编：《跨国公司与公益事业》，北京：社会科学文献出版社，2005 年版，第 98—99 页。

守护：经济产出及解决方案与生态性；西门子与环保——全球范围生态型制造；执着追求的目标；以员工健康与安全为重。（3）企业公民：通过对话塑造未来；为年轻人准备职业生涯；施以援手；关心残疾人；凭借艺术跨越障碍。[①]

3. 借助广告产生的巨大效应影响消费者

广告传播能起到创造文化形态，营造文化氛围，促进文化信息传递、文化认知，建立和强化文化价值观念，创造流行文化时尚的动力作用，成为影响跨文化传播中极为强劲的动力手段。[②] 从更深层次的研究看，广告传播加强了文化的融合。[③] 广告与文化是一种相互作用的双向关系。消费者在接受广告宣传以及购买行为中，不可避免地表现出不同的文化特征，这也正是跨国公司开拓海外市场经常会遇到的障碍之一。制作突破文化障碍的、具有感染力和渗透力的广告，能够极大地帮助企业获得成功。要达到此目的，跨国公司的广告首先需要进行详细而全面的文化调研和分析，正确理解不同的文化符号的意义，避免使用自我参照标准。跨国公司在东道国投放的广告要注意本土化，即了解东道国与母国文化的差异，尊重所在国的文化、道德、宗教等传统。对跨国公司来说，亚洲一直是本土化的实验基地，中国这个市场尤其如此。美国西北大学的曾莉通过研究，把麦当劳在中国的广告分为社会地位篇、浪漫情怀篇、传统习俗与价值篇和儿童欢乐篇，从而总结出了麦当劳在中国消费者中树立其本土化形象的战略。麦当劳的广告，在战略上表现了中国的传统价值，以及由于中国的特殊政策和经济发展而新近形成的文化，并通过接纳中国文化和传统表明自己是中国消费者的朋友，是欢乐和愿望的梦想所在。麦当劳在中国人和其产品之间建立起了

① 王志乐主编：《软竞争力：跨国公司的公司责任理念》，北京：中国经济出版社，2005 年版，第 7 页。

② 宋维山：《广告传播与文化传播的互动作用管窥》，载《兰州大学学报（社会科学版）》1997 年第 1 期。

③ 柯卓英：《跨文化因素中广告对文化传播的促进作用》，载《人文杂志》2004 年第 5 期。

情感的纽带，从而轻松地使中国消费者接受了这本不可接受的口味。[①] 拥有悠久历史的可口可乐公司自1980年重返中国以来，可口可乐已成为中国最著名的消费品牌。起初，可口可乐是以国际形象出现在中国消费者面前的，所用广告也是美国亚特兰大版本。20世纪末，可口可乐意识到，要当中国饮料市场的领导者，本土文化引航才是长久之路。可口可乐（中国）饮料有限公司为了赢得中国人的认同，广告一律用中国人的形象，诉求点是中国人的情感。将自己的产品打扮得越来越“国粹”，纷纷穿上了中国外衣，从喜气洋洋的“大阿福”、十二生肖卡通罐到奥运金罐和茶系列饮料的面世，可口可乐一次次打出了民族牌。[②] 汇丰银行这个银行巨人视跨文化传播为发展契机，第一步就是发动广告攻势，强调不同的文化群体和民族会用各自不同的方式理解信息。通过汇丰的使命就是成为“无所不在的世界性银行”这一广告诉求，使自己成为全球多元文化建设的领先者。在广告宣传的同时，汇丰还为自己的本土化策略大量招募具有不同背景的金融人才。[③]

4. 借助媒体进行沟通

跨国公司要与东道国的消费者进行沟通，首先要在东道国选择适当的媒体。企业或者在当地设有能够与媒体建立一对一合作关系的分支机构，或者委托当地的专业机构开展调查和与媒体之间的互动。除了传播信息，在规范和监督跨国公司行为方面，媒体也发挥着重要的作用。例如，三菱帕杰罗事件、东芝笔记本事件、富士胶卷事件、奔驰汽车事件等，在媒体的大量报道之下，均给跨国公司造成了很大的压力，在某种程度上也约束了跨国公司非道德行为的蔓延。因此，跨国公司在对外沟通中，要充分重视媒体的作用，建

---

① 曾莉:《麦当劳在中国的广告策略》，载《开放时代》2004年第3期。

② 栾永斌主编:《企业文化案例精选精析》，北京：中国社会科学出版社，2008年版，第342—343页。

③ 转引自［美］吉纳·阿马罗·鲁丹:《针对多元化进行有效传播》，载《国际公关》2006年第2期。

立良好的媒体关系。且看某公司在当地媒体的公关策略：（1）公关部有对当地所有媒体定期拜访制度（每10天一次）；（2）企业老总每月与媒体领导联欢一次；（3）特别活动亲情联系，即：每逢春节、元旦、中秋等节日都给记者朋友送贺卡、小礼品；每年搞一次采访活动，费用全部由企业出，每年厂庆组织媒体朋友来企业参观，以参观为名组织娱乐；（4）每年一次新产品试用，每年选择一款新产品，无偿提供给媒体的相关主管和编辑、记者，让他们试用，一方面是建立关系，另一方面也让他们对公司产品加深印象。[①]可见，媒体因能间接影响消费者和公众的态度而成为企业公关的重点沟通对象。

5. 借助第三方机构或权威人士

第三方机构或权威人士由于其所处地位，往往在企业立场与媒体舆论之间扮演着非常重要的桥梁作用，任何企业都不能忽视这种力量。第三方机构可以是上级政府主管部门、行业协会、商团等，也可以是比较活跃的非政府组织。企业必须在平时与业界、行业的权威人士或舆论领袖建立稳定良好的关系，定期邀请其到企业参观，或是通过其他方式将企业的信息传递给他们，获取他们的信任和支持。对于公众和消费者来说，权威机构的意见往往比企业的广告更真实可信，也更有引导作用。

6. 参与或赞助公益事业进行间接沟通

跨国公司在中国从事投资活动的同时，也非常关注中国公益事业的发展。跨国公司一方面积极主动参加各种公益活动，另一方面采取各种方式支持此类活动的开展，包括资助在中国举办国际性论坛和会议，聘请知名专家和学者来华讲学，支持中国企业、组织和研究机构开展社会责任方面的研究和实践等。跨国公司与众多的中国公益民间机构共同合作，在扶贫开发、法律援助、妇女发展、儿

① 王清铎：《略论企业媒体公关策略》，载《江苏商论》2004年第7期。

童教育、残疾人救助、紧急救灾和公共事务危机处理等领域都表现积极，许多公司不仅设立专项基金支持中国公益事业的各项活动，同时还积极动员企业的员工积极投身到公益事业的具体行动中去，贡献他们的经验、时间和资金。①

美国公司首先把慈善活动与公司的社会责任联系起来。20 世纪 50 年代以前，美国的法律是限制公司插手社会事务的。60 年代初，美国学术界和企业界提出了企业应该关心社会、对社会负责的观念。美国一些大公司为了表现其对社会的责任心，纷纷设立了公司基金会，并开始以公司的名义向各种公共事业捐款。如比尔·盖茨成立了以他和妻子的名字命名的“比尔与梅琳达·盖茨基金会”，基金会的财产总额达 213 亿美元，此数目比美国的卡内基和平捐助基金会、洛克菲勒基金会和福特基金会的总和还要高出许多。1989 年后，美国电话电报公司（AT&T）开发出了一种全新的公司慈善策略，使慈善并不作为游离于公司之外的一个独立组织，而是与公司其他职能部门紧密配合，共同实现企业目标。国际商用机器公司（IBM）也发明了一系列的方法，明确将慈善活动和人力资源战略联系起来。跨国公司参与东道国的慈善和公益事业，对于跨国公司与东道国政府及公众建立良好关系起到了重要的催化作用。

通过参与公益事业，这些跨国公司跨越了民族、文化等方面的鸿沟，在很大程度上化解了东道国民众的戒心，拉近了企业与公众间的心理距离，使企业更快地融入当地社会。2004 年 4 月，西门子当时的总裁兼首席执行官冯必乐博士受邀在联合国安理会上做了题为“企业在防止冲突、维护和平以及冲突后和平重建中的作用”的演讲。西门子的目标是“做优秀的企业公民”。他总结了西门子的成功经验：第一，教育。企业可以修建、资助学校，教育儿童，为

① 王粤、黄浩明主编：《跨国公司与公益事业》，北京：社会科学文献出版社，2005 年版，第 20—21 页。

青年人提供职业培训。第二，医疗卫生。企业可以开展基本的公共卫生服务，将发达国家的福利带给第三世界国家。第三，传授知识和技术。这是使地方经济融入世界经济、让人们学会自力更生的重要措施。企业还可以进行开发援助和开发计划，这可以通过企业与政府的合作来实现。[①] 截至2008年5月23日，外商投资企业、跨国公司和港澳台企业（不含慈善机构和个人）向汶川地震灾区捐款捐物折合人民币24.24亿元。并且在灾后重建中，在华跨国公司还陆续捐款捐物提供支持。[②] 在教育方面，希望工程基金一半以上是由跨国公司捐赠的，而且，这类捐赠还呈增长趋势，成为希望工程基金的主要来源。[③] 2005年，陷入SK－II事件的宝洁公司，仍在3月按计划对中国“希望工程”捐款400万元，使得10年来捐款总额超过2000万元。致力于推动中国直销立法的安利公司，多年来累计支持中国800多项慈善公益事业。可口可乐一直强调“回馈社会”、“服务社会”的企业文化理念，加速树立“中国人自己的饮料”的产品形象。为了实现这个目标，可口可乐已经为“希望工程”捐款达2000万元，在全国各地建了50多所希望小学，并为贫困地区的100所农村小学各捐赠了一套“希望书库”。[④] 跨国公司还通过赞助与企业有关的活动来提升公众形象。如可口可乐就一直赞助体育活动。1990年中国首次承办亚运会，可口可乐因在各比赛场馆举办免费品尝活动而随着亚运赛事的报道走进千家万户。国人普遍对这一“天上掉馅饼”的举措感到好奇，他们没有想到在免费品尝之后，多数人的消费选择天平已经不自觉地发生了倾斜。正是基于这种深刻的印象，可口可乐对中国体育赛事的关注不遗余力。在中国申奥

---

① 罗长海等编著：《企业文化建设个案评析》，北京：清华大学出版社，2006年版，第142页。

② 王志乐主编：《2009跨国公司中国报告》，北京：中国经济出版社，2009年版，第77页。

③ 企业社会责任项目组编：《中国企业社会责任报告2006》，北京：中国社会出版社，2007年版，第60页。

④ 高湘一主编：《跨国公司经营与管理》，北京：中国商务出版社，2006年版，第295页。

成功的消息传出不到半小时的时间内，3 万箱为此特别设计的奥运金罐，就连夜送往各大商场和零售摊点。此外，为庆贺中国男足出线，可口可乐一下子捐出了 300 万元。[①]

7. 提倡环保行动

东道国的环境保护问题一直是跨国公司伦理的一个典型问题。跨国公司也从最初的破坏东道国环境的角色逐渐转换成关注环境保护和可持续发展的先行者。最为著名的例子是美国道化学公司在 20 世纪 50 年代成功解决空气污染的举动。道公司早在公众激烈反对环境污染之前，就在工厂中采取了完全消除污染的措施，它采取系统的步骤把烟囱和水道排出的有毒气体和有毒物质转化成可以出售的产品，并为这些产品创造出各种用途和市场。另一个例子是美国杜邦公司的工业毒物实验室。早在 20 世纪 20 年代，杜邦公司就意识到自己的许多产品具有毒副作用，当时许多其他化学公司都认为这是理所当然的影响而不予理会。但杜邦公司却成立了工业毒物实验室，着手消除这些影响，之后它又决定把控制工业产品有毒物质的业务发展成为一个独立的企业，不仅为杜邦公司，也为其他顾客提供诸如产品毒性检验等服务。这样，杜邦公司不但消除了企业对社会和环境的不良影响，而且还把这种影响转化为企业新的发展机会。[②] 对很多跨国公司来说，可持续发展已经成为公司经营方针的有机组成部分。例如，壳牌公司已经在南海石化项目和西气东输项目上实行了“环境与社会影响评估”，在中国法律的要求之外，对项目可能造成的社会和环境影响进行了详细的评估。壳牌公司与联合国开发署合作，完成了对沿线的社会影响评估调查，与 1 万名民众进行了访谈，以便更好地了解项目可能造成的社会影响，倾听受

① 栾永斌主编：《企业文化案例精选精析》，北京：中国社会科学出版社，2008 年版，第 343—344 页。

② 徐再起、王勃：《企业经营伦理：美国的实践与我国的现状及思考》，载《安徽广播电视大学学报》2000 年第 2 期。

项目直接影响的民众的意见。[①] 在最近10年里，联合利华建立了一个可持续发展的农业计划，以减轻环境问题的负荷和消费者对食物链的担忧。1996年，联合利华做出重大决定，今后所有的鱼类原料都从可持续发展渔场获取，并与世界野生动物基金会合作为可持续渔场建立认证程序，称为“海洋管理委员会”（MSC）。到2003年底，公司一半的鱼类原料来自可持续发展的资源，每生产一吨产品的耗水量下降了13%。这是一举三得：一是保证了消费者食物链的安全，二是促进了资源的可持续发展，三是大大节约了水资源。2000年，联合利华中国公司启动了“绿水青山行动”。该活动遍及中国十多个地区，旨在提高人们的环保意识并开展植树活动。参与这些活动树立了联合利华在中国的良好形象，也获得了社会的认可。[②] 慈善与环保作为间接的沟通方式，不仅是跨国公司与公众（消费者）沟通的常用方式，也是跨国公司与政府及社区（环境）沟通的一种方式。

8. 特殊沟通方式

在与消费者的沟通中，还有一些特殊的沟通方式也值得研究。比如，“宜家”这个品牌很少涉足大众媒体投放广告，但却以一个品牌概念“销售梦想而不是产品”直抵人心。人们去宜家买东西，似乎不是为了里面的家居用品而去，而是为了心中对家的那份渴望，与消费者建立了这样深厚的情感基础，宜家的成功也在意料之中了。当初丰田车进军美国市场时，曾在最初遭遇“滑铁卢”，继而运用了“间谍情报”的手段——派了一名公司员工以学英语为由住进了美国人家里，对美国人的生活起居的各个细节摸了个透，也带来了丰富的“情报”，针对当时的美国国情，丰田车以小型车打

① 王粤、黄浩明主编：《跨国公司与公益事业》，北京：社会科学文献出版社，2005年版，第99—100页。

② 罗长海等编著：《企业文化建设个案评析》，北京：清华大学出版社，2006年版，第218页。

入了美国市场，并在每一处细节都针对美国人做出了设计，从而大举成功。

三、跨国公司与东道国政府之间的沟通

（一）与政府沟通的准则

1. 根据东道国制度评估政府沟通的重要性

在现代社会中，企业和政府的关系日益紧密，企业管理者不可能忽视政治领域的发展，相反，企业的领导者意识到，企业的生存和兴旺与政策决策之间有着莫大的联系。但不少跨国公司在开展跨国经营的初期，都更重视与公司经济效益直接相关的短期活动，而忽视了与东道国政府的关系。事实上，对跨国公司来讲，处理好与东道国政府部门的关系尤为重要，因为当地政府的政策可能直接决定着该公司某些业务的成败。

在中国，来自政府的监管或者支持往往在企业运营中扮演着异乎寻常的角色。尤其是跨国公司刚刚进入时。根据霍夫斯泰德的文化维度理论，作为权力距离比较大的国家，政府对于跨国公司的经营和管理具有相当大的话语权。[①] 跨国并购已成为经济全球化时代的重要特征。摩根士丹利亚太区首席经济学家谢国忠指出，和中国比较起来，美国的并购审查无论是制度还是执行都比较完善，中国并购经验少，缺乏合理的估价体系和相关的法律法规。外资到中国企业入股一般都是先和地方政府谈判，然后上报到上级政府或主管部门。[②] 因此，在中国，跨国公司与政府的沟通至关重要。

2. 根据企业自身情况确立政府沟通的目的性

跨国公司与东道国政府沟通的目的除了取得政府的支持、建立合作关系之外，往往瞄准涉外立法。东道国的立法直接影响到跨国

---

① 吴友富：《企业跨国并购中的跨文化沟通》，载“全球化背景下的跨文化管理国际学术研讨会论文集”，上海外国语大学，2009 年 11 月 28 日—29 日。

② 蒋敏：《中海油并购优尼科夭折的背后》，载《华人世界》2006 年第 6 期。

公司的经营和利润，于是跨国公司通过各种方式在立法过程中传递它们的呼声和要求。商务部研究院一研究员评论说，在直销立法的过程中，外资企业不仅了解国际市场游戏规则，而且还熟悉中国国情。它们有完整的行规，能够拿出“立法范本”以供政府参考。[①]比如，对于政府比较重视的反垄断问题，跨国公司通过种种手段影响国内反垄断法的出台。2004 年 5 月工商总局完成的《在华跨国公司限制竞争行为表现及对策》一出台便遭到诸多在华跨国公司的强烈否认。许多西方企业担心自己会最先成为酝酿中的《反垄断法》的打击对象。中国反垄断法的迟迟不能出台，可见跨国公司的影响力不可小看。再比如，税收问题。2005 年 1 月，54 家在华投资的世界 500 强跨国公司向财政部、商务部和国家税务总局要求延长税收政策优惠期。多年以来，外资企业比国内企业的有效税率要低 10—12 个百分点，“入世”以后，本着内外资平等的原则，政府拟将内外资企业所得税合并，但跨国公司显然不愿其优惠条件就此消失。[②]当然，跨国公司在广泛的政治事务中有清楚而重要的商业利益，其中一些相当具体，而另一些则比较宽泛，比如摩托罗拉公司在 1993—1995 年涉及的公共政策参与包括：移动电话标准、编码标准与监管、外国竞争者倾销行为、美国对贸易争端的政策、中国加入 WTO、将人权问题与贸易政策联系起来以及国家宏观政策。[③]

3. 紧扣东道国经济脉搏，参与经济改革与发展

一般而言，跨国公司在与东道国政府的沟通中，要符合东道国的利益取向“投其所好”。跨国公司要取得东道国政府的理解和支持，就必须以实际行动作出承诺，尽可能在社会就业等方面适应当地政府的要求，使当地政府从工业经济发展以及社会发展出发，给

① 杨育谋：《跨国公司玩转政府公关》，载《经营管理者》2006 年第 2 期。

② 杨育谋：《跨国公司玩转政府公关》，载《经营管理者》2006 年第 2 期。

③ 参见［美］詹姆斯·E. 波斯特等著，张志强等译：《企业与社会：公司战略、公共政策与伦理》（第 10 版），北京：中国人民大学出版社，2005 年版，第 188 页，表 8—3。

予跨国公司以宽松的政治环境。比如，柯达公司一贯保持与中国经济改革开放进程的战略性友好合作关系，不仅在上世纪末成功地与中国政府达成全国性的行业协作协议，在本世纪更是加快实施全球投资、成本和利润中心向中国的全面转移。从“全行业合资”、“西进”到“合资乐凯”，柯达始终都扣上了中国政治经济的大脉络：“外资参与改造国企”、“西部大开发”和“国企股份制改造”，这让它在中国的发展屡获先机。[①] 参与东道国经济发展包括支持对东道国的技术转让。实现技术转让是东道国对跨国公司的内在要求，但有相当一部分跨国公司在这个问题上与东道国发生了冲突。爱立信进入中国后，在技术转让、本地化等方面都发挥了积极的作用。20 世纪 90 年代以来，爱立信注重在中国的技术本地化工作，在技术转让方面本着平等互利的原则，与中国政府部门及科研院校建立了长期、稳定、广泛的合作关系；向合资企业转让技术和专有知识，包括产品概括、技术知识、综合管理培训、业务培训和销售知识；与本地大学开展技术交流与合作，包括北京邮电大学、北京理工大学、清华大学以及中国科技大学；与信息产业部签署合作备忘录，在技术和其他促进中国信息产业发展的相关领域进行多方合作。[②]

（二）与政府沟通的方式

1. 建立与政府沟通的组织形式

成立专门组织与政府沟通是美国公司的特有做法。公共事务协会（Public Affais Council，简称 PAC）是一个总部设在华盛顿的机构，已经有 600 名成员，包括大型制造商（如波音公司、通用电气公司、固特异轮胎公司、米德纸业公司等）、银行、保险公司、电力公司以及健康服务业和其他行业的公司。PAC 的成员对如何更有

---

① 杨育谋：《跨国公司玩转政府公关》，载《经营管理者》2006 年第 2 期。

② 参见王志乐主编：《软竞争力：跨国公司的公司责任理念》，北京：中国经济出版社，2005 年版，第 178—179 页。

效地管理与政府机构的关系有着共同的需求。它们中的许多业务都要与政府监管机构打交道，并受到税法及其他公共政策的影响。PAC 通过多种方式帮助会员，包括提供有关信息，举办由企业和政府领导人参加的专题研讨会。这种联系网络对于政府和企业间的互动是非常重要的。

跨国公司还通过选派直接代表、参加行业协会和参加非正式联盟的方式进行与政府之间的沟通。第一种方式是选派直接代表。通过在当地设立办事处，选派全职人员作为代表或专员，以便使企业能够及时了解与它们生存发展密切相关的政治事件的进程，必要时还可以与政府官员直接沟通。依靠这种安排，在有关的政府立法和干预活动决策之前，企业办事处的人就会直接代表企业说话。沟通正是游说和说服的过程，企业游说者通过自己的活动，劝说政府官员在考虑特定法律、政策和干预时，支持或代表本组织的利益；第二种方式是参加企业协会。许多企业乐意参加行业协会，在那里，它们可以依靠团体的力量和专职人员的努力，促进它们在政府事务中的利益。如美国商会有超过 20 万个成员企业。这个机构有数百万美元的预算，出版一本广为散发的杂志，并且经营一家卫星电视网，用来传达它们的政治主张。美国商会在政治、经济及立法干预问题上都有自己的声音。它通过积极的活动使其成员的意见能够被更多地采纳，包括在自由市场中进行有效竞争、应该为各成员企业提供哪些条件等；第三种方式是建立非正式联盟。非正式联盟经常联合多种行业的企业共同进行游说，去支持或反对某一立法或政府干预活动。有时候，因为共同面对某些特定的法律、监管、税收及其他事务的影响，这些企业就会和它们的竞争对手、其他行业的公司，甚至是其他非商业组织联合。[①] 由于政治体制的差异，在美国

---

① ［美］詹姆斯·E. 波斯特等著，张志强等译：《企业与社会：公司战略、公共政策与伦理》（第 10 版），北京：中国人民大学出版社，2005 年版，第 184—185 页。

等国家，企业政治参与的程度更深，通过政治捐款等形式，企业往往能在政府决策中获得丰厚的回报。

2. 开展国际公关与游说活动

国际公共关系活动分为企业国际公共关系和政府国际公共关系两种。企业国际公共关系是以企业为主体针对外国受众的公共关系活动。[①] 所谓“游说”，就是聘请东道国的社会知名人士或团体（如前政府官员、前议员、专家学者等），利用他们的关系来向东道国的立法者与政府行政人员表明组织的意愿与利益要求，影响该国或当地的立法和政府行政决策过程以及社会舆论，以形成有利于组织发展的国际环境。[②] 公关与游说是企业与政府沟通最主要的方式。企业和其他利益团体利用各种方式去直接影响公共政策的发展。大多数影响活动涉及传递某种信息、表达一种观点或者试图与政府部门和官员进行对话。具体方法有：

（1）借助本国力量对东道国政府施加影响。外交要为经济服务，跨国公司可以借助母国政府、两国的民间友好机构以及母国驻在东道国的使领馆、商会等，为企业的跨国经营提供帮助。1998 年 4 月，在中国的直销禁令发布后不久，当时的美国总统克林顿在给国际直销协会的信中写道：“我们业已要求中国政府解除其市场壁垒并允许直销企业继续在华拓展业务。美国商务代表此次同中国方面进行讨论时会重点突出上述问题。”5 月，安利公司借美国贸易谈判代表巴尔舍夫斯基（Charlene Barshefsky）约见国务委员吴仪的机会，提出有关 3 家美资直销公司在中国的出路问题。随后，国家对外贸易经济合作部、国家工商行政管理局和国家国内贸易局组成工作组，为 8 家外资直销公司寻找出路。1998

① 陈开和：《国际公共关系在企业跨国并购活动中的作用》，载《广告大观理论版》2007 年第 1 期。

② 胡学龙：《游说战略：日本企业在美国竞争致胜法宝》，载《国际经贸探索》1992 年第 2 期。

年6月，国家下发《关于外商投资传销企业转变销售方式有关问题的通知》。至此，安利（中国）以“店铺销售加雇佣推销员”的方式完成转型经营。

（2）总部高层亲自出马。在同一个国家，企业与政府关系的管理尚且会各不相同，所以当一个公司在许多国家都有业务时，在每个国家管理政府关系就变得相当复杂了。对于许多公司而言，跨国界管理对政治技巧要求很高，要求最高行政官员和高级公共事务管理者的参与。跨国公司高层出面能给东道国相关部门以充分的尊重，也能引起相应的重视。举一个简单的例子，跨国公司想在某一个国家有所发展，首先必须与政府进行谈判以获得许可，这往往要求CEO的到访，当然还必须让地方的管理者去处理大部分与政府及媒体关系的细节。熟悉政府公关的人才是跨国公司追逐的对象，如原柯达公司的叶莺、微软公司的陈永正等。柯达公司当时选择叶莺出任柯达大中华区副总裁，叶莺凭借其出色的政府公关能力，成为柯达缔结“98协议”的关键人物。在中海油竞购美国优尼科的案例中，为了消除美国公众的疑虑、解释中海油收购优尼科的商业动机和价值，中海油总经理傅成玉亲自致信美国国会议员，说明竞购案不会影响美国国家安全。虽然最后仍没能力挽狂澜，但通过高层沟通起到的作用不可小觑。

（3）聘请资深公关公司或专业顾问。国际公共关系研究在我国只有短短十多年的历史，我国本土的国际公关公司也还正在发展中，业务规模比较小，因此，我国很多企业在海外拓展业务，都只能借助国外公关公司的协助。中海油竞购优尼科虽然遭遇了滑铁卢，但其中也有值得借鉴之处。在酝酿收购优尼科的前几年，中海油就成立了一个“国际顾问委员会”，委员会的5名成员都是国际“产官学”名流，包括前国务卿基辛格博士等。[①] 在后期，中海油雇

① 《请基辛格来献策》，载《人民日报》2002年8月19日。

用了两家极具影响力的公关公司和游说团体，对美国国会进行游说。[1] 其中有著名的美国公关公司博伟集团，还有美国一流的法律顾问、税务顾问、技术顾问和政策顾问。应该说，中海油所采取的国际沟通方式是正确的，可惜的是，它的沟通延误了时机，没有在该展开公关活动的时候及时出手。

（4）成立游说团体。游说通过直接接触政府部门，力图影响那些政府官员在某些事务或者政策上的想法和行动。游说通常是面对面的接触，有时会延续很长时间，而有时是只持续几分钟的会面。1998 年前，中国政府一度反对安利公司在中国采取的无店铺销售方式，要求停止这种经营模式。在中国直销立法的过程中，当安利获知商务部上报给国务院法制办的部分条款对安利公司很不利时，安利曾多次动用世界直销协会联盟游说立法部门。2004 年 5 月，7 家直销巨头的负责人聚首苏州，成立了一个临时性的压力集团——“关注中国直销立法开放小组”。随后，这个小组和商务部举行了 4 次讨论。直销条例的出台被推迟后，2005 年 1 月，来自世界各地 18 家直销公司又在北京举行了首席执行官峰会，加快了影响中国直销立法的态势。[2]

（5）借助媒体造势。从 20 世纪 90 年代起，社会进入新媒体形式的爆炸时期，电视、电台脱口秀以及网络服务层出不穷。这些媒体在公众意见的形成方面影响颇大。企业在公共政策领域经常使用的一个传播手段是倡导性广告，即企业或行业团体在一些著名的报纸或其他公开媒体上刊登可视广告，用以阐述其在有争议问题上的观点。20 世纪 70 年代，在那个可视广告影响力还不为人所知的年代，美孚公司（现为埃克森美孚石油公司）首开利用倡导性广告的先河，以此手法影响了石油价格和环境法规的制定。

---

① 陶建杰、裴增雨：《“强力公关”背景下的企业公关——中海油事件的思考》，载《中国广告》2006 年第 3 期。

② 杨育谋：《跨国公司玩转政府公关》，载《经营管理者》2006 年第 2 期。

那些作为倡导性广告发起人的管理者们相信，这些广告可以针对某些特定的公共政策问题，使公司以一种感兴趣的、活跃的利益相关者的身份出现。

（6）借助东道国社团组织，比如中国的行业协会。行业协会可以为跨国公司提供丰富和完善的行业信息，可以在企业之间搭建合作平台，更重要的是，行业协会是政府产业政策的重要征求意见对象，是政府与企业、政府文化和企业文化之间的纽带。例如由数十家跨国公司组成的“中国外商投资企业协会优质品牌保护委员会”，在协助中国政府处理打假的立法、执法的同时，也有效地保护了会员企业的知识产权。2000 年该协会对《商标法》和《产品质量法》出台的推动就是一个例子。中国目前共有全国性行业协会 362 个，在协会从业人员中，有大量离退休政府官员、行业专家、有影响的企业人士，这些人员熟悉政府运作方式，与政府有着各种联系，有利于跨国公司通过协会发展与政府的关系。[①]

（7）赞助学术活动和研究机构。例如，国内各种知识产权研讨会和知识产权研究机构，都有国外资本资助，微软就是其中一个。微软凭借着这些潜移默化的影响，促成了《计算机软件保护条例》的出台，并凭借着这个条例四处打击盗版，维护自己的利益。为了直销立法，安利公司可谓费尽心思，在主要探讨有关中国直销立法内容的世界直销协会联盟年会会场，安利负担了会务的食宿和会务用车。

（8）发展慈善事业和参与环保行动。[②]

综上所述，一个具有战略意义的沟通计划对跨国公司来说是至关重要的。它应该包括经过细分的沟通对象、灵活多样的沟通手段以及满足不同受众需求的沟通内容。

---

① 杨育谋：《跨国公司玩转政府公关》，载《经营管理者》2006 年第 2 期。

② 详见前文中跨国公司与消费者的沟通。

第七章 中国跨国公司“走出去”过程中的伦理冲突

西方跨国公司在发展中国家会面临全球化与本土化之间的伦理冲突，对于中国来说，不仅仅是作为东道国在“引进来”的过程中要注意伦理的沟通与融合，还有“走出去”问题。在全球化背景下，尤其在中国加入WTO后，对于中国企业来说，西方跨国公司的跨国经营之路也是中国企业的未来发展方向。而在这个过程中，中国从西方跨国公司的东道国转变成了本土跨国公司的母国，虽然跨国经营的东道国中有西方发达国家也有发展中国家，但以西方发达国家为主。中国跨国公司的本土伦理将要在海外遭遇既有的全球伦理的挑战，无法回避国际规范的制约和影响，也同样会面临伦理的本土化与全球化之间的冲突、沟通与融合。因此，本章与第八章主要研究中国跨国公司“走出去”过程中的伦理问题。

第一节　跨国公司与中国

一、“引进来”——外国跨国公司在中国

21世纪，跨国公司成为企业的一般形式而不是特殊形式，不仅如此，跨国公司正在以一个日益重要的国际行为体的身份走向国际舞台。

中国既是最大的低劳动力成本产品的出口国，同时又是很大的

高附加值制造业产品的进口国。这不仅为跨国公司的资金、技术在中国市场找到了发展的机遇，而且为其产品找到了市场。毕马威（KPMG）2008 年 9—10 月对全球 12 个经济体的 260 家跨国公司的调查报告显示，中国仍是全球最佳投资地。[①]

从 1979 年至今，中国吸引外资的战略一直在不断调整，其中比较大的有两次：一次是 1992 年邓小平南巡讲话后，中国开始积极吸引外资，特别是外商直接投资。在推进外商在华投资时，中国政府特别关注吸引跨国公司的投资，掀起了跨国公司在华投资的第一轮高潮。另一次是中国“入世”前后。2001 年 12 月 11 日，中国正式加入 WTO。早在“入世”前，中国政府就已经开始修改、制订有关外资的法规，调整有关外资政策，从而开始了第二次外资战略的重大调整。2001 年夏，中央和国务院召开了第三次全国外资工作会议，会议明确提出，在当前引进外资规模已经相当大和国内资金相对充裕的新的条件下，应当把外资工作的重点从单纯吸引国外资金为主转移到引进先进技术、引进现代化管理、引进专门人才方面来。这些方针成为中国“入世”以后扩大开放利用外资的指导思想。[②]

与中国吸引外资战略发展过程相适应，跨国公司进入中国的发展也经历了三个阶段。第一个阶段是 1979—1992 年，中国改革开放初期，跨国公司主要开展商品贸易、技术贸易，进行少量试验性直接投资；第二个阶段是 1992—2001 年，中国扩大开放时期，跨国公司开始进行比较大规模的直接投资，主要集中在制造业领域；第三个阶段是 2002 年中国“入世”以来，随着中国全面和全方位开放，跨国公司调整战略和管理结构，全方位进入中国，地域不断扩大，

① 李小丽、史建锋：《欧盟企业对中国市场投资环境的评价及其投资趋向分析》，载《学习与探索》2009 年第 4 期。

② 王志乐主编：《2012 跨国公司中国报告》，北京：中国经济出版社，2012 年版，第 9—10 页。

包括中西部，行业不断拓展，包括众多服务业领域。

到目前为止，绝大多数世界500强企业中已经进入中国。日本、美国、欧盟等著名的跨国公司大多数已来中国投资。在产业分布上，跨国公司在第二产业投资仍占70%以上，且集中在劳动密集型的轻纺和食品、饮料业，国内市场容量较大的电子及通讯设备、交通设备制造业领域。在企业选择上，跨国公司主要选择那些在国内具有一定技术优势和规模较大的企业作为投资或合作的对象，能够较好地运用其在国内市场的竞争与垄断优势。如500强中所有以汽车为主的跨国公司和兼有汽车业的跨国公司，都已在我国投资；500强在机械行业中的329家，已主要进入市场潜力大、市场回报率高的行业，比较集中的投资有工程机械、电梯、电工电器等行业。在地区选择上，跨国公司对华投资都选择区位优势较好的东部沿海地区，在中西部的投资很少。在股权机构上，初期由于我国的外商投资政策并不鼓励独资，因而跨国公司采用独资或合资控股方式并不多见，中方拥有较大的发言权，自1995年以来，我国在外商投资方面采取了更加灵活的政策，外商独资和外方控股的合资企业数量开始上升，中方控股的合资企业开始下降。①

一直以来，外商投资中国都是一条双赢之路。一方面，外商将资金、技术以及先进的管理和经营理念带入中国，为中国经济的发展做出了贡献；另一方面，外商也充分享受了中国经济增长的成果，获得了大大高于世界其他市场的投资收益。

跨国公司进入中国，通过投资带来了资金、技术和管理，更为重要的是，跨国公司进入中国，加剧了市场竞争，激发了中国经济的活力，促进了中国企业的新生。在20世纪80年代，跨国公司通过销售产品转让技术，把先进的产品和设备等硬件引进中国；在90

① 肖光恩：《世界贸易组织协调重点与跨国公司对华直接投资战略特点的变化和中国政府的应对措施研究》，全球品牌网，2009年2月28日，http://www.globrand.com/2009/169014.shtml.

年代，跨国公司通过大规模建立制造企业，把现代企业制度引进中国；在21世纪，跨国公司通过强化公司责任，设立国际标准，把先进的企业理念和高尚的道德标准引进中国。相应地，中国企业也经历了由此带来的三次提升：从20世纪80年代到90年代初，中国企业处在第一次提升阶段，当时中国许多公司从国外大量引进技术，包括产品、成套设备和生产线，这一阶段主要是硬件引进阶段；从90年代初到本世纪初，中国企业处于第二次提升阶段，这是企业制度创新阶段，1992年中国明确建立社会主义市场经济体制，1994年开始实施公司法，明确提出建立现代企业制度；2001年中国“入世”以来，中国企业发展进入第三次提升阶段，即企业理念提升阶段。2004年以来许多公司在探讨今后发展的突破口，而如何确立先进的社会责任理念成为企业的主要探索。[①] 通过“引进来”，在华跨国公司促进了中国宏观经济的发展和中国经济体制的转型。

二、“走出去”——中国跨国公司的发展

早在新中国建立之前，中国企业就开始在海外投资。成立于1912年的中国银行于1929年在伦敦设立了分行，这是中国银行业在海外设立的第一个经营机构。新中国成立初期，中国在海外也有一些投资活动。但是，跨国投资作为中国对外经济技术合作的一种重要方式，则是在1979年改革开放之后逐步发展起来的。北京市友谊商业服务公司与日本东京丸一商事株式会社在东京开办了“京和股份有限公司”，建立了中国第一家国外合资企业，拉开了中国企业对外直接投资跨国经营的序幕。但是，最初的案例只能用“零星”一词形容。直到1986年后，中国海外投资才进入一个相对高速发展期。从1996年起，中国海外投资真正由蒙昧的随意生长状态

① 王志乐主编：《软竞争力：跨国公司的公司责任理念》，北京：中国经济出版社，2005年版，第59页。

进入到相对平稳的良性增长状态。

中国企业“走出去”是经济全球化过程中中国企业实现自身发展的必由之路。改革开放以来，“引进来”是中国参与全球化的主要形式，随着中国经济技术发展水平的提高，国家外向型经济模式正在由“引进来”战略转向“引进来”与“走出去”相结合的战略。中国政府从2000年开始实施“走出去”战略，鼓励国内企业到海外投资。2001年，“走出去”战略作为一条重要建议被写入《十五计划纲要》。党的十六大报告再次指出，实施“走出去”战略是对外开放新阶段的重大举措。2001年，中国“入世”成为中国对外经济发展的一个里程碑，标志着中国从被动参与经济全球化转变为积极主动融入经济全球化，这也是中国吸收外资、对外贸易以及对外经济合作发展历史的一个重大阶段性标志。① 实践证明，“走出去”战略已成为关系我国发展全局和前途的重大战略。

跨国并购（又称海外并购）是进行全球化资源配置的最主要手段之一，也是企业融入全球经济必须要迈出的重要一步。美国著名经济学家乔治·斯蒂格勒说过：“没有一个美国大公司不是通过某种程度、某种方式的兼并而成长起来的，几乎没有一家大公司主要是靠内部积累成长起来的。”

中国企业的海外并购活动开始于20世纪80年代，自21世纪以来，随着“走出去”战略正式公开提出，中国企业的海外并购出现了前所未有的蓬勃发展，以年均17%的速度增长。美国《商业周刊》撰文认为，未来10年中国企业将进行大规模的跨国并购。② 根据各国投资促进机构的分析，美国、德国、英国、法国和中国将是对外直接投资的最大来源国。有的发展中国家把中国列为位于美国

---

① 王志乐主编：《走向世界的中国跨国公司》，北京：中国商业出版社，2004年版，第27页。

② 梁燕君、张会刚：《中国企业海外并购中的跨文化整合》，载《中外企业文化》2006年第11期。

之后的第二个对外直接投资的重要来源国。[①] 从投资领域看，“走出去”的中国企业从以往以贸易服务和小型加工为主已逐步发展到能源资源开发、家电轻纺等加工制造、基础设施和高新技术产业等领域。[②] 投资的层次也从早期的建点开办“窗口”，发展到投资办厂带动国产设备材料出口、跨国并购、股权置换、境外上市、设立研发中心、创办工业园区、建立国际营销网络和战略合作关系等多种形式。从投资国别看，根据中国贸易促进协会发布的《2010 年中国企业对外投资现状及意向调查报告》显示，美国是吸引中国企业投资最多的国家，而中国企业对欧洲的投资主要集中在法国、德国、英国和意大利。此外，越南已经连续两年进入吸引中国投资企业最多的国家和地区前十名。[③]

自 2002 年开始，伴随着中国经济的整体迅猛增长，中国海外投资也开始进入井喷时代，海外并购逐渐崭露头角。2004 年前后，中国企业经历了第一波跨国并购的浪潮，TCL、联想、明基等几起并购的遭遇，也充分展示了海外并购的艰难和残酷。而肇始于 2008 年，从 2009 年初开始进入高峰的新一轮海外并购潮无论从规模还是戏剧化程度上，都全然不输上轮。中国企业加入并购浪潮的原因很简单——加入全球经济体系。近年，即使是为了遏制外汇储备的过度膨胀，中国也有必要促使更多的企业走出国门。金融危机爆发后的 2009 年，中国企业的收购和兼并势头并未减弱。2012 年，尽管全球并购市场持续低迷，按照汤姆森公司的统计，全球并购活动减少 2. 8%，交易规模为 2010 年以来最低水平。但作为世界第二大经济体，中国海外并购搞得却是风生水起，逆势上扬，对外并购总量

① 詹晓宁、孙同宇：《全球 FDI 前景评估：跨国公司战略与东道国政策发展》，载《国际经济合作》2004 年第 5 期。

② 《发改委：中企境外资产逾万亿美元》，中新社北京 11 月 3 日电，http：//news1. secutimes. com/20091103/64/25411663. shtml.

③ 中国国际贸易促进委员会：《2010 年中国企业对外投资现状及意向调查报告》，2010 年第四届中国企业跨国投资研讨会。

增加了28%。[①] 根据普华永道公布的报告《全球并购市场新动向——新兴市场投资者的崛起》显示，中国企业海外并购在过去5年中掀起了热潮，总投资金额从2008年的103亿美元发展到2012年的652亿美元，5年间增加5倍有余。

最近中国企业的海外并购步伐正继续加快。根据商务部经济合作司发布的统计数据，截至2013年1月，我国境内投资者共对全球123个国家和地区的777家境外企业进行了直接投资，累计实现非金融类对外直接投资49.14亿美元，同比增长12.3%。在对外承包工程领域，我国对外承包工程累计完成营业额10115亿美元，完成营业额6624亿美元。在对外劳务合作方面，我国对外劳务合作派出各类劳务人员2.9万人，1月末在外各类劳务人员81.9万人，较2012年同期增加0.8万人。[②] 2013年5月底，复星医药宣布以2.2亿美元收购以色列医疗美容器械生产企业95%的股权，成为我国企业迄今为止最大一笔对以色列的并购案。2013年5月，双汇宣布将收购有着77年历史的全球最大的生猪养殖和猪肉加工企业——美国的史密斯菲尔德食品公司，这笔收购案的最终价值高达71亿美元。对于这一收购案，双汇方面表示，中美是目前肉类生产领域最重要的市场，合作将使双方成为该领域的全球领导者。史密斯菲尔德食品公司也强调说，这桩收购案的目的是提高美国食品的出口以满足中国不断增长的需求。正当我们大家还在讨论这桩食品业的"蛇吞象"时，中国企业再下一城。"SOHO中国"又被曝出将以7亿美元收购位于美国纽约的通用汽车大厦40%股权，这有望成为中国赴美最大的一笔不动产投资。

尽管中国企业的海外并购始终处在跳跃式发展状态中，但从总体来看还处于一个初级水平，海外并购也将越来越成为主导中国经

---

① 《经济参考报》，2013年4月26日。

② 中国商务部.《2013年1月我国对外投资和经济合作情况》，2013年2月20日，http：//www.askci.com/news/201302/20/201175161416.shtml.

济未来走向的重要力量，随着商务部《境外投资管理办法》的出台，中国海外投资与海外并购必定会迈向一个新的高度。

在“走出去”的企业大军中，民营企业越来越发挥着积极的作用。虽然中国的民营企业只有 4 家（平安、华为、沙钢、联想）进入了世界 500 强，但在过去 5 年中，崛起中的中国民营企业积极寻觅成熟市场的优质并购目标，这对跨境并购格局带来了影响。展望未来，在交易数量上，中国民营企业将引领海外并购市场。但就交易金额而言，国有企业仍然占主导地位。从投资领域来看，国有企业积极锁定原材料、能源和资源型的投资目标；对于民营企业而言，高科技、消费类行业则更具吸引力。国有企业在进行海外收购时所遇到的制度方面的障碍比较多，尤其是在民主化和市场化程度较高的国家，国有制对交易的完成有负面的影响。但这并不意味着“国”字头对企业的国际化总是不利的，从资金实力和诚信等方面来看，国有企业还是有比较优势的。从实践来看，国有企业仍是“走出去”大军中的主力。①

在跨国经营中，中国正在产生自己的跨国公司，包括中远、TCL、中石油、中海油、首钢、华源、上海电气、宝钢、华立、海尔、万向、海信、三九、京东方等。2012 年《财富》世界 500 强排行榜中，中国大陆（含香港在内，不包括台湾）的上榜公司连续第 9 年增加，共有 73 家公司上榜，比 2011 年增加了 12 家。包括台湾在内，中国共有 79 家公司上榜。中国大陆上榜公司数量已经超过了日本，仅次于美国的 132 家。联合国贸发会议发表的《世界投资报告》每年都要统计发展中国家最大的 50 家跨国公司，中国连续几年都有企业入选。

全球化给中国的跨国公司带来了机遇，但与此同时，也给中国

---

① 张建红、周朝鸿：《中国企业走出去的制度障碍研究：以海外收购为例》，载《经济研究》2010 年第 6 期。

的跨国公司带来了严峻挑战。中国企业的海外并购活动呈现出增长高速、发展滞后的特征。中国企业的海外并购尚处在初学阶段，还带有很强的探索型特征，与发达国家相比差距明显。在海外并购问题上，绝不等于谁手头有美元谁就能成功。国际环境为中国企业从事海外并购提供了良好的机遇，但中国企业的海外并购之路却一波三折，且不乏“壮士断臂”、折戟而归的事例。有的是出师不利就并购失败，如2002年华立集团收购飞利浦在美国的移动通信部门，2004年TCL收购阿尔卡特手机业务，2005年中海油并购美国优尼科、明基收购德国西门子，2009年中铝收购澳大利亚矿业巨头力拓等。也有的是并购成功后的整合失败，如上汽并购韩国双龙汽车、平安保险并购富通等。来自麦肯锡的统计数据显示，过去20年里，全球大型企业兼并案中，真正取得预期效果的比例不到50%，而中国企业67%的海外并购并不成功，可见中国的失败率高于国际平均失败率。当人们期望着1+1>2时，事实却并没我们想象得那么风光。2004年TCL集团宣布并购后其净利润相对前年减少了一半；同年，收购了新加坡国家石油公司的中航油也出现巨额亏损；2006年刚收购西门子手机业务满一年的明基集团由于自身品牌出现亏损不得不叫停投资德国子公司。缺乏海外并购经验的中国企业，无论在并购与企业战略的匹配、并购与整合的技巧，还是文化冲突的应对上，都毫无疑问将是漫长而痛苦，而且很可能充满挫败的学习过程。①

从表7—1可以看出，进行海外并购的公司都是国内大型和知名公司，但是在收购过程中却未占优势，原本势在必得的收购由于种种原因不能顺利进行。从企业伦理的角度进行分析，我们可以发现中国企业仍需要做出许多改进和调整。

① 张小平：《中国企业海外并购30年沉浮录：在爱与痛的边缘出海》，载《英才》2009年第8期。

表 7—1　2009—2011 年中国企业主要海外并购未成功交易（根据交易额排序）①

公布日期	中方公司	目标公司	目标产业	交易额（百万美元）	交易结果
2009.6	中国铝业	力拓股份公司（9%股权）	矿业	19500	力拓毁约
2010.10	中海油	Kosmos Energy 加纳资产（23.5%股权）	矿业	5000	未达成协议
2010.12	光明食品	美国 GNC	食品业	3000	价格未达成一致
2011.3	光明食品	法国优诺（50%股份）	食品业	2400	败给美国“通用磨坊”
2010.6	光明食品	澳大利亚西斯尔公司糖业及可再生能源部门	食品业	1470	价格未达成一致
2010.7	华为公司	摩托罗拉无线网络设备业务	信息技术	1200	败给诺基亚西门子
2009.9	中色集团	澳大利亚 Lynas	矿业	370	交易未获批准
2010.4	腾讯公司	以色列 ICQ	信息技术	188	被 DST 集团收购

国内学者对中国企业“走出去”也做了一些研究，主要集中在其过程中遇到的问题、战略、路径和模式等方面。有研究表明，从并购的全过程来看，中国企业并购失败的原因主要有战略决策不准确、并购操作不当和并购后的整合不力。而海外并购的第一步就是战略。许多企业对自身的经营战略目标缺少清醒的认识，从而导致海外经营的不畅。诸多失败案例表明，中国企业在“走出去”时没有很清晰的并购思路，是被外面的市场机会吸引，抱着“海外抄

① 根据《中国企业走出去案例分析与策略探讨》中图表数据改编，百度文库，http://wenku.baidu.com/view/57c31e44be1e650e52ea99c0.html.

底”的心态“走出去”的，往往只盯着并购成本低廉等短期因素，欠缺对并购之后企业如何整合资源的深层次思考，也即缺乏明确、长远的战略规划。也有一些国有企业是出于“政绩工程”、“面子工程”的诉求。从目前看来，中国企业的收购意图主要有三方面：(1) 扩展海外市场。针对这一目标，中国企业应该明确以下几点：现行的业务以及企业发展情况是否可以进行海外扩展；公司是否具有管理能力可以同时掌控国内和国外两个市场；企业在海外是否可以顺应国外消费者的喜好。(2) 获取资源。在市场经济的情况下，资源优势在很大程度上决定着企业的去留，中国企业若想在国外获取资源，则应该弄清：公司需要什么样的资源以满足自身的运作和发展需求；在获得资源以后应该如何运用，将资源优势的利用率最大化；获取的资源能否服务国内市场；获取的资源能否通过国内的审查。(3) 获取技术。由于西方发达国家占据着技术发展的优势，中国企业在考虑这一点时应注意：该技术是否可以应用到中国市场中；企业是否能顺利地将技术和自身的经营相结合；能否通过国内技术审查。对于中国企业的海外收购，许多国家除了有竞争法之外还有法规限制外商在一些敏感行业投资，这些行业主要涉及能源和其他稀缺资源产品、军事产品、重要基础设施等。因而出于各种非市场因素的考虑，审批部门常常以国家安全或保护当地企业为由阻止并购的继续进行或完成。①

与发达国家跨国公司相比，中国跨国公司存在许多不利条件，跨国经营的难度大大增加：一是发展历史短，缺乏经验积累和逐步发展的过程，多数中国跨国公司从90年代后期开始跨国经营，一迈出国门，就面对全球竞争，不得不把跨国经营和全球经营两个阶段并做一步走。而发达国家的跨国公司经历了漫长的跨国经营到全球

① 张建红、周朝鸿：《中国企业走出去的制度障碍研究：以海外收购为例》，载《经济研究》2010年第6期。

经营的发展历程；二是面临对发展中国家不利的世界经济秩序。发达国家跨国公司走向世界时，世界经济秩序还很不合理，跨国公司利用自己的强权，有可能在发展中国家单方面获利。而后当世界开始规范跨国公司行为的时候，它们完全有能力拿出一部分利益与东道国实现“双赢”。而中国跨国公司在还没有足够积累时就必须像其他成熟的跨国公司一样与东道国“双赢”；三是面临内外双重改革压力，不仅要在外部参与全球市场竞争，而且由于其产生于从计划经济向市场经济转型的过渡期，因此还要面对国内经济结构调整、管理体制改革和现代企业制度建立等繁重任务。中国企业“走出去”的成分更加复杂，比如既有国有企业，也有民营（私营）企业等。而发达国家的跨国公司完全是在市场化条件下发展起来的；四是面临国内市场与国外市场的双重压力。一些中国跨国公司对国内市场尚未充分占领（往往被外国跨国公司占领），“走出去”是为了获得经济资源和新的竞争力，再返回来占领中国市场。但国外市场也已被外国跨国公司通过长期竞争形成了既定的全球市场格局，中国跨国公司跨国经营必须打破原有格局，会遭遇既得利益者的抵制。而发达国家跨国公司往往是先充分占有国内市场，奠定向国外发展的基础，再走出去占领国际市场。[①]

因此，中国跨国公司的国际竞争力和国际化程度还比较低，表现为规模实力上大多属于中小型；投资结构不合理，进入方式单一，投资效益不高；企业核心竞争力不足，在品牌价值和知名度上也比较弱，我们现在在国际上叫得响的品牌就是海尔，但是海尔还没有进入到全球最有价值的100个品牌之中。[②] 中国企业对外投资的不足也是显而易见的，最突出的就是对外投资的规模总体较小，在已对外投资的企业中，投资额少于100万美元的企业占61%，而

① 王志乐主编：《走向世界的中国跨国公司》，北京：中国商业出版社，2004年版，前言。
② 同上书，第71页。

投资额超过 1 亿美元的企业仅为 10 家，只占了对外投资企业数量的 1% 左右。[①] 中国企业对外投资面临的困难主要来自两方面：规模和管理。来自浦发银行的数据显示，目前中国企业境外投资 90% 的资金都是由境内金融机构提供，国外融资渠道有限。更重要的是，中国企业的接纳性较差，对于境外的经营机制、管理体制无法适应，没有形成规范的企业制度，缺乏适应境外投资需要的人才等。尤其是在涉及到特殊的当地文化、民族传统、理念分歧时，中国企业更是显示出了极大的不足，即在企业伦理问题上处理能力的缺失。2004 年，李嘉诚旗下的长江商学院院长项兵，面对 300 多名 CEO 级高层管理人士说，“国际社会给内地企业的时间只有 5—10 年”，“全世界一致看好中国的市场，但是不太看好中国企业”。“谁敢担保在张瑞敏之后，‘海尔’还能继续激情?”[②] 如今，弹指一挥间已是近 10 年过去，中国企业更需要激发“时不我待”的迫切感和使命感。

三、中国跨国公司伦理问题的重要性

跨国公司的重大经济影响力自然地延伸到企业伦理领域。在企业伦理理念和实践的发展历程中，跨国公司总是扮演着“明星”的角色：一方面，跨国公司的伦理丑闻，总是引起媒体和社会公众的最大关注；另一方面，在企业伦理实践上领先的也常常是跨国公司。自然地，社会公众倾向于对跨国公司的伦理践行抱有更高的要求和期待。在全球化的背景下，我国企业的跨国经营活动需要顺应国际社会的这一要求，重视和遵守国际上共同的企业伦理规范。

跨国公司伦理问题与中国的国家利益密切相关。随着跨国公司

---

① 郑朝晖、裴雪慧、胡宏、陈慧琴：《中国企业走出去的现状与对策》，载《科技咨询》2008 年第 18 期。

② 《中国企业形式只剩五年》，载香港《信报》2004 年 10 月 4 日。

伦理问题研究的进展、国际经济伦理规范和章程的逐步形成，伦理因素日益成为国际商务发展的一个重要条件，这一点，我们在强调知识经济、科技兴国、软实力建设的当前恐怕不应该忽略。对跨国公司而言，伦理的重要性越来越明显。经济全球化带来的国际商业伦理规则的压力日益增大。每日新闻、最佳公司排名、购买意向、投资倾向等都显示出使用道德标准评价和选择公司的趋势和迹象。在英国，“道德投资”（或被称为“有社会责任心的投资”）方面的基金达50多亿美元。在中国，自2001年起开始的“中国最受尊敬的企业”评选中，“社会责任”已经成为一条重要的评价指标。在国际上，SA8000社会责任标准、道·琼斯可持续发展指数（DJSI）、《金融时报》证券道德指数（FTSB4GOOD）、透明国际组织腐败认知指数（CPI）、道德贸易行动（ETI）准则等已出现和推行。种种“公司道德指数”使道德规范由软变硬，公司内外部道德审计业务被提上议事日程。而且，随着维护经济社会的可持续发展成为各界的共识，整个社会价值观的清洗和重建势在必然，商业道德将无处不在。[①] 从跨国公司的实践来看，通用、可口可乐、戴尔、沃尔玛、松下等企业的成功，无一例外地奉行了经营与伦理相结合的企业理念。因此，对跨国公司来说，一方面由于国际公众、媒介、股东对跨国公司国外行为极为敏感，因此其行为的伦理性实际上已作为一个重要竞争因素对跨国公司发生作用，跨国公司必然要注意自身行为的伦理性；另一方面，正是由于跨国公司重视伦理的趋向，东道国的伦理状况也成为其投资的一个重要因素。

随着我国改革开放的不断深化和经济的飞速发展，经济领域中的伦理问题越来越严重。无论是中国的“引进来”还是“走出去”战略，都无法回避国际规范的制约和影响，尤其在中国加入WTO后更为明显。中国进入WTO以后，发生了三个变化：第一是市场

① 马力、齐善鸿：《道德治理——公司治理的基石》，载《浙江社会科学》2005年第5期。

变化，任何一个企业以前只注意到国内市场，现在必须注意到国际市场；第二是竞争对手变化，以前民营企业跟国有企业竞争，现在国内企业面对的是国际大型集团，跟世界500强争夺同一个市场；第三是游戏规则变化，以前建立社会主义市场经济，讲中国特色，可以按照中国规则来办，现在由于前面两个变化，国内企业如果不尊重国际游戏规则就无法生存。以ISO9000、ISO4000、SA8000三个规范为例。第一个是ISO9000，这是企业质量管理和质量保证良好的控制标志；第二个是ISO4000，主要是环境管理体系标准认证，尤其是食品类加工企业；第三个是社会责任管理体系，如SA8000，实际上就是把企业作为社会人来要求。把人本管理、商业道德和精神文明等指标化，反映了企业管理的新趋势。企业的社会责任也是国际游戏规则中的一条，中国企业要面对竞争，走向国际，不应该不重视这一条。虽然对于目前众多的社会责任标准，在西方国家都还只是民间标准，但事实上，众多的中国企业已经感受到了新规则的竞争压力。从短期来看，社会责任和企业发展可能存在一定冲突，但随着投资者和消费者的社会责任意识逐渐提高，公众对企业的社会责任和道德表现日益关注，国家法律法规日趋严格，国际贸易中的劳工标准蓝色贸易壁垒日益成为一个不可忽视的问题。[①] 中国企业要想与“狼”共舞，经营活动必然应该以整个国际社会为背景，重视和遵守国际上共同的规范和规则。一方面是中国企业在融入过程中接受国际游戏规则和价值规范，另一方面是中国企业在转轨期出现大量不合伦理（反伦理）的行为，成为“走出去”的绊脚石。在今天这样的全球化时代，中国企业在其经营国际化的过程中，所面对的最大挑战，不是目标、利润、战略和技术，而是缺乏能够支持它们永久生存的灵魂，即适应国际竞争的企业伦理。

---

① 殷格非等主编：《企业社会责任行动指南》，北京：企业管理出版社，2006年版，第61—63页。

我国在对外开放中，无论是“引进来”，还是“走出去”，都需要重视跨国公司伦理问题。随着跨国公司的价值链向发展中国家延伸，中国作为世界工厂和全球最大的劳动力市场成为价值链延伸的重要区域，这些跨国公司必然而且必须将其遵循的核心价值观和国际承诺带进中国，要求它们在中国的企业甚至合作伙伴照章执行。比如壳牌公司就表示：“我们将在全球执行同样的卫生、安全、环保标准，不论是在美国、尼日利亚，还是中国……”研究跨国公司的伦理机制以及沟通机制，可以对中国企业“走出去”提供有益的借鉴。同时，中国要“走出去”，搞跨国经营，更要重视伦理问题。全球化的进程和中国经济的迅速发展也使一些走在前列的中国企业谋求跨出国门，在国际市场上寻求生存和发展，因此也必须遵守国际规范，同时也要履行跨国公司合作伙伴提出的标准。中海油、联想、海尔等中国企业在谋求海外运营和收购的过程中都不可避免地面对来自国际规范的考验。[①] 跨国并购是中国跨国公司跨国经营的第一步，如何在跨国并购中避免伦理冲突并实现最优整合，是中国企业实施“走出去”战略面临的现实问题。因此，我们一方面需要了解国际经济伦理方面的规则与惯例，同这些规范和标准接轨；另一方面也必须研究中国企业在“走出去”过程中具体面临哪些伦理冲突，并通过引入伦理机制，建立沟通机制，实现中国跨国公司在海外经营过程中的伦理融合与建构。

中国跨国公司的伦理建设也是中国软实力建设的一部分。

第二节　中国跨国公司海外经营环境比较分析

正如西方跨国公司进入中国要研究和分析中国的环境一样，中

① 参见陈红：《将理念制度化——跨国公司如何实践其社会责任的承诺》，王志乐主编：《软竞争力：跨国公司的公司责任理念》，北京：中国经济出版社，2005 年版，第 74 页。

国企业在"走出去"过程中也要研究海外东道国的经营环境，尤其是要进行比较研究和风险评估，即进行环境因素的 SWOT 分析，对中国企业来说，东道国经营环境具有哪些优势（Strength）、劣势（Weakness）、机会（Opportunity）和威胁（Threats）。

一、中国企业海外经营的政治环境

中国企业在海外经营活动中，要重视与东道国政治制度的差异，关注东道国的政治局势。比如，中亚五国在政治实践中具有明显的中亚地区特色，如总统集权、政府和议会基本按总统的旨意行事。[①] 在经济政策方面，总统意志也起主导性和决定性作用，政府、议会对经济事务的影响力相对有限。此外，中亚国家都实行政教分离。从经营环境来说，中亚地区政局不稳是个值得引起注意的问题，如吉尔吉斯斯坦 2005 年和 2010 年曾两次发生政权更迭，在 2010 年 4 月的骚乱中，包括中国商铺在内的多家商场被打砸抢烧，国英商贸城被洗劫烧毁，华人商铺损失惨重。[②] 而在沙特，实行的是政教合一的君主制，以伊斯兰教为国教，《古兰经》和"圣训"是国家执法的依据，伊斯兰教对沙特的政局有重要影响。此外，沙特的沙特家族、谢赫家族、朱贝尔家族、希斯里家族、苏莱曼家族和拉登家族对沙特政局产生决定性影响。[③] 西班牙三权分立式的民主制度虽然能够实现权力的相互制约，但是由于受党派利益、中央与地方间不同利益以及既得利益集团等各种因素的影响，而使得政府的执政效率、协调能力以及政策法规的贯彻执行力都受到很大影响。因此，许多协议和法律条款会因为政府的政党更替或者不同利

---

① 潘志平：《中亚国家政治体制的选择：世俗、民主、威权、无政府》，载《俄罗斯中亚东欧研究》2011 年第 1 期。

② 参见苏祖梅：《中国企业在中亚五国经营环境的比较研究》，载《国际观察》2013 年第 2 期。

③ 参见王广大：《中国企业在沙特阿拉伯王国经营环境的比较研究》，载《国际观察》2013 年第 2 期。

益集团的阻挠而无法推行。此外，西班牙虽然是单一体制的国家，但是由于受地方自治的历史传统影响，地方政府与中央政府分权特征明显，各个自治州争取更多自治权的步伐仍未停止。西班牙虽然是一个政治体制健全、完备的议会君主制国家，但由于历史原因，西班牙的民族自治和恐怖分裂活动仍然存在。作为中国企业来说，要重视西班牙的民族自治和恐怖分裂活动。虽然民族独立问题和恐怖主义威胁对西班牙的整体政治稳定不会构成实质性影响，但是，对于投资者来说，了解西班牙各自治区的自治权限和各民族的国家认同感，有利于更好地制定投资计划和避免在与不同地区的西班牙人沟通时涉及敏感话题。南非长时间的种族隔离所形成的二元社会经济体制仍是南非面临的长期挑战，阻碍着南非的发展。经济的发展仍无法阻止失业率的攀升，社会的贫富差距缩小，而这直接导致的社会治安问题也是南非的一大痼疾。印度的政府腐败是企业海外经营中必须面临的一个问题。著名经济学家郎咸平曾谈到："批一个电厂，在我们中国，一把手一点头，马上可以推动，但在印度却要十几年。"印度并未真正践行英国殖民统治时期遗留下的"民主"，相反，其政府较为腐败。比如说，想修一条高速公路，投下100 元，前 95 元就被各级官僚所侵占了，最后剩下 5 元，拿这 5 元透过"民主"的程序，把项目给搞"黄"了——由此可见其政府的腐败程度。曾经，一个中国香港大企业的 CEO 带着香港的商会去印度投资，他回来后抱怨说："在内地做生意，我可能会找内地官员和人脉，问题不大，成本并不是很高。但印度不行，我找了那个 A 部门还不行，B 还要说话，B 说完之后，C 又出来说了，到最后我发现，请了一堆人出来，没有人能办事。"郎咸平教授将这概括为"多元化的腐败"。[①] 并且，印度的官员不仅腐败、拿红包，还顾面子，这就容易导致企业项目进展的速度很慢。

① 郎咸平：《印度的腐败难以想象》，载《中国经营报》2010 年 8 月 19 日。

中国企业在海外经营时要重视政治因素的影响。海外经营中的政治因素主要指东道国政府为了保护本国企业以及出于对本国政治与经济安全方面的考虑，运用政府的力量来干预国外企业对本国企业的并购和经营。这些“非经济因素”隐藏着巨大的风险，往往左右着海外并购的成败。如2009年，因为利比亚政府的反对，中石油不得不放弃以4.6亿美元收购以利比亚业务为主的加拿大Verenex能源公司。因此，企业在目标国选择时要考虑对方是政治友好国、政治中立国还是政治敏感国。大多数并购案都可以由价格来决定：出价最高的竞购者获胜，但从美国政界的强烈反应来看，优尼科并购案已经超出了这一经济规则。过去围绕人民币汇率、纺织品配额与关税问题等等已经在美国政界和社会有过许多对中国不利的辩论，在这些情绪化的辩论还没结束的时候又来个中海油收购尤尼科这个百年历史的美国老公司，美国社会的反应相当强烈。再加上当时石油价格达到每桶60美元，能源储备日益升值，而美国也对自己的石油和天然气资源感到担心，中海油正是在这个时候出现。与此同时，美国政府需要在贸易和货币问题上与中国进行竞争性合作，它对中国与日俱增的经济实力也感到越来越担心。正是这些政治因素增加了中海油收购的难度。

二、中国企业海外经营的经济环境

中国企业重点要考察海外的投资环境。外国的投资审核机构，特别是西方发达国家的投资审核机构，如美国海外投资委员会、澳大利亚外国投资审查委员会、加拿大工业部等相应监管机构，都会对任何敏感的入境外国投资进行审查，无论其来自哪个国家。而对于中国企业，这些机构会审查得更加详细和彻底，尤其是与政府有重大关联的国有企业。西方国家反对中国企业并购的基本理由是，中国国有企业使用国家资金进行商业并购，与全球私有化浪潮背道而驰，不符合市场经济自由平等原则，是国家行为而非商业行为。

这就使中国企业的海外并购遇到了比其他国家企业更多的困难。比如，澳大利亚政府在2008年颁布的《与外国政府有关的外资来澳投资审查指南》指出，在外资审查中要考虑投资者的运营是否独立于相关的外国政府。自2008年中铝联合美国铝业收购力拓集团9%的股份之后，澳大利亚政府加强了对外国投资的审查力度，尤其是在矿业上的外资政策不断收紧，开展了有针对性的准入限制。美国于同年公布的《关于外国人收购、兼并和接管的条例》对中国企业特别是国企收购、兼并或接管美国企业也产生了影响。① 2009年前后，随着中国企业开始到巴西考察并计划投资土地，巴西政府也立即收紧了投资土地的规定。②

如果在中东地区经营，沙特被称为是最适宜经营的国家。世界银行公布的2011年度《全球营商环境报告》显示，沙特位列第12位，已经连续7年被该报告列为中东地区最适宜经营的国家。据沙特投资总局局长达穆尔·达巴戈介绍，世界银行对沙特的一系列改革措施给予了肯定，正是这些改革措施促使沙特在过去的一年中提升了其经营环境排名。这些改革措施简化了投资审批程序，缩短了审批时间，降低了设立企业及取得建设许可的成本，从而改善了沙特的投资环境。

中国企业在制定"走出去"战略时，应对接东道国的产业发展目标。例如，在中亚地区，目前迫切需要完善自身的工业体系，特别希望大力发展非能源领域。因此，中国企业有必要适当调整对中亚五国直接投资的产业选择策略，以期获得中亚五国的产业成长利益和充分利用相关优惠政策。中亚国家拥有丰富的石油天然气和金属矿产资源，但是加工工业十分薄弱，消费品供不应求，其中，食品、纺织品、家用电器、建材等需求量大，而这些正是中国最具国

① 高诚：《海外并购：困境与对策》，载《国际经济合作》2009年第6期。

② 何帆、姚枝仲等：《中国对外投资：理论与问题》，上海：上海财经大学出版社，2013年版，第276页。

际竞争力的商品。中国企业进军中亚市场可以发挥我们的加工业的优势，充分利用中亚地区的丰富资源在当地生产加工，满足中亚地区的消费品需求。在农业领域，中国可与中亚国家在农产品贸易、农业机械及农业技术交流等方面展开全方位的合作。中亚国家地处高寒地带，蔬菜和水果的品种及生产规模均不能满足市场需求，中国与中亚国家的蔬菜水果贸易潜力巨大。

三、中国企业海外经营的法律环境

由于立法基础不同，东道国的法制环境及其影响结果也不尽相同。对跨国公司来说，除了整体的法制环境和法治程度，东道国的投资立法情况以及与经营相关的税法、劳动法等需要引起特别的关注。

在西方发达国家，市场经济体系比较完善，公司行为的法治水平非常高，在当地生产经营的所有企业都必须严格遵循各项法律制度，任何对东道国法律法规的漠视行为都将受到严厉的处罚。如2002 年和 2003 年，中国银行纽约分行由于在发放贷款等方面存在违规行为，不仅自身要承担无法收回贷款的巨大经济损失，而且还先后被美国货币监理署（OCC）等相关部门分别处以高达 1000 万美元和 525 万美元的巨额罚款；2002 年，在美国纳斯达克上市的网易公司因为遭遇集体诉讼被判赔付 435 万美元；2005 年，新浪由于没有按照规定进行信息披露，又在美国遭遇集体诉讼。

东道国的法律环境对企业的影响举足轻重。比如，在中亚投资经营，企业可能要面临法治障碍，主要表现为法制不健全、执法不规范，政策干预的随意性大。在解决具体问题时，经常以总统令、内阁规定等文件来调整规范外商和外国投资在其国内的活动，政策的多变性和执法的随意性增加了投资风险。政府以损害本国利益为名而修改或不履行合同的情况时有发生。发生纠纷时，当地的司法仲裁体系运行不公，行政执法透明度较低，败诉的常常是外商，这极大地影响了市场的公平竞争秩序，也增加了外国企业的跨国营销成本。再者，中亚国家腐败盛行。根据国际非政府组织“透明国际”公布的2010年全球腐败程度排名，在全球178个国家和地区中，土库曼斯坦和乌兹别克斯坦位列第172位，吉尔吉斯斯坦排名164位，塔吉克斯坦排名154位，哈萨克斯坦排名105位。

从并购立法来看，以德国和法国为代表的大陆法系国家一般没有上市公司并购的专门立法，对跨国并购的约束强度要低于英美法系国家。在英美法系国家中，其现代公司法律制度的完善和公司的发展为公司收购提供了优越的条件和基础，以公开要约为主的收购方式对跨国并购起到了推波助澜的作用。在英国，英格兰银行牵头成立了公司合并与收购委员会（非官方机构），它独立于证券与投资委员会，独立于贸易和工业部。该委员会制定了公司合并与收购法典，并据此来监管公司的并购。该法典同《外商投资法》、《工业法》及《所得税与公司税法》等法律法规一同构成了外资并购的良好法制环境。在美国，关于跨国并购方面的主要法律是《联邦证券法》、《联邦证券交易法》和《威廉姆斯法》等。其他相关的法律还有《公司法》、《合同法》、《债权债券关系法》。上述法律对本国收购人和外国收购人未加区分，对外国收购者的股权收购行为没有设置更为严格的法令或规制，但外国公司必须根据股权收购的公布规制进行信息披露。除国家立法外，美国各州的立法也可能构成跨国并购的阻碍。

从表7—2可以看出，西方国家对于并购已经有一套完整的法律体系，其中，民商法侧重于保护股东与债权人利益，以反垄断法、证券法为核心的经济法则以保证经济发展的合理秩序为目的，而税法则以保护税收来源为中心，同时也为企业通过并购追求财务协同效应、合理避税提供了法律支持。

就沙特地区来说，总体而言，沙特对外国投资采取较为开放的政策，管制比较松，允许外商投资的范围也比较宽，大多给外资以国民待遇。但沙特政府的特殊规定和国情也增加了外资的负担和难度，如：沙特政府实行就业沙特化政策，政府项目中的沙特雇工要达到5%，私营项目要达到10%。事实上，项目用工很难达到最低的“沙特化”要求，达不到这一要求会被罚款。此外，“透明国际”的报告认为，沙特法律明显偏袒当地人，极少给外国人或机构与当地人平等的机会。外国公司不能指望通过在沙特进行诉讼、仲裁等法律手段来找回损失，应保留充分的起诉证据以尽力保护自己。

表 7—2　发达国家的并购立法状况①

类别/国家	美国	日本	英国	德国	法国
民商法	民法、标准公司法、州公司法	商法、有限公司法、破产法	民法、公司法	民法、公司法	民法、公司法
经济法	谢尔曼法、克莱顿法、证券法	公平交易法、证券法、外资外汇法	公平交易法、证券法	外汇法、本国和欧共体反垄断法	禁止限制竞争法
税法	联邦税法、地方税法	法人税法、增值税法	所得税法、法人税法	所得税发、法人税法	所得税法、法人税法

企业在海外经营时一定要重视当地的劳工法。比如，非洲由于在历史上经历了英美法上百年的殖民统治，许多非洲国家的法律制度相当完善，不输任何西方国家。如赞比亚继承了英国完善的司法系统，其中包括了非常健全的劳工保护法律条款。虽然赞比亚的失业率有50%，超过70%的人生活在贫困线以下，但是根据赞比亚的劳动法，雇主须向雇员提供住房、午餐、交通、医疗等多项补贴，还要为从事煤炭等行业的工人提供防护服，替雇员缴纳养老金。雇员每周工作时间不能超过48小时。另外，同样是受西方国家影响，

① 彭进军：《股份制企业兼并与收购》，北京：中国人民出版社，1999年版，第318页。

非洲国家的工会力量十分强大。一些非洲国家早在独立前就加入了国际劳工组织。在非洲，工人的权利主要体现在：加入工会的权利、集体谈判权、同工同酬权和反对歧视的权利。如果不熟悉非洲国家的法律制度，在非中国企业的经营就会踏上一座危桥。

法国高昂的福利待遇和极其复杂严苛的劳工法律，曾让 TCL 在法国的经营增加了大量成本支出。即使公司要解雇员工，也要付出相当大的成本——公司要通过“就业保护计划”对解雇的员工进行安置，在解雇后一段时间要给全额工资，同时在 15 个月内给他们提供一定的经济援助或建议，并安排他们尽快“在集团内部或在集团之外”找到新工作。[①]

而印度的劳工法案十分滞后，仍在沿用其独立初期时制定的劳工使用规定，并没有随着时代的变化而变化，或者采用国际上普遍认可的 SA8000，因此其中必然存在着一些不合时宜的条款，如企业不得自主解雇员工、企业雇佣员工的总数超过 100 名必须获得政府批准才能继续扩大员工规模等。这些规定令中国企业“束手无策”。2009 年，中国某跨国企业在印度建造钢铁厂时雇佣了约 400 名中国工人和 1000 多名印度工人。中国工人比当地工人更勤奋、更吃苦，而当地工人总是试图偷懒。该企业负责人说，3 名当地工人在一周前无故不上班，而在周一时却突然出现，因此该中国企业拒绝了他们，并告诉他们已经安排了新的工人，这导致了印度工人与中国企业之间的紧张关系，且在之后发生了他们与中国上司的激烈争吵，甚至起了肢体冲突。由于印度规定企业不得自主解雇员工，这也就导致了中国企业与印度工人之间的冲突，使中国企业进退两难。

除了劳工法，税法也是影响跨国公司海外经营的一大因素。如印度的税法十分繁杂。印度经济属于小政府、大市场，虽然政府对

① 何帆、姚枝仲等：《中国对外投资：理论与问题》，上海：上海财经大学出版社，2013 年版，第 235 页。

产业的直接干预不多，但是税法非常复杂，印度26个邦税率也不一样，各邦收各邦的税。比起中国，印度的税收也较高，特别是个人税已经超过了30%。在中国，企业内部发福利费算不了什么大事，但在印度，企业需要到税务机关备案交税。由于税收高且复杂，中国企业一方面容易以非主观因素导致偷税漏税，遭受当地税务部门的罚款，另一方面也难免会主动“钻空子”来逃税避税、转移定价。

巴西的税法也非常复杂繁琐，格力公司在巴西投资设厂时就遇到了税法上的阻力。同时，巴西的劳工法也很严苛。巴西法律规定，企业每年必须按照通货膨胀率给员工涨工资。格力电器在初建厂时并不清楚这一点，由此导致当地工会的抗议。①

四、中国企业海外经营的文化环境

中国企业的海外并购与经营并不仅仅需要考察目标企业的企业文化，还应包括渗透在市场环境中的很多深层次的元素，像市场文化、地域文化、民族文化等都应是必须要考虑的文化环境因素。对企业而言，一般要考虑两个层次的文化环境，即外部的社会文化环境和由外部环境生成但体现自身价值且独立发展的内部企业文化。企业文化是企业所在国家的社会文化、民族文化以及地域文化在企业中的体现。

企业在经营活动中都带有本国社会文化的烙印。如由于东西方文化的巨大差异，中国人的行为方式与西方人大相径庭，如西方人习惯依照规制办事，而中国人则有着一种灵活变通、不守规则、见缝插针、打擦边球的秉性等，这都容易引起东道国民众的反感。

企业在海外经营时要尊重当地的传统文化和风俗习惯。如中亚

---

① 何帆、姚枝仲等：《中国对外投资：理论与问题》，上海：上海财经大学出版社，2013年版，第231页。

五国的主体民族大都信奉伊斯兰教，在这些穆斯林国家，宗教是大多数人的全部生活方式，斋月期间，太阳升起后到落山以前不能进食；无论多么重要的生意，在斋月里也不能进行。中国企业在中亚国家经营时，要深入了解并尊重当地的文化风俗。

企业在海外经营中更要注意企业文化的差异。在中国传统文化思想中，“家国天下”的集体主义观念对中国的企业文化建设起着基础和渗透的作用。所谓“先天下之忧而忧，后天下之乐而乐”，中国企业运用整体理念开展企业管理，在管理体系中强调集体利益高于个人利益，注重员工个人对企业的责任和义务，突出为集体共同利益而奋斗的发展动机。同时，中国企业在人际关系方面重视道德和情感，沿袭传统儒家思想理念，强调仁、德、信、义的做人准则，以此协调企业内部管理者与员工之间的关系。这样的企业文化也带来了相应的经营管理问题：第一，集体化管理容易忽视员工的自我发展和个人创造，导致企业的创造性和主动性缺失，企业文化缺乏鲜明的个性和独特的风格；第二，强调礼治和德治，重视情感关系，容易形成员工及管理人员的情感裙带关系，阻碍企业的规范化和制度化。

而在墨西哥，由于其社会思想文化深受西方个人主义学说的影响，强调自我支配、自我控制、自我发展和自我实现，注重个人创造和个人利益。这种思想不仅影响到个人的世界观、人生观和价值观，也影响着墨西哥的企业管理文化。墨西哥企业注重绩效及个人能力的发挥；强调个人表现和个人对企业的贡献，重视个人责任和权利。另一方面，墨西哥企业文化带有本国自身的经济发展特点。墨国企业经营模式以中小型企业为主，由于运行该经营模式的大多为传统的家族企业，因此仍然保留着一些陈旧的管理理念，这给墨西哥的企业经营管理带来了诸多问题，如家族企业的高层人事任命局限于家庭亲属内部，企业沿袭家族式的管理方式，同时要求企业员工接受和继承企业家族的价值观，这些阻碍了企业的现代化进程。

再以印度为例。众所周知，印度的种姓制度尽管在独立后已被废除，但其实际上仍深深扎根于印度文化中，对今天的印度社会仍有着巨大的影响。而印度雇员一般都有很强的自尊心，即使是身处最下层的种姓人群也有着自己的荣誉感。印度的节假日较多，有全国性的、地区性的；有政治性的，也有民族性的。而宗教性质的节假日则最多。另外，印度人的性格较为拖沓，这些都导致中国企业在与印度企业合作的过程中项目工期延长的现象十分普遍。并且，印度人在一定程度上“不讲诚信”，经常是口说无凭，因此与他们合作必须以白纸黑字为证明。这往往让中国企业十分为难——不尊重他们的传统、行事风格，则会破坏彼此的合作关系；尊重他们的传统，合作项目的工期就将延长，企业工作效率极其低下。

中非之间也存在明显的文化差异，如金钱观念的差别。由于非洲多数国家气候炎热，非洲人实际可工作的小时数较少，这样的地理条件造就了非洲人独特的金钱观念。非洲人的金钱观念较轻，比起金钱，他们更在意的是生活开心与否。非洲人一般不对未来做打算，今朝有酒今朝醉，一旦有了钱，就会花掉。当地工人一般工作一周就要领工资，而拿到工资后就不会再上班，再次上班就是钱花光的时候，这与中国人勤俭持家的观念大相径庭。另外，在典型的“中国式管理”中，一些管理者往往以为“有钱就能摆平一切”，于是无视当地法律，依靠政府或权贵，进而引发当地民众强烈不满。一些中方管理层往往还有“暴发户”的心态，认为员工的工作只是受金钱利益驱动，于是忽略了对员工一些基本权益的保障，或是自己穿金戴银，却不愿提高员工个体的待遇。受到西方殖民的影响，非洲国家不仅在法律制度上沿袭了西方，在价值观上也受到了西方较强的影响。在劳资问题中的文化差异，主要体现在双方对于“个人薪酬”这一问题的理解。中方会认为员工应以公司大局为重，强调公司利益高于员工个人利益，当劳资问题发生后，倾向于通过调解的方式私下解决；而工人则会认为，工作对于他们只是一种维持生活的手段，而非工作的全部，所以，当公司有任何侵犯自己利益的行为，就会通过法律手段来解决。

文化环境对企业海外经营的影响不容忽视。日本东京迪斯尼乐园经营成功而巴黎迪斯尼乐园经营惨淡，文化因素是主要原因。日本人对美国文化很有认同感，美国有调查显示，日本人去迪斯尼是因为内心的美国梦。而法国人一直以法兰西文化为荣，看不起美国的短浅历史，对美国产品接受度不高，有的法国人甚至以逛法国迪斯尼公园为耻辱。迪斯尼要求员工都说英语，法国人却认为自己的语言才是最美的；迪斯尼禁止当地员工上班时穿牛仔裤和纹身，还坚持在乐园禁酒，这些都引起了法国人的不满。文化与理念的冲突成为巴黎迪斯尼经营不善的一个重要原因。① 法国电信的并购能够成功就在于被收购方面都是原法属殖民地国家的电信企业，这些国家原来本身就是法属领地，与法国存在“天然”的语言文化与经贸关系。吉利并购瑞典沃尔沃案中，从被并购方所处的社会文化环境来看，瑞典社会具有较为鲜明的开放国际观，这样的环境使得外来投资受到客观理性的对待，减少了吉利并购的文化阻力。韩国双龙汽车的企业文化就具有“家文化”的传统，对外来力量的怀疑很强烈，尽管上汽来自具有类似文化传统的国度，但家的壁垒对一切外来者并没有什么不同，这一潜在的文化冲突实际上已经为后期的治理不畅埋下了伏笔。西班牙的“烧鞋事件”反映的是西班牙的移民问题和民众的排外情绪。总体来说，西班牙社会对移民的需要和依赖要超过他们对移民的反感，西班牙的移民政策也相对比较宽松。但是，随着经济的恶化，西班牙逐渐收紧了相关的移民政策。与许多欧洲国家一样，面对当前的经济困局，移民所造成的社会福利负担、治安问题和融入问题等

① 李天元：《欧洲迪斯尼项目开发的历史教训》，载《旅游学刊》2004 年第 19 期。

等，再次成为了西班牙社会关注的焦点，反移民情绪也在悄然滋长，进一步敌视外国商品（尤其是与西班牙商品具有直接竞争关系的中国商品）的可能性也在增加。

第三节　中国跨国公司“走出去”过程中面临的伦理冲突

中国企业在海外面临的主要伦理问题，是本土伦理与普遍规范中不相容的部分，尤其是要明确那些无法为国际规范所认同的伦理特征或是伦理缺失，吸收国际规范中先进的成分。一些研究者往往忽略国内有价值的案例，使用国外的案例较多，这也是由于国内企业信息披露机制的缺乏使得我们获得相关案例的难度加大。本书试图就能够获得的一些案例，分析中国企业在海外经营中面临的主要伦理冲突。

一、企业诚信冲突

诚信不仅是我国传统的商业道德，也是现代企业的黄金品牌。诚信是市场竞争的伦理要求中最核心的伦理准则，同时是 WTO 要求各个成员必须遵守的一项基本原则。但在社会经济转型期的中国，有些人认为诚信已不适合时代前进的步伐，导致诚信伦理的严重缺失，诚信成为企业最稀缺的资源。

进入 21 世纪，中国作为“世界工厂”的地位得到初步确立，并成为世界经济发展的重要驱动力量，但与此同时，中国在国际上也面临着倾销、盗版、侵犯知识产权、压榨劳工、忽视消费者权益、浪费资源、污染和破坏环境的不断指责。2005 年底，一家在直布罗陀注册的企业向欧盟申请注册“非中国制造”（Not Made in China）商标，虽未获得批准，但表明“中国制造”的不道德形象正在世界范围内被渲染。[①] 中国企业在国际上的形象，还是低价格、低品质、低效率。“中国制造”正面临着全球性的危机，而“中国制造”的危机大部分来自于产品诚信。

中国产品正在与“假冒伪劣”划上等号。所谓假冒商品贸易，指的是以冒牌货和盗用版权的商品作为买卖标的的交易。假冒商品是侵犯知识产权的行为，也涉及到企业的诚信。据统计，我国有51%的消费者购买过假冒伪劣商品，[②] 我国的经济契约履约率仅为50%，[③] 每年因合同欺诈、逃废债务、假冒伪劣产品等原因造成直接经济损失5855亿元人民币。[④] 这些数据说明，现实生活中我国企业的失信程度远远超出了一般信息不对称条件下的失信范围，已经达到了信用危机的程度，导致企业商品交易成本大幅度地提高，削弱了企业的竞争力，加大了企业和产品参加国际竞争的成本，严重地阻碍着中国企业走向世界。中国社科院应用伦理学研究中心主任陈瑛指出，假冒伪劣像难以挥去的阴影，紧紧缠绕着中国经济，这种严重违背伦理道德的行为，给国家利益和人民利益造成了很大伤害，打假因此成为中国商业道德的首要课题。

近年来，各类产品安全事故可谓层出不穷。三鹿奶粉事件、肯德基苏丹红事件和速成鸡事件、康师傅涉及虚假宣传事件、公爵王手机事件、蒙牛特仑苏事件、达芬奇家具事件、农夫山泉事件、沥青阻尼片事件……中国企业的诚信度受到了巨大的冲击。

2002年，中国企业经营者成长发展专题调查报告显示，企业经

---

① 吴新文：《公民社会的培育与中国经济伦理的改善》，载《上海财经大学学报》2006年第6期。

② 陈宏辉、贾生华：《利益相关者理论与企业伦理管理的新发展》，载《社会科学》2002年第6期。

③ 叶陈刚编著：《商业伦理与会计职业道德》，大连：东北财经大学出版社，2004年版，第57页。

④ 徐大建：《商业腐败行为的制度原因及其对策》，载《上海师范大学学报（哲学社会科学版）》2002年第5期；曹凤月：《诚信——中国传统商业伦理资源的当代价值》，载《北京航空航天大学学报（社会科学版）》2003年第1期。

营者对我国企业信用状况变化给予积极评价的仅占45.5%。2007年，中国企业家调查系统的调查显示，我国24.1%的企业在对外合作中经常遭遇不讲诚信的情况；29.7%的企业经营者认为“在目前阶段，讲诚信的企业往往吃亏”。我国企业诚信建设任重道远。调查显示，我国企业信用存在的最主要问题依次为：“拖欠货款、贷款、税款”、“违约”、“制售假冒伪劣产品”、“披露虚假信息”、“质量欺诈”等。调查显示，企业家普遍认为很多不良行为的实质都与不讲诚信有关，48.8%的企业经营者认为社会诚信环境的缺失是导致企业不履行社会责任的主要原因之一。[①] 在2008年4月召开的第十五届中国企业家成长与发展调查结果发布暨研讨会上，中国企业家调查系统发布了《2008·中国企业家队伍成长与发展十五年调查综合报告（上)》，《报告》显示，诚信缺失仍然是我国企业面临的突出问题。2009年3月，凤凰网、和讯网与《每日经济新闻》、《证券时报》、《南方都市报》等媒体曾联合评选“首届中国企业诚信红榜、中国企业忽悠榜”。“山寨”一词的流行从某种程度上也说明了造假的盛行。如某款山寨手机居然“邀请”奥巴马在海报上“代言”，令人震撼。这款名为“BlockBerry”的手机与当下流行的“BlackBerry”只有一字之差，而奥巴马一直是后者的忠实粉丝。据称，不少媒体对此虚假代言已表现出关注，《华尔街日报》、瘾科技等网站都刊登了此消息。[②] 企业如此“过火”的举动不仅会伤及整个产业链，对整个中国企业的诚信都是一个打击。2010年初，拥有22年历史的老牌家电龙头四川长虹因财务“造假门”被推上舆论焦点，因为一名前员工的举报而陷入了一场诚信危机。四川长虹被指1998年虚增销售收入50亿元。[③] 据民意报告统计，2011年，中国企业的诚信度下降到冰点。诚信，竟然已经成为中国企业最稀缺的

① 《29.7%企业认为讲诚信往往吃亏》，载《中国企业报》2008年04月23日。
② 《山寨手机“邀请”奥巴马“代言”》，载《新闻晚报》2009年6月26日。
③ 《四川长虹财务“造假门”是非不断》，载《新闻晚报》2010年3月5日。

资源。

虚假广告也正在成为中国企业产品诚信的一个突出问题。名人代言广告屡陷官司，对广告的立法与管制迫在眉睫。在美国，联邦贸易委员会、联邦信息委员会负责监管广告宣传。《真实广告法》详细解释了发布广告所必须遵循的标准。美国的有关当局只要认定广告对目标受众群的2%造成误导或被其误解，即禁止该广告的发布。[①] 美国已经禁止在电视中播出香烟广告，报纸、杂志上的烟草广告则须附有与印在香烟盒上“医生警告”同样的一条告诫，每种香烟广告都应注明“吸烟有害健康”。

中国企业在国际上的诚信形象江河日下。2011年11月，“透明国际”公布了2011年度行贿指数报告，[②] 其中显示中国和俄罗斯得分最低，即中俄企业最有可能进行海外行贿（注：0分表示该国公司总是进行贿赂，10分表示该国公司从不进行贿赂）。另有报道称，中国在中东、非洲等地承建了不少建筑工程，其特点是在工程竞标时以“低报价”（包括贿赂发包方）赢得承建权，但在实际操作中却以“高于竞标价”来结算，或以“偷工减料”等明显违反合同的方式来达到降低成本的目的。《中国的非洲》一书的作者塞尔日·米歇尔（Serge Michel）认为：“中国企业正试图以超低价格投标逐步把欧洲企业挤出非洲市场。”[③] 苏丹石油资源丰富，其大量的石油出口占其出口总额的80%，其得天独厚的条件使其具备形成大型油田的地质条件。我国自1996年首次进入苏丹，便已成为苏丹最大石油合作伙伴之一。但是苏丹仍是贫穷国家，硬件设施相对较差。中国的辽河石油勘探局看到了契机，委任山东筑路公司竞标苏丹公路建设项目。在竞标过程中，山东筑路公司名列前茅，排在第二标的

① ［美］理查德·T. 狄乔治著，翁绍军、马迅译：《国际商务中的诚信竞争》，上海：上海社会科学院出版社，2001年版，第246页。

② 《透明国际发布2011行贿指数报告 中俄企业垫底》，载《东方早报》2011年11月3日。

③ ［法］塞尔日·米歇尔著，孙中旭，王迪译：《中国的非洲》，北京：中信出版社，2009年版。

位置，但是在苏方检验设备环节中，发现中方造假，表现为没有设备而用假设备采购合同蒙蔽苏方。由于中方不负责任的造假行为，苏方取消了山东筑路公司继续参与竞标的资格。[①] 同样的事件还发生在2010年，中国中铁集团全资子公司中国海外工程有限责任公司为了进入欧盟市场，以低报价方式在工程竞标中胜出，夺得了波兰A2高速公路的承建权。在招标谈判中，中海外的报价是13亿兹罗提，相当于波兰政府预算的52%，也就是每公里2600万兹罗提。但最终却由于中海外不能按时支付波兰分包商货款和相关费用，分包商拒绝向工地运送建筑材料，导致工程从5月18日起不得不宣布停工。最后期限过后，中方没有付款，波兰政府方面勒令与中国公司解除合同，按合同要求中方赔偿7.41亿兹罗提（约合1.885亿欧元）。

发生这些违背道德准则的不正当行为的原因恐怕还是在于许多中国企业已经习惯用“中国特色”的手法，通过甩钱、走路子、通关系来达到目的。这种做法不但加剧了当地政治的腐败和社会风气的败坏，还占用了市场资源、破坏了原有的市场秩序，最后败坏的是整个中国企业在国际市场上的形象，使中国企业常常在海外经营活动中诚信受损、饱受诟病。

与中国企业一样饱受诚信质疑的还有中国的企业家。亚洲互动传媒案就反映了“走出去”企业的企业家信用问题。亚洲互动传媒2007年4月在东京交易所上市，首日交易价上涨到672日元，7月中旬一度冲高至2055日元。2008年6月12日，亚洲互动传媒公告该公司首席执行官崔建平在未得到公司董事会同意的情况下，将全资子公司北京宽视网络技术有限公司在中国银行的1.069亿人民币的定期存款为第三方企业北京海豚科技发展公司的债务做担保，而

---

① 杨燕江、任盈畅：《“儒家‘和谐’经济伦理与中国企业‘走出去’战略—以中国企业在苏丹为例”》，载《孔学研究（第十六辑）——云南孔子学术研究会第十六次学术研讨会论文集》。

海豚科技共从银行贷款1.03亿元人民币，全部被用来偿还崔建平的个人债务。公司同时披露，预计被崔建平挪用去担保债务的存款难以全额回收。随后其股价就开始跳水，最低跌到仅剩5日元。2008年9月20日，亚洲互动传媒退市。[①] 时至今日，对于亚洲互动传媒的摘牌，身居中国的绝大多数人仍对它知之甚少，但它已经构成了近年来中国公司在海外资本市场的最恶劣影响。崔建平擅自挪用上市公司资金，说明个别中国企业家只是把公司上市当作是个人发财的机会，他们根本不知道公司上市意味着什么；显示了个别中国企业家的法律意识淡薄，缺乏契约精神。

诚信问题有其制度原因，也有非制度的因素，包括：不发达的经济和不成熟的市场经济体制；消费者意识与生产和销售者经营意识不够成熟、行为不规范；有关管理法律、制度、模式、体制和手段不成熟等，[②] 归根结底是缺乏适合市场经济的伦理规范体系。

二、劳资关系冲突

中国企业在海外的劳工标准问题（尤其是工资水平和生产安全问题）常为西方国家所诟病。在劳工标准方面的冲突，一方面是由于中国企业法律意识淡薄，不尊重当地的法律法规，另一方面是中国企业按照国内做法自行其道，它们往往会将一些国内的用工模式（如过长的劳动时间、过低的工资待遇与恶劣的工作条件等）也一并带到海外，这些行为通常不被当地的民众所认可，其结果往往是造成企业主与当地雇员发生冲突，导致官司缠身或被赶出所在国。

在南非城镇纽卡索，中国人经营的纺织工厂每个月付给工人200美元，薪水虽比在中国境内高出很多，但却低于当地的最低工资。2011年7月，南非纺织业协会向劳工法庭投诉，要求劳工法庭

① 杨杨：《亚洲传媒四宗罪》，载《世纪经济报道》2008年9月13日。

② 陆晓禾著：《经济伦理学研究》，上海：上海社会科学院出版社，2008年版，第352页。

对那些违反工人最低薪资规定的工厂执行处罚。由于给工人支付的薪酬低于当地合法水平，纽卡索大部分华人制衣厂都收到了巨额罚单。据纽卡索华商会主席、台商刘权毅介绍，截至2011年年初，南非全国1058家中资制衣企业中，共有562家未达到法定薪酬标准，这些厂商被统称为“不合规厂商”。[①]

赞比亚科蓝矿业有限公司是位于赞比亚南部的中资煤矿，是赞比亚唯一的中资企业。2003年开始经营以来，劳资纠纷不断，原因就是这家企业一贯采取在中国国内的矿山、建筑业用工模式：雇“临时工”，干一天活给一天工资，没有福利，不发劳保用品。这种地道的中国模式对赞比亚这个具有健全劳工保护制度和强大工会制度的国家来说，是不被大部分员工所接受的，由此引发了矛盾与冲突。工人多次在领薪日当天与矿上发生激烈冲突，造成人员伤亡。2013年2月20日，赞比亚矿业部长亚姆瓦·穆坎贾宣布，吊销赞比亚南部科蓝煤矿的开采执照，作出这一决定的原因是该煤矿安全和环境状况未达到赞比亚法律要求。在这个案例中，科蓝并未有效地执行赞比亚当地颁布的法令，员工通过工会途径进行的申请也没有得到科蓝高管的重视，一度不予批准，最后民众怨恨的积压导致了最后局势的一发不可收拾。[②] 根据调查，在中国公民在非遇险事件中，劳资纠纷事件占10.7%。[③] 中国企业在非的劳资问题已严重影响在非中方人员的安全以及国家形象。赞比亚曾是第一批与中国建交的国家之一，而这一系列事件后，却让赞比亚反对党的领导者喊出“中国人滚出去”的竞选口号。中非间的经济援助也遭到多方特别是西方国家质疑，一些国家指责中国在非洲的援建是变相的

---

① 《中国纺织企业南非发展遇瓶颈 企业面临去留抉择》，载《人民日报》2012年10月26日。

② 参见柯姗姗：《中国企业在非洲的劳资纠纷问题研究》，载《浙江师范大学学报》2011年第4期；孟月：《赞比亚的中国痛》，载《财经文摘》2010年第12期。

③ 方伟：《中国公民在非洲的安全及领事保护问题》，载《浙江师范大学学报》2008年第5期。

"新殖民主义"。

在首钢并购秘鲁 Hierro 铁矿这一案例中，虽然并购案很快就告一段落，但劳资伦理冲突所导致的秘鲁铁矿频繁的罢工，却成了首钢公司无法逃脱的梦魇。从秘鲁铁矿被首钢并购伊始，就被各种名目的罢工示威所困扰，在矿业工人工会的领导下，工人四处游行、喊口号、砸玻璃、烧汽车，而每次罢工的目的几乎都是涨工资、加福利。这样的罢工也给首钢公司造成了巨大的经济损失，甚至让首钢一度想卖掉秘鲁铁矿。这个案例中，主要冲突仍在于劳资问题，矿业工人反复要求加薪，而首钢公司则想要拒绝这一要求。在首钢的解决方案中，首钢公司通过与矿业工会直接、间接的谈判，并结合警方、高官和司法的力量试图解决这一问题。对于首钢公司来说，这些方案虽然能暂时解决劳资伦理冲突，但并不利于公司对于秘鲁铁矿的长期管理，而与工会之间形成的矛盾，也没有得到根治性的解决。

三、管理模式冲突

由于转型经济的特殊性，我国很多企业的公司治理结构很不规范，不是按照计划经济模式中的官僚体系设置组织机构，就是采用"血缘、亲缘、地缘"式官理模式，跨国经营时也倾向于照搬母公司的管理机制。但随着企业海外经营业务的持续发展，东道国市场地位的日益提升，以全球市场为导向建立科学的公司法人治理结构，实施制度化管理的重要性与日俱增。

2005 年，联想集团以 12.5 亿美元收购美国 IBM 公司的个人电脑业务。然而，这宗为联想带来巨大品牌声誉、先进技术、管理经验和人才的并购，在头几年里却没有带来预期的业绩增长。直至 2008 年，联想集团第三季度业绩增长远低于总体市场水平，全球市场份额也有下跌迹象。在收购过程中，为了避免震荡，联想也采取了一系列措施，如除了联想副总裁杨元庆就任新的董事长外，首席执行官和首席运营官都交给了IBM的原有人马，也就是说日常运作依旧是以美国人为基础。同时联想发布声明将不会对IBM原有员工的薪资和福利进行变动，也不会进行裁员。但是，仍然有相当一部分IBM的旧员工选择了离职，离职的部分原因是因为他们对于新上司缺乏信任感和归属感，另外一个十分重要的原因，就是企业文化中价值观的不同。联想收购IBM的PC服务花了整整12.5亿美元，这个价位对于任何一个中国企业来说都是一笔沉重的开支。12.5亿美元当然不可能白花出去，再加上收购时IBM还拥有5亿美元的赤字，联想需要以最快的时间想办法将白字转红——至少平衡收支。为了迅速缩小支出，联想选择了大幅度缩减研发资金，而将资金大部分投放在了生产线上。在企业运作时，中国人会下意识地将重心放在基础生产中，而忽视新产品的开发。与之相反，美国企业却向来看重创新，它们会将大笔资金投入新产品的研发上。这两者看起来虽然是缺一不可，但是侧重点的不同会对公司氛围产生十分大的影响。习惯了自由、创新的美国员工遇上了古板的新东家，虽然工资福利等没有改变，但是企业氛围的改变一时间是很难适应的，这也就是为什么仍有相当一部分员工选择了离职的另外一部分原因。① 此外，收购后双方的文化冲突和权力之争也使联想无法有效实施其全球战略②。双方矛盾主要体现在以下几个方面：一是决策方式上的差异。在收购完成后，为了更好地适应全球业务，前戴尔管理人员阿梅里奥取代杨元庆成为联想的CEO。阿梅里奥刚上任不久，就对联想高层的办事方式充满了困惑和不满。首先，在决策会议上，一般都只有美国人在说话，中国高层则总是在点头，要么就完全沉默，这种近乎消极的讨论方式让阿梅里奥感到难以跟他们沟通；其次，联想传统的决

① 张明：《略论联想并购IBM PC的决策伦理质量》，载《怀化学院学报》2007年第26期。

② Jane Spencer：《跨国并购中西文化冲突困扰联想》，载《世界报》2008年11月12日，018版。

策会议发言顺序和内容都具有严格的约定俗成的规定，下级也要对上级察言观色，一般不会对上级坚决执行的决策提出过多的质疑，这使得来自美国企业的阿梅里奥和其他美国员工很不适应；最后，有些积极参与讨论的美国员工常常在会上发表意见，打乱领导的讲话，这让中国领导很不高兴，甚至后来有一个美国员工因此而被辞退。[①] 以上种种冲突，严重降低了联想的决策和执行效率。二是管理方式上的差异。中美员工之间比较大的一个分歧集中在上下级的关系上。IBM 的企业文化代表了美国主流价值观，以民主、平等、自由和以人为本著称，高层领导几乎没有任何特殊待遇，下层员工也被鼓励要多向上司反映意见、交流想法。但具有国企背景的联想则“官本位”思想严重，领导高高在上，以威严的形象示人，相应地，基层员工对上司的命令也是无条件执行，就算有想法也不会当面提出。在这点上，一些美国管理人员非常反感他们的中国下属绕过他们向 CEO“越级报告”工作上的意见。这种工作作风上的差异导致了中美上司和下属之间沟通上的困难和感情上的不和，公司士气下降，业绩自然受到影响。此外，在公司的员工规范上，联想沿用以往的体系来约束新来的美国员工。旧体系对员工的行为规范名目繁多，甚至细微到仪表仪容，习惯了自由工作环境的美国员工对此意见很大，闹得双方很不愉快。[②]

明基并购西门子案也反映出中国台湾和德国企业之间的文化伦理冲突。明基在并购西门子之后，西门子对于派往德国西门子的台湾高管的管理方式表现出了明显的不适应和无法接受，致使业务无法顺利开展，甚至耽误了新产品上市等重要事务。明基是朝气蓬勃的台湾企业，在其产业的发展上追求效率，而西门子作为德企，则

① 参见裴学成、杨叶倩：《跨国并购中的文化整合——以联想并购 IBM 个人电脑事业部为例》，载《中国市场》2013 年第 3 期；乐思伟：《从联想对 IBM PC 的收购看文化融合中的冲突与对策》，载《广东外国语大学学报》，2008 年第 1 期；熊鹏、海燕：《跨国并购中的人力资源角色——联想并购 IBM PC 再思考》，载《管理现代化》，2013 年第 2 期。

② Jane Spencer：《跨国并购中西文化冲突困扰联想》，载《世界报》2008 年 11 月 12 日。

深刻秉持“质量”二字。因此，在产品制作的过程中，德国工人往往谨慎周密，慢工出精品，而明基则不满意这样的“德国速度”，认为低效率导致了商机的丧失。明基追求速度的理念与西门子“以质取胜”的百年理念相背离。除此之外，明基也无法理解当中国员工为了产品研发加班加点时，德国员工却在享受圣诞节的温馨快乐。德国员工欢度圣诞拒绝加班与明基“公司成功才有个人成就”的理念也不相容。总体而言，西门子这样的成熟型企业，对于中国的明基新生代认同程度本身就比较低，加上东方的感性文化与西方的理性文化不融合，双方又都不愿做出妥协，文化差异导致的伦理冲突难以避免。

在中国企业完成跨国并购后，经常面临的一个问题是员工离职或者罢工。员工离职或罢工的原因，很大程度上是管理伦理的冲突。比如格力在巴西设厂时，巴西的工人严格按照工种安排工作，如果本职工种无事可做，不可以轻易换到别的岗位上。这与中国的文化、习惯很不一样。格力电器曾经按照中国的习惯，将停工的工人换到别的岗位上，结果导致当地工会的抗议。[①] TCL 在法国的失利也是由于文化和管理模式冲突。2004 年，TCL 相继并购法国汤姆逊公司和法国阿尔卡特，分别组建了 TTE 公司以及手机合资公司 T&A。然而并购未能达到 TCL 预期综合效益提高的目标，相反 TCL 集团 2004 年的净利润减少了一半。更为槽糕的是，并购导致了大量员工离职，TCL 陷入空前困境。TCL 作为国产家电和手机的巨头，曾在越南跨国并购中搏杀出盈利的生路，却在法国以 10 多亿元的巨亏告终。究其原因，北京锡恩管理顾问公司首席顾问、企业发展战略研究专家姜汝祥认为，中国企业国际化最大的障碍并非业务层面，而是管理模式与团队层面。管理团队对于西方发达国家的消费

---

① 何帆、姚枝仲等：《中国对外投资：理论与问题》，上海：上海财经大学出版社，2013 年版，第 231 页。

者了解的还很不够，只有建立在消费者尊重基础上的品牌，才是真正的国际化成功。TCL 与阿尔卡特的冲突，主要有以下几个方面：一是法治意识的冲突。与中国相对薄弱的法制传统不同，欧美国家涉及企业并购方面的法律法规可以说是相当完善，包括产品责任法、劳工法、就业法、企业组织法和反垄断法等一整套法律体系。TCL 在并购阿尔卡特后，由于对欧盟劳工就业的相关法律不熟悉，受过高人力成本困扰的 T&A 发现要裁员的话必须至少提前半年通知，且至少需为每位被裁员工支付 150 万欧元之巨的“遣散费”，无奈之下只好重回谈判桌，商讨二次重组。二是薪酬问题的冲突。阿尔卡特销售人员的薪酬在业内处于中游水平，且收入稳定，而 TCL 采用的薪酬方式则是相对较低的底薪加上较高的提成。TCL 支付不了法国员工要求的较高的薪酬，TCL 曾企图对法国员工实行和中国员工类似的低薪加高提成的薪酬制度，这一尝试造成法国员工的不满，不断有人辞职。[①] 最后，TCL 被迫采用同工不同酬的薪酬方式，这又引起了中国员工的不满，进而导致中国员工的辞职。三是用人标准的冲突。TCL 文化一向鼓励的内部企业家精神在合资公司遭遇挑战。TCL 高管的用人标准是具有企业家精神、敢于冒险的人。在 TCL 公司开会，业绩好的部门代表坐在前面，业绩不好的部门代表自动坐在后排。在这样一种鼓励企业家精神的文化氛围下，TCL 培养起一批管理人员，他们在跨国并购初期被安排到了新组公司的核心位置。而汤姆逊希望企业领导人接受过良好的教育，拥有理论学识和科学的管理方法，认为 TCL 指派的大量“内部企业家”独断专横，像个“土皇帝”。带着明显的 TCL 文化特征的新领导层无法在法国员工面前树立权威。因此，当中方管理者按照 TCL 的方式发号施令时，大量法国员工选择离职；另一方面，中方管理人员

① 王琴：《文化差异下的跨国企业并购难题——以阿尔卡特与 TCL 的文化整合为例》，载《致富时代（下半月）》2010 年第 1 期。

开展工作极其困难，导致了他们忠诚度下降和离职率的上升。四是销售模式的冲突。国产手机厂商一般都会有很多销售人员，花很多的钱去做直接（终端）销售，这些销售人员也良莠不齐。而阿尔卡特主要是通过经销商来做，销售人员不直接做终端销售，对销售人员的要求也比较高。并购后，他们不愿意接受前一种模式，制度整合缺失也导致了员工纷纷离职。巨亏后，李东生抛弃之前的人情管理，忍痛“壮士断腕”，昔日功臣相继离去，在国际化业务方面，更是4年换了3任CEO。到2007年，TCL的国际化团队逐渐练成。这年10月，曾在飞利浦任职长达28年的梁耀荣，就任TCL集团高级副总裁。在由30多位高管组成的TCL通讯团队中，具有欧美背景的占了60%。而李东生自己也是“左手曾国藩，右手韦尔奇，中学为体，西学为用”。[①] 可见，面对跨国经营的全新挑战，国际化的管理模式和管理团队的建设是必须的。

四、信息透明度冲突

自由竞争的前提是平等，而透明度是平等机制可以运作的前提。当我们谈论美国、欧洲或者亚洲的日本、韩国的著名企业时如数家珍，但回过头来谈论中国的著名企业时，除了创业者的传奇故事和辉煌而又简单的经营数据外，很难进行理性的数据分析。

公司必须向利益相关者披露相关信息。对于上市公司来说，信息披露是最为基本的投资者保护机制。因为诚信准则、对称准则、敏感准则都要求上市公司在发生可能对其股票交易价格产生较大影响、而投资者尚未得知的重大事件时应当立即履行报告和披露义务，特别是除按照强制性规定披露信息外，应主动、及时地披露所有可能对股东和其他利益相关者的决策产生实质性影响的信息。公司必须向股票持有人和潜在的股票人披露基本经营信息，详细的信

① 胡祥宝:《李东生思辨TCL跨国并购的得与失》，载《英才》2009年第7期。

息披露方式是通过股东年会、公司年报。传统的《公司法》为了追求保护股东和债权人的立法价值，在信息披露制度上只强调财务信息，很少涉及用工、消费、环境保护等方面的社会信息。如果没有信息披露的透明度，股东和利益相关者将不能了解公司的运营状态，无从提出建议和监督或参与管理，公司责任也就失去了有意义的存在形式。公司必须向员工公布他们关心的员工权利、福利待遇和职业责任，这些信息是员工与企业签订劳动合同的基础；公司必须向消费者披露所生产产品的相关信息，产品标签和使用说明书是产品信息的传播方式；公司必须向社会公众公布相关信息，这些内容包括工厂的建立、关闭、产品的危害性等；公司必须向政府公布相关信息，使政府了解企业的行为是否合法，以便对其行为进行规范和指导，这对政府的宏观管理和建立经济秩序具有一定作用。[①]国内外的公司治理评价系统都强调了信息披露的透明度，如标准普尔公司的治理评分系统和南开公司治理指数等，一些领先的企业已经提出打造“透明公司”（transparent company）的概念。[②] 透明度不仅对公司而言特别重要，因为其影响到企业在金融市场等领域的规范化操作，对政府来说也是如此。20 世纪 70 年代以前，美国的地方政府就实行自愿性信息披露制度。美国信息披露中的反欺诈条款要求披露的所有材料不得存在错误和容易引起误导的陈述，以及遗漏任何重要事项。当然，跨国公司也有出于自身利益的考虑而不愿披露与产品有关的缺陷和隐患，如东芝笔记本事件、三菱帕杰罗汽车事件都是人们比较熟悉的案例。

过去很长一段时间，中国企业对信息披露机制闻所未闻，无论是政府还是企业，都把对信息的垄断视为自身的权力，公众没有知

① 曹凤月著：《企业道德责任论——企业与利益相关者的和谐与共生》，北京：社会科学文献出版社，2006 年版，第 168—170 页。

② 马力、齐善鸿：《道德治理——公司治理的基石》，载《浙江社会科学》2005 年 9 月第 5 期。

情权。在企业的信息披露机制上，中国企业远远达不到与国际“接轨”的程度。如欧盟企业普遍认为，中国市场信息不透明，有些信息模糊难以捕捉，在信息不对称的情况下，很容易失去商业机会。[①]在中国，很多情况下股东没有获得必要的信息，比较典型的是证券市场上公司的股价早已发生较大变化，传言满天飞了，公司一句“本公司没有应披露而未披露的信息”，将不知情的股东搪塞过去，其实交易早已发生了。据说海尔因为大肆扩张而负债累累，但由于其董事会守口如瓶，从不谈及债务问题，所以具体负债情况如何不得而知。那么赢利情况如何呢？公司说所有的部门（分公司）都是赢利的，但没有透露细节。美国《商业周刊》曾借一个专家的口提出他们的怀疑：“海尔是个谜。”[②] 相比而言，摩托罗拉在1930年的大危机中，当大多数公司都在虚报财务指标与产品利润时，其创立者保罗·高尔文（Paul V. Galvin）却对他的财务人员说：“告诉公众真相。”[③] 中海油竞购美国优尼科的失败从一个侧面也说明了中国企业在“走出去”过程中信息披露方面的问题。2005年8月，中海油宣布退出竞购美国第九大石油公司优尼科公司。作为迄今为止我国涉及金额最多、规模最大的一次海外竞购，中海油出价高出竞争对手十多亿美元，最终却意想不到地失败了。失败的原因是复杂的，除了触动美国最弱的能源安全神经等因素外，一个原因是其信息披露机制的缺乏。中海油在被西方媒体披露并购意向后，长达5个月保持沉默，期间它既没有提前准备好面对可能的美国非经济因素阻力，也没有对媒体报道后引起的各方反映有所警觉，误认为沉默就能平息问题。在能够发挥公关影响的5个月内，没能够抓住时

---

① 李小丽、史建锋：《欧盟企业对中国市场投资环境的评价及其投资趋向分析》，载《学习与探索》2009年第4期。

② 姜汝祥著：《差距：中国一流企业离世界一流企业有多远》，北京：机械工业出版社，2003年版，第53页。

③ 姜汝祥著：《差距：中国一流企业离世界一流企业有多远》，北京：机械工业出版社，2003年版，第91页。

机向美国民众宣传有利于中海油的企业介绍、并购原因、可能采取的并购策略，没有及时传达或者制造让美国人支持收购的理由，失去了推广自己的机会。在这种情况下，中国企业的陌生面孔让美国政界和民众心生戒备，在中国崛起和石油价格不断上涨的背景下，美国人难免坚持认为中国企业并购他们的战略性资源产业是一种威胁。当中海油终于展开公关活动以求消除误解时，却为时已晚，雪佛龙和优尼科已经达成了初步协议。[①]

2003 年 12 月，中国人寿保险股份有限公司（简称中国人寿）在纽约交易所和香港联交所挂牌上市。2004 年 1 月 30 日，国家审计署披露，中国人寿的前身中国人寿保险公司存在重大违规行为，违规资金合计 54 亿元人民币，约合 6.52 亿美元。信息公布后，中国人寿在香港和纽约的股价大幅下跌。2004 年 3—5 月，美国 9 家律师事务所向中国人寿提起证券欺诈集团诉讼，诉讼中国人寿关键点如下：（1）在募股期间没有披露其母公司中国人寿集团涉嫌的 6.52 亿美元财务欺诈；（2）在 IPO 时，未透露中国国家审计署即将公布的对其母公司不利的审计结果；（3）未披露其母公司非法代理、超额退保、挪用资金和私设小金库等违规行为的不利事实；（4）由于中国人寿未披露消息，导致中国人寿 IPO 股价虚高，进而使得投资者在消息披露后因股价下跌受损。因此，中国人寿必须为投资者的损失做出赔偿。[②]

2013 年 3 月 24 日，中石化在公布的年报中，第一次公开了一把手的工资条，第一次将董事收入悉数披露，第一次让股东单位的隐形财务浮出水面……在中石化董事长傅成玉看来，这次年报中“董事和监事薪酬”一栏的诚意，足可以平息此前因中石化茂名石

① 陶建杰、裴增雨：《“强力公关”背景下的企业公关——中海油事件的思考》，载《中国广告》2006 年第 3 期。

② 吴革、张新民：《“走出去”战略中我国企业信用的法律问题研究》，载《对外经济贸易大学学报》2012 年第 1 期。

油化工公司总经理余夕志的一句“老板的工资只有80多万元，吓到了吧?”而引起的种种非议。不过，市场是挑剔的。停留在披露细节上的追问依旧锋利：为什么8位董事的薪酬一刀切?为什么“大老板”公开的收入只有“二当家”的80%?为什么在公司领薪水的高层一年增加了12人?市场同样不买账的还有另外“两桶油”晒出的工资条：中石油多位高管薪酬不够透明，中海油则因董事长收入成谜团备受质疑。①

通过上述案例，我们必须承认，中国的信息披露制度与西方市场经济发达的国家还有很大差距，一方面是企业缺乏诚信，信息披露失真或者不充足，另一方面是机制尚未健全，企业信息披露主观被动、人为随意，其中最大的问题是信息披露缺失的成本太低。在西方人的思维中，企业信息“能说的都要说”，而中国人的思维却是“能不说的就不说”。这种现象的产生恐怕不能简单地从中西文化差异中得到解释，对不真实信息披露的处罚力度过小是一个重要原因。充分、真实的信息披露是保护投资者利益的最重要方式。在美国等西方成熟的资本市场上，投资者一旦发现信息披露缺失，其直接的反应就是集体索赔和起诉。由于投资者无须为集体诉讼支付诉讼费，而且，如果索赔成功，发起的律师行将获得约占总赔偿金额30%的分成，这就极大地鼓舞了律师行和投资者的诉讼热情，反过来这也意味着公司信息披露缺失的成本很高。而在中国，尽管法律规定上市公司不得进行虚假或不及时的信息披露，但是，直到2003年年初，最高人民法院发布《关于审理证券市场虚假陈述民事赔偿案件的若干规定》为止，上市公司信息披露缺失的成本几乎为零，潜在的收益却很多，而投资者却遭受巨大损失，且得不到相应的补偿。

---

① 《“三桶油”薪酬一连串数字“演出”引来非议　多位高管薪酬不够透明》，载《新闻晚报》2013年3月27日。

2008年5月1日，我国正式实施《中华人民共和国政府信息公开条例》，“信息公开”成为一个改革的关键词。但对于企业来说，信息公开还未成为企业的共识，尽管《中国公司治理原则》（草案）中专门有一节对“信息披露”作了具体规定，包括公司应该向公众披露的重要信息范围和原则等。[①] 中国大量优质名牌产品在国际市场上没有知名度，在国际公众心目中地位低下，一个重要原因就在于多数企业通常没有在国际报刊、电视电影、互联网等大众媒体做过品牌广告和企业产品宣传。许多国内企业只有业内人士才了解，社会公众一般不知道企业的基本情况。大多数中国企业没有公司网站，没有英文或投资东道国语言的网页，有些网站也往往很长时间不更新内容。[②] 自2006年新会计准则颁布实施以来，中国证监会等政府部门始终密切关注上市公司年报披露情况，我国的上市公司会计信息披露工作日益规范，但发案数量逐渐递增，平均每年达40多起，类似“五粮液”等著名上市公司也纷纷被调查出在信息披露方面存在违规行为。[③]

在信息披露机制上的不完善，也反映了中国的员工、消费者和公众相关权利意识的缺乏。国外公众会经常、习惯性地行使他们的知情权。这些公众主要是公司的利益相关者，比如员工、股东以及消费者等等。就员工而言，除了员工之间的交流外，他们经常会直接向公司管理层提问，了解公司的一些情况。这时，与其被动的接受员工的提问，还不如主动地将一些可以透露给员工的信息及时发布出来，这样能增加公司管理和运营的透明度以及员工对公司的信任感和忠诚度。同时，在透露相关信息的时候，应本着诚实的原则，否则，已经建立的信任度也将荡然无存。当然，某些信息公布

---

① 李维安主编：《中国公司治理原则与国际比较》，北京：中国财政经济出版社，2001年版，第12页。

② 夏先良、冯雷：《中国海外企业的跨文化沟通问题》，载《开放导报》2009年第3期。

③ 郭巧丽、张琦：《我国上市公司信息披露中存在的问题及改进建议》，载《现代营销》2012年第12期。

后对公司并非有利，但却是公众急需知道的，在这种情况下，如果采取回避的态度在国外是绝对行不通的。有时候可以在不欺骗的前提下，在坦白度和公开度上适度地予以把握，甚至需要管理者做些技巧性的处理，但绝不能保持缄默而让谣言四起。

五、社会责任冲突

企业广义的社会责任包括对雇员的责任，因前文已经就劳资问题进行了分析，此部分主要分析企业外部社会责任方面的冲突。

2004 年 9 月，发生在西班牙东南部城市埃切尔的“烧鞋事件”震惊了国内外。当地示威者把矛头直指温州鞋商，认为温州鞋的廉价让一部分当地鞋商失去竞争力，导致诸多鞋厂破产，大批工人失业。尽管像西班牙“烧鞋事件”这样最终上升为暴力冲突的事件仍属个案，但中国企业在海外经营中与当地发生矛盾和摩擦的事件在欧洲乃至全球并不少见。2004 年初，法国巴黎也发生过当地居民的游行示威，抗议中国商人破坏了他们安静整洁的生活环境。①

随着中国企业走出去到世界各国投资，中国企业的社会责任理念和道德水准也延伸到世界各地。与西方跨国公司相比，国内企业对企业社会责任的战略重要性认识不足，目标不够明确，没能将伦理与经营实现有机地结合，管理体系不够规范，在企业伦理建设方面显得笨拙和随意。国内企业从 2006 年初才有了由大型国有企业公布的正式的企业社会责任报告，至今仍有为数不少的国内企业认为企业履行社会责任就会增加企业的成本或负担，或者对社会责任的理解仍局限于社会公益事业和捐钱等方面，在做法上也不够成熟。②

我国相当多的企业社会责任缺失导致管理松懈，这个顽疾也被

---

① 李双龙、朱娇娇：《文化差异环境下的跨国界沟通策略——对西班牙“烧鞋事件”的反思》，载《国际新闻界》2005 年第 1 期。

② 单忠东主编：《中国企业社会责任调查报告（2006）》，北京：经济科学出版社，2007 年版，第 147—149 页。

一些企业延伸到国外。比如中航油事件、温州鞋商的产品在西班牙被抵制以及赞比亚中国企业爆炸事故，都反映了中国企业在社会责任方面存在的问题已经在海外暴露。

在企业社会责任中，为当地社会提供就业机会是一项重要的内容，主要包括安全生产、就业机会平等和薪酬公平、反对性别及种族等的歧视、注重员工福利等。西方社会对中国企业的最大指责集中在以廉价商品损害当地企业的生存以及当地居民的就业机会上。BBC 曾播过一档节目叫《中国人要来了》，展示了中国商人在非洲大举进军，几乎渗入了非洲的各个行业，但是却引发了中国商人与当地人的不少伦理冲突。其中讲到一个中国商人在非洲开矿产，但却压榨当地劳工，甚至解除了劳工们自发组织的工会，引起了公众的极大不满，在面对 BBC 记者的采访要求时，矿主也表现出回避和不礼貌的举动。跨国公司之所以在东道国实行员工的本土化，目的也在于取得当地民众的认可。成功走出国门的海尔在美国的本土化策略就是聘用当地的美国人来经营美国海尔，此举带来的一个优势是当地人更易于开拓当地市场，也更容易得到当地人的接受。

2005 年 6 月 7 日，西门子公司宣布，台湾明基公司全面接收西门子手机业务。然而，仅仅一年以后，明基董事会于 2006 年 9 月 28 日通过决议，决定不再投资明基西门子在德国的子公司，明基德国子公司也拟向德国政府申请破产保护，并交出公司经营权，但保留明基西门子手机品牌和销售。① 明基海外并购的美好设想最终惨淡告终，但事情并没有就这么简单地结束了。明基撤出欧洲手机市场的行为造成了明基西门子移动 3000 名德国员工失业，这对于明基来说又是一个沉重的打击。因为对于德国员工来说，明基的这种做法违背了当初的承诺，即“保证德国的 3350 名员工不会被解雇，并在 5 年后仍会在德国生产手机”，西门子也由此背上了“出卖”

① 林娟：《明基并购西门子对中国企业的警示》，载《经济参考报》2006 年 10 月 19 日。

工人的罪名。当地工会发动工人们上街游行抗议，游行惊动了德国政坛，德国总理默克尔呼吁西门子“对员工负起责任，不然将伤害德国产业形象”。为了结该事件，西门子推迟其管理层加薪30%的计划一年，节省资金用于培训其手机部门的3000名前员工，帮助他们找到新工作。

再看2009年中铝集团在越南开发计划受阻这一事件。[①] 中铝即中国铝业股份有限公司，它是中国最大的氧化铝生产商。作为大型国有企业，中铝公司在实施“走出去”、参与海外资源开发方面肩负着国家赋予的使命和责任。目前，中铝公司正在积极推进在越南、澳大利亚、几内亚、秘鲁等国家的资源开发项目。然而，关于中铝集团在越南开发这一计划，却遭遇到越南国内的民间抵制浪潮。在这一抵制和冲突的浪潮中，越方对中方很少雇佣当地人表示不满。据《越南年轻人报》报道，当时在越南北部的广宁和海防两个热电厂的中国工人人数大大超过了越南工人人数，中国承包商几乎不使用越南工人而使用从中国带来的员工。中国公司习惯带着自己的建设队伍到越南，很少把工作机会提供给越南本地人这一现象，引发了越南相关领域的“批评浪潮”。随后，越共中央政治局专门作出指示，与中国合作的项目虽然继续实施，但不允许向外国组织和个人出让股份，承诺除技术工人外全部使用越南劳动力。

中国企业对当地的居民、环境、社区、消费者等利益相关者的重视还在起步阶段。尤其是对西方国家的社区、非政府组织等不为国内企业所熟悉的利益相关者，更要加大重视和研究的力度。此外，缺乏对环境问题的关注也是中国企业的一大弊病。中铝集团在越南开发计划受阻这一案例中，也暴露出了中铝集团在环境质量承担这一方面的伦理冲突。越南批评者表示，这些矿业开发项目带来的环境和社会污染将远远超过经济利益。越南公众担心采矿对环境

---

① 《中铝在越南开发计划受阻》，载《新华网》2009年5月19日。

产生灾难性后果，会改变当地自然条件。越南相关人员引用了联合国环境项目官员的分析，即铝土转化为氧化铝的过程产生两种有毒化学物，其中一种会刺激肺部，可能引起呼吸系统癌症，另一种可能损害生殖系统，导致出生缺陷。因此，在越南民间的反对声音越来越强烈。他们第一次提出签名呼吁就得到了130多名越南各界知名人士的赞同，随后签名人数发展到1000多人，其中包括大批的越南科学家、知识分子和退役士兵。而中铝集团对此并没有做出明确回应，也没有采取相关措施。后来，越南资源环境部重新审核采矿计划，并承诺在保护环境和尊重当地居民的前提下实施。①

2013年初发生的中国公民在非洲加纳非法采金事件一度成为舆论的焦点。这个事件本身并非海外并购案例，但当中国人、中国企业把国内养成的粗鄙经济伦理带到海外，不但对于中国自身的形象产生了不可磨灭的负面影响，同时对整个地球也留下不可逆转的创伤。这对于中国企业“走出去”有着很大的警示作用。这些采金者不仅非法开采，而且用化学原料淘金，毁坏了大量农田和森林，污染了湖泊、河流和地下水源，更对地球造成了巨大的破坏。2013年3月25日，中国外交部、商务部、公安部组成的调查团曾来到加纳，加纳政府让中国代表团乘坐直升飞机俯瞰加纳的土地——很多土地千疮百孔，开采后并没有回填。②

跨国公司除了在人力资源开发、环境质量上承担相应的社会责任外，还应当对东道国的社会稳定和国家安全承担特殊的社会责任。很多国家，尤其是发展中国家，大多处在经济转型时期，容易受到来自包括跨国公司在内的外部力量的冲击，当这种冲击影响到其社会稳定和国家安全时，东道国和跨国公司的利益势必也会受到影响。

① 陈姗姗：《中铝赴越南开矿建厂》，载《第一财经日报》2008年7月刊。

② 赵灵敏：《中国应该如何维护自己的利益?》，联合早报网，2013年6月20日，http://www.zaobao.com。

六、知识产权冲突

在“走出去”过程中，中国企业遭遇与他国的知识产权冲突屡见不鲜。冲突诉诸法律，往往会耗费大量精力与财力，对企业的生存和发展带来极大的影响。知识产权的摩擦主要有商标、专利、版权的侵权，近几年IT界的发展又产生了内含技术标准判定的侵权。据不完全统计，截至目前我国企业在海外遭遇知识产权诉讼而支付的赔偿金额已超过10亿美元。[①]

目前，中国企业海外经营中关于知识产权的冲突主要有以下几个方面：一是专利的地域性导致走出国门后专利不受用。根据有96个国家参加的《保护工业产权巴黎公约》第四条之二规定，各国所授予的专利权彼此独立、互不相关。[②] 因此，在中国国内获得专利的产品和技术到了国外可能就会产生侵权纠纷，各国的专利制度各有不同，企业若对此不了解很可能受到纠纷的困扰，尤其是那些生产仿制产品的企业。二是商标被国外企业抢注。商标是企业形象识别的重要元素，是企业的世界名片。然而近年来，我国企业走出国门时却遭遇了自家商标已被他国企业抢注的窘境，有的企业商标被恶意抢注后被对方企业要求支付巨额转让费用，付出了额外的费用、增添了诉讼的麻烦。如海信集团的“Hisense”商标被认定为驰名商标6天后，博世—西门子公司即在德国抢先注册了“Hisense”商标，此时的海信集团在欧洲已是声名远扬，海信集团因此认定博西公司为恶性抢注，希望商议转移商标事项，却被要求支付高达4000万欧元的转让费。虽然，经过多番周旋，双方达成协议和解，但恶性抢注事件给海信带来了极大的不利影响。三是“337条款”

---

① 杨宏芹、胡威：《从华为诉摩托罗拉案看中国企业知识产权保护的海外战略》，载《世界贸易组织动态与研究》2011年第6期。

② 徐龙根：《浅谈专利的地域性和时间性》，载《江苏大学学报（自然科学版）》1994年第5期。

下的知识产权侵权纠纷。美国的“337 条款”禁止一般的及与知识产权相关的不正当贸易，目的主要是为了防止外来企业或产品对美国的相关产业造成实质性的损害或损害威胁、或阻碍美国相关产业的建立。据统计，从 2002 年至 2012 年 9 月底，我国企业已遭遇“337 调查”近 140 起，其中 90% 涉及专利，我国已连续 10 年成为“337 调查”的主要对象。①

2003 年 1 月，美国思科在德克萨斯州联邦地方法院向华为提起诉讼，在 77 页的起诉书中，思科指控华为在多款路由器和交换机中盗用其互联网操作系统源代码，使得源代码中的文字符、文件名以及程序瑕疵都存在雷同的现象。此后，双方反复举证并进行了两次听证会后，6 月，法庭驳回了思科申请下令禁售华为产品等请求，拒绝了思科提出的禁止华为使用与思科操作软件类似的命令行程序，同时也颁布了有限禁令：即华为停止使用有争议的路由器软件源代码、操作界面及在线帮助文件等。10 月，双方律师对源代码比对工作结束。事实证明，华为没有侵权。年末，双方达成最终和解协议。华为没有侵犯思科的知识产权，但华为同意修改命令行界面、用户手册、帮助界面和部分源代码，以消除思科公司的疑虑。思科诉华为案最终以和解结束，但这两年中，华为的美国市场发展受阻，对企业造成了极大的不良影响。

2010 年 7 月 16 日，摩托罗拉又起诉包括华为创始人任正非、摩托罗拉前员工在内的多名人士，称华为有意侵犯其商业秘密尤其是技术机密。伊利诺伊州北区法院的初步判定结果是华为胜出，同时，华为选择同一法院起诉摩托罗拉侵犯其专利。②

2004 年 1 月，浙江通领科技集团公司生产的漏电保护断路器（简称 GFCI）开始销往美国。由于性价比高，当年销售额就达到

① 李顺德：《企业“走出去”如何应对专利风险》，载《经济参考报》2013 年 6 月 18 日。

② 杨宏芹、胡威：《从华为诉摩托罗拉案看中国企业知识产权保护的海外战略》，载《世界贸易组织动态与研究》2011 年第 6 期。

5000多万美元，一举占据了美国10%左右的市场份额。这样的热销很快遭到了竞争对手美国电器巨头、世界500强企业莱伏顿公司的强烈抵制（当时该公司占据了美国市场60%的份额），开始从经销商下手阻击通领公司开拓美国市场。2004年4—7月，莱伏顿公司以侵犯知识产权为由在美国三个州的地方法院起诉通领公司的4家美国经销商。此后，莱伏顿公司的战略同盟帕西·西姆公司又以专利侵权为由将通领集团、三蒙电器等4家企业告上美国国际贸易委员会接受“337”调查。面对美国竞争对手接二连三的诉讼，通领公司积极应对，在美6年中取得了5场诉讼的胜利。[①]

中国企业在海外遭遇知识产权冲突的原因有如下因素：

一是中西方知识产权保护意识的差异。西方对知识产权的保护早于中国，中国企业“走出去”的过程中还未形成成熟的知识产权保护意识，这成为中国企业生存及发展的一大障碍。此外，中国企业还是依靠廉价劳动力优势的居多，进行独立自主研发全新产品的“走出去”企业少之又少，更多还是以模仿、改造为中心。在非常看重法律维权的西方，这些模仿、改造的产品只要处理不好，很容易成为侵权问题。

二是东道国竞争对手的抵制。知识产权冲突直接的诱因是双方的利益冲突。面对中国企业的崛起，国外企业利用中国应对知识产权纠纷上的弱势，试图阻碍中国企业的崛起步伐使得冲突加剧。全球化增强了企业之间竞争的复杂性和激烈度。雄心勃勃进军美国市场的华为与在路由器领域占据垄断地位的思科的直接冲突不可避免。通领科技集团一举占据了美国10%左右的市场份额，也因此遭到了竞争对手莱伏顿公司的强烈抵制。

三是东道国出于国家安全和保护民族工业的考虑。美国政府出

① 《浙江通领集团不惧美国行业巨头 民企海外诉讼五连胜》，载《人民日报》2011年1月25日。

台“337 条款”实际是一种保护民族企业的做法，其中存在歧视进口产品及跨国企业的情形，比如普遍禁止令的适用条件过低，行政法官及国际贸易委员会在使用条款时存在随意性。由于华为公司技术产品的特殊性，美国政府对华为的强大是否会威胁美国国家安全产生怀疑，这一切对在美的中国企业都是不利的因素。与之相对，中国政府部门对中国企业在海外遇到的知识产权侵权事件支持不足，并无权威组织在诉讼过程中出面表示支持或辅助调查。

四是中西方企业伦理的差异。华为公司、通领集团之所以面临诉讼，也体现了中美两国企业伦理的差异。中国企业强调和谐、稳定、团体意识，轻法律、轻诉讼，因而中国企业在海外经营时，对很多法律制度都不太了解，并且也没有很强的使用意识。而西方企业往往是以个人利益为前提，使用法规、契约来维持一个公司的形态，要求企业的一举一动都在法律的框架内。这样，在中国企业进入海外市场的时候，一旦西方企业的利益受到冲击，它们就会站出来用法律的手段维护自己的利益。而中国企业稍有不慎，就会被竞争对手抓住把柄。通领集团就是由于缺乏对美国进行完整的专利申请研究，被莱伏顿公司告上了法庭。[①]

七、政治因素冲突

后金融危机时期，贸易摩擦加剧、全球经济波动、贸易保护主义抬头，正在成为“大衰退”之后国际经济政治领域的新特征。欧美等发达国家经济体在提升内需、扩大税收、缓解失业的压力下，都寄望于扩大外需来解决国内困境，对他国贸易进行阻止，推行贸易保护主义政策。从欧洲再次对中国光伏电池发起双反调查、美国

① 范炜：《“走出去”企业海外维权问题——对浙江通领科技集团知识产权海外维权的深度调查》，载《浙江经济》2011 年第 10 期；牛懿帅、王雪梅、田明华：《中国对外贸易中知识产权摩擦的原因分析》，载《消费导刊》2008 年第 12 期；卢进勇、张之梅：《“走出去”过程中的知识产权问题研究》，载《国际经济合作》2009 年第 7 期。

狙击华为中兴，到否决三一集团风电项目，都已表现出强硬的贸易保护主义倾向。在美国，在利益集团、政治代言人以及具有倾向性的智库与投资机构鼓动下，“中国威胁论”再度甚嚣尘上，其核心原因仍在于欧美的经济实力衰落与实体经济不振。为保护起步的“再工业化”战略，美国已开始对现有经济规则进行调整，“内保外打”的政策日趋强化。不少中国企业在海外“政策歧视”中举步维艰。[①]

这种以“国家安全”为名的政策歧视，一方面是因为中国对外投资增长速度太快，导致外国政府、媒体、公众对中国的投资抱有戒心，另一方面是因为目前中国企业的大型海外并购的主角为国有企业，涉及的行业也集中在能源、钢铁、有色金属等国家命脉领域，因此往往会遭到其他国家政治力量的反对。清华大学中国与世界经济研究中心主任李稻葵指出,“尽管目前是走出去的好时机，但欧美国家对中国收购的警惕也在不断加深。因为国企的特殊性，一个投资往往被其他国家当作是政府行为。这也是国企海外投资困难加剧的重要原因。”[②]“国家安全”因素成为中国企业“走出去”的一大阻力。例如中海油在2005年竞购优尼科时，就引起了美国政界的恐慌，美国国会议员以“能源威胁”、“国家安全”、“掌握核心深海技术”为由要求有关委员会加强审查，美国政客也不断为中海油收购制造障碍。[③] 类似的案例还有很多：2009年，华为与美国贝恩资本并购3COM公司，被美国以国家安全为由拒绝；2010年，华为并购摩托罗拉未成，诺基亚西门子低于华为12亿美金的报价反而收购成功，华为并购摩托罗拉的失败显然也是政治因素在起作用。[④]

---

① 《美国狙击华为中兴 事实还是阴谋?》，载大洋网财经，2012年10月15日。

② 陈之善、梁瑞丽：《海外并购中的软实力博弈》，载《东方企业文化》2009年第8期。

③ 陈志宏：《跨国并购中企业应注意的问题和政府角色》，载《世界经济研究》2006年第11期。

④ 詹小宁、葛顺庆：《多变投资框架与我国经济战略》，载《国际经济合作》2002年第8期。

在一些西方国家，国会的实际地位和权力非常强大，对并购能源资源行业的企业所施加的压力不容中国企业小觑。美国一些议员就曾以国家安全理由，要求政府禁止“联想”对IBM公司PC机事业部的并购。[①] 美国的安全审查对中国企业的负面影响是非常大的。1990—2011年中国共有11项对美投资备受争议，其中5笔是因为被美国的外国投资（审查）委员会（CFIUS）否决或者由CFIUS给出负面意见，而由美国总统否决的。[②]

不光是美国、欧洲国家、澳大利亚等西方发达国家对中国企业审查严格，即使在印度这样的国家，也同样以国家安全为由对中国电信设备发布了新的禁令。2009年9月22日，印度政府称包括华为这样的中国企业的设备威胁到印度的国家安全。在印度主要电信运营商的采购合同项目中，华为往往被印方以不符合“国家安全要求”为由拒绝批准。[③]

中铝集团在越南开发计划受阻这一案例中，中铝“走出去”遇到阻碍和冲突的表现与原因是多方面的，但主要受阻于“国家安全”因素。德高望重的前军事领袖、98岁的武元甲将军曾经亲自致信给越南总理阮晋勇，敦促政府重新考虑该项目。他表示，该项目位于的越南中部高地具有重要的战略意义。该地区不仅是越南的战略门户，也是整个中南半岛的屋脊。同时，这位将军担心中国人获得这个地区的控制权后，会威胁到越南的国家安全，理由是在此次铝土矿项目中很有可能混杂着情报人员或者军事人员。因此，武元甲将军连同原国家文学院科学委员会主席阮惠志、岘港大学教授阮世雄以及著名作家范全等纷纷开办了个人网页，以此来抵抗该项

① 马鸿飞、李娟：《从TCL、联想等并购案——谈我国企业跨国并购的风险及对策》，载《科技与管理》2008年第2期。

② 何帆、姚枝仲等：《中国对外投资：理论与问题》，上海：上海财经大学出版社，2013年版，第274页。

③ 王志乐主编：《2012走向世界的中国跨国公司》，北京：中国经济出版社，2012年版，第183页。

目。另外，还有反对者担心，大规模的矿业作业，会导致森林和农田被破坏，甚至会给当地少数民族部落的文化和生活方式造成影响。越南“意见领袖”的抵抗成为中铝在越南继续开发铝土矿项目的一大障碍。

中国国有企业性质特殊，其海外收购容易被质疑为“代表中国政府进行收购”，从而与对方政治力量在“国家安全”问题上形成冲突。在2010年光明集团收购法国“优诺”的案例中，“光明”的国企背景备受外国媒体关注。法国舆论多次强调了对于中国企业窃取其技术和品牌的担忧，而此前“达能”和“哇哈哈”合作等问题的先例，也使得法国公司对于选择中国合作伙伴持更为谨慎的态度。法国政府曾表示，酸奶是法国的一项战略资产，政府支持的基金可能会以股东身份参与进来，因此国际企业或者法国公司应成为“优诺”的首选。尽管“光明”后来实施的一系列公关活动扭转了一定的舆论劣势，但是其国企背景仍然使其收购动机受到质疑，成为相对于其他竞标者的弱势。2010年，“光明”收购“联合饼干”最终失败，其中一个原因就是因为英国国内的民族工业保护主义。在并购消息报道出来后，英国上至政府，下至普通民众都感到愤慨。在英国保守、自民两党联合政府中，反对兼并最为强烈的就是当今的贸易大臣凯博，这位大臣在联合政府2010年5月成立前是自民党的影子财政大臣，他历来反对外国人兼并英国老牌企业，特别是那些知名品牌。10个月前英国另一食品超级公司“吉百利”被美国“卡夫”收购，凯博就曾极力呼吁坚决反对。①

除了政治因素，中国企业还面临市场运作规律和经营模式的冲突。众所周知，我国是社会主义市场经济体制，而大多数西方国家是资本主义市场经济体制。中国公司想要走出去首先要面对的是这一经济体制的差异。许多在国内运作良好的公司在走出国门进入国

① 罗正磬：《光明海外并购两年四败》，载《食品财经》2011第11期。

际市场的时候，因为没能掌握国际市场的运作规律而导致投资的失败。两种机制的差异体现在更深层次上，是经营理念和经营方式的差异。在经营理念上，西方大多数企业存在着互利、效率、市场应变的思想，我国的企业比较缺乏这种思想。在经营方式上，西方企业注重需求导向，即其产业结构、产品结构是由市场需求来决定的，注重营销；而中国企业由于各种原因，其产业结构、产品结构没有完全反映出市场、买方的需求，产品生产出来后再寻找市场进行推销。例如，2004 年底，全球彩电市场迅速地从显像管电视转向平板电视，而 TCL 在没有进行很好的市场调研的情况下，各地工厂仍大量生产显像管电视，使得 TCL—汤姆逊遭受巨大打击。西方企业重视长期行为，将长期计划看做是一种有价值的投资；而中国许多企业比较重视短期行为。此外，中国企业的经营目标不仅仅有利润最大化的目标，还有许多不易公开的非经济目标，如社会目标、政治目标、就业目标、市场份额目标等，这势必与长期在国际市场经营多年以利润为最重要目标的西方企业发生冲突。

第八章 全球化背景下中国跨国公司伦理的建构

经济全球化过程中，调节经济关系的经济伦理也将超出民族国家的层次而趋向国际化和全球化。对西方企业来说，在中国“应如何行为”是一个真实的问题。同样，跨出国境的中国跨国公司也会产生采用什么道德原则规范来调节经济关系的问题。能否一成不变地用我们的道德原则例如集体主义来调节跨国公司的伦理关系？答案显然是否定的。在跨文化地域应如何行为？有否普遍伦理是一个非常现实的问题。作为中国企业来说，跨国经营的东道国往往许多是欧美发达国家，这些国家和企业对自身的文化有着很高的认同度并希望保持自身的文化，而且已经形成一系列相关的国际规范。因此，中国企业要研究现在通行的或已经在某些国际商务伦理协议中确定的伦理准则、经济活动规则，从我们的立场、观点来考虑它们是否有根据从而是否要接受它们。要吸收国际规范中先进的成分，也要有心理准备放弃自身那些无法契合国际规范的伦理特征，在符合全球化和市场经济要求的基础上，符合中国和东道国的国情。同时，还要研究跨国公司在面临伦理冲突时如何应对的问题，西方跨国公司在伦理沟通、融合与建构方面的理论与实践，将为中国企业提供启示。在华跨国公司的经验与教训，可以帮助中国企业在“走出去”的过程中少走弯路。

第一节　西方跨国公司伦理冲突与沟通对中国企业的启示

一、理论启示

（一）全球化的融合与对话理论对中国企业的启示

全球化的相关理论给我们的一个启示是，全球化时代，全球伦理与地方伦理的冲突可以通过对话走向融合。融合的关键在于兼顾全球化与地方化。“全球化思维，本土化行动”已成为跨国公司经营管理的一个显著特征。全球化即要重视既有的国际规范，使中国跨国公司的行为符合全球伦理，否则在“走出去”过程中会处处碰壁。中国跨国公司的海外发展是全球化与地方化的反向过程，即中国的“地方性”会遭遇西方国家的“全球性”。当然，西方国家作为东道国，成为中国公司的“本土化”战场。跨国公司本土化突出表现在管理人员的当地化、产品的当地化、销售的当地化和研发的当地化等方面，但在伦理文化的本土化方面还有待进一步加强。伦理道德的本土化包括与当地合法政府合作，尊重所在国的文化、道德、宗教等传统。著名经济伦理学家理查德·德·乔治认为，“遵守东道国的法律法规，尊重当地的文化和价值观”，是不同国别背景下跨国公司应遵守的基本伦理准则之一，也是保证企业实现利润的途径之一。[①] 肯德基、麦当劳在中国的巨大成功，可口可乐公司在中国饮料业的“横刀立马”，跨国公司本土化的经营伦理功不可没。在东道国市场竞争中，本土化程度不高的外国企业很难通过自身的发展迅速超越本土一些历史悠久、技术精良、知名度高、销售网络健全的品牌，因此本土化策略可以说是当今国际企业进入外国

① ［美］理查德·T. 德·乔治著，李布译：《经济伦理学》（第五版），北京大学出版社，2002 年版，第 575 页。

市场的必由之路。但"本土化"并不意味着完全的"入乡随俗"，一些跨国公司在中国大行贿赂之风，有的在其招聘广告中明示优先聘用有门路或客户关系者，如此周到地"随"我们的陋"俗"，只会招致公众的蔑视。"本土化"中隐含了"区别对待"原则。如果一个行为在东道国是合乎道德的或者是法律允许的，而在母国却不被允许，其理由通常是：（1）东道国考虑到其相对的经济发展水平，从道德上允许这种行为。比如东道国的污染或工资标准低于母国标准，这样做并不是因为高标准本身没有吸引力，而是因为国家的经济发展水平需要相对的政策目标，在将来当它赶上发达国家经济的时候，它可能会执行一个较高的标准；（2）东道国允许这种实践，其道德理由是因为这种行为与国家的经济发展水平无关。比如，裙带关系在许多发展中国家十分盛行，理由并非是经济基础而是基于对氏族和家族的忠诚。这就需要跨国公司在具体问题上实行区别对待原则，但"区别对待"不等于"相对主义"。区别对待要求我们在面对冲突时要有一个不同的测试标准，一方面要避免民族优越感和民族相对主义所带来的负面影响，另一方面在面对相当可观的盈利时，也不能忘却道德底线。伦理的任务是对文化的多样化持宽容态度并为道德设置底线。

（二）"交迭共识"理论对中国企业的启示

对中国企业来说，"交迭共识"意味着寻求既受到我国伦理文化支持又与世界伦理文化交迭的最低伦理共识。"交迭共识"与中国的"中庸"思想一脉相承，中国的中庸之道就在于不违背宽容的原则，使差异在一个和谐的整体中整合，比如对传统伦理进行现代化提炼，使之适合今天的需要，同时学习、参考或借用其他伦理的积极因素，注入新的内容。著名企业伦理学家乔治·恩德勒在《面向行动的经济伦理学》一书中也曾指出，中国企业伦理应重视三组资源：当今以相当综合和现代的方式所理解的儒家伦理；最近中共中央决议认同的社会主义伦理；在中国以外的伦理讨论中结合了义务论和后果论的“目标—权利”方法。[①]

“交迭共识”的关键在于中西伦理之间的取长补短。中国经济伦理和企业伦理的发展史表明，中国传统伦理体系对商业行为具有双重影响：一方面，中国企业倾向情感管理，内部人际关系和谐，员工凝聚力强，决策权力集中；另一方面，裙带关系、家长制度、忽视个人权利和平等，以及制度化管理的薄弱是中国企业的一些弊病。在全球化和现代化的背景下，中国的传统伦理已不符合市场经济的需要，应该重建。中国企业在海外发展的历史也表明，在与全球经济伦理相契合的过程中，中国企业伦理的缺失比较明显。全然不动基本价值观内核的伦理改造是很难成功的，但这并不意味着彻底抛弃传统价值观。在企业的核心伦理选择上，要以开放的心态取长补短。对中国企业来说，即不能丢弃中华民族优良传统道德伦理的根，这个传统在有些方面本身就与国际规范产生“交迭”，比如诚信，虽然当前比较缺失，却是传统伦理中的核心思想，要追根溯源，不断发扬光大；有些方面可以作为国际规范的合理补充，比如以人为本、整体、有序、互利；有些方面则已经不合时宜，需要克服狭隘民族主义，对于事事要拉关系、缺乏信息透明度等“陋习”，不能动辄以“国情”为借口，只有摒弃自身的不足，才能融入市场经济和世界经济的主流。正在形成中的中国跨国公司伦理规范显然要作相应的调整。有助于个人在全球化关系中生存发展的个人伦理价值和信念的地位将上升，企业组织和宏观制度层次遵循的伦理规范，将尽可能容纳可与之交迭共识的多元伦理体系共同的伦理规范，例如权利规范。也可能引进现实中并未意识到已为发达国家所采用的经济伦理惯例，如一些保护消费者权益的营销伦理。[②] 这方面香港的做法值得借鉴。香港人保留了传统伦理，却实现了政府比

---

① ［美］乔治·恩德勒著，高国希、吴新文等译：《面向行动的经济伦理学》，上海：上海社会科学院出版社，2002 年版，第 284—285 页。

② 陆晓禾著：《经济伦理学研究》，上海：上海社会科学院出版社，2008 年版，第 230 页。

较廉洁、较少干预经济活动、法治秩序良好等特性。

“交迭共识”的取得要兼顾市场规则与民族利益。从最初的本国中心主义到多中心主义再到地区中心主义，最后是全球中心主义，[①] 跨国公司的全球竞争战略正在做出新的调整，进入了无国界经营。无国界经营（Boundaryless Business）是指跨国公司脱离与国家之间的纽带，超越民族国家和独立区位的利益，以全球为目标，为全球市场服务，通过全球性系统决策的方法，把不同的子公司统一起来，通过全球经营网络来实现公司的战略目标。[②] 跨国公司经营的无国界观念其实来自于资本对利润追逐的无国界特征。作为全球性公司，跨国公司在有意识地淡化民族身份，如一些跨国公司特别强调是“××中国”。但另一方面，除了要维护自由市场，还要维护民族利益。因为在全球市场上，参与市场的每一国家的企业都有自己的利益。由任何国家控制全球市场都将使这市场失灵。维护民族利益也有利于形成全球自由市场，当然，这里指的是保护健康的制度而非少数人的利益。

（三）利益相关者理论对中国企业的启示

利益相关者是指被公司影响或影响公司行为的个人、集体或组织。与利益相关者的合作与沟通能为中国企业的战略思想和计划注入新的东西。在全球化背景下，政府、市场与社会三方联动，企业的“经济—社会”复合属性要求它不但要注重经济效益，也要把社会效益放在同等重要的地位，企业与利益相关者之间的关系对于企业取得长期的成功至关重要，这包括与所有利益相关者的关系，而不仅仅指与股东和客户的关系。这就意味着，企业必须把与股东以外的利益相关者的关系，放在企业生存发展的战略位置来考虑。

由此，跨国公司应根据公司的性质界定和绘制关乎公司存亡的

① 薛求知著：《无国界经营》，上海：上海译文出版社，1997 年版，第 147—148 页。

② 杨宇光著：《经济全球化中的跨国公司》，上海：上海远东出版社，1999 年版，第 264 页。

众多利益相关者图表。企业与利益相关者之间的关系建立可以有多种形式，比如以正式协议的方式与当地政府合作，以对话的形式与当地社区、消费者或其他公司合作，在此基础上，在与关键利益相关者的联系中发展更深层的关系，与一些企业和组织建立伙伴关系。企业还必须通过公开和诚实的方式赢得利益相关者的信任。企业要倾听利益相关者所关心的问题和需要，然后证明企业和利益相关者的价值观都反映在企业的行为中。如果企业与利益相关者在某一特定问题上产生分歧，企业需要就此问题展开公开讨论。

总之，在跨国公司伦理构建的理论层面上，对话理论、“交迭共识”理论、利益相关者理论等可以为我们提供一种有益的思路，而其中的关键，是要处理好传统与现代、民族与世界的关系。无论是中国的企业还是政府，都应正面应对全球化给我们带来的挑战，用开放的心态去兼容并蓄。

二、机制与方法启示

在西班牙“烧鞋事件”中，我们看到了国内企业沟通机制的缺乏。在“烧鞋事件”发生之前，埃切尔街头经常看到当地人在发传单，内容主要是要求中国鞋商退出市场。而当时，埃切尔华人鞋业协会与当地协会、当地人之间的沟通存在不足，导致了事态的恶化。在埃切尔，温州商人不仅没有融入当地社会，甚至连民间的声音都没有，在当地主流媒体上的声音也很少见，追根溯源还是与中国企业平时缺少与当地媒体的沟通有关。①

要解决伦理冲突，企业首先要重视伦理问题，建立伦理机制。对企业来说，伦理正从管理的边缘走向管理的中心，成为企业的战略。这一点从理论和实践上都得到了证明。② 1994 年，美国斯坦福

① 李双龙、朱娇娇：《文化差异环境下的跨国界沟通策略——对西班牙“烧鞋事件”的反思》，载《国际新闻界》2005 年第 1 期。

② 伦理的重要性方面的理论论述详见本书第一章。

大学教授柯林斯和波拉斯通过对18家长期成功的企业与18家对照企业进行长达6年的比较研究后出版了《企业不败》一书，提出：对目光远大的公司来说，它们在追求利润的同时还追求范围更广泛的、意义更深远的理想，追求利润不是最主要的，但是目光远大的公司在追求理想的同时又得到了利润。它们两方面都做到了。[①] 相反，如果企业本身的机制和经营目标没有相应的改进，仅仅以经济指标来衡量企业的经营成果，或是企业不能从内部形成一种主动的伦理考虑和动力，仅仅靠舆论的道德呼吁以及立法的监督，是无法真正实现企业经营全过程的伦理化的。跨国公司应当从公司战略角度出发进行伦理风险的管理，并与战略管理的过程紧密结合，把伦理放在企业的整体层面上加以考虑。

世界优秀企业往往将人性化的理念蕴含在制度化的规范之中，并与商业化的操作成功地融为一体。中国跨国公司借鉴相关经验可建立以下伦理机制：

（一）建立伦理管理机制

如同公司有法律、公共关系等部门一样，负责公司伦理事务也应有专门的机构和人员。同时，要处理好伦理机构与公司战略管理、文化建设、公共关系以及生产经营等各个部门的协调关系。伦理管理机制包括建立伦理规范（守则）和设立伦理机构与伦理主管[②]。公司章程、员工手册、年度报告、社会责任报告以及各种合同是体现公司伦理的重要文本。此外，一份独立而又清晰的公司伦理规范也是必须的。对于跨国公司而言，公司伦理规范必须考虑其全球性，考虑各地法律与习俗之间的差异，并列举违法和工作中的不当行为。当然，从更深层次来说，伦理管理涉及到公司治理模式问题，企业要建立基于伦理的公司治理模式。

---

① ［美］詹姆斯·柯林斯、杰里·波拉斯著，刘国远等译：《企业不败》，北京：新华出版社，1996年版，第70页。

② 以上1—3项机制在第六章中有具体分析，本章不再详述。

（二）建立伦理培训机制

伦理规范的创设还必须辅之以对雇员的伦理培训，从而进一步扩大伦理规范对公司日常行为的影响。① 研究人员发现，仅仅是文书形式的伦理规范还不足以增进工作中的伦理行为。伦理规范还必须在雇员中间和外部股票持有者（顾客、供应商、竞争者等）中经常和广泛地传播。

（三）建立伦理决策机制

所谓伦理决策机制，并非指对伦理问题做出决策，而是指决策机制中的道德评议机制，即在决策机制中引入道德量化程序，对可供选择的方案进行道德评价，使利润动机符合伦理的要求，帮助管理者作出正确的抉择。世界上许多知名企业都建立了以“道德过滤器”（Ethical Screen）为中心的决策流程，由专门委员会将拟定的行动方案与社会的道德规范和企业的道德原则进行对照，不符合道德要求的方案就被剔除。② 西方企业伦理研究中提出了很多伦理决策的模型，如布来查德和皮尔伦理模型、卡瓦纳道德决策树、拉克兹尼亚克的“九问式”模型等，对企业的伦理决策有一定的可操作性。③

（四）建立伦理评估与奖惩机制

要想在企业中建立一个道德化经营的氛围，公司应定期对员工的伦理行为表现进行评价以及对其合作伙伴进行评估，④ 并对所有员工的行为按照伦理管理的原则进行奖惩。在一个道德环境下，雇员必须准确地知道他在道德领域该干什么、不该干什么，这样才有

① 贝齐·斯蒂文斯：《伦理价值观的交流：雇员意识的研究》，载《商业伦理》1999（20），113—120。转引自［美］詹姆斯·E. 波斯特等著，张志强等译：《企业与社会：公司战略、公共政策与伦理》（第10版），北京：中国人民大学出版社，2005年版，第139页。

② 马力、齐善鸿：《道德治理——公司治理的基石》，载《浙江社会科学》2005年第5期。

③ 阎俊、常亚平：《西方企业伦理决策：理论及模型》，载《生产力研究》2005年第8期。

④ 侯亚丁：《跨文化企业伦理管理战略与实践》，载《科学学与科学技术管理》2003年第1期。

利于形成共享观念。[①] 除了对企业员工以及合作伙伴进行伦理评估外，跨国公司还必须做好对东道国伦理环境的评估。在对投资软环境进行评估时，要避免片面强调政治、法律、社会治安等软环境因素，避免忽视甚至根本不考虑文化、伦理等软环境因素。

（五）建立伦理监督机制

通过制定企业伦理规范、设置伦理机构等措施，可以说已经为企业伦理制度建设提供了保障。但是，这些项目是否发挥了作用，还必须借助于内部和外部的监督，建立有效的激励与约束机制。一般来说，伦理内部监察是由公司外部董事占半数以上的道德委员会来实施，外部监察则主要由政府承担，同时，第三方机构（如银行家、评估机构、会计师等）也应当切实履行自己“看门人”的职责，对企业进行有效的监督管理，杜绝类似安然公司那样的丑闻。伦理监督与审计可以通过一系列的伦理指标体系来控制，如员工参与、员工待遇、生产安全、产品安全、资源利用、污染排放等指标。

（六）建立伦理沟通机制

1. 内部沟通机制

跨国公司的内部沟通主要是管理层与员工之间的沟通，中国企业在儒家文化等级观念的影响下，认为管理者与被管理者之间不能有太多的平等，缺少与员工之间充分有效的沟通，员工不理解做事的意义和做事的价值，导致冲突越来越明显，酿出严重后果。

在与员工的沟通中，主要有设立伦理主管、伦理热线、伦理信箱等方式，并通过公司网站、公司通讯等发布相关信息。尤其是伦理主管的一项主要职责就是经常与业务第一线的员工进行会谈。广义的伦理沟通机制还包括建立伦理培训制度。根据“伦理趋同理

---

① 陈宏辉、贾生华：《利益相关者理论与企业伦理管理的新发展》，载《社会科学》2002年第6期。

论”，随着不同文化背景的人们之间交往的增强、各式各样的伦理传统接触的越来越多，会促使人们适应、效仿并且逐渐采纳新的行为模式和态度，从而使跨国公司可以为不同文化背景的员工提供一套一致的、用于解决企业伦理问题的价值观和行为准则。在华跨国公司是中国企业最好的老师。54%的世界500强企业设置了专门的处置伦理问题的职位即伦理官员，专人负责与公司产品、活动相关所引发的伦理事务。公司建立了伦理事务处理的特定程序，包括汇报、调查、处理、申诉、沟通与反馈等，鼓励员工揭发管理者的不道德行为，设立专门的机构来负责监督，保障揭发人的利益。51%的公司面向员工开通了伦理热线或者伦理信箱并声称确保信息的保密。有些公司非常强调高层在参与伦理事件中的角色和作用，如要求伦理事务办公室直接向高层汇报，38%的公司将伦理事务办公室设置在高管的办公楼层。52%的世界500强企业采用电话或者其他方式来听取内外部意见。①

2. 外部沟通机制

除了内部沟通机制，还必须包括与外部利益相关者之间的沟通，如与供应商、消费者、政府等的沟通。在与供应商的沟通中，跨国公司采用开展生产守则检查、进行相关培训、就典型伦理问题进行专门沟通等方式；在与消费者的沟通中，跨国公司采用发布广告、发布“社会责任报告”、赞助公益事业和环保事业、借助媒体或第三方机构或权威人士等方式；在与政府的沟通中，跨国公司采用借助本国政府对东道国政府施加影响、总部高层亲自出马、聘请资深公关公司、成立游说团体、借助媒体造势、借助东道国社团组织等沟通渠道，赞助学术活动和研究机构、发展慈善事业和相关的赞助、开展环保行动等沟通方式。跨国公司通过不同的沟通方式，

---

① Weaver, Gary R., Trevino, LindaKlebe, Cochran, PhilipL, *Corporate ethics practices in the mid-1990's: An empirical study of the Fortune* 1000, Journal of Business Ethics, 1999, 18 (3).

达到影响东道国涉外立法、对公众和消费者传播信息、对供应商等合作企业传播理念等目的。日本在美国有许多常设的公共关系公司，雇用超级律师、前政府高级官员、政府顾问、甚至前总统助理等进行有利于日本的游说活动。他们依靠在美国的情报网、游说人、公共舆论网等进行有效的政治和公共关系活动，通过影响美国的经济贸易政策取得日本在美国各行各业的市场份额。日本每年因为影响美国的贸易决策就获得上百亿美元的利益。我国的公司或行业协会要从日常的管理上重视开展政治游说和公共关系活动，而不仅仅是“临时抱佛脚”。

第二节　中国跨国公司伦理建构的理论与实践

如果一个企业没有能够培育一种积极的伦理文化，那么这个企业可能就会面临灾难性的结果，“安然”就是前车之鉴。任何人的行为都是在一定伦理背景下产生的，企业伦理文化就是企业员工伦理行为的背景，它是企业成员关于什么是道德上正确的行为和应该如何处理伦理问题的共同认知。

而对于跨国公司来说，跨国公司内部原有伦理规范有一个冲突与整合的过程，同时，跨国公司为了适应新的外部伦理文化环境，与东道国的伦理规范也有一个冲突与融合的过程，这两个过程是交织在一起的，最后整合形成新的“超越个别成员的伦理规范”的伦理体系。因此，如果说伦理冲突是问题，沟通是解决问题的手段，那么伦理的整合与融合就是目标。如何跨越双方文化的鸿沟、融合双方优秀的企业文化因素、形成新的或统一的企业文化，一直是企业在“走出去”过程中面临的重大挑战。建构一个融合了全球性与地方性特征、兼顾多方利益相关者的企业伦理是中国跨国公司的一项重要使命。

一、中国跨国公司伦理建构的理论分析

（一）中国跨国公司伦理建构的原则

1. 理性对待国际规范

国际规范之所以能具有“全球性”和“普遍性”，是因为现行的国际规范尤其是国际经济规范主要反映了西方文化的市场、竞争和契约等观念。现代普世伦理的价值精神与西方“现代性”相互依托，与个人主义、市场经济和民主政治相搭配，而市场、自由化和竞争已经成为现代社会基本的原则和规章，要发展经济就必须要符合这些规范。同时，既有的国际规范具有与许多人追求的未来世界图景相契合的特性，包含了诸多合理因素，其中最根本的，应当说是有着本体论根据的尊重人本身的精神，超越种族、民族界限的普世的人道主义。

国际规范对国内伦理的冲击往往会形成伦理冲突。我们应该持什么样的态度应对冲突？对此往往有两种态度：一种观点是把遵守国际规范作为中国企业进入国际社会参与竞争的“门票”，并认为从根本上说，遵守规范会促进企业的长远发展；另一种观点认为，所谓的国际规范是西方发达国家给发展中国家参与国际竞争设置的“门槛”，规范检查或审核的背后是贸易壁垒，对我国企业的发展是一种阻碍。这个问题引起了企业界和学术界的大讨论，尤其是在中国加入 WTO 前后，论争几乎进入白热化。

本书的观点是，国际规范是中国企业参与国际竞争的“门票”，同时也要小心它成为“门槛”。国际规范是根据西方发达国家多年的管理经验制定的，有其先进性和科学性，其本质并没有错，比如，尊重劳动者权益、提高劳工标准是人类文明进步的表现，在经济全球化条件下，如果各国以降低劳动标准来提高国际竞争力，必然导致“竞相趋劣”（race to the bottom），变成真正的劳动力倾销

或社会倾销，最终受害的也必然是全世界的劳动者。[1] 但另一方面，对于发展中国家来说，还有规范的公正性问题。现有的国际规范超越了发展中国家的发展阶段和承受能力，各种伦理标准如环境保护、劳工标准等在发达国家和发展中国家之间存在着巨大的差异，甚至在对待同一个事件的态度上存在巨大差异，很多跨国公司早期便是利用这种差异发展起来的，现在又随时随地被西方发达国家用作贸易壁垒的手段，比如发达国家以国际劳工标准作壁垒来对付发展中国家低劳工标准的冲击，保护本国的产业发展和就业机会。一个国家通常不愿意接受一种明显属于其他国家的伦理价值观来建构自身的价值，但如果自身的伦理价值标准确实低于通行的标准，而这个通行的标准又确实代表了历史进步的潮流，那就需要以理性的态度去认识差异。随着中国加入 WTO，中国企业参与国际竞争已是大势所趋，这些国际规范已经成为国际贸易的“通行证”。当然在短时间内，这样可能意味着成本的增加，但就长期效益来看，遵守规范会成为促进发展的一种外力，而且从这些规范的内容来看也是符合社会进步和企业发展的要求的。对国际规范这把“双刃剑”，我们的认识要更加趋于理性。对于通行的国际规范，我们的态度应是理性、谨慎地接受，在融入国际社会的过程中要熟悉和了解国际规范，接受国际社会的一些游戏规则和价值规范，逐步使自己的行为符合规范，同时也要考虑到国情，在条件允许的范围内因地制宜，循序渐进。[2] 此外，中国企业也应以自己的独立思考对国际社会的价值观起到建构作用，尤其是发扬传统伦理中具有现代生命力和普遍意义的积极因素。

只要国家还存在，全球化与地方化之间的关系就是个永恒的难

---

① 曹凤月著：《企业道德责任论——企业与利益相关者的和谐与共生》，北京：社会科学文献出版社，2006 年版，第 149 页。

② 参见王莹等：《现代商业之魂：商业伦理研究》，北京：人民出版社，2003 年版，第 410—414 页。

题，我们在分析全球化与地方化的关系时很容易失之偏颇，因此需要确立鲜明的立场。本书力图从两个方面去观察这个问题：一是从国家的利益要求出发，因而本书的研究始终立足在全球化时代中国如何在“引进来”与“走出去”过程中获得更大的利益；二是从国际社会共同发展的角度出发。全球化时代，人性和社会性将成为世界共同的价值观，在伦理的普遍性和差异性问题上，各国要克服利己主义和狭隘的民族主义。

2. 正视文化与伦理差异

在跨国经营中产生的国际企业，尽管在组织机构、技术方法、控制程序等方面逐步趋同，但是由于文化差异导致的不同文化之间的碰撞与整合不可避免。从某种意义上说，企业的海外经营就是一种不同文化的碰撞与融合过程。跨文化冲突表现为价值体系的差异、政治导向的差异、管理文化的差异、商务惯例的差异和习俗禁忌的差异等。企业要正视文化差异，理性应对伦理冲突。

首先，跨国公司要尊重、理解和包容差异的客观存在，尊重东道国的人权、文化、道德、宗教等传统。成功的整合不是消除差异，而是基于对差异的尊重、理解与包容，是“和而不同”。例如，与来自其他国家的管理者相比较，德国管理者有十分重视培训的传统，经常利用培训实施伦理控制，并很少依赖明文规定的政策。而美国和英国的管理人员则似乎认为明文规定的政策足以实施伦理管理。来自不同社会的管理人员在对准则的使用及有效性的考虑方面也存在着差异。法国人认为明文规定的伦理准则最有利。相反，德国人认为准则的价值不大，他们对使用准则一般持中立或消极态度。美国管理人员对大多数问题的态度都居于法国与德国之间，但他们更多地相信，其员工在逃避监督的情况下会违背准则。[①]

① ［美］约翰·B. 库仑著，赵树峰译：《跨国管理：战略要径》，北京：机械工业出版社，2003 年版，第 84 页。

2010年3月28日，中国浙江吉利控股集团有限公司宣布收购美国福特汽车公司沃尔沃轿车公司。此次收购是中国企业第一次购得全世界知名汽车品牌，也是成功整体收购外国企业的第一例。这是一次“蛇吞象”式的并购，就连吉利董事长李书福也笑侃称：“吉利收购沃尔沃就好像中国农村穷小子娶到了一个世界级女星。”经过两年的合作发展，沃尔沃的全球事业取得了良好的发展。虽然发展势头良好，但双方企业合作过程中也出现了许多矛盾摩擦。例如李书福基于对中国消费习惯的了解，认为现在国内很多车越造越大，沃尔沃在中国或许也可以造大一点，但沃尔沃高层的意见恰恰相反，即主张小型、节能、环保。因此吉利希望沃尔沃能帮助中国打开豪华型汽车市场，推出豪车与奥迪、宝马一争高下；沃尔沃方面却坚持自己的品牌价值，希望能够做环保型的小车。又比如，2011年4月，沃尔沃在上海车展中推出了概念车“天地”，是一辆豪华型的大车，被外界认为是沃尔沃向吉利的妥协之作。然而这款轿车的原名是由中方提出的“宇宙”，但瑞典方面却坚持自己的本土文化，将车名改为了“天地”。另外，瑞典的冬季漫长且阳光不足，因此人们喜欢浅色的内饰。但在中国的文化中，深色更有奢侈的感觉。因此，在汽车的设计层面上意见也有分歧。[①] 可见，跨文化的差异对跨国公司来说司空见惯，关键在于正确认识差异，加强相互沟通。

其次，跨国公司要了解文化与伦理差异的具体表现。作为跨国公司来说，既要了解东道国的语言文字、宗教习俗、价值观念、思想行为、法律法规等，又要深刻理解自身的企业文化和这种文化对其他国家员工的影响。各个国家和地区在文化传统、价值观念和沟通方式等方面是存在着差异的，因此，了解东道国公众及利益相关

① 柏丹、孙方方、曲艳红：《中国企业跨国并购的文化冲突和整合方法探究——基于吉利收购沃尔沃案例的分析》，载《改革与战略》2012年第10期。

者在文化和伦理方面的独特性，对东道国文化环境与伦理环境的深入分析，是企业进行文化整合与伦理融合的前提。

大多数企业即使进行了对目标企业的所谓的尽职调查，但往往没有对东道国的法律、市场、环保、文化、风土人情等方面进行足够的可行性研究和调查，也没有分析双方的差异和可能导致的冲突因素，这样很容易造成一些重要信息的缺失，也是导致并购失败的重要原因之一。如上汽集团在对韩国双龙的收购案中，就是由于对韩国文化与民众心理缺乏深入了解，导致了整合的失败。最为明显的是上汽对韩国的工会制度认识不足。在中国，传统上工会组织的存在大多只是一种形式，对企业决策与经营没有太大的影响力。而在双龙案例中，韩国企业工会势力强大，动辄以罢工相要挟，要求分享管理层的利益。双龙的自行车人工成本占到20%，远高于韩国汽车业8%的平均水平。双龙汽车百余工会专职干部不参与生产劳动，还配有专车。另外，管理层经营决策须经过工会许可，并每年伴以罢工的劳资谈判，这些都成为日后上汽在整合过程中遭遇的巨大冲突。“在并购汤姆逊之前，TCL还是国产家电和手机的巨头，还在越南跨国并购中搏杀出盈利的生路，在法国却以十多亿元的巨亏而告终。”李东生后来在《李东生思辨TCL跨国并购的得与失》文中回忆道：“并购之初，对欧洲市场的难度估计不足，准备不充分，不论是资源、资金、人才储备，还是对当地市场的了解。这使得整合过程比预计长，代价比预期大。并且并购过程中国市场发生了变化，当时错误地判断汤姆逊的投影电视技术遥遥领先，但国际彩电快速过渡到LCD并迅速普及，也让TCL措手不及。”①

因此，在进入东道国之前，跨国公司要先进行伦理调查。对文化整合难度的调查应该成为尽职调查的一部分，通过对企业文化整合难度的审查，中国企业一方面可以找到企业之间主要的文

① 胡祥宝：《李东生思辨TCL跨国并购的得与失》，载《英才》2009年第7期。

化差异，另一方面能够发现对协同效应的实现影响最大的要害因素，让中国企业更有预备地应对可能发生的文化差异与冲突。如美国通用公司在并购韩国大宇汽车公司之前，就委托盖洛普公司调查了韩国一般民众对外国公司拥有韩国企业的态度，并对韩国媒体有关并购案的报道评论进行全面监测，以掌握韩国舆论对并购案的一般态度。[①] 麦当劳用5年时间了解中国，进而才开了第一家店；联想在并购IBM的PC业务之前，聘请麦肯锡做了详尽的尽职调查来评估并购与整合的可能性，使得联想了解并把握了风险应对办法；吉利在收购沃尔沃之前，研究沃尔沃公司长达8年之久，与福特公司的交谈也有3年。正是对目标企业充分的研究与沟通，才有了后来并购的成功。

了解一个国家和民族的精神层面，与调查他们的经济资源等外在条件同等重要。比如，东道国的员工注重维护个人隐私和维持生活与工作的平衡，那么管理层在制定规章的时候就要考虑到这些方面的因素。又如像德国这样的高福利国家，国民的意识中认为企业有义务保障员工的生活稳定，那么企业在裁员的时候就要三思而行。因此，企业既要收集显性文化的信息，包括工作环境、规章制度、计划工作程序、会议文件、见面礼节、员工日常行为等，还要充分挖掘隐藏在其背后的组织哲学、价值观、组织风气、行为准则等隐性文化。与此同时，我们还要注意到国外法律体系与我国的差异。当中国企业走出国门时，还要考虑被并购企业所处国家的相关法律因素，如美国法律要求员工招聘和解雇不能带有性别歧视和种族歧视。

中国企业要培养文化敏感度，避免“无心之失”。例如，我们的一个以成吉思汗为形象的品牌，在欧洲就很难被消费者接受；我

① Min Jung Sung, “Global Public Relations in South Korea: A Case Study of a Multinational Corporation”, in Michael G. Parkinson and Daradirek Ekachai, *International and Intercultural Public Relations: A Campaign Case Approach*, Boston: Pearson Education, Inc. 2006, pp. 187 – 203.

国的“中国名牌”标志在西方也被认为类似纳粹党卫军标志，带有这个标志的产品便遭到消费者抵制；纺织品、玩具、家具、鞋帽被西方进行贸易制裁，他们打出的也是伦理旗号。企业文化包括一个企业的伦理价值观，国内一些企业由于国情和历史的因素，提出了一些带有政治性、民族主义的口号，例如长虹过去的口号是“产业报国，以民族昌盛为己任”，这使得海外本地员工难以接受。

党卫军标志

中国名牌标志

图片来源：美国《时代》周刊“中国博客”

最后，跨国公司要找到一种基于差异的和谐共存之道。跨国经营中，各方既然能走到一起合作，必然存在共同点和共同利益，要强化共性，强调合作，同时理性应对差异和由此引发的冲突。例如，送礼是日本文化的一个重要组成部分，而在西方国家看来，送礼是错误的，一个公司如果尊重当地习俗，应该允许某些形式的礼物馈赠，但应该向管理者提供一种特别的指导以帮助他们区分可接受的和不可接受的送礼情况。唐纳森认为，摩托罗拉公司的行为规章可以说是全球化战略与本土化调整的典范。摩托罗拉的规章坚持公司的核心价值观："我们将一如既往地行动：尊重别人，绝对诚实。"同时，这一规章也列有明确的细目，比如对于"行贿与受贿"，规章规定："摩托罗拉的资金和资产不能直接或间接地用作任何形式的非法酬金"，所谓"非法酬金"，是指"向公务人员行贿"和"雇员给予顾客资金回扣"。与此相对应，规章也允许个人在具有文化敏感性的情况下做出自己的判断。例如，雇员有时可以接受小礼物，但前提是如果接受礼物将有损于公司合法的商业利益。①

3. 充分运用国际沟通与国际公关手段

在经济全球化的今天，国际沟通与国际公关在跨国公司拓展国际业务过程中的作用日益受到重视。我国加入 WTO 后，越来越多的国内企业参与国际市场竞争。由于处于经济转型期，中国的跨国公司还在起步阶段，缺乏跨国并购和经营的经验，在开展跨国经营时面临的阻力是多方面的，既有技术、产品、价格等生产经营方面的问题，也有对外国政治文化环境不够熟悉所带来的问题，而后者正是国际沟通和国际公关能够发挥作用的因素。

跨国公司要重视与企业利益相关者的沟通。企业的利益相关者不仅包括内部的员工，还包括外部的消费者、合作者、政府和公众等。对跨国公司来说，要在海外经营中找准哪些是重要的利益相关者，并采取行之有效的沟通手段。一般情况下，与员工的沟通是第一位的。在双龙公司销售出现问题时，上汽选择的是撤走韩国高管、裁减员工、停止福利，而不是第一时间从公司经营策略上寻找问题。其实作为一家外国的收购者，应当尽可能让本国员工感到诚意、产生认同感和信任感。无论如何，在异国他乡

---

① 赵德志：《企业跨国经营伦理探论》，载《社会科学辑刊》2002 年第 5 期。

将自己和东道国员工摆在对立面上，企业就等于断送了在该国的发展前途。上汽的失利很大程度上源于与工会沟通的失败。而与之相比，吉利在收购沃尔沃过程中，吉利董事长李书福曾表示，如果不能获得工会的同意，吉利将不会收购沃尔沃，并向工会做出了维持沃尔沃在瑞典的公司总部、研发总部和生产线的书面承诺，且在并购一年后兑现了承诺。另外工会代表进入董事会，密切了劳资关系，加深了信任。这些都为吉利处理好与利益相关者的关系打下了良好基础。

对跨国公司来说，还要主动增强与当地政府、民众和媒体的沟通，在不透露商业机密的前提下保持信息的透明度，减少东道国的无端猜忌，尽量消除东道国对中国的误解，充分表示自己的诚意，获取东道国对自己的信任。对于国有企业在跨国并购中所遭遇的政治行政力量的阻碍，企业可以采取西方国家通行的院外游说方式，求同存异，增进对方政界对我国企业行为的理解，减少政府与中国企业的冲突。如果中海油在收购优尼科前对美国政客进行充分的游说，也许最终的收购不会以失败告终。而对于中国消费者接二连三地“砸奔驰”事件，也是企业缺乏与中国消费者的沟通所致。“如果一开始跟客户有更好的沟通会比较好。”梅赛德斯—奔驰（中国）有限公司总裁麦基乐在接受记者采访时这样回答他对整个奔驰事件的看法。正是由于奔驰公司一直保持低调，除了两次公开致函以外，与车主的协商也进行得十分谨慎，从而被冠以“态度漠然”、“桀骜不驯”、“歧视中国消费者”的帽子。[①]

跨国公司开展国际公关的目的，是为企业的发展提供一个良好的国际环境。它所面对的他国公众，主要有政府，工会，行业组织、贸易组织等经济性组织，学术团体、道德团体、环保组织等其

① 李海龙著：《考验：跨国公司“败阵”中国实例教案》，北京：华夏出版社，2003 年版，第 133—134 页。

他团体和舆论机构等。这些不同类型的东道国公众，是跨国公司开展国际公关时要加以考虑的对象。[①] 企业的公关部要注重政府部门及同行业者对企业的反馈监测，以便灵活调整应对策略。

跨国公司要重视东道国媒体的力量。媒体被称为进入国家的"国家之门"。媒体的声音很大，影响也很大，与媒体沟通在企业与消费者以及政府等利益相关者的沟通中起着中介作用。中国的新闻媒体受政治力量影响较大，政府是权威信息的主要来源，对危机事件的定性决定着事件的走向，因此一旦爆发食品安全事故，中国企业公关的对象首先是政府部门。在西方特别是发达国家，新闻媒体的独立性和自由度高，政党与政府对其影响小。为了保证公正，它们的信息来源一般是行业专家、科研人士等，因此危机发生时，这些人成为企业首要的公关对象。当"走出去"的中国企业在国外发生危机事件时，若不能及时调整公关策略，而采取贿赂政府等行为，将陷入更大的伦理冲突之中。在被媒体误解的时候，最好的方式是公开、透明。媒体需要信息量，当没有足够的信息的时候，媒体会自己去捕捉信息。相比较而言，中国企业还缺乏有效的媒体沟通能力。例如，海尔公司在对外沟通方面的观点是"流言止于自修"，"能打倒我们的不是媒体，而是我们自己"，这显然不是一种良好的沟通模式。

不同国家的媒体，沟通方式也有所不同。比如，美国的媒体地区分布比较分散，美国企业与媒体之间的沟通往往通过电话、传真来进行。而韩国媒体则几乎所有全国性媒体的总部都设在首都，韩国媒体特别看重面对面的直接交流，因此在韩国，与记者保持良好的人际关系是做好公关工作的必要条件。

---

① 陈开和：《国际公共关系在企业跨国并购活动中的作用》，载《广告大观理论版》2007年第1期。

4. 重视跨文化培训与沟通

根据有关部门对100家重点企业所做的跟踪问卷调查，在中国企业“走出去”战略遇到的困难和问题中，跨国经营人才的缺乏排列第二。中国企业目前大多是聘请中介机构来处理并购事务，但并购后的管理与控制问题却无法让中介机构来替代。[①] 化解伦理冲突、实现伦理融合的一个有效手段是在企业内部进行跨文化培训。进行跨文化培训的目的就是把在不同文化环境中工作和生活可能面对的情况和困难展现在并购企业双方员工面前，提高员工解决这些困难的能力；并且可以通过组织各种社交活动，让双方员工有更多的接触和交流。

跨文化培训的主要内容有：对文化的认识、文化的敏感度训练、语言学习、跨文化沟通以及冲突的处理、地区环境模拟等。具体有：(1) 提供以信息为主的训练。例如就中、美国家的历史和文化习俗等情况作演讲、放录像、提供阅读材料、组织专题讨论等；(2) 提高文化敏感的训练。例如把不同文化背景的人或在不同文化地区工作的管理者和员工结合起来，进行多种文化培训，通过简短演讲、角色扮演、情景对话、小组讨论以及实地考察等方式，打破每个人对不同文化环境的适应性，加强不同文化之间的合作意识和联系；(3) 改变认知行为的训练。例如帮助受训者首先分析自己文化中有哪些是对自己有利的方面，哪些是不利的方面，然后再分析另一种文化，分析其中哪些是容易适应的，哪些是不容易适应的，从而有意识地改变自己的行为模式；(4) 互动式的训练。例如在训练中使受训者与邀请来的客人——另一种文化的代表或专家进行交流，在交流中学习对方的文化习俗，学会各种交际的技巧；(5) 体验型的训练。例如人为地制造另一种文化环境，让受训者在这种环境中学会解决各种问题的能力；(6) 跨文化沟通及冲突处理能力的

① 单宝：《中海油竞购优尼科失败的原因及其教训》，载《国际贸易》2005年第10期。

培训。例如介绍合资企业中可能存在的种种因文化背景不同引发的冲突，并探讨处理问题的可行性方法。[①]

中国企业在跨国经营的过程中，越来越意识到沟通的重要性，并正在逐步培养跨文化沟通的能力。这方面国内合资企业的经验可供借鉴。长安福特是一家中美合资公司，作为合资企业，其经营管理的文化冲突是一种客观现象。长安福特公司采用了以下对策建立起有效的跨文化沟通：(1) 企业内确定两种通用语言，以利于中介沟通，同时注重精选高素质的翻译人员，以减少语言方面的误解；(2) 通过制定一些行为规范，强调交流双方应互敞心扉、坦诚表白、不互抱戒心也不回避与对方的不同观点，并尽可能用最简洁明确的语言或符号表达真实的涵义，以降低信息含蓄度；(3) 多使用任务单、备忘录、检测表、黑板报、公司简报和广播等方式，简洁快速准确地传递信息；(4) 设立“员工信箱”，以实现下情上达，使员工畅所欲言；(5) 定期或不定期地举办中外合作问题研讨会，就某些问题进行交流并达成共识。参加人员除了各级经理主管外，还应有各类员工代表；(6) 提倡不同文化者之间的友谊与交往，经常组织不同形式、不同层次和规模的联谊活动，以促进相互了解与沟通。[②]

在跨文化培训中，要注意根据目标国的不同而有所侧重。例如，有研究表明，日本和韩国的单民族文化使得中国外派人员在经过跨文化培训后的跨文化调适技能低于预期水平。因此，要重视对派往日本和韩国的中国外派人员的跨文化培训，较多地涉及有关日本和韩国价值观与生活方式的文化知识，以帮助中国外派人员很好地适应东道国的生活环境。此外，还要增加有关两国企业文化与工作规范的相关培训，从而让中方人员在理念和行为上更好地与东道

---

① 曾艳：《中美合资长安福特公司跨文化管理研究》，重庆大学硕士论文，2004 年，中国知网博硕士论文全文数据库。

② 同上。

国文化融合。①

为了促进企业的跨文化沟通，可以实行人力资源的全球化配置和本土化战略。在海外经营中，人员的本土化有利于企业的文化融合，尤其是企业的管理层。新杰克控股在德国成功收购过奔马和拓卡两家企业，其董事长阮积祥并不亲自管理收购后的企业员工问题，而是给原拓卡总经理25%的股权激励，让他发挥主观能动性管理好企业。海信集团的美国机构，总经理从国内派出，业务经理由当地人担任，充分利用本地人的人脉背景；海信欧洲则把法国 LG 的总经理挖过来做总经理，同样，南非市场建立分支机构也是挖当地优秀人才管理。华为公司在国际化战略推进过程中，一方面通过推动公司高层全球跨区域的交流调动与学习和 e-Learning 等项目，使员工的国际化运营能力得到不断提高；另一方面不断引进海外优秀人才。而国外的子公司在当地的董事会、管理层也均引入了相当数量当地杰出人才。为了留住和更好地使用国际化人才，华为还通过与 Hay Group 和 Mercer 等顾问公司长期合作定期对工资数据进行调查，根据调查结果和公司业绩对员工薪酬进行相应调整，使其与跨国公司接轨，并通过在世界各地设置适应当地文化的沟通渠道、营造融入当地文化的公司环境，不断提升公司的软实力。经过多年国际化战略的实施，目前华为公司在世界上 140 多个国家设立了分支机构，公司员工来自 150 个国家和地区，外籍员工总数达到 2. 17 万多人，占到总员工数的 19. 4% ，海外员工本地化比例为 69% 。仅就这些数据而言，华为在海外并购时的认可度无疑已大大高于国内一般企业。

（二）中国跨国公司伦理建构的目标

跨国公司利用多种沟通方式和手段化解伦理冲突，最终的目标

① 高嘉勇著：《跨国公司外派人员跨文化培训——理论与实证》，天津：南开大学出版社，2008 年版，第 166 页。

是实现文化的整合与伦理的融合。

美国人类学家爱德华·赫尔将文化分为三个范畴：正式规范、非正式规范、技术规范。正式规范指判断是非的基本价值准则；非正式规范如风俗禁忌、管理模式、劳动习惯等；技术规范如预案方案、执行标准、检测手段等。不同规范所造成的文化差异与冲突不同，融合的难易程度也不同。一般来说，由正式规范导致的分歧较难以磨合；非正式规范分歧通过较长时间的沟通交流可以克服；技术规范分歧可以通过学习、培训等途径改变并统一。当然，正式规范分歧并不是绝对难以克服，良好的沟通方式和途径也能促进分歧的消弭和融合。

国际管理专家戴维·A. 利克斯（David A. Ricks）曾说过："大凡跨国公司大的失败，几乎都是仅仅因为忽略了文化差异——基本的或微妙的理解所招致的结果。"并购的终极目标是取得协同效益（包括财务、管理、技术、文化等），然而后期的整合往往是实现这一目标最关键而又最困难的事。贝恩管理咨询公司一项关于企业并购失败的调查研究表明，全球范围内企业并购的失败案例中，80%左右直接或间接地缘于企业并购之后的整合，只有20%左右的失败案例出现在并购的前期交易阶段。[①] 企业的整合主要有两个方面，一个是资源整合，另一个是文化整合。2009年10月28日，德勤发布了调查报告——《中国企业并购后文化整合调查报告》。此份调查报告是德勤首次针对十多个行业中的龙头企业进行的调查。报告显示，尽管并购热潮促进了经济增长，但是60%的企业并购却没有实现期望的商业价值，其中2/3的企业失败源自于并购后的文化整合。究其原因主要有：两家企业之间文化、管理、业务整合不力，直接导致文化冲突，员工、客户、供应商不认同，业务不能实现有机融合、良性互补；同时，企业内部关系矛盾重重，资金、人才、

① 张金杰、徐翌成等：《中国并购报告2009》，北京：中国金融出版社，2009年版。

技术、管理、品牌、渠道等一系列问题涌现出来。调查报告发现，大部分并购后的企业对文化整合都有较高的关注度，但在对并购交易前后整个过程的文化评估、文化整合计划的执行及评估反馈方面有待改进。①

因此，文化整合是一个较为复杂、困难和漫长的过程，但对于企业的长远发展来说，这又是必需的，只有建立一个有着共同价值观的强有力的企业文化，通过文化的引导使每个员工将自己的思想和行为同公司的战略和宗旨相结合，才能增强企业文化的跨国适应能力。通过这种文化的融合，逐步形成跨国公司的管理文化，最终建立起以公司价值观为核心的企业文化。

1. 要建立整合方案和预警机制

要克服不同地域、不同企业之间的文化冲突，关键在于企业对这种冲突的事前考虑和事后反应。美国管理大师德鲁克曾经说过：与所有成功的多元化经营一样，要想通过并购成功地开展多元化经营，需要有一个共同的团队核心，必须具有“共同的文化”或至少有“文化上的姻缘”。这就要求我们的企业在并购前要充分评估文化冲突这个因素，评估并购后可能带来的一切影响以及企业如何去克服这些影响。在并购前企业要就一些重要的文化问题，如决策方式如何确定、双方高管团队如何构成、文化冲突可能造成的成本等，让并购双方在谈判时达成一致，并提早在双方员工中进行宣传和引导。并购之后，则要尊重被并购方的企业文化，相互平等地交流各自的文化和管理经验，而不强迫一方必须改变自己的文化。在这一过程中不断达到文化的重构，使得并购双方及其成员能够调整自身企业文化，由不协调到逐渐协调，由疏远趋于接近，最后达到共通和融合。在此过程中，企业应特别关注一些涉及民族、宗教等

① 连建明：《德勤发布并购后文化整合调查报告——60%企业未实现期望价值》，载《新民晚报》2009年10月30日。

无法调和而只能适应的差异性，做到尊重、理解和包容。

2. 要建立共同的愿景

文化整合需要建立共同的愿景，即明确的协同目标。并购企业的文化整合，需要一个能够鼓舞员工的愿景规划，这个愿景规划必须明确地加以表述，并传达给每位员工。中外并购企业的实践表明，只有首先进行思想文化观念上的沟通，达到彼此接受和文化相融，形成共同愿景，才能最终达到行动上的协调一致。东风日产乘用车有限公司成立于2003年，是中国汽车市场上相对成立较晚的中外合资整车企业之一。在经历了创立初期的外部摸索和内部碰撞之后，东风日产开拓了一条中外双方精诚合作、快速发展的成功之路。面对碰撞和冲突，刚开始企业希望通过培训和流程优化来解决问题，举行了中日双方如何打交道和如何建立跨功能小组的培训。首先是意识形态的培训，然后是方法上的培训，但是最后发现效果不尽人意。必须从更深层次去寻找解决问题的方法，从世界观和方法论上达成共识，建立共同的愿景。通过充分的碰撞与沟通，东风日产建立了“企业行动纲领”，这相当于企业的价值观和方法论。[①]同样的情况也发生在中联重科并购CIFA的过程中。在并购初期，CIFA的员工和团队对收购后即将到来的变革怀有各种各样的心态，中联重科不厌其烦地跟他们谈如何协同，谈如何融合，但沟通效率极其低下。最后，中联重科意识到，根本原因是CIFA员工对公司的发展方向很茫然，双方缺乏一个共同的愿景。于是，中联重科提出了中联重科CIFA的发展愿景。在一个得到大家认同的共同愿景下，文化分歧逐渐消失。[②]

---

① 《文化融合是合资企业成功的根本之路——东风日产乘用车有限公司副总经理任勇访谈纪要》，载孙健主编：《打造全球化跨国公司》，北京：中国物资出版社，2011年版，第3页。

② 王志乐主编：《2012走向世界的中国跨国公司》，北京：中国经济出版社，2012年版，第268页。

3. 要选择适当的整合模式

对于不同的并购方式和目标企业文化的强弱，应选择相应的文化战略。目前存在四种文化战略：共存式、占领式、反向整合和融合创新。并购前两家企业主要完成的是法权、行政和物质上的统一，并购后整合完成的则是文化上的统一，即价值观念、共同规则、协同机制的统一。文化的统一就是两个不同的知识体系的交融和共享的问题。但是中国企业知识管理水平普遍较低，海外并购经验不足，并购的主要动机之一就是“知识获取”或者广义上的资源获取，而被并购企业的知识一般居于主导地位。在这种情况下，知识的流动方向是相反的，即从被并购企业流向中国企业。中国企业并购发达国家企业，面临的问题在于如何以不发达的商业文化和管理水平的低位势，去适应、容纳乃至统领处于较高位势的被并购对象。类似海尔的“企业文化激活休克鱼”的做法，在实施并购过程中将本企业的强势文化移植到目标企业的毕竟是少数，大多数情况下，企业需要面临文化碰撞与融合。

4. 要明确文化整合的层次

首先是战略方面的整合。只有统一的战略才可能让两个企业融为一体。战略整合应有明确的整合指导方针，使公司的愿景、创造价值的方式方法、组织变革和整合的目的以及实现目标的关键计划等方面得到全体管理层的认可，同时应调动利益相关者的积极性。其次是经营管理制度的整合。要采用国际先进的管理制度，按照现代企业的内部治理结构来规范企业的内部管理组织形式，并按照国际标准来组织企业的生产经营活动。当然，根据东道国的制度环境进行适当的调整和整合也是企业海外经营成功的关联因素之一。例如，西班牙人有在工作时间小休的习惯，并且注重人与人间平等的相处模式。为此，企业要充分考虑这些作息因素和相处模式，合理安排工作时间表及注意与员工交流时的讲话方式。当然，也可以通过适当的方式把当地员工纳入企业制度的框架下，在这一方面，华为做得比较成功。比如阿拉伯人具有生活散漫、不守时的不良习惯，华为用自身吃苦耐劳、努力拼搏的企业文化影响了其在中东子公司的当地员工，使他们改变原有的时间观念以及工作态度。最后文化与理念的整合。

5. 整合要分步进行，不可操之过急

并购双方的企业制度、文化、环境等都是经过一定积淀形成的，不容易发生改变。因此，并购后的整合是一个由上到下、逐步融合的过程。首先是并购之后的稳定阶段——保留被并购企业原有的格局和文化，使合并后的企业保持稳定；然后在稳定的基础上对双方的文化进行必要的改革和调整，扬长避短，最终达到管理上的融合，形成一个统一的和谐整体。比如法国雷诺和沃尔沃卡车合并时，他们采取了不少方式逐步进行文化整合。一是互访，在法国雷诺和瑞士沃尔沃卡车合并前，双方花费了三年之久开展互访。在互访项目中，双方将同一领域的专家聚在一起，对某一问题进行深入探讨，以增进了解，交流思想；二是培训，主要针对雷诺和沃尔沃卡车年轻的管理人员，将他们组织在一起参与培训。部分培训在双方公司进行，部分由欧洲工商管理学院（INSEAD）的专家提供，培训内容涉及兼并的方方面面，还包括语言培训，这一点在跨国并购中很常见；三是互派，有计划地选派一些雇员到对方的工厂或办公室工作三年。主要针对白领和行政人员，也包括部分技术工人。相互派遣计划是公司整合的关键部分，可以缩短兼并后的冲突磨合期。①

（三）中国跨国公司伦理建构的内容

无论是“引进来”还是“走出去”，处在全球化背景下的中国企业必须建构起符合跨国公司发展需要的企业伦理。有些学者从价

① 俞文钊、严文华：《整合同化理论与跨国公司的跨文化管理》，载《人类工效学》2000，6（4）。

值、准则角度等内容层面研究了中国企业跨国经营的伦理规范，即中国跨国公司的基本伦理准则“是什么”，但所提出的规范的具体内容不尽相同①。因此，本书不对具体的内容作展开分析，比如国际伦理规范中哪些要为我所用，哪些中国的传统伦理能为普遍伦理提供养料，仅就中国跨国公司伦理的建构提出一些构想，主要围绕如何处理好传统与现代、民族与世界的关系。

1. 中国企业要以人类共同的伦理道德作为企业伦理的基础

企业无论是在国内还是到海外，都应遵循和保持一致的价值观念。唐纳森认为，公司必须基于一些核心价值观，如尊重基本人权、尊重人的尊严等等，为公司的行为制定出“伦理底线”。例如，公司可以通过视雇员、顾客、供应商等为具有内在价值的人，通过提供安全的工作场所和安全的产品，对人的尊严表示尊重；可以通过保护雇员和消费者的权利，对基本人权表示尊重；可以通过保护环境，争取获得一个良好的公民身份。而对于超越伦理底线的行为，就应该予以制止。

在中国跨国公司伦理的建构中，尤其要重视“企业公民”与社会责任意识。2003 年全球 CEO 聚首的世界经济论坛认定的企业公民包括四个方面：一是好的公司治理和道德价值。主要包括遵守法律、现存规则以及国际标准，防范腐败贿赂，也包括道德行为准则问题，以及商业原则问题；二是对人的责任。主要包括员工安全计划、就业机会均等、反对歧视、薪酬公平等等；三是对环境的责任。主要包括维护环境质量、使用清洁能源、共同应对气候变化和保护生物多样性等等；四是对社会发展的广义贡献。主要指广义的对社会和经济福利的贡献，比如传播国际标准、向贫困社区提供要素产品和服务，如水、能源、医药、教育和信息技术等，这些贡献

① 如苏勇认为是处理“功利与人文”、“民主与集权”、“公平与效率”、“权力与权威”、“竞争与合作”等对立统一关系中的规范；陈荣耀认为是制度与人伦、效率与均衡、索取与奉献、竞争与协作相统一的规范；戴木才认为是公正、平等、人道、效率、民主等规范。

在某些行业可能成为企业的核心战略的一部分，成为企业社会投资、慈善或者社区服务行动的一部分[①]。

中国企业首先要从争取做一个好的“企业公民”开始，学会适时回馈当地社会，包括依法向当地政府交纳税金、适当地资助慈善和教育事业等，这不仅可以在国际社会中树立起良好的企业形象，同时也可以大大增加企业在国际上的接受度。这样，即使遭遇政策寒冬，也可以在舆论之中立于不败之地。

跨国公司对企业社会责任理念的重视和发展给了我们很多有益的启示。企业社会责任首先在西方发达国家产生，然后在国际贸易中施加于我国企业，比如 SA8000 标准极易成为发达国家作为实施贸易保护主义的又一非关税壁垒，因为发展中国家进入发达国家的产品大都是劳动力成本低的劳动密集型产品。尽管人们对将劳工标准与国际贸易“挂钩”的做法多有争议，但我们不能因为这样的手段而否认这一诉求本身的合理性，因为它所表达的是人类文明的凝结，是社会公认的道德底线，其基本出发点是人性化管理，是社会进步到一定阶段的必然，这种标准并不是为制裁中国或其他发展中国家而特制的。[②] 国际社会不会因为中国是一个发展中国家就对在海外经营的中国企业采用低标准要求。同时，与这些标准相对照，也反映出中国企业目前存在的突出问题，比如劳资矛盾尖锐、廉价劳动力维持的竞争优势等。

承担企业社会责任与追求利润并不是完全冲突和矛盾的，相反，企业的长期生存有赖于其社会的责任。企业承担社会责任除了对企业长远发展有利之外，还能获取政府的支持。公众对政府在承

---

① 李国蔚：《全球化背景下中国企业伦理研究》，苏州大学硕士论文，2005 年，中国知网硕士论文全文数据库。

② 参见熊慧君：《“SA8000”的道德正当性及其效应探析——兼论经济全球化条件下我国企业的伦理建设》，载《温州职业技术学院学报》2005 年第 4 期；蔡文之：《SA8000：企业伦理的全球评判》，载《社会观察》2005 年第 1 期；袁隆成：《SA8000 标准是企业伦理建设的助推器》，载《滁州学院学报》2005 年第 1 期。

担社会责任方面的角色期待有时会使政府陷入一种角色冲突之中，而企业的社会参与将会帮助政府摆脱困境，减轻政府来自于社会公众方面的压力，如减少失业、缓解通货膨胀压力、治理污染及投资于公益事业等。企业由于承担了一部分有利于政府实施宏观政策的社会责任，相应地就会获得政府对其社会参与行为的积极认同，并给予企业一定的支持。[①] 同样，对于社区、消费者等利益相关者来说，企业是否主动承担社会责任也是赢得他们信任的重要因素。社会参与可以为企业提供大量的利益。美国最受欢迎也是最大的6种基金之所以能得到大众的支持与信赖，重要原因就在于它们有着较强的社会责任感，这些基金不投资于以下行业：与制造防务武器有关、利用核能、酒类、赌博、烟草、价格管制或犯罪性诈骗。[②] 因此，承担社会责任已经成为跨国公司提高竞争力、树立品牌形象的一种手段，从而上升为企业的战略。中国企业也必须迅速提升自己的社会责任理念，只有如此，中国企业才能走向世界。

中国企业要重视企业社会责任，建立起社会责任报告与评价体系。北京大学民营经济研究院的研究成果《中国企业社会责任调查评价体系与标准》，是目前国内设计出来的较为全面科学的评价体系之一，并且在中央电视台、北京大学民营经济研究院、《环球企业家》杂志社、《中国企业家》杂志社共同发起主办的“中国企业社会责任调查活动”中被用作调查所依据的标准，因而在中国的企业社会责任运动中具有较大的影响。与SA8000只关注劳工权利不同，这个体系不仅关注到了企业的所有利益相关者，而且关注到了企业的经济社会责任，因此是一个评价企业的全面社会责任的指标体系。[③]

① 田虹著：《企业社会责任及其推进机制》，北京：经济管理出版社，2006年版，第243—244页。

② 同上书，第244—245页。

③ 徐大建著：《企业伦理学（第2版）》，北京：北京大学出版社，2009年版，第295页。

企业的社会责任意识要从源头上抓起，要在国内就开始培养。这方面韩国政府的做法值得我们借鉴。2010 年 1 月，韩国政府批准一项法律，禁止在儿童收视的黄金时段播放垃圾食品的广告。韩国卫生、福利和家庭事务部发表声明称，根据韩国政府在内阁会议上批准的这项法律，在每日下午 5 时到晚上 7 时的儿童收视高峰时段，电视上将不得播放高热量、高糖分、高盐分、低营养的食品广告。此外，任何时段播放的儿童节目中也不得插播此类广告。这一禁令涉及的食品包括汉堡、比萨饼、方便面、快餐、碳酸饮料、巧克力、糖果和冰激凌等。① 事实上，大多数发达国家均已立法限制“垃圾食品”广告。

2. 中国企业要主动吸纳发达国家的理念与机制

中国企业在伦理问题上要培养大局观和全球观，避免狭隘的民族情绪。在企业诚信问题、劳资关系问题、信息透明度问题、知识产权保护问题等方面，西方发达国家的规范与实践都走在我们前面。对中国企业来说，面临伦理冲突的时候，借鉴、吸收东道国的先进文化和伦理观念有助于化解冲突，建构新的企业伦理。比如，在阿朗中国企业文化的形成过程中，留下了一次次合并整合的痕迹，新的企业文化吸纳融合了原公司中的积极的、先进的、合理的企业文化，淘汰了不合时宜的部分。在 2002 年，上海贝尔的企业文化中吸收了阿尔卡特文化中的注重绩效、结果至上的部分，抛弃掉一团和气、进取性不强的部分，使得企业文化获得了一次成长的机会；在 2007 年，阿尔卡特的企业文化中又吸收了朗讯公司的以人为本、专业化的特色，从而又一次得到了提高。因此，中国跨国公司的企业伦理要具有包容性，有勇气吸纳与自己不同的部分，然后吸

① 《韩国“垃圾食品”设限，儿童收视高峰禁播汉堡广告》，http：//www. 100xwcb. com/HP/20100120/OTD46892. shtml。

收成为自己的有机组成部分。[①]

中国企业要借鉴发达国家的经验，加强诚信建设。面对“中国制造”的危机，面对过去一些企业的诚信劣迹，中国企业的诚信建设尤其重要。要重新开发历史传统中的诚信资源，把诚信作为企业的核心理念加以推广和宣传；要借鉴发达国家的诚信机制建设，关键在产品安全等环节中加大监督机制，加强企业自身信用风险管理建设和全社会的企业信用体系建设，尤其要建立和完善企业信用监管制度，从法律上加大对失信企业的惩罚力度，逐步构建中国产品不仅“价廉”而且“物美”的形象，在国际上形成良好的声誉。

中国企业要借鉴发达国家的信息透明度建设。在公司法和证券法中导入社会公开法律机制，丰富信息披露的外延与内涵，把股东之外的其他利益相关者纳入信息公开机制的保护伞，并把信息公开披露的内容由传统的财务性公开，扩大到包括财务性公开和社会性公开在内的广泛内容。上市公司作为全国性透明度最高的公司，在履行社会信息披露方面应率先垂范。

还有知识产权保护机制等等。西方对知识产权的保护早于中国，中国企业“走出去”过程中还未形成成熟的知识产权保护意识，也缺乏相应的法律法规约束，这成为中国企业“走出去”的一大障碍。因此，中国企业要有强烈的合规意识，用法规、契约来约束企业的行为，要求企业的一举一动都在法律的框架内进行。

当然，学习发达国家的先进理念与机制，实行“本土化”，不是指企业一味丢掉企业本身的经营理念、目标和产品概念，而是指企业应该为了达成企业管理目标而适应当地的观念，去糟粕而取精华。比如在美国，中国企业应该建立更加开放、自由、平等的企业管理模式，对一些原则问题例如税收、知识产权等严格按照法律法

① 刘爱东著：《在华跨国公司组织发展研究》，上海：上海人民出版社，2009 年版，第 150 页。

规和规章制度来执行，保证产品的诚信和信息披露机制的完善。

3. 中国企业要弘扬传统文化的特色与精髓

学习、借鉴他国的先进管理技术也必须结合本国、本地的伦理文化传统，建立“有根的文化综合创新模式”。[①] 对于中国文化中优秀的传统遗产和特色的东方元素，不仅不能放弃，还要致力于加强融合与创新。中国传统伦理思想史中许多典籍，如《论语》、《孟子》、《孙子兵法》、《老子》、《荀子》、《管子》等，有着丰富的对于企业管理具有重要借鉴意义的思想，尤其是儒家典籍。企业要主动开展文化交流活动，主动宣传中国人的社会伦理价值，用中国悠久深厚的民族文化来吸引外国人关注、讨论，从而达到理解、认同，进而构建不分民族、种族、宗教、意识形态和政治制度的精神内涵和价值观念。佰草集作为上海家化旗下的本土品牌，在法国巴黎的市场上，不惧国外高端品牌的竞争，用充满东方韵味的素色系店铺装潢，打出“中草药”文化牌，结合佰草集独有的“汉方”理念，在香榭丽舍的大街上，一眼抓住路人的眼球，在宣传中国文化的同时，水到渠成，推广佰草集这一品牌，赢得了法国市场。当然，有一些“中国特色”的企业文化是企业在“走出去”过程中需要避免的，比如贿赂。在中国这样一个重人情关系的社会大环境下，大大小小的贿赂不计其数，已经成为生意场上的一道关口。很多中国企业，或者中国员工，也因此将这种习惯带到了国外。而国外社会对于“贿赂”大都比较抵触，认为是不正当的竞争手段，因此导致了冲突的产生。

二、中国跨国公司伦理建构的实践探索

（一）中国跨国公司内部沟通的实践

在跨国经营过程中，与外籍员工之间的沟通非常重要。2009

① 陆晓禾：《经济全球化中的文化问题与企业价值取向》，载《上海社会科学院学术季刊》1999 年第 4 期。

年，《财经》杂志曾以“完败双龙”为题对上汽收购双龙进行了报道。这也是中国汽车企业海外投资最为严重的教训。上汽集团对韩国双龙汽车公司的收购之所以宣告失败有多种原因，而主要是由于上汽与双龙员工、工会之间缺乏必要的沟通。当时上汽集团罢免了以苏镇琯为首的某些韩国高管。虽然上汽集团作出该决定自有其理由——苏镇琯未能推动企业整合，反而一直施加反作用力——但显然并没有与双龙上下的员工进行沟通。面对突如其来的变动，韩国员工在百思不得其解之际，开始怀疑上汽集团是否有“技术转移”的叵测用心。企业在沟通中始终要重视员工权益，不要摆出高高在上的姿态。企业还要重视与工会的沟通，不少企业还很不善于同海外工会打交道，缺乏应对能力和技巧。何况双龙工会在以激进著称的韩国企业工会中也是出名的，其激进程度不是一般韩国企业可以比的。在这个案例中，从签订收购条约，到罢工爆发，双龙工会在其中都扮演了重要角色。然而，上汽集团董事长胡茂元的一句“早知道韩国工会厉害，但没想到厉害到这种程度”①，说明工会的力量是被上汽长期忽略的。但实际上，早在上汽入主双龙之前，双龙的工会就曾举行罢工，其目的在于要上汽签订一份含有“工会有权参与董事会决策过程”的特殊条约，后来在正式进行收购谈判的时候、进行人事调整的时候、公布投资计划的时候，也都曾遭到过工会的激烈反对。上汽决定将双龙的 SUV 生产线转移到中国，这一思路与双龙工会的预期是完全相反的。双龙工会希望通过借助上汽的销售网络，加强双龙 SUV 在中国的销售。如果把生产线和技术转移到中国来，则是工会完全不能接受的。但上汽至始至终没有对工会的意见和力量加以重视，直到罢工爆发，才措手不及地慌忙应对。与同工会处好关系相比，上汽更注重政府和公共关系，搞市民联

---

① AyXmt：《上汽集团收购韩国双龙汽车——中国企业海外并购的经验与教训》，道客巴巴，http：//www.doc88.com/p-684307588142.html。

欢，在平泽市建立奖学金计划，但对本厂职工的亲近和关怀却有限。同样以外来者身份进入韩国的通用汽车却每年春节都要邀请韩国职工一起爬山，还会在传统节日穿上韩国传统服装，表示对本土文化的尊重。与通用相比，上汽显然对韩国的企业文化理解不够，还是按照中国思路办事。同样的情况也发生在首钢在秘鲁投资的铁矿公司。由于没有与当地民众和工会组织建立起良好的公共关系，十年来遭遇了持续不断的抗议和罢工事件，极大地干扰了企业正常的生产经营活动，其中仅2004年6月的一次罢工事件就使公司遭受了高达351万美元的直接经济损失。同样是面对韩国“最强势的工会”，长虹缔造并购韩国第三大等离子制造商Orion公司时，正是由于与工会的成功沟通而赢得了先机。在并购Orion过程里，长虹的监事在与工会的沟通中，以“三个满意”的核心理念感化Orion工会，并就工人待遇改善、员工福利提高的问题每年进行例行谈判，创立了连续7年无争分、无罢工的记录。南汽在竞购罗孚的过程中，也主动和当地工会进行了接触，把整个收购方案跟工会做了沟通和充分的交流，取得了他们的支持。最后，连工会也认为南汽拿出的是一套可行方案。

（二）中国跨国公司外部沟通的实践

据中国国际贸易促进委员会发布的《中国企业对外投资限制及意向调查报告》显示，在中国企业海外投资中遇到的各种挑战中，“外国消费者对中国产品质量和安全性存在担心”、“当地消费者对中国品牌还不了解”、“当地雇员对公司不熟悉”、“文化壁垒使得商业活动难以推行”、“投资东道国对于该投资有负面反应”等均在其中，[①] 这些挑战实际上很大程度上反映了企业外部沟通的不足。中海油竞购优尼科期间，有一家美国民意调查公司，每天抽样调查

① 中国国际贸易促进委员会：《中国企业对外投资现在及意向调查报告》，http：//www.ccpit.org，2009年4月。

500 名美国人对该事件的反应，结果显示，绝大多数美国民众并不知道中海油，甚至很多人也不知道优尼科。① 可见中国公司到海外拓展业务前，对自身的宣传必不可少，尤其要借助媒体的强大力量。2005 年，海尔与两家著名企业联合出价 12.8 亿美元欲收购美国家电巨头美泰。在海尔投标后，惠而浦也出高价竞标美泰，在惠而浦提出报价后海尔放弃收购。海尔宣布退出主要是出于财务和美国政府安全方面的考虑，而除此以外，缺乏与媒体沟通以及缺乏国际公关的意识和经验也是海尔在美遇到阻力的原因。在被爱荷华州当地媒体 *Des Moines Register* 问及如何联系管理层时，海尔公司美国发言人的回答只是"我也不知道"。这向当地民众传递了不良的信息，从而引起当地工人的不满，失去了工会的支持。② 同样的，华为在并购美国三叶公司期间，美国政府认为华为有些信息并没有公开，怀疑华为有政府背景，收购三叶公司有不正当目的。正是由于这样的原因，收购遭遇了美国大多数媒体的抵制。而华为也没有及时与媒体沟通，解释自己的意图，导致了并购的流产。

也有一些中国企业在跨国并购与经营中积累了沟通的方法与技巧。北京第一机床厂在 2005 年并购德国百年品牌科堡集团时，德国媒体曾刊登大版面负面报道，并引用科堡老员工的话说："对于北一这个母亲来说，科堡这个孩子太大了。"北一后来决定不辞退科堡老员工，避免公司内部躁动，并用反映北京城市现代化程度的宣传片打消媒体质疑，赢得德国媒体随后的正面报道。③ 中远在 10 年前准备收购洛杉矶的一个废弃军用码头——长滩港。而当时的中远却被认为是共产党的间谍，替解放军走私军火。收购计划刚刚开始就遭遇了舆论的抵制，最终中远不得不放弃了这次收购。2001 年，

① 常志鹏：《透视中海油推出并购优尼科》，载《人民日报》2005 年 8 月 4 日。

② 惠正一：《对公众沉默是海尔并购失利的致命伤》，载《第一财经日报》2005 年 7 月 25 日。

③ 陈之善、梁瑞丽：《海外并购中的软实力博弈》，载《东方企业文化》2009 年第 8 期。

中远第二次启动收购，面对再次的质疑，中远集团董事长魏家福直接来到了质疑中远身份的《华盛顿时报》社，接受了采访，阐述了收购长滩港口的目的以及运作的机制，声称收购长滩港口完全是出于全球化的战略而非带有军事目的。而《华盛顿时报》对这次采访也进行了没有曲解的报道。中远得到了美国投资委员会的认可，2001 年 7 月份，中远控股的合资公司终于组建。

中海油在并购美国优尼科时，前期的沟通策略虽然有所缺失，但后期却采取了一些积极的沟通手段，尽管这些沟通并不能力挽独澜，却也为企业的跨国经营积累了经验。在宣布报价之后的 10 天内，中海油董事长傅成玉先后接受了《纽约时报》、《华盛顿邮报》、《金融时报》等多家海外媒体的专访，反复解释中海油收购优尼科的商业动机和价值，并写信要求获得美国国会的支持。中海油在中美同时安排有公共关系和投资者关系发言人，而且还多次使用全球新闻发布渠道，向 30 多个国家同时发布新闻通稿，及时就最新情况进行沟通。傅成玉在《亚洲华尔街日报》上亲自撰文《美国为何担忧》，承诺优尼科在美国境内出产的石油和天然气只在美国销售，此举首开中国企业家在西方主流媒体上撰文表达立场的先河。中海油还在美国数家媒体上刊登全版广告，发动了为期两周的广告攻势。其中第一则广告就发出呼吁：“让这成为一场公平的比赛，不要在未了解全部事实的情况下，就对这一并购交易下判断。”[①] 中海油的媒体公关取得了一定成效，在整个竞购期间，国际主流（主要是美国）媒体，先后发表了 13 篇社论，反对美国在中海油收购优尼科这件事上用政治干涉商业交易。[②]

吉利在并购法国沃尔沃的过程中，也非常重视沟通的作用。一是重视与媒体的沟通。在吉利收购沃尔沃的时候，关于收购的消息

① 《优尼科谁属？董事会今表决》，载台湾《中国时报》2005 年 7 月 15 日。

② 杜亮、王志强：《六问傅成玉 优尼科收购案反思》，载《中国企业家》2005 年第 17 期。

在海外财经媒体上是头版头条。这为吉利树立了正面的企业形象，在很大程度上消除了沃尔沃“工程师协会”对吉利企业文化的不赞同和行为规范的不认可；二是重视与被并购企业的沟通。中国的企业文化与西方相比属于弱势文化，很难得到西方企业的认同。在此不利形势下，吉利采取了持久战模式。2007 年，福特 CEO 提出了“One Ford”战略，并决定出售旗下包括沃尔沃在内的多个品牌，吉利公司收到了福特公司发来的收购邀请，但此时吉利仍非沃尔沃的首选目标。为了取得沃尔沃对吉利的了解和认同，吉利长期保持与沃尔沃的沟通和联系，跟踪了解其发展状况，采取渗透策略，让沃尔沃逐渐了解并认同吉利的企业文化，从而保证了最后的并购成功；三是重视与政府的沟通。2009 年 5 月，瑞典一些官员公开在报纸上撰文，反对中国企业收购沃尔沃，称由于在文化和企业管理理念上存在巨大差异，中国人并不是最佳选择。吉利立即向对方表明自己的并购目的与发展战略——沃尔沃品牌本土市场较小，随着吉利收购沃尔沃的成功，沃尔沃将拥有中国和瑞典两大市场，有助于沃尔沃品牌更好的发展。[①]

2009 年，中国五矿集团成功收购澳大利亚 OZ 矿业公司主要资产，并在此基础上成立 MMG 公司。在收购过程中，五矿集团与 OZ 公司及利益相关者开展了全方位的沟通与交流。双方的良好关系可追溯到 2004 年，当时获悉 OZ 公司财务困难后，五矿就真诚地表示了合作意愿，得到了公司管理层和董事会的欢迎。由此，在后来的并购进行过程中，五矿集团得到了 OZ 公司的大力支持，特别是在澳大利亚外商投资审查委员会（FIRB）审批中，OZ 公司与五矿集团一起向澳洲政府进行解释和说服。据 FIRB 官员说，由收购公司和被收购公司同时提交申请，这在澳大利亚外资审查史上还是第一

① 王国平：《东西方文化差异与企业发展——以通用电器、苹果公司、松下电器、三星集团及国内有关企业为例》，载《上海市经济管理干部学院学报》2012 年第 10 期。

次。五矿集团还派出高级管理人员多次前往澳大利亚，与澳洲政府进行沟通交流，加强彼此间的信任。此外，他们还十分注重当地媒体与公众的作用。2011 年 6 月，五矿集团总部社会责任管理部门前往澳大利亚，就 MMG 的可持续发展事务进行调研，对各级管理者和内外部利益相关者进行了详细访谈，了解 MMG 希望五矿集团总部对未来发展给予进一步支持的具体期望。这一主动沟通行为受到了当地媒体和社区的热烈欢迎，也对促进集团总部与 MMG 的深度融合起到了巨大的催化剂作用。五矿集团与 MMG 开展了多项交流活动，加强相互了解和学习。公司不定期抽派国内具有管理潜质的年轻人到澳洲做为期半年的管理实习生。MMG 邀请墨尔本孔子学院的老师到公司教授中国文化，向员工传递了理解和接受新股东的理念。[①] 一系列的努力增强了五矿与 MMG 的相互信任，提升了沟通效率，促进了文化融合。

（三）中国跨国公司文化整合的实践

吉利的“渗透”模式。在吉利与沃尔沃并购之初，吉利并没有对目标公司进行“1 +1 =2”模式的强行并购。为了避免出现较大的排异反应，吉利采取了一系列措施：（1）延续并保持沃尔沃公司数十年的经营与生产模式；（2）将生产厂房保留在瑞典；（3）保持原有生产人员的薪酬福利水平，避免薪酬大幅度波动所带来的人力资源流失；（4）保留高管人员，确保组织稳定；（5）接受企业原有价值观和企业发展战略等。这些措施让公司的每一位员工都能明确感知到中国公司的管理制度，降低员工对组织变革产生的逆反情绪和对不确定性的恐惧，缩小了权力距离。等待公司逐渐稳定之后，吉利公司开始派遣中方员工学习沃尔沃的先进生产技术，并将生产技术进行转移，通过设备革新和人员进修，

① 王志乐主编：《2012 走向世界的中国跨国公司》，北京：中国经济出版社，2012 年版，第 247—248 页。

提高了中国市场的生产技术。在文化渗透方面，原来的企业员工已经感受到组织趋于稳定，并对新环境已经逐渐适应，此时吉利公司通过对高管人员过渡式的替换，并聘请国际知名的跨国公司管理人员，组成了一套中外合作的国际化管理团队。另一方面，吉利公司也逐渐将公司核心价值观进行转型，从原先“价格导向”的经营方式转向“质量导向”的经营方式，这也契合了沃尔沃公司原有的价值观和公司文化，从而进一步得到了被并购方沃尔沃公司员工的肯定与支持。

中石化的“软连接”模式。中国石化由于并购瑞士 Addax 公司后的整合措施较为成功，曾获得《亚洲金融时报》“2009 年度全球最佳收购奖”。其实在并购初期，中瑞两方管理层在管理理念上有着较大的冲突。中方认为，作为中石化的全资子公司，Addax 应当服从总公司的规定，上交人事管理权，这一举措引起了瑞典方面高层的极大不满。通过不断的沟通，最终，中石化为了配合 Addax 公司独特的管理文化，特别设立了负责并购过渡的项目部。项目部总经理担任 Addax 首席执行官，副总经理和财务总监分别担任首席地质师和首席财务官。首席运营官和首席法务官则由外籍员工担任。Addax 作为中国石化全资子公司，享有子公司所有权利。对 Addax 的管理，说的简单一点，就是只管它的目标，管它的董事会和管理层。Addax 的事情由 Addax 的董事会和管理层来决定。面对来自不同国家、不同肤色、不同民族和宗教信仰的 Addax 公司员工，中石化采取了“软连接”的方式进行管理过渡。领导体制上，Addax 公司的领导层大部分被保留了下来，没有进行大换血，但也没有全盘接管。中石化认为，并购后的 Addax 公司，既不能完全实行中国化模式，也不能完全推行西方化模式；既要充分汲取国际化管理的成功经验，又要充分有效地加入中国化元素。项目部就具有了这样的双重功能。对于这种体制优势，Addax 公司董事长耿宪良形象地比喻：“项目部就像一个软弹簧，一方面不断解决双方由于国内外管理体制和文化差异带来的矛盾和问题，起到了跨文化管理缓冲器的作用；另一方面，项目部直接对中石化及 Addax 公司负责，可以有效推进总部决策部署的贯彻落实，成为中石化实现对 Addax 公司领导和管理的推进器。”此外，在收购之初，针对管理层和员工的思想波动，中方表示，在接管过程中尊重文化差异，实现平稳过渡。在 2009 年 9 月 1 日的员工大会上，Addax 董事长耿宪良向外籍员工提出了“四个不变”原则，即“管理结构不变、工作程序不变、公司政策不变、汇报路线不变”，消除了员工对并购后公司发展和个人职业前途的顾虑。同时，Addax 公司决定建立长期激励机制。对原公司员工在留用期内采取措施弥补原来所持有的公司股票收益损失；留用期结束后，以长期激励替代原股票激励，实行公司经营业绩与员工绩效奖金挂钩，日常考核与年度考核相结合，年度考核与三年考核相结合，激励公司员工积极投身企业价值和公司的长远发展。除了以上有明确条例规定的过渡措施外，中石化还在各个细节上下功夫，寻求两方理念和文化的融合。中石化总经理苏树林曾多次接见 Addax 公司原高层管理人员，而每一次接见都在办公室而不是在会议室，使外籍员工感受到自己是中石化的一员，产生强烈的归属感和自豪感。Addax 公司还规定，工作语言一律用英文，中方人员不设翻译岗，所有会议、汇报材料一律用英文；中方员工不单独开会研究公司工作，只要有外籍员工在场，即便是聊天也必须用英文，以加强语言交流，增进信任，体现彼此尊重。Addax 公司管理层还十分关注外籍员工的精神需求，采取多种方式体现人文关怀。公司组织中方员工与外籍员工共同开展了多种形式的感情交流活动，除了按西方生活习惯开展的夏日聚会、冬季滑雪日、圣诞活动、家庭户外日等活动外，还组织了由中外员工共同参加的 Addax 业余足球队、业余篮球队。每逢中国传统节日，都要组织员工聚会；每逢员工结婚，公司都会送上一束鲜花和一盒精美的巧克力，表达对新人的祝福。[①]

华立集团的“搓麻将”模式。华立集团是以华立控股股份有限公司为投资母体的跨地区、多元化、外向型民营股份制企业，其产业涉及公共计量仪表及系统、信息电子、制药和房地产开发等领域。2001 年，华立集团在收购了飞利浦移动通信研发部门和收购美国圣荷赛移动通信部门基础上，组建了美国华立通信集团公司。在人力资源整合方面，华立采取了“搓麻将”的方式，把加拿大、美国和杭州的员工互换，让他们在每个地方都呆上几个月，这样有利于促进中西文化融合和双方沟通理解。华立认为，在整合阶段，遵循国际惯例是不可或缺的，公司领导向员工承诺，这是一个由中国人控股的美国公司，所有运作都会按照美国的程序，从而消散了员工的疑虑。同时，华立的中国管理者也开始熟悉美国人的思维方式，然后在这种思维的引导下去管理美国公司，他们还请了很多美国的中介公司，帮助出点子。所在国文化以及外籍员工的价值观始终为华立管理层所高度重视。华立集团董事局主席汪力成每个月都要去一趟美国，听听华立美国公司员工的建议，了解公司的运作情况。在华立收购的研发中心里，是由一名美国员工负责核心技术研发的，汪力成为了表示对其工作的重视，按中国人的习惯，每隔两天就给他发一封电子邮件，询问工作进展。然而没过 10 天，该员工就向汪力成提交了辞职报告。汪为此大惑不解：我如此关心你，你为什么还提出辞职？该员工说：你每隔两天就发邮件给我，说明你对我不信任。如果信任我，我会按时完成任务，如有问题，我自然会向你汇报，用不着你来催促我。这种在中国人看来是体现领导重视和关心的举动，在美国人看来却意味着领导对他的不信任。汪力成经过再三解释并与该员工进行长谈后，终于消除了误会。此后，汪不再给他发

① 宋洁、芮捍东：《Addax 模式：跨文化管理的一个样板》，载《中国石化报》2012 年 12 月 30 日。

邮件，这位员工则定期向汪汇报工作进展。[①]

联想整合的成与败。2004 年 12 月 8 日，联想宣布收购 IBM 在全球的个人计算机业务。联想在化解与海外企业的伦理冲突上主要采取了以下措施：一是约法三章——“相互坦诚、相互尊重、相互妥协”；二是成立专门的部门，去应对和解决每一个文化冲突的问题。联想确立了“坦诚、尊敬、妥协”的文化管理指导思想，通过小组进行统一领导，明确文化的管理目标、制定管理措施、完善管理控制；三是与海外员工充分交流，学习他们已有的先进的营销体系，选择全方位、多层次的营销手段来提升中国企业的国际地位和形象。并购后的第二年，时任联想董事长的杨元庆郑重宣布联想并购 IBM PC 已获成功。然而，时至今日，联想的巨额亏损让柳传志不得不老将出马。联想紧急寻求国家政策性贷款扶持，并且要回 A 股圈钱来给海外业务输血以维持生存。企业走出去，往往在董事会层面就要和东道国合作，这就带来了公司治理的问题。联想的董事会被三家 PE 投资人完全控制，三家选择了自己的 CEO，然后 CEO 又选择了自己的中高层，使得公司治理一败涂地，公司内部问题不断：过于注重短期利益，高管贪婪腐败，任人唯亲，拉帮结派。直到柳传志将东道国的 CEO 撤走，情况才有所改观。[②] 但对于企业来说，这是不得已而为之的做法。

（四）中国跨国公司的社会责任行动

在全球化背景下，中国跨国公司积极培育社会责任意识，赢得了东道国良好的口碑。中铁集团十分关注企业海外经营中的社会责任。2003 年 10 月，中国铁道建筑总公司在坦桑尼亚的一项大型供水工程中竞标成功。中铁集团十分注重企业的社会责任，在项目实

---

① 王志乐主编：《走向世界的中国跨国公司》，北京：中国商业出版社，2004 年版，第 256—257 页。

② 《联想并购失败的反思——中国企业走出去应该注意什么?》，百度文库，http://wenku. baidu. com/view/74078cd7c1c708a/284a4467. html.

施过程中，注重设计功能与当地实际的结合，甚至不惜增加成本。例如，在设计勘察阶段，他们发现业主制定的取水口这一重要结构将来有被水生植物堵塞的可能，项目部果断决定报请业主和咨询公司修改取水口位置。这一修改将影响工期，合同延期对公司的对外形象也很不利，但为了附近居民长久的幸福和政府投入资金的可靠回馈，项目部坚持修改取水口位置。经多方努力，业主终于同意更换取水口位置。2006 年，坦桑尼亚遭遇 50 年不遇的严重干旱，水位持续下降，老取水口位置的水生植物大肆泛滥破坏了原水质量，事实证明了放弃老取水口的正确性。在工程实施之初，项目部还把施工营地按照一个标准小学校的规模和布局来设计，目的是在工程结束后稍加装修就能成为一座立即可以投入使用的学校，然后捐赠给当地政府，为周边居民和自来水厂员工子女接受教育提供帮助。[①] 正是这种互利共赢、造福所在国的理念，使得中铁集团在海外的经营项目不断扩大，国际竞争力日益增强。

中远集团在“走出去”过程中，积极履行社会责任，树立了负责的“国际公民”形象。2002 年，中远决定将集装箱班轮挂靠濒临关闭的美国波士顿港，此举使 9000 名面临失业的美国码头工人重新获得了就业机会。为表彰中远对美国经济的贡献，2009 年 11 月，中远总裁魏家福被美国国会授予“人民大使”称号。中远还是第一个签署气候和人权宣言、首个完成可持续发展报告的国内企业。[②]

（五）中国跨国公司的海外维权行动

中国跨国公司在激烈的国际竞争中不断增强自我法律意识和维权意识。2011 年 1 月，媒体以大幅标题宣传“浙江通领集团不惧美国行业巨头，民企海外诉讼五连胜”。美国政府从上世纪 80 年代开

---

① 周祖城：《企业伦理学（第 2 版）》，北京：清华大学出版社，2009 年版，第 222—223 页。

② 王志乐主编：《2012 走向世界的中国跨国公司》，北京：中国经济出版社，2012 年版，第 256 页。

始强制推广一种叫“GFCI”（接地故障漏电保护装置）的电源产品，规定每两年必须更换一次，因此形成了年销售额30亿美元的巨大市场。当时，这个巨大市场被美国4家行业巨头垄断，其中财力雄厚的美国500强企业莱伏顿公司，更是占据近60%的市场份额。通领集团通过自主研发，很快生产出自己的GFCI产品，2004年1月打入美国市场。由于质量可靠、价格却比美国同类产品低一大截，不到半年已占据美国市场10%以上份额。而就在这时，美国莱伏顿公司以“侵犯专利权”为由，将4家经销商分别诉至联邦地方法院。在4个不同的法院起诉、付4倍的诉讼费用，莱伏顿公司明显是想用漫长审理程序、巨额诉讼费用让经销商不敢再继续销售通领集团的产品。6年5次诉讼，浙江通领集团的对手是美国行业巨头。“这是一场‘蚂蚁与大象’的的战争，而且是在‘大象’家门口、按‘大象’所熟悉的游戏规则来打。”通领集团董事长陈伍胜向记者感慨道，当时万万没有想到，官司一打就是6年多。“当时我们对美国的专利保护制度知之甚少，对美国法律也摸不着门道，虽然坚信自己的产品没有侵权，但听说要打官司，面对这样一个强大的对手，心里还是发虚。”陈伍胜说，当时摆在面前有两个选择，一是退缩，也意味着从此放弃美国市场；二是应战，积极应对，打一场有技术含量的知识产权专利官司，但如果打输了，或是承受不了巨额诉讼投入，企业将被拖垮。最后企业选择了应战。2004年7月，通领集团主动向美国法院申请，作为第二被告介入莱伏顿公司诉讼案。历时3年后，2007年7月美国新墨西哥州联邦分区法院终于判决，认定通领公司产品不侵犯美国专利，该案被无条件撤销。然而，仅仅36天后，以为洗脱“侵权”阴影的通领公司，又被美国另一行业巨头帕西西姆公司诉上美国国际贸易委员会，要求对通领集团等4家中国企业的GFCI产品进行专利侵权的“337条款”调查。2009年3月，美国国际贸易委员会裁定通领集团等中国企业专利侵权，禁止中国GFCI产品进口。面对这一使我国漏电保护行业每年损失数十亿元出口额的错误裁定，通领集团向美国联邦巡回法院起诉，直至2010年8月，推翻美国国际贸易委员会的裁决，解除海关有限禁止令。此后相隔仅7天，莱伏顿公司卷土重来，再次提请美国国际贸易委员会对通领集团等数十家企业进行“337条款”调查。通领集团为扭转被美国公司追着打的局面，决定当一回原告，向美国新墨西哥州联邦地方法院起诉莱伏顿公司的恶意诉讼行为，要求赔偿损失。2010年12月2日，新墨西哥州联邦地方法院判令莱伏顿公司必须在一周内撤销“337条款”调查申请。这是中国企业迄今为止规模最大、时间跨度最长、赢得最漂亮的海外知识产权维权行动，也创造了中国企业诸多“第一”：第一次通过司法诉讼彻底推翻美国国际贸易委员会的行政裁决，第一次在美国专利侵权诉讼中完胜对手。①

2013年3月，三一重工在北京召开新闻发布会，高调宣布美国哥伦比亚特区联邦分区法院受理三一集团关联公司罗尔斯（RALLS）对美国的外国投资（审查）委员会（CIFUS）的一项诉求。CIFUS成立50年来，全世界赴美投资企业深受其“害”，近几年中国企业更是首当其冲，只要遭遇CIFUS审查，马上“投降走人”似乎成了约定俗成的规则，却从未有任何一家企业选择拿起法律武器维护权益。2012年9月，华为、中兴被美国以“国家安全”为由“驱逐出境”一事中，CIFUS的身影就曾出现。往前追溯，2008年华为收购网络安全公司3COM失败，也与CIFUS审查相关。此外，2010年华为竞购美国无线宽带软件厂商2Wire，以及以高于最终得手者诺西（诺基亚—西门子公司）的出价竞购摩托罗拉无线设备部门，也都因出售方担心华为无法通过CIFUS的审查而搁浅。②过去，中国企业在国外遭遇不公，往往没有勇气站出来维护自身合

① 《浙江通领集团不惧美国行业巨头 民企海外诉讼五连胜》，载《人民日报》2011年1月25日。

② 《三一重工诉美案受理与否留悬疑》，载《新闻晚报》2013年3月6日。

法权益。三一集团起诉奥巴马及CIFUS，则是告诉中国企业，要有勇气拿起法律武器捍卫自身合法权益，也激励了更多中国企业“走出去”遇到障碍时，选择主动应对。即使“国家安全”这种看似无从辩驳的借口，也不足以阻挡企业正常投资的脚步，只要做到有理有据，就能获得公平待遇。

第三节　其他行为主体的作用

企业伦理化经营的外部动力归因于三个方面：外部法规、社会公众评价和企业利益相关者。法律法规的强制性、违法违规的惩罚性是直接的伦理教育力量。社会的舆论导向和价值观标准是企业伦理化经营的基础环境和助推力，而政府、消费者等作为企业的利益相关者，更负有不可推卸的监督责任，应慎重地予以支持并努力创造适合于企业可持续发展的政策环境和舆论环境，防止跨国公司“钻漏洞”。但由于本书的研究主体是跨国公司，因此研究也仅限于从中国跨国公司企业自身的角度出发。其实，除企业之外的其他行为主体的作用也是巨大的，比如培育良好的社会风气、建立高效的监管体系、建设负责任的政府也是中国应有的伦理作为。[①] 企业、政府与社会都需要借鉴国内外的成功经验，结合自己的实际，找准切入点，制定客观的决策模式与伦理机制，建立切实可行的三方联动机制。

一、政府

与西方实力雄厚的跨国公司相比，中国企业海外经营目前还处于初级阶段。总体而言，在中国企业“走出去”的过程中，政府除

① 张严：《论跨国公司的企业伦理问题——以娃哈哈与达能公司并购为例》，载《河南工业大学学报（社会科学版）》2008年第1期。

了要加强经济外交，切实保障中国企业和公民海外经营的合法权益外，还要发挥好“有形之手”的作用，提供对企业的信息支持、融资支持、外交支持、税收支持等，发挥宏观指导作用，构建企业海外并购的宏观支撑体系，积极从政策、法律法规、金融、税收、信息等方面鼓励和保护中国企业海外并购的良性发展。这个宏观支撑体系或者说服务体系包括政策和法律支持、信息服务、技术援助和人才培养等诸多方面。

在企业伦理方面，目前中央政府关注企业伦理的相关部门有：商务部及其跨国公司研究中心、劳动和社会保障部及国际劳工信息研究所、国家发改委、民政部及社会工作协会、国家环境保护总局、国家认证认可监督管理委员会等。①

政府要宣传积极正面的国家形象，对企业海外经营起到助推作用。国家形象对企业海外经营的影响很大，良好的国家形象有助于中国企业“走出去”后为东道国政府、媒体和公众所接纳。2009 年底，我国政府推出一系列全球广告，试图提升“中国制造”的国际形象。据报道，美国有线新闻网（CNN）开始在亚洲市场播出一则 30 秒的商业广告，内容是宣传在全球化大背景下，“中国制造”产品其实也是世界上各个贸易体共同分工协作、盈利共享的事实。当然，该广告也有利于重新打造与巩固“中国制造”在全球市场上的声誉。除了在亚洲播出外，接下来还计划在包括北美、欧洲等中国的主要贸易对象地区播出。这一广告攻势的主要诉求是竭力在海外宣传中国品牌，提升外国人对中国制造产品的认知度，使他们不再仅仅将中国看成一个成本低廉的市场。商务部购买了为期 6 周的广告时段，一些国际主流媒体如 CNN 将是重点投放对象。②

政府要对中国企业“走出去”的文化整合风险加以调查与研

① 企业社会责任项目组编：《中国企业社会责任报告 2006》，北京：中国社会出版社，2007 年版，第 86 页。

② 《商务部全球投放广告宣传“中国制造”》，载《长江商报》2009 年 12 月 1 日。

究。政府要从政策上鼓励非政府组织积极发挥作用，积极培育金融、法律、会计、咨询等市场中介组织和机构，为企业海外经营提供规范的中介服务和咨询服务。政府还应增强驻外使领馆的商务职能，真正扮演好"国际市场信息提供者"、"海外经营服务者"和"国际市场秩序维护者"等角色。如为了提醒企业提高规避风险的意识，中国驻沙特使馆经商处根据沙特的法律法规和工程市场情况，整理了13条建议，供企业参考。[①]

政府要与重要投资国建立正式或非正式的沟通渠道，帮助企业拓展国际公共外交平台。企业在海外面临冲突与危机的时候，政府公关往往能达到事半功倍的作用。政府部门、尤其是立法部门的影响在跨国经营活动中是非常重要的。比如，日本政府从1955年开始，就以战争赔款方式，为日本电信电话公司的跨国经营铺平道路。政府要员还亲自出马，为企业跨国经营服务。如为筹建日本石油集团，日本前众议院院长保利茂亲自出马，积极筹备成立"官商合办"的"共同储备公司"。日本政府筹建这一企业集团的目的显然是针对国际石油资本，并为日本石油企业集团发展跨国经营服务。[②] 美国政府在中国的直销禁令问题上，为安利等外资直销公司寻找出路做了大量行之有效的政府公关。澳大利亚政府也是如此。2009年2月，当中国铝业公司与全球矿业力拓集团正式签署战略合作协议，中铝出资1.95亿美元，将其在力拓的持股比例由目前的9%增至18%，一场中国国企最大的海外收购拉锯战由此开始。但是，几个月后，情势突变，6月5日，继力拓发布公告称撤销与中铝的交易后，中铝确认力拓将支付1.95亿美元的分手费。在并购失败后，澳大利亚总理陆克文匆忙会见了中铝高层，称这次并购与澳

---

① 《在沙特开展投资合作需注意的事项》，中国贸易促进网，http：//www.tdb.org.cn/news/660731。

② 李海龙著：《考验：跨国公司"败阵"中国实例教案》，北京：华夏出版社，2003年版，第15—16页。

大利亚政府无关，同时表示“我们仍然需要你们的钱”。陆克文不愧是精通中国人办事之道的“中国通”，与中国人打交道，他深知一要对“领导”绝对重视，另一个就是对中国人的“面子”也要足够重视。而这两点，陆克文都通过会见中铝高层做好了功课。[①]

中国政府还要积极推进双边贸易投资协定，消除投资壁垒，完善法律保障体系，创建良好的政策环境。尽管我们看到，美国通过《埃克森—佛罗里奥修正案》至今，完整运用这项法案阻止外国投资者收购美国公司的案例虽然很少，[②] 但值得注意的是，未能通过CFIUS调查的案例却大多是具有中国背景的企业。单方面驳斥美国对中国投资采用歧视待遇，对于保护我国海外投资利益不会有实质性的帮助。因此，政府更应该考虑进行制度性创建和完善，要建立健全法律法规和政策配套体系，积极参与国际规范的制定，在多边经贸谈判中，联合其他发展中国家为中国企业的合理发展争取更有力的保护。

二、行业协会

在西方发达国家，行业协会作为企业自愿设立、自主参加的民间非营利性组织，对于向会员企业提供海外市场信息、预警海外经营风险、规范会员企业海外经营行为、团结会员企业应对各种突发风险事件等都发挥着积极作用。比如日本的贸易振兴会广泛收集各国投资信息，并提供从企业创建、日常管理、新产品开发、贸易信息、国外市场开拓、教育培训以及帮助企业实施国际化战略等全方位的咨询和后续服务，还有日本的投资促进机构、经济协会等机构专门负责对华投资的信息咨询业务。此外，日本商工会议所、中小企业综合事业团、国际协力银行等，均向会员单位和客户提供有关

① 毛豫杨：《中国最大海外并购“败”在我们自己》，载《检察风云》2009年第14期。

② 何易：《美国境内外资并购中的国家安全审查制度——以中海油并购优尼科案为例的分析》，载《国际经济法学刊》2007年第14期。

国外市场动态、产业信息、法律法规、税收政策、融资条件、大型项目的国外需求、出口担保、研讨会等方面的信息咨询服务。[①]

但是，由于历史过短、没有明确定位、官办色彩浓厚、运作机制效率低下等原因，我国的行业协会发展过于落后，已经远远跟不上中国企业海外经营发展的需要。中国企业在“走出去”的过程中不能单兵作战，要发挥华商会、贸促协会和各行业协会的作用。华商会分布在国内外各个地方，其触角遍布全球，要充分利用海外华人的人脉关系和资源为中国企业服务。行业协会也要发挥作用，中国企业在海外投资较大部分集中在大型项目上，集中于一些所需资金规模巨大的特定行业，比如近年来中国能源矿产行业、汽车行业、家电行业和机械制造行业等四大行业的海外并购相对较为集中。这些行业协会要积极为中国企业“走出去”提供信息服务，不要敝帚自珍，要勇于分享成功经验和失败教训。这方面日本的行业组织发展较为完善，虽然同行业的企业之间存在相互竞争的关系，但一旦当行业中有企业遭到国外企业诉讼时，同行业其他企业会尽所能帮忙，而美国企业在海外遭遇诉讼时，也常常会有政府支持。[②] 如果企业间缺乏支持网络，就会给海外企业各个击破的机会。

面对中国企业“走出去”过程中面临的重重问题，不少专家和企业家认为，中国企业，尤其是中小企业应当“抱团走出去”，彼此信任，形成合力。在“走出去”过程中，中国企业更要避免与国内企业之间的恶性竞争。如在上汽竞购双龙过程中，另一个国内企业蓝星曾高调介入，使得并购一度陷入停滞，后来蓝星由于国内市场准入的原因没有成功，却给上汽增加了很多成本。这

---

① 王志乐主编：《2012 走向世界的中国跨国公司》，北京：中国经济出版社，2012 年版，第 123 页。

② 杨宏芹、胡威：《从华为诉摩托罗拉案看中国企业知识产权保护的海外战略》，载《世界贸易组织动态与研究》2011 年 11 月第 6 期。

种情况在上汽购入罗孚两款汽车知识产权、南孚收购罗孚剩余资产时都出现过。2006 年开始，华立集团在泰国开发建设“泰中罗勇工业园”，致力于将其打造成中国企业投资海外的平台，经过两年多的开发和招商，已有 15 家企业进入这个工业园。通过中国工业园这种形式，在境外其他国家建立生产基地和营销网络，加强中国企业之间横向的联系与合作，可以更好地为中国企业“走出去”提供服务。[①]

中国企业要增强与政府和行业协会的沟通，反映其在东道国遭遇的实际情况。尤其在面对国外的政治和政策歧视时，企业、政府和行业协会要联合起来对国际政治、经济环境和国际贸易规则进行研究，尽可能规避因国际政治、经济环境和贸易保护主义抬头而带来的损失。在国外遭受不公平待遇时，要积极用法律维护自身利益，据理力争，消极应诉或者干脆放弃都是不可取的。欧盟曾对中国彩电业发起反倾销诉讼，就是因为中国彩电行业没有联合起来抗辩而导致最终失去欧盟市场；反观欧盟对中国打火机企业的诉讼过程，在行业协会积极牵头、近千家企业共同努力的作用下，中国打火机依旧雄霸欧洲国际市场，可见成败也就在于处理冲突的态度。[②] 在一无汞碱性电池的案例中，电池行业协会有力地组织了全行业的人力和物力应对诉讼，对企业成功应对诉讼贡献巨大。行业协会和政府可利用协调和谈判、行业约束力等优势帮助企业，这也一定程度上降低了中国企业在海外的应诉成本。当然前提是中国企业首先应当遵守当地的法律法规，按当地的游戏规则开展经营活动。

① 王志乐主编：《2012 走向世界的中国跨国公司》，北京：中国经济出版社，2012 年版，第 169 页。

② 许晓东：《谈现阶段贸易保护主义的新特点及中国的对策》，载《国际经贸》2010 年第 15 期。

三、中介机构

企业的海外并购与经营是一项复杂的活动，涉及方方面面的专业知识，仅仅依靠企业的自身能力是无法完成这一过程的，需要包括投资银行、会计师事务所、律师事务所等中介机构的参与，需要它们提供专业的金融、法律、财务等技术服务和咨询服务。中国企业还可以在智库、新闻媒体中寻找一些代理人，让他们积极发布一些对企业有利的言论。如华为在澳大利亚设立子公司时，聘请了多名澳大利亚前高官作为独立董事，加盟董事会。

发达国家已基本形成了相对健全的对外投资法律体系、高效运转的资本市场和无所不在的中介机构，与之相比，我国企业海外并购尚缺乏高水平的中介机构，只有少量案例是由国内咨询服务机构完成的，多数是聘请国外的中介咨询服务机构，或者联合国外咨询服务机构完成的，这大大限制和阻碍了中国企业的海外之路。企业应革新观念，对中介服务机构的作用有正确的认识，选择与并购项目匹配程度高的中介机构。企业可利用中介机构充分进行调查论证，如聘请专业咨询公司提供咨询和策划，提供东道国有关法律、政策、文化等方面的信息服务。企业也可利用中介机构开展国际公关和与利益相关者的沟通。

四、非政府组织

作为利益相关者的一个重要组成部分，非政府组织在我国数量少而且没有形成独立的制约力量。非政府组织作为与政府和企业并存的社会主体的第三方，具有主体广泛、相对公正的特点，而且是企业行为的直接受用者，所以它更加关注企业伦理，例如环境保护协会、消费者权益保护协会等。但与西方国家有结社维权的历史不同，中国社会长期缺乏“自组织”功能，既有的非政府组织也带有浓厚的官方色彩，目前中国的非政府组织还没有真正成为公众利益的代言人，无法取代政府代言公众的功能，也无法真正弥补政府因与利益集团形成利益同盟而忽视公众利益的缺陷。[1]

在中国企业伦理建设过程中，非政府组织应发挥积极作用，检查、督促企业伦理行为，引导社会舆论。行业协会和非政府组织要发挥政府与企业间的桥梁纽带作用，加快国家标准和行业标准、专业标准的建设，帮助和引导企业积极参与行业规范和国际规范的制定工作。

① 参见企业社会责任项目组编：《中国企业社会责任报告2006》，北京：中国社会出版社，2007年版，第93页。

结　论

本书的基本研究议题是：在全球化背景下，在伦理的趋同性要求与伦理的差异性现实之间，国际关系主体（具体表现为跨国公司）如何以适当的方式（具体表现为与利益相关者的沟通），寻求一种动态的平衡甚或产生一种新的普遍伦理，从而对国际经济体系产生影响。

本书的基本假设是：在全球化背景下，任何国际关系主体在经济、文化等各个领域都面临全球化与地方化之间的矛盾；在伦理领域同样存在着全球化与地方化之间的矛盾；跨国公司作为新兴的国际关系行为主体，面临着通行的国际规范与东道国传统伦理之间的矛盾与冲突，且因其跨国特性而表现得更为明显；跨国公司出于开展国际商务的需要，必须建构起一种兼具全球化与地方化特征的跨国公司伦理体系，也即实现全球伦理与地方伦理的融合；在伦理融合的过程中，沟通的作用至关重要，跨国公司与东道国利益相关者之间的沟通可以有效地减少伦理冲突，增加共识，从而促进双方伦理的融合；跨国公司的沟通机制不仅对西方跨国公司进入其他新兴市场具有借鉴意义，而且对成长中的中国跨国公司“走出去”也有启示作用。

围绕以上假设，本书以建构主义理论为支撑，通过伦理学方法、案例分析、系统分析、历史研究、比较研究、跨学科研究与简明图表分析等研究方法得出以下结论：

在全球化背景下，任何国际关系主体在经济、文化等各个领域都面临全球化与地方化之间的矛盾，在伦理领域同样存在着全球化与地方化之间的矛盾。作为社会实践的全球化不仅意味着社会经济活动跨越国界，而且是调节和处理这些活动的伦理活动跨国界的展开。从伦理角度看经济全球化是“伦理与国际事务”研究中的一个重要内容。跨国公司作为新兴的国际关系行为主体，不仅是全球化的主力和动力，同时也是全球化时代新矛盾和新进展的集中代表。从伦理视角研究跨国公司，至少有三个方向：一是从跨国公司传播伦理的角度；二是从跨国公司引发伦理冲突的角度；三是从跨国公司促进国际经济伦理建构的角度。跨国公司在跨国经营中也面临着伦理的全球化与地方化之间的矛盾与冲突，而且这种矛盾由于跨国公司跨越国界而表现得更为突出。在跨国公司的全球扩张过程中，企业外部需要面对许多陌生的伦理文化环境，内部则需要雇用来自于不同文化背景的人员，这就意味着在跨国公司内部会集成多元化的伦理体系，跨国公司本身也处于一个多元化的价值网络之中（面对不同的利益相关者）。以西方跨国公司在中国为例，西方跨国公司的公司伦理与既有的跨国公司国际规范以及西方伦理之间有着千丝万缕的联系，随着跨国公司进入“无国界经营”的发展历程，跨国公司伦理更多地表现为一种全球性特征，这个带有全球特征的伦理体系与东道国特定社会环境所产生的地方伦理（具体表现在社会伦理、经济伦理和企业伦理等几个层面），将发生伦理的碰撞与冲突。中国作为西方跨国公司的东道国具有一定的典型性，代表了广大的以发展中国家、新兴市场、转型经济为主要特征的国家，这些国家正处于市场经济发展的早期阶段，传统伦理与现代伦理、本土伦理与西方伦理的碰撞十分激烈，伦理问题更为严重。

上述研究结果具有国际政治经济学理论与实践意义。跨国公司在跨国经营的过程中，其从外部整合、预先设计的既有的规范，并不能完全指导跨国公司在经营活动中层出不穷的具体冲突。在既有的国际伦理规范与东道国伦理规范之间，有相互契合的部分，也有相互冲突的部分，而且冲突是矛盾的主要方面。既有的规范包括国际规范、行业规范和公司行为守则，而国际规范对跨国公司内部规范的形成具有最重要的影响。国际组织是产生国际规范的重要主体之一，与跨国公司有关的国际规范主要散见于联合国、国际劳工组织、经合组织、世贸组织、社会责任国际、国际标准化组织、透明国际、考克斯圆桌会议机构等国际政府与非政府组织的相关规范中。

跨国公司伦理冲突不仅仅局限在企业内部，而且涉及跨国公司的利益相关者。利益相关者理论是本书分析的主要框架。本书从跨国公司与四个重要的利益相关者（雇员、合作者/竞争者、消费者、政府）之间的关系展开分析，揭示跨国公司与各利益相关者之间的伦理冲突、伦理沟通与伦理融合。西方跨国公司在华经营活动中会与不同的利益相关者发生不同的伦理冲突，典型伦理问题有劳工标准差距、管理伦理冲突、垄断等限制性商业行为、产品诚信、文化敏感度差异、信息透明度差异、税收与转移定价、产权与技术转让以及贿赂等。

按照建构主义理论，规范不但能够因果性地规定行为体的外在行为，而且更重要的是能够“构成性”地影响行为体的内在认同，这种认同就是观念，而观念（包含伦理成分）可以进一步建构利益和权力。因此，伦理是可以建构的。同时，全球化的对话理论、企业伦理的“交迭共识”等理论与实践证明，基于差异和冲突而产生的融合创新式的伦理建构模式对于跨国公司来说是最佳的模式。一个真正具有指导性的、能够解决问题的伦理规范是在一个群体的成员和目标都确定下来之后，而且往往是在不道德的问题发生之后才出现的。跨国公司出于开展国际商务的需要，必须建构起一种兼具全球化与地方化特征的跨国公司伦理体系，也即实现全球伦理与地方伦理的融合。冲突的程度越少，融合的程度越高，越有利于跨国公司的经营。在全球化背景下，在伦理的趋同性要求与伦理的差异性现实之间，国际关系主体必须以适当的方式，寻求一种动态的平衡，把作为外在社会规范性的不同的道德逐步转化为跨国公司内部统一的道德，整合形成新的“超越个别成员的伦理规范”的伦理体系，这种伦理体系是多元的、整合的、平衡的“全球本土化”伦理体系。

在全球伦理与地方伦理融合的过程中，沟通的作用至关重要。跨国公司通过沟通可以减少全球化与地方化之间的伦理冲突，增加共识，促进双方伦理的融合，从而建立起差异与共性并存的伦理体系。跨国公司的沟通是一种战略沟通、国际沟通和跨文化沟通，是一个长期而艰巨的过程。跨国公司进行的有效沟通必须是与其利益相关者之间的沟通，且与每一个层面的利益相关者的沟通都有其独特的方式和内容。跨国公司的内部沟通主要是管理层与员工之间的沟通，在与员工的沟通中，主要有设立伦理主管、伦理热线、伦理信箱等方式，还包括建立伦理培训制度等。跨国公司的外部沟通主要是与外部利益相关者之间的沟通，包括供应商、消费者、政府等。在与供应商的沟通中，跨国公司采用开展生产守则检查、进行相关培训、就典型伦理问题进行专门沟通等方式；在与消费者的沟通中，跨国公司采用发布广告、发布“社会责任报告”、赞助公益事业和环保事业、借助媒体或第三方机构或权威人士等方式；在与政府的沟通中，跨国公司采用借助本国政府对东道国政府施加影响、总部高层亲自出马、聘请资深公关公司、成立游说团体、借助媒体造势、借助东道国社团组织等沟通渠道，赞助学术活动和研究机构、发展慈善事业和相关的赞助，开展环保行动等沟通方式。跨国公司通过不同的沟通方式、达到影响东道国涉外立法、对公众和消费者传播信息、对供应商等合作企业传播理念等目的。综上所述，一个具有战略意义的沟通计划对跨国公司来说是至关重要的，它应该包括经过细分的沟通对象、灵活多样的沟通手段以及满足不同受众需求的沟通内容。

跨国公司的沟通机制不仅对西方跨国公司进入其他新兴市场具

有借鉴意义，而且对成长中的中国跨国公司“走出去”也有启示作用。对中国这类新兴市场国家来说，在“走出去”过程中同样面临本土传统伦理与通行的国际规范之间的碰撞与冲突，也需要在本土化与全球化之间寻求伦理的融合。中国跨国公司在“走出去”过程中面临的伦理冲突有企业诚信冲突、劳资关系冲突、管理模式冲突、信息透明度冲突、社会责任冲突、知识产权冲突和政治因素冲突等。中国跨国公司在面对伦理冲突时，要充分借鉴西方跨国公司伦理冲突、沟通与融合的理论与实践成果，建构融合传统与现代、民族与世界于一体的企业伦理。中国企业要理性对待国际规范，以人类共同的伦理道德作为企业伦理的基础；中国企业要正视文化与伦理差异，主动吸纳发达国家的理念与机制，同时弘扬传统文化的特色与精髓；中国企业要充分运用国际沟通与国际公关手段，重视跨文化培训与沟通，最终实现企业文化的整合与伦理的融合。

参考文献

一、英文参考书目

Alexander Wendt, *Social Theory of International Politics*, New York: Cambridge University Press, 1999.

Charles Beitz, *Political Theory and International Relations*, Princeton: Princeton University Press, 1979.

Dennis L. Wilcoxetal., *Public Relations Strategies and Tactics* (8th *Edition*), Boston: Allvn and Bacon, 2005.

Donaldson Thomas, *The Ethics of International Corporate Ethics*, Business Ethics Quarterly, 1992.

E. T. Hall, *The Silent Language*, Greenwich, CT: Fawcett, 1959.

Geert Hofstede, *Cultures and Organizations—Software of the mind*, New York: McGraw-Hill Book CO. 1991.

Hedley Bull, *The Anarchical Society: A Study of Order in World Politics*, New York: Columbia University Press, 1977.

J. E. Hare and Carey B. Joynt, *Ethics and International Affairs*, New York: St. Martin's, 1982.

James E. Grunig (ed.), *Excellence in Public Relations and Communication Management*, Hillsdale, NJ: Lawrence Erlbaum Associates, 1992.

Jeffrey Hart and Assem Prakash, *Globalization and Governance*, New York: Routledge, 1999.

Joan E. Spero, *The Politics of International Economic Relations*, New

York: St. Martin's Press, Inc. , 1981.

Joseph S. Nye, Jr. , *Nuclear Ethics*, New York: The Free Press, 1986.

Kenneth Waltz, *Theory of International Politics*, New York: McGraw Hill Publishing Company, 1979.

Kenneth W. Thompson, *Ethics, Functionalism, and Power in International Politics*, Baton Rouge: Louisiana State University Press, 1979.

Keohane, (eds.), *International Institutions and State Power: Essays in International Relations Theory*, Boulder: Westview Press, 1989.

Larry A. Samovar, Richard E. Porter and Lisa A. Stefani, *Communication Between Cultures* (Third edition), Belmomt CA: Wadsworth Publishing Company, 1998.

Michael Walzer, *Just and Unjust Wars*, New York: Basic Books, 1977.

Neta Crowford, *Argument and Change in World Politics*, Cambridge: Cambridge University Press, 2002.

Pablo De Greiff & Ciaran P. Cronin, eds., *Global Justice and Transnational Politics: Essays on the Moral and Political Challenges of Globalization*, Cambridge: MIT Press, 2002.

Paul A. Argenti, Robert A. Howell and Karen A. Beck, *The Strategic Communication Imperative*, MIT Sloan Management Review, Spring, 2005.

Peter J. Katzenstein, (eds.), *The Culture of National Security*, New York: Columbia University Press, 1996.

Raymond Vernon, *Sovereignty at Bay: The Multinational Spread of U. S. Enterprises*, New York & London: Basic Books, Inc. , 1971.

RobertGilpin, *U. S. Power and the Multinational Corporation: The Political Economy of Foreign Direct Investment*, New York: Basic Books,

Inc., Publishers, 1975.

R. Edward Freeman and Daniel R. Gilbert, Jr., *Management*, 6th ed., Englewood Cliffs, NJ: Prentice-Hall, 1995.

R. Edward Freeman and Daniel R. Gilbert, Jr., *Corporate Strategy and the Search for Ethics*, Englewood Cliffs, NJ: Prentice-Hall, 1988.

S. Prakash Sethi & Oliver F. Williams, *Economic Imperatives and Ethical Value in Global Business: The South African Experience and International Codes Today*, Boston/Dordrecht/London: Kluwer, 2000.

Stanley Hoffmann, *Duties Beyond Borders: On the Limits and Possibilities of Ethical International Politics*, New York: Syracuse University Press, 1981.

Terry Nardin, David R. Maple, *Traditions of International Ethics*, Cambridge: Cambridge University Press, 1992.

Wheeler D. Sillanpaa M., *The Stakeholder Corporation Blueprint for Maximizing Stakeholder Value*, New Jersey: FT Prentice Hall Pub, 1997.

William H. Shaw and Vincent Barry, *Moral Issues in Business*, 5th ed., Belmont, CA: Wadsworth, 1992.

二、英文参考文章

Amanda Bennett, "Ethics Codes Spread Despite Skepticism", *The Wall Street Journal*, Jun. 15, 1988.

Anonymous, "Codes of conduct of multinational companies and international trade union action: Thoughts on the contribution of state law", *Relations Industrielles*, No. 3, Vol. 58, 2003.

Banai, Moshe; Sama, Linda M., "Ethical Dilemmas in MNC's International Staffing Policies A Conceptual Framework", *Journal of Business Ethics*, No. 3, Vol. 25, 2000.

Friedrich Kratochwil, "Thrasymmachos Revisited: On the Relevance of Norms and the Study of Law for International Relations", *Journal of International Affairs*, Vol. 38, No. 1, 1984, p. 345.

Frederick William C., "The Moral Authority of Transnational Corporate Codes", *Journal of Business Ethics*, 1991, 10: 165 – 77.

Foster Klug, "Congress Chides 4 Companies over China", *Business Week*, Feb. 15, 2006.

"Gilbert Dirk Ulrich & Rasche Andreas, Discourse Ethics and Social Accountablity: The Ethics of SA 8000", *Business Ethics Quarterly*, No. 2, Vol. 17, 2007.

"Global Corporate Social Responsibilities Management in MNCS", *Journal of Business Strategies*, No. 1, Vol. 23, 2006.

Hans Kung, "A Global Ethics in an Age of Globalization", *International Business Ethics: Challenges and Approaches*, ed. By Georges Enderle, Notre Dame: University of Notre Dame Press, 1999.

Hsieh Nien-hê, "Voluntary Codes of Conduct for Multinational Corporations: Coordinating Duties of Rescue and Justice", *Business Ethics Quarterly*, No. 2, Vol. 16, 2006.

Jeffrey E. Garten, "Business and Foreign Policy", *Foreign Affairs*, May/June, 1997.

Judith Goldstein, Robert O. Keohane, "Ideas and Foreign Policy: An Analytical Framework", in Judith Goldstein, Robert O. Keohane, eds, *Ideas and Foreign Policy: beliefs, institutions, and political change*, New York: Cornell University Press, 1993, pp. 12, 17 – 18.

J. Coates, "Towards a Code of Conduct for Multinational", *Personnel Management* 10, April 1978.

Kenneth A. Rodman, "Think Globally, Punish Locally": Nonstate Actors, Multinational Corporations, and Human Rights Sanctions, *Ethics and International Affairs*, Vol. 12, 1998.

Kenneth M. Amaeshi, Onyeka K. Osuji and Paul Nnodim, "Corporate Social Responsibility in Supply Chains of Global Brands: A Boundaryless Responsibility? Clarifications, Exceptions and Implications", *Journal of Business Ethics*, No. 1, Vol. 81, 2008.

"McDonald's Vows to Probe Report about Toy Factory", *The Wall Street Journal*, Aug. 28, 2000.

Maynard M., "Policing Transnational Commerce: Global Awareness in the Margins of Morality", *Journal of Business Ethics*, March 2001.

Michael Bendixen& Russell Abratt, Corporate Identity, "Ethics and Reputation in Supplier - Buyer Relationships", *Journal of Business Ethics*, No. 1, Vol. 76, 2007.

Michael Shtender-Auerbach, "Freedom: File Cannot Be Found", *The Century Foundation*, 4/27/2006.

Min Jung Sung, "Global Public Relations in South Korea: A Case Study of a Multinational Corporation", in Michael G. Parkinson and Daradirek Ekachai, *International and Intercultural Public Relations: A Campaign Case Approach*, Boston: Pearson Education, Inc. 2006, pp. 187 -203.

Morton Winston, "NGO Strategies for Promoting Corporate Social Responsibility", *Ethics & International Affairs*, No. 1, Vol. 16, 2002.

Niklas Egels-Zandén, "Suppliers' Compliance with MNCs' Codes of Conduct: Behind the Scenes at Chinese Toy Suppliers", *Journal of Business Ethics*, No. 1, Vol. 75, 2007.

Olga Martin-Ortega, "Business and Human Rights in Conflict", *Ethics and International Affairs*, No. 3, Vol. 22, 2008.

Paul A. Argenti, Robert A. Howell and Karen A. Beck, "The Strategic Communication Imperative", *MIT Sloan Management Review*, Spring, 2005, pp. 83 – 89.

Roland Pierik & Mijke Houwerzijl, "Western Policies on Child Labor Abroad", *Ethics and International Affairs*, No. 2, Vol. 20, 2006.

Samuel P. Huntington, "Clash of Civilizations?" *Foreign Affairs*, Summer, 1993.

Sharon Watson and Gary R. Weaver, "How Internationalization Affects Corporate Ethics: Formal Structures and Informal Management Behavior", *Journal of International Management*, No. 1, Vol. 9, 2003.

Stephen D. Krasner, "Structural Causes and Regime Consequences: Regimes as Intervening Variables", *International Organization*, Vol. 36, No. 2, Spring 1982, p. 186.

Steven Weber, "International Organizations and the Pursuit of Justice in the World Economy", *Ethics and International Affairs*, Vol. 14, 2000.

S. Prakash Sethi, "Corporate Codes of Conduct and the Success of Globalization", *Ethics & International Affairs*, No. 1, Vol. 16, 2002.

The National Labor Committee, "Toys of Misery: A Report on the Toy Industrial in China", http://www.nlcnet.org/china/1201/toysofmisery.pdf, 2002.

"The Uncommon Good", *The Economist*, August 19th, 1995, p. 57.

V. Janardhan, "Globalization of Capital, Multinational Corporations and Labour: Towards a Perspective", *Economic and Political Weekly*, Aug. 30, 1997.

三、中文参考书目

曹凤月著:《企业道德责任论——企业与利益相关者的和谐与

共生》，北京：社会科学文献出版社，2006 年版。

陈维政、张丽华、忻榕著：《转型时期的中国企业文化研究》，大连：大连理工大学出版社，2004 年版。

陈向东、魏拴成主编：《当代跨国公司管理》，北京：机械工业出版社，2007 年版。

陈雷著：《理解企业伦理》，杭州：浙江大学出版社，2008 年版。

程光泉著：《全球化与价值冲突》，长沙：湖南人民出版社，2003 年版。

成思危等著：《中国境外投资的战略与管理》，北京：民主与建设出版社，2001 年版。

戴万稳著：《跨文化组织学习能力研究》，南京：南京大学出版社，2007 年版。

樊勇明著：《西方国际政治经济学》，上海：上海人民出版社，2001 年版。

方克立著：《现代新儒学与中国现代化》，天津：天津人民出版社，1997 年版。

高湘一主编：《跨国公司经营与管理》，北京：中国商务出版社，2006 年版。

高兆明、李萍等著：《现代化进程中的伦理秩序研究》，北京：人民出版社，2007 年版。

关世杰著：《跨文化交流学》，北京：北京大学出版社，1995 年版。

龚天平著：《伦理驱动管理：当代企业管理伦理的走向及其实现研究》，北京：人民出版社，2011 年版。

郭慎之主编：《全球化与文化间传播》，北京：北京广播学院出版社，2004 年版。

郭可著：《国际传播学导论》，上海：复旦大学出版社，2004

年版。

郭国庆主编：《国际营销学》，北京：中国人民大学出版社，2008 年版。

胡文仲著：《跨文化交际学概论》，北京：外语教学与研究出版社，1999 年版。

黄河著：《跨国公司与当代国际关系》，上海：上海人民出版社，2008 年版。

纪良纲主编：《商业伦理学》，北京：中国人民大学出版社，2005 年版。

贾玉新著：《跨文化交际学》，上海：上海外语教育出版社，1997 年版。

姜汝祥著：《差距：中国一流企业离世界一流企业有多远》，北京：机械工业出版社，2003 年版。

蒋春堂著：《公共关系学教程》，武汉：武汉大学出版社，2003 年版。

居延安、胡明耀著：《关系管理学》，上海：复旦大学出版社，2006 年版。

康青主编：《管理沟通教程》，上海：立信会计学院出版社，2000 年。

李维安主编：《中国公司治理原则与国际比较》，北京：中国财政经济出版社，2001 年版。

李立清、李燕凌著：《企业社会责任研究》，北京：人民出版社，2005 年版。

李萍著：《企业伦理：理论与实践》，北京：首都经济贸易大学出版社，2008 年版。

林大津著：《跨文化交际研究》，福州：福建人民出版社，1996 年版。

林大津、谢朝群著：《跨文化交际学：理论与实践》，福州：福建人民出版社，2005 年版。

林火旺著：《伦理学入门》，上海：上海古籍出版社，2005 年版。

刘军、黄少英著：《儒家伦理思想与现代企业管理伦理》，北京：科学出版社，2010 年版。

龙静云、乔洪武著：《钥匙的魔力——企业道德概论》，武汉：武汉工业出版社，1991 年版。

龙静云、乔洪武著：《企业与道德》，太原：山西教育出版社，1992 年版。

龙静云著：《治化自本——市场经济条件下的中国道德建设》，长沙：湖南人民出版社，1998 年版。

刘力、章彰著：《经济全球化：福兮？祸兮》，北京：中国社会出版社，1999 年版。

刘登阁著：《全球文化风暴》，北京：中国社会科学出版社，2000 年版。

刘继南等主编：《国际传播与国家形象——国际关系的新视角》，北京：北京广播学院出版社，2002 年版。

刘光明编著：《企业文化案例》（第三版），北京：经济管理出版社，2007 年版。

刘可风等编：《企业伦理学》，武汉：武汉理工大学出版社，2011 年版。

卢泰宏，杨晓燕编著：《促销基础案例》，北京：清华大学出版社，2007 年版。

鲁桐主编：《中国企业跨国经营战略》，北京：经济管理出版社，2003 年版。

陆晓禾著：《走出“丛林”：当代经济伦理学漫话》，武汉：湖北教育出版社，1998 年版。

陆晓禾著：《经济伦理学研究》，上海：上海社会科学院出版社，2008 年版。

栾永斌主编：《企业文化案例精选精析》，北京：中国社会科学出版社，2008 年版。

罗长海等编著：《企业文化建设个案评析》，北京：清华大学出版社，2006 年版。

《国际体系与中国的软力量》（国际关系研究第二辑），北京：时事出版社，2006 年版。

马博宣主编：《伦理学 100 题》，天津：天津人民出版社，1987 年版。

欧阳润平著：《义利共生论——中国企业伦理研究》，长沙：湖南教育出版社，2000 年版。

欧阳润平著：《企业伦理学》，长沙：湖南人民出版社，2003 年版。

欧阳润平著：《企业伦理：实现义利统一的理论与方法》，北京：湖南大学出版社，2008 年版。

企业社会责任项目组编：《中国企业社会责任报告 2006》，北京：中国社会出版社，2007 年版。

秦亚青主编：《文化与国际社会：建构主义国际关系理论研究》，北京：世界知识出版社，2006 年版。

芮沐编：《国际经济条约公约集成》，北京：人民法院出版社，1994 年版。

单忠东主编：《中国企业社会责任调查报告（2006）》，北京：经济科学出版社，2007 年版。

司岩著：《中国企业跨国经营实证与战略》，北京：企业管理出版社，2003 年版。

谭深、刘开明主编：《跨国公司的社会责任与中国社会》，北京：社会科学文献出版社，2003 年版。

唐能赋著：《企业管理伦理学》，成都：四川大学出版社，1989

年版。

唐凯麟、王泽应著:《20 世纪中国伦理思潮问题》，长沙：湖南教育出版社，1998 年版，。

田虹著:《企业社会责任及其推进机制》，北京：经济管理出版社，2006 年版。

WTO 研究组编著:《WTO 规则：政府管理方略》，珠海：珠海出版社，2002 年版。

汪丁丁主编:《记住未来——经济学家的知识社会学》，北京：社会科学文献出版社，2001 年版。

汪尧田等著:《国际规则 发展契机——加入 WTO 后的中国》，上海：上海财经大学出版社，2002 年版。

王昕杰、乔法容编著:《企业伦理文化》，郑州：河南人民出版社，1990 年版。

王缉思主编:《文明与国际政治——中国学者评亨廷顿的文明冲突论》，上海：上海人民出版社，1995 年版。

王宏印著:《跨文化沟通》，北京：北京语言出版社，1996 年版。

王小锡著:《经济伦理与企业发展》，南京：南京师范大学出版社，1998 年版。

王小锡、朱金瑞、汪洁主编:《中国经济伦理学 20 年》，南京：南京师范大学出版社，2005 年版。

王锐生、程广云著:《经济伦理研究》，北京：首都师范大学出版社，1999 年版。

王海明著:《伦理学原理》，北京：北京大学出版社，2001 年版。

王海明著:《伦理学方法》，上海：商务印书馆，2003 年版。

王晓德著:《美国文化与外交》，北京：世界知识出版社，2000 年版。

王莹等著：《现代商业之魂：商业伦理研究》，北京：人民出版社，2003 年版。

王志乐主编：《走向世界的中国跨国公司》，北京：中国商业出版社，2004 年版。

王志乐主编：《软竞争力——跨国公司的公司责任理念》，北京：中国经济出版社，2005 年版。

王志乐主编：《2009 跨国公司中国报告》，北京：中国经济出版社，2009 年版。

王志乐主编：《2012 跨国公司中国报告》，北京：中国经济出版社，2012 年版。

王志乐主编：《2012 走向世界的中国跨国公司》，北京：中国经济出版社，2012 年版。

王粤、黄浩明主编：《跨国公司与公益事业》，北京：社会科学文献出版社，2005 年版。

王玉生著：《言强必先富——中国传统经济伦理思想的近代演变》，北京：中国社会科学出版社，2007 年版。

王珏著：《组织伦理：现代性文明的道德哲学悖论及其转向》，北京：中国社会科学出版社，2008 年版。

韦正翔著：《国际政治的全球化与国际道德危机——全球伦理的圆桌模式构想》，北京：中国社会科学出版社，2006 年版。

魏英敏著：《当代中国伦理与道德》，北京：昆仑出版社，2001 年版。

魏文斌著：《仁者无畏：企业伦理学理论与实践》，长春：吉林人民出版社，2006 年版。

温宏建著：《中国企业伦理：理论与现实》，北京：首都经济贸易大学出版社，2010 年版。

吾淳著：《中国社会的伦理生活：主要关于儒家伦理可能性问题的研究》，北京：中华书局，2007 年版。

吴友富著：《中国国家形象的塑造和传播》，上海：复旦大学出版社，2009 年版。

夏绪梅著：《企业伦理学——转型经济条件下的企业伦理问题研究》，北京：科学出版社，2008 年版。

熊文驰、马骏主编：《大国发展与国际道义》，上海：上海人民出版社，2009 年版。

徐大建著：《企业伦理学》，上海：上海人民出版社，2002 年版。

徐大同总主编、马德普主编：《西方政治思想史（第五卷）》，天津：天津人民出版社，2006 年版。

徐金发著：《企业伦理学》，北京：科学出版社，2008 年版。

薛求知著：《无国界经营》，上海：上海译文出版社，1997 年版。

杨国枢编：《中国人的价值观——社会科学观点》，台湾：桂冠图书公司，1994 年版。

杨宇光著：《经济全球化中的跨国公司》，上海：上海远东出版社，1999 年版。

杨婕、宋红超著：《本土化生存：跨国公司在华经营管理成败启示》，北京：中国经济出版社，2003 年版。

叶陈刚著：《公司伦理与企业文化》，上海：复旦大学出版社，2007 年版。

殷格非等主编：《企业社会责任行动指南》，北京：企业管理出版社，2006 年版。

余劲松著：《跨国公司的法律问题研究》，北京：中国政法大学出版社，1989 年版。

俞新天等著：《强大的无形力量——文化对当代国际关系的作用》，上海：上海人民出版社，2007 年版。

俞可平等主编：《全球化与当代资本主义国际论坛文集》，北京：社会科学文献出版社，2005 年版。

战颖著：《中国金融市场的利益冲突与伦理规制》，北京：人民出版社，2005 年版。

赵德志著：《现代西方企业伦理理论》，北京：经济管理出版社，2002 年版。

赵书华著：《商业伦理导论》，北京：高等教育出版社，2004 年版。

张碧琼著：《经济全球化：风险与控制》，北京：中国社会出版社，1999 年版。

张曙光、胡礼忠主编：《伦理与国际事务新论》，上海：上海外语教育出版社，2004 年版。

周祖成著：《企业伦理》，天津：天津人民出版社，1996 年版。

周祖城著：《企业伦理学（第 2 版）》，北京：清华大学出版社，2009 年版。

周庆山著：《传播学概论》，北京：北京大学出版社，2004 年版。

朱贻庭主编：《中国传统伦理思想史》（增订本），上海：华东师范大学出版社，2003 年版。

朱金瑞著：《当代中国企业伦理的历史演进》，南京：江苏人民出版社，2005 年版。

中文参考译著

［苏］A. H. 季塔连科主编，寓生、重耳译：《马克思主义伦理学》，上海：上海译文出版社，1981 年版。

［美］阿齐 · B. 卡罗尔、安 · K. 巴克霍尔茨著，黄煜平等译：《企业与社会：伦理与利益相关者管理》，北京：机械工业出版社，2004 年版。

［美］彼得 · F. 德鲁克著，罗汉、焦艳等译：《公司的概念》，上海：上海人民出版社，2002 年版。

［美］布拉德福德·J. 霍尔编，麻争旗等译：《跨越文化障碍——交流的挑战》，北京：北京广播学院出版社，2003 年版。

［美］杰姆逊讲演，唐小兵译：《后现代主义与文化理论》（精校本），北京：北京大学出版社，1997 年版。

［德］康德著，沈叔平译：《法的形而上学原理——权利的科学》，北京：商务印书馆，1991 年版。

［美］拉里·A. 萨默瓦、理查德·E. 波特著：《跨文化传播》，北京：中国人民大学出版社，2004 年版。

［美］罗伯特·吉尔平著，杨宇光等译：《国际关系政治经济学》，北京：经济科学出版社，1989 年版。

［美］罗兰·罗伯森主编，梁光严译：《全球化：社会理论与全球化文化》，上海：上海人民出版社，2000 年版。

［美］理查德·T. 狄乔治著，翁绍军、马迅译：《国际商务中的诚信竞争》，上海：上海社会科学院出版社，2001 年版。

［美］理查德·T. 德·乔治著，李布译：《经济伦理学》，北京：北京大学出版社，2002 年版。

［美］玛莎·费丽莫著，袁正清译：《国际社会中的国家利益》，杭州：浙江人民出版社，2001 年版。

［美］O. C. 费雷尔等著，陈阳群译：《商业伦理：伦理决策与案例》（第 5 版），北京：清华大学出版社，2005 年版。

［英］帕特·乔恩特、马尔科姆·毕纳编，卢长怀等译：《跨文化管理》，大连：东北财经大学出版社，1999 年版。

［美］乔治·恩德勒主编，王淼洋等译：《经济伦理学大辞典》，上海：上海人民出版社，2001 年版。

［美］乔治·恩德勒著，高国希等译：《面向行动的经济伦理学》，上海：上海社会科学出版社，2001 年版。

［美］乔治·恩德勒编，锐博慧网公司译：《国际经济伦理：挑战与应对方法》，北京：北京大学出版社，2002 年版。

[美] 塞缪尔·亨廷顿、彼得伯杰主编，康敬贻等译：《全球化的文化动力——当今世界的文化多样性》，北京：新华出版社，2004 年版。

[英] 桑德拉·奥利弗著，李志宏译：《战略公关》，北京：科学普及出版社，2004 年版。

[英] 苏珊·斯特兰奇著：《全球化与国家的销蚀》，王列、杨雪冬编译：《全球化与世界》，北京：中央编译出版社，1998 年版。

[英] 汤林森著，冯建三译：《文化帝国主义》，上海：上海人民出版社，1999 年版。

[美] 唐·库什曼、杜·卡恩著，宋晓亮译：《人际沟通论》，北京：知识出版社，1989 年版。

[巴西] 特奥托尼奥·多斯桑托斯著，杨衍永等译：《帝国主义与依附》，北京：社会科学文献出版社，1999 年版。

[美] 托马斯·唐纳森、托马斯·邓菲著，赵月瑟译：《有约束力的关系——对企业伦理学一种社会契约论的研究》，上海：上海社会科学院出版社，2001 年版。

[美] 亚历山大·温特著，秦亚青译：《国际政治的社会理论》，上海：上海人民出版社，2000 年版。

[美] 约翰·罗尔斯著，何怀宏等译：《正义论》，北京：中国社会科学出版社，1988 年版。

[美] 约翰·B. 库仑著，赵树峰译：《跨国管理：战略要径》，北京：机械工业出版社，2003 年版。

[美] 约瑟夫·W. 韦斯著，符彩霞译：《商业伦理：利益相关者分析与问题管理方法》（第三版），北京：中国人民大学出版社，2005 年版。

[美] 詹姆斯·多尔蒂、小罗伯特·普法尔茨格拉夫著，阎学通等译：《争论中的国际关系理论》，北京：世界知识出版社，1987 年版。

[美] 詹姆斯·柯林斯、杰里·波拉斯著，刘国远等译：《企业不败》，北京：新华出版社，1996年版。

[美] 詹姆斯·E. 波斯特等著，张志强等译：《企业与社会：公司战略、公共政策与伦理》（第10版），北京：中国人民大学出版社，2005年版。

中文参考文章

安一丹：《论国际社会对跨国公司的法律规范》，载《甘肃政法成人教育学院学报》2005年第4期。

蔡文之：《SA8000：企业伦理的全球评判》，载《社会观察》2005年第1期。

曹凤月：《企业道德责任研究论纲》，载《中国劳动关系学院学报》2005年第1期。

曹晖：《危机事件中媒体公关的应对策略分析》，载《黑龙江社会科学》2006年第4期。

常志鹏：《透视中海油推出并购优尼科》，载《人民日报》2005年8月4日。

曹凤月：《诚信——中国传统商业伦理资源的当代价值》，载《北京航空航天大学学报（社会科学版）》2003年第1期。

陈红兵、冯林、严莉群：《论企业伦理制度与经济制度的制衡》，载《重庆大学学报（社会科学版）》2002第9卷第2期。

陈绚：《跨文化广告传播中的社会责任和道德——从赵薇“旗装”事件说开去》，载《国际新闻界》2002年第2期。

陈勇鸣：《企业社会责任与企业伦理》，载《上海企业》2004年第4期。

陈静静、孙斌华：《跨文化传播的民族主义解读——丰田“霸道”广告个案研究》，载《新闻大学》2004年冬季号。

陈国贲：《全球化背景下的文化冲突与融合》，载《浙江学刊》2005年第2期。

陈宇峰、曲亮:《知识产权保护的负面效应与发展中国家的回应性政策研究》，载《国际贸易问题》2005 年第 11 期。

陈开和:《国际公共关系在企业跨国并购活动中的作用》，载《广告大观（理论版）》2007 年第 1 期。

陈徐:《企业伦理的比较研究》，载《时代经贸（下旬刊）》2008 年第 6 期。

戴兆芳:《试论企业跨文化沟通中文化差异的影响机制与消解机制》，载《滁州学院学报》2005 年第 2 期。

董玉芳、曹苏:《企业伦理缺位分析》，载《经济工作导刊》2003 年第 20 期。

窦莉梅:《试论跨国公司的伦理问题》，新疆大学硕士论文，2004 年，中国知网博硕士论文全文数据库。

杜亮、王志强:《六问傅成玉 优尼科收购案反思》，载《中国企业家》2005 年第 17 期。

《29. 7% 企业认为讲诚信往往吃亏》，载《中国企业报》2008 年 04 月 23 日。

费孝通:《创建一个“和而不同”的全球社会》，载《思想战线》2001 年第 1 期。

冯三俊:《现代企业的社会道德责任》，载《现代企业》2004 年第 11 期。

高尚涛:《国际关系三大理论与规范研究简介》，载《国际资料信息》2005 年第 11 期。

《理想主义、现实主义、自由主义与规范研究》，载《外交评论》2005 年总第 84 期。

高尚涛:《规范的含义与作用分析》，载《国际政治研究》2006 年第 4 期。

顾逊里:《中国经济发展中的自由与责任：政府、企业和市民社会》，载《毛泽东邓小平理论研究》2006 年第 11 期。

龚天平：《企业伦理学：国外的历史发展与主要问题》，载《国外社会科学》2006 年第 1 期。

国家工商总局公平交易局反垄断处：《在华跨国公司限制竞争行为表现及对策》，载《工商行政管理》2004 年第 4 期。

《国资委调查美公司行贿中国企业事件》，载《西安晚报》2009 年 8 月 22 日。

郭洁敏：《论国际集体认同及其培育方向》、《国际体系与中国的软力量》（国际关系研究第二辑），北京：时事出版社，2006 年版。

韩国福：《制度中轴和伦理中轴冲突下的政治文化结构》，刘建军主编：《制度建设与国家成长》，上海：上海辞书出版社，2000 年版。

胡祥宝：《李东生思辨 TCL 跨国并购的得与失》，载《英才》2009 年第 7 期。

惠耕田：《沟通行动理论与国际关系研究》，载《外交评论》2006 年总第 89 期。

黄晓晔、张阳：《跨文化管理中的沟通障碍及对策研究》，载《江苏商论》2006 年 3 月。

惠耕田：《限制权力，为规范开辟空间——克氏规范建构主义研究》，载《国际政治研究》2005 年第 4 期。

侯亚丁：《跨文化企业伦理管理战略与实践》，载《科学学与科学技术管理》2003 年第 1 期。

洪静：《是近视？还是轻视？——跨国公司在发展中国家对商业伦理的背叛》，载《技术经济》2007 年第 3 期。

胡学龙：《游说战略：日本企业在美国竞争致胜法宝》，载《国际经贸探索》1992 年第 2 期。

华涛：《文明对话：中国穆斯林与非穆斯林的对话》，载《回族研究》2002 年第 4 期。

［美］吉纳·阿马罗·鲁丹:《针对多元化进行有效传播》，载《国际公关》2006 年第 2 期。

贾生华、陈宏辉:《利益相关者的界定方法述评》，载《外国经济与管理》2002 年第 5 期。

蒋敏:《中海油并购优尼科夭折的背后》，载《华人世界》2006 年第 6 期。

金姬:《力拓“无间道”》，载《新民周刊》2009 年第 30 期。

柯卓英:《跨文化因素中广告对文化传播的促进作用》，载《人文杂志》2004 年第 5 期。

《跨国公司为何在华频陷“贿赂门”》，载《新闻晚报》2009 年 9 月 2 日。

李慎之:《全球化与中国文化》，载《太平洋学报》1994 年第 2 期。

李兆友:《国外经营伦理研究的缘起与现状》，载《大连理工大学学报（社会科学版）》2002 年第 3 期。

李萍:《论企业伦理的民族性与世界性——从日本企业伦理说起》，载《玉溪师范学院学报》2004 年第 2 期。

李国蔚:《全球化背景下中国企业伦理研究》，苏州大学硕士论文，2005 年，中国知网博硕士论文全文数据库。

李双龙、朱娇娇:《文化差异环境下的跨国界沟通策略——对西班牙“烧鞋事件”的反思》，载《国际新闻界》2005 年第 1 期。

《立邦漆滑倒中国龙，是创意还是挑衅?》，载《北京晨报》2004 年 9 月 23 日。

李小丽、史建锋:《欧盟企业对中国市场投资环境的评价及其投资趋向分析》，载《学习与探索》2009 年第 4 期。

刘光明:《国际企业伦理的新课题》，载《哲学动态》1998 年第 2 期。

刘茜:《背景与道路：社会道德责任标准 SA8000 研究》，载《西南农业大学学报（社会科学版）》2004 年第 2 期。

刘立燕：《跨国公司滥用国际转移价格的影响及我国的对策》，载《江苏商论》2006 年第 4 期。

刘清：《跨国公司遭遇“中国门”》，载《人民文摘》2008 年第 3 期。

陆晓禾：《乔治恩德勒经济伦理学述评》，载《毛泽东邓小平理论研究》1994 年第 5 期。

《经济全球化中的文化问题与企业价值取向》，载《上海社会科学院学术季刊》1999 年第 4 期。

卢山冰：《管理沟通——现代传播学理论最重要的跨学科发展》，载《今传媒》2006 年第 9 期。

罗鑫：《追求目的与手段的平衡——一份关于企业伦理的民众调研报告》，载《社会》2004 年第 6 期。

马力、齐善鸿：《道德治理——公司治理的基石》，载《浙江社会科学》2005 年第 5 期。

马忠法：《知识产权制度引进与互动：WIPO 与中国》，载《国际观察》2009 年第 4 期。

毛豫杨：《中国最大海外并购“败”在我们自己》，载《检察风云》2009 年第 14 期。

梅坤：《文化对话与交往理性》，载《辽宁工程技术大学学报（社会科学版）》2009 年第 2 期。

穆尧芊：《中外经营伦理道德状况分析》，载《经济与管理》2001 年第 9 期。

《耐克就涉嫌辱华广告致歉，强调无意轻视中国文化》，载《北京娱乐信报》2004 年 12 月 9 日。

《请基辛格来献策》，载《人民日报》2002 年 8 月 19 日。

荣鹰：《中国对于国际规范和价值的解读》，载《欧洲研究》2006 年第 6 期。

《荣登联合国全球契约典范榜》，载《WTO 经济导刊》2007 年第5期。

《山寨手机“邀请”奥巴马“代言”》，载《新闻晚报》2009年6月26日。

单宝:《中海油竞购优尼科失败的原因及其教训》，载《国际贸易》2005年第10期。

《商业贿赂：谁让跨国公司疯狂》，载《新闻晚报》2009年8月3日。

《商务部全球投放广告宣传“中国制造”》，载《长江商报》2009年12月1日。

申红果:《从国际社会和国际共识看国际道德的困境》，载《理论界》2004年6月。

舒建中:《解读国际关系的规范模式：国际机制诸理论及其整合》，载《国际论坛》2006年第3期

《四川长虹财务“造假门”是非不断》，载《新闻晚报》2010年3月5日。

宋维山:《广告传播与文化传播的互动作用管窥》，载《兰州大学学报（社会科学版)》1997年第1期。

苏长和:《理性主义、建构主义与世界政治研究》，载《国际政治研究》2006年第2期。

苏长和:《论中国海外利益》，载《世界政治与经济》2009年第8期。

苏宗伟、吴艳丰:《新加坡在华企业跨文化管理差异与冲突研究》，载《上海管理科学》2009年第5期。

孙明贵:《美国企业伦理管理的新措施》，载《工厂管理》2001年第5期。

汤正华:《中西管理伦理比较研究》，南京理工大学博士论文，2005年，中国知网博硕士论文全文数据库。

陶建杰、裴增雨:《“强力公关”背景下的企业公关——中海油

事件的思考》，载《中国广告》2006 年第 3 期。

田虹著：《企业社会责任及其推进机制》，北京：经济管理出版社，2006 年版。

王宁：《东方主义、后殖民主义和文化霸权主义》，载《北京大学学报》1995 年第 2 期。

王清铎：《略论企业媒体公关策略》，载《江苏商论》2004 年第 7 期。

王建芳：《中外企业伦理建设及差异性分析》，载《科技管理研究》2005 年第 10 期。

韦云龙：《跨国公司文化传播的三大特点》，载《求实》2000 年 12 月。

吴新文：《国外企业伦理学：三十年透视》，载《国外社会科学》1996 年第 3 期。

吴新文：《公民社会的培育与中国经济伦理的改善》，载《上海财经大学学报》2006 年第 6 期。

吴晓丽：《垄断！垄断!》，载《管理与财富》2007 年第 11 期。

《中国市场没有换到核心技术》，载《管理与财富》2007 年第 11 期。

吴友富：《企业跨国并购中的跨文化沟通》，“全球化背景下的跨文化管理国际学术研讨会论文集”，上海外国语大学，2009 年 11 月 28—29 日。

郗春梅：《国际关系伦理学刍议》，载《山东省青年管理干部学院学报》2006 年第 3 期。

夏恩君、薛永基、刘楠：《基于利益相关者的企业伦理决策模型研究》，载《技术经济》2008 年第 4 期。

夏先良、冯雷：《中国海外企业的跨文化沟通问题》，载《开放导报》2009 年第 3 期。

相俊红、孟伟娜：《当利益背叛伦理》，载《经营者》2006 年第 12 期。

肖巍：《企业的社会责任与道德约束——从社会责任标准（SA8000）说起》，载《道德与文明》2005 年第 5 期。

邢亚玲：《国际关系伦理浅析》，载《阴山学刊》2005 年第 3 期。

熊慧君：《“SA8000”的道德正当性及其效应探析——兼论经济全球化条件下我国企业的伦理建设》，载《温州职业技术学院学报》2005 年第 4 期。

徐大建：《商业腐败行为的制度原因及其对策》，载《上海师范大学学报（哲学社会科学版）》2002 年第 5 期。

徐明星：《浅析对跨国公司的法律管制》，载《湖南经济管理干部学院学报》2004 年第 2 期。

阎俊、常亚平：《西方企业伦理决策：理论及模型》，载《生产力研究》2005 年第 8 期。

杨育谋：《跨国公司玩转政府公关》，载《经营管理者》2006 年第 2 期。

一泓：《伦理主管——美国企业管理新趋势》，载《中外管理》1994 年第 4 期。

异域：《文化冲突与跨国经营》，载《企业导报·中国直销研究》2006 年 6 月号。

殷格非等：《中国企业社会责任调查报告》，载《WTO 经济导刊》2005 年第 9 期。

《优尼科谁属？董事会今表决》，载台湾《中国时报》2005 年 7 月 15 日。

俞景玮：《美国当代主要传播学理论概述》，载《人文杂志》1988 年第 3 期。

余潇枫、许丽萍：《国际组织的伦理透视》，载《世界经济与政治》2002 年第 2 期。

余潇枫：《伦理视域中的国际关系》，载《世界经济与政治》2005 年第 1 期。

余力：《侨达故事：企业社会责任的中国之路》，载《南方周末》2005 年 7 月 21 日。

余万里：《跨国公司的国际政治经济学》，载《国际经济评论》2003 年第 2 期。

《关于跨国公司的国际政治经济学》，王缉思总主编、张宇燕主编：《中国学者看世界：世界经济卷》，北京：新世界出版社，2007 年版，第 330—338 页。

于俊秋：《克服跨国公司中的管理障碍，做好跨文化管理》，载《中央财经大学学报》2004 年第 1 期。

袁隆成：《SA8000 标准是企业伦理建设的助推器》，载《滁州学院学报》2005 年第 1 期。

袁隆成：《对我国企业伦理建设的认识》，载《华东经济管理》2005 年第 7 期。

曾莉：《麦当劳在中国的广告策略》，载《开放时代》2004 年第 3 期。

曾艳：《中美合资长安福特公司跨文化管理研究》，重庆大学硕士论文，2004 年，中国知网博硕士论文全文数据库。

曾政：《对企业管理沟通定律及其创新应用之研究》，载《消费导刊》2009 年第 7 期。

张汝伦：《亚洲的后现代》，载《读书》1994 年第 12 期。

张东娇：《简论沟通及其教育价值》，载《教育科学》2002 年第 1 期。

张喜民、李鹏：《跨国公司在华营销的道德缺失与防范》，载《工会论坛》2005 年第 3 期。

张恒、冯涛：《现代企业社会责任的理论渊源与动力机制刍议》，载《科学·经济·社会》2005 年第 3 期。

张旺：《国际关系规范理论的复兴》，载《世界经济与政治》2006年第8期。

张国强：《儒家思想在企业伦理建设中的扬弃》，载《职大学报》2006年第4期。

张再林、王东敏：《全球化语境中的对话文化学的建立》，载《西安交通大学学报（社会科学版）》2006年第5期。

张丽华：《规范、制度与国际秩序》，载《吉林大学社会科学学报》2007年第6期。

张洪波、李健：《企业社会责任与利益相关者理论：基于整合视角的研究》，载《科学学与科学技术管理》2007年第3期。

张严：《论跨国公司的企业伦理问题——以娃哈哈与达能公司并购为例》，载《河南工业大学学报（社会科学版）》2008年第1期。

张小平：《中国企业海外并购30年沉浮录：在爱与痛的边缘出海》，载《英才》2009年第8期。

詹晓宁、孙同宇：《全球FDI前景评估：跨国公司战略与东道国政策发展》，载《国际经济合作》2004年第5期。

赵德志：《企业跨国经营伦理探论》，载《社会科学辑刊》2002年第5期。

赵德志：《全球性企业伦理规范如何可能——评唐纳森、邓斐"综合的社会契约"论》，载《社会科学辑刊》2004年第6期。

赵德志：《现代西方企业伦理研究进展》，载《哲学动态》2004年第7期。

赵振宇：《和而不同：全球化时代的中西方文化传播》，载《现代传播》2004年第2期。

赵秀丽：《跨国营销道德状况及影响因素分析》，载《科技情报开发与经济》2004年第6期。

赵卫斌：《社会责任、利益相关者权益与市场竞争关系研究》，载《财会通讯》（综合）2008年第12期。

赵传海：《道德的民族性和世界性的关系》，载《华北水利水电学院学报（社科版）》2008 年第 2 期。

郑飞：《国际规范的价值与功能：个体理性视角》，载《国际论坛》2007 年第 6 期。

中国驻纽约总领馆：《社会责任标准 SA8000：2001》，载《化工管理》2004 年第 6 期。

《中国企业形式只剩五年》，载香港《信报》2004 年 10 月 4 日。

周中之：《全球化与中国经济伦理学的发展》，载《河北学刊》2001 年第 3 期。

周云亨：《试论国际社会核心价值的缺失及其构建》，《第一届中国伦理与国际事务论文研讨会“中国发展与国际道义”会议论文全编》，上海外国语大学，2008 年 10 月。

朱贻庭：《略论企业伦理与社会文化背景——关于建设有中国特色企业伦理的一种思路》，载《江苏社会科学》2000 年第 3 期。

朱金瑞：《中国企业伦理的几种模式及特性分析》，载《中州学刊》2004 年第 4 期。

朱金瑞：《当代中国企业伦理的研究历程及若干热点问题述评》，载《中州学刊》2007 年第 1 期。

左慧玲：《有效的跨文化沟通》，载《中外管理导报》2001 年第 8 期。

四、网址

http：//www. business-ethics. org　国际商业伦理协会

http：//www. business-ethics. com　商业伦理：公司责任的内部报告

http：//www. cceia. org　卡内基伦理与国际事务委员会

http：//www. csrcenter. org　企业社会责任在线

http：//www. cec-ceda. org. cn　中企联合网

http：//www. csrasia. cn　企业社会责任亚洲版

http：//www. doingbusiness. org　世行营商环境报告

http：//www. eoa. org　美国伦理官员协会

http：//www. globalreporting. org　全球报告倡议组织

http：//www. iabs. net　国际商业联盟

http：//www. ibe. org. uk　商业伦理协会

http：//www. inetbureau. com　商业伦理网络管理局

http：//www. iccwbo. org　国际商会

http：//www. icc-china. org　国际商会中国国家委员会

http：//www. ilo. org　国际劳工组织

http：//www. oecd. org　经济合作与发展组织

http：//www. worldvaluessurvey. com　世界价值观调查

http：//www. mofcom. gov. cn　中华人民共和国商务部

http：//www. tncchina. org. cn　跨国公司中国网

http：//www. transparency. de　透明国际

http：//www. usoge. gov　美国政府伦理办公室

http：//www. mofcom. gov. cn/aarticle/date/200909/20090906535690. html　中国对外直接投资统计公报

http：//www. stats-iwep. org. cn　中国社科院世经政所世界经济研究资料

http：//www. euccc. com. cn/view/static/？sid = 5622　欧盟驻华商会中国营商环境报告

http：//www. sass. org. cn/cbes/articleshow. jsp？dinji = 751& sortid = 2494&artid = 29598　上海社科院经济伦理研究中心

http：//www. uschina. org/publications　美中贸易全国委员会出版物

http：//www. unctad. org/Templates/Page. asp？intItemID = 1485& lang = 1　联合国贸发大会世界投资报告

后　记

本书是我主持的上海市哲学社会科学中青班专项课题“全球化背景下跨国公司伦理冲突与沟通研究”（项目号：2012FGJ003）和上海外国语大学校级一般科研项目（规划基金）《跨国公司伦理冲突与沟通研究：以在华跨国公司为例》（项目号：2009II4026）的最终成果。

本书由我的博士论文修改而成，从选题到最后成书，前后历时六年，犹如我的另一个孩子。在此我最想感谢的是我的家人，是他们给了我最大的精神支持。在我写作期间，母亲分担了我的所有家务，爱人承受了我的所有焦虑和坏脾气，而女儿，可以说和这部书稿共同见证了彼此的成长。当我每天晚上关起房门写作时，当时尚在稚龄的女儿曾口齿不清地问我：“妈妈，是你的论文重要还是你的女儿重要?”这句话深深地印在我的脑海里，让我既煎熬又愧疚。时隔几年，当我又每天坐在电脑前修改文稿，女儿知道我有出版这部书稿的计划时，激动地不知如何表达自己的兴奋之情：“妈妈，我将会看到你著的书了?!”此时的我，既感到骄傲又诚惶诚恐。多少年的殚思竭虑，多少日子的寝食难安，多少次的推倒重来，终于汇集成密密麻麻的字里行间。看着自己的成果不免有敝帚自珍之感，但我又清醒地意识到自己的水平所限，这本书还是有诸般不足，尤其在研究方法上，不能多些一手的实证研究资料是我最大的遗憾。

感谢我的老师吴友富、胡礼忠、张曙光等，请恕我不能一一列举帮助过我、指点过我的老师的姓名，但他们有形的帮助与无形的启迪常使我感动不已，他们的学术素养和人格魅力也深深感染了我。希望在老师们的帮助下，我的学术道路能够走得更远。

感谢本书所有引用、参考过的文献的作者，如果本书有些创见的话，那也是站在这些前辈学者的“肩膀”上。感谢我教授《企业伦理学》课程的学生们，在教学相长中我也获益匪浅。

最后，感谢时事出版社苏绣芳老师的精心编辑，感谢所有为本书出版付出心力的老师们。

对于书中出现的疏漏和错误，本人承担全部责任。

张　静

2013 年 9 月

图书在版编目（CIP）数据

全球化背景下跨国公司伦理冲突与沟通／张静著．—北京：时事出版社，2013.11

ISBN 978-7-80232-655-2

Ⅰ.①全… Ⅱ.①张… Ⅲ.①跨国公司—企业伦理—研究 Ⅳ.①F270-05

中国版本图书馆 CIP 数据核字（2013）第 245069 号

出 版 发 行：时事出版社
地　　　址：北京市海淀区巨山村 375 号
邮　　　编：100093
发 行 热 线：（010）82546061　82546062
读者服务部：（010）61157595
传　　　真：（010）82546050
电 子 邮 箱：shishichubanshe@ sina. com
网　　　址：www. shishishe. com
印　　　刷：北京百善印刷厂

开本：787×1092　1/16　印张：29.5　字数：383 千字
2013 年 11 月第 1 版　2013 年 11 月第 1 次印刷
定价：98.00 元